民族思想政治教育学导论

徐柏才等　著

民族出版社

图书在版编目(CIP)数据

民族思想政治教育学导论/徐柏才等著. —北京:民族出版社,2011.3

ISBN 978-7-105-08912-3

Ⅰ.①民… Ⅱ.①徐… Ⅲ.①少数民族—思想政治教育—研究 Ⅳ.①D64

中国版本图书馆CIP数据核字(2011)第030440号

责任编辑:刘海涛
封面设计:孟 龙
出版发行:民族出版社出版发行
地 址:北京市和平里北街14号
邮 编:100013
网 址:http://www.mzcbs.com
印 刷:迪鑫印刷厂印刷
经 销:各地新华书店经销
版 次:2011年3月第1版 2011年3月北京第1次印刷
开 本:880毫米×1230毫米 1/32 字数:360千字
印 张:13.5
定 价:35.00元
ISBN 978-7-105-08912-3/D·2153(汉301)

该书如有印装质量问题,请与本社发行部联系退换
编辑室电话:010-58130650 发行部电话:010-58130508

序

民族思想政治教育是伴随着民族的产生而出现的一种客观社会存在。自民族产生之日起，不同民族之间就存在着差异。这种差异，体现在地域、历史、经济、文化、习俗等方方面面，往往使不同民族之间发生纠纷、产生矛盾。人类民族史证明：只要民族存在，民族之间的矛盾就在所难免。破解民族矛盾、建设和发展和谐民族关系，离不开民族思想政治教育的伟大力量。民族思想政治教育是建设和发展和谐民族关系的重要途径，它体现着各民族的共同诉求和根本利益。

重视民族思想政治教育，是我党思想政治工作的优良传统，也是我党在领导人民进行革命和建设的长期实践中形成的政治优势。毛泽东曾发出“中华人民共和国各民族团结起来”的伟大号召；邓小平指出，我国现阶段的民族关系是各族劳动人民之间的关系；江泽民提出了“三个离不开”的思想，即汉族离不开少数民族，少数民族离不开汉族，各少数民族之间也相互离不开；胡锦涛提出了“两个共同”的思想，指明各民族“共同团结奋斗、共同繁荣发展”是新世纪新阶段民族工作的主题。随着民族思想政治教育的不断加强及其功能的充分发挥，各民族之间的认同度不断加深，民族平等、民族团结的思想深入人心，大大推进了民族地区的繁荣稳定和社会和谐，大大增强了中华民族作为一个民族大家庭的整体凝聚力。

当前，我国正处在改革开放的关键时期。在新的历史条件下，民族问题面临复杂多变的新情况，国际敏感热点民族问题极易引起国内的反响和回应，国内民族问题也极易引发国际关注和干预。在理论和实践相结合的基础上，创造性地进行民族思想政治教育研究，有针对性地加强民族思想政治教育工作，是新形势下维护民族团结、促进中华民族认同的客观需要，也是时代对民族思想政治工作者的强烈呼唤。正是在这样的背景下，徐柏才教授等合著的《民族思想政治教育学导论》一书应运而生。在书稿即将付梓之际，作者约我为之作序，因此有幸先睹为快。通览全文，深感本书有如下特点：

其一，立足学科建设，彰显深远的学术视野。中国是一个由各民族共同缔造的多民族国家，因而在我国建设和发展各民族之间的和谐关系的意义尤为重大。党的十七大明确指出，要牢牢把握各民族“共同团结奋斗、共同繁荣发展”的主题，不断巩固和发展全国各族人民的大团结，壮大爱国统一战线，增强中华民族的凝聚力。该书以我国是统一的多民族国家为背景，以马克思主义为指导，从学科建设的角度，呼吁建立思想政治教育学的分支学科——民族思想政治教育学，彰显了作者的社会责任感和深远的学术视野。

其二，致力于体系构建，逻辑脉络清晰严谨。全书注意宏观与微观、理论与实践、历史与现实的结合，从结构上来说分为导语、正文和结束语三大板块。导语板块论述了建立民族思想政治教育学的现实意义，民族思想政治教育学的科学涵义、研究对象、学科性质及其基础理论等问题。正文板块分为十章，分别论述了民族思想政治教育的价值、内容、结构、过程、环节、机理、资源、载体、方法和评价。结束语部分主要论述了要加强民族思想政治教育学的后续研究，就必须提升民族思想政治教育学研究的高度，拓宽民族思想政治教育学研究的领域，深掘民族思想政治教育学研究的内容，加强民族思想政治教育学综合研究，等等。这三个板块相互作用、相辅相成，构建了一个比较完整的研究体系。其中，导语板块是全书的总纲，正文板块是全书的主体，结束语板块是全书的总结及对亟待加强研究而又少有涉及的问题的关照和回应。

其三，勇于理论创新，不乏可圈可点之处。本书尽管参阅、借鉴了大量的民族学、历史学、社会学、思想政治教育学的研究资料，但作为一部研究民族思想政治教育学的学术专著，其创新点非常明显。其主要体现在：一是关于民族思想政治教育学科学涵义、研究对象和学科性质的论述，具有一定的原创性。二是本书提出了“民族思想政治教育联通体”的概念，指出其不同于民族思想政治教育中介，也不同于民族思想政治教育介体和载体。三是本书将民族思想政治教育的内容划分为马克思主义民族观教育、马克思主义国家观教育、中华民族认同观教育、民族团结观教育和马克思主义宗教观教育等等。这种划分，既考虑到马克思主义民族观教育的一般内容，也关照了中国特色的民族观教育的现实性内容，同时又合乎民族思想政治教育具体研究内容的需要。四是本书提取了民族思想政治教育过程中各个阶段的横断面，将其归纳为民族思想政治教育领导、管理、教学、交往等四个环节，并论述了各具体环节之间的相互关系。

在看到本书优点的同时，也应当客观地承认，由于民族思想政治教育研究尚处于起步阶段，本书难免存在着一些不足，譬如，一些概念和研究内容尚需进一步推敲和完善，有的提法也需要再斟酌。但瑕不掩瑜，本书不失为一部民族思想政治教育学研究的力作，值得一读。

徐柏才教授是我国思想政治教育领域的一位知名专家，长期在民族思想政治教育这片肥田沃土上辛勤耕耘。该书的一些真知灼见，就来源于他多年来在民族高等院校工作的体验和经常深入民族地区调查研究的切身感悟。期盼他再接再励，为我国思想政治教育学科建设不断做出新贡献。

是为序。

吴潜涛

2011 年 4 月 10 日

（作者系中国伦理学会副会长、全国高校思想政治教育研究会学术委员会副主任委员、清华大学教授、博士生导师）

目　录

导语　亟待建立一门民族思想政治教育学

中国是一个统一的多民族国家，建设和发展各民族之间的和谐关系对于中国来说意义重大。建立民族思想政治教育学是为了进一步推进民族团结教育，为维护国家统一和社会稳定提供理论支撑和教育渠道。

民族思想政治教育是伴随着民族的产生而出现的一种客观社会存在。建立民族思想政治教育学有利于揭示民族思想政治教育的特殊性，完善思想政治教育学的分支学科，提升民族思想政治教育的实践水平，应对民族思想政治教育面临的新情况。民族思想政治教育学具有自身特殊的研究对象和理论基础，目前，相关学者已开展民族思想政治教育学的研究，建立民族思想政治教育学的时机已经成熟。在这种情况下，应组织相关研究人员和研究机构，组建合理的学术团队，搭建坚实的学术研究平台，进一步研究民族思想政治教育学蕴含的问题间性、主体间性和学科间性，着力开展民族思想政治教育学学科体系的构建研究，深入探索民族思想政治教育学学科群的建设问题，以回应民族思想政治教育领域的重大现实问题。

一、民族思想政治教育学的科学涵义

我国是各民族共同缔造的多民族国家，中国共产党一直非常重视民族问题。党的十七大明确指出，要牢牢把握各民族“共同团结奋斗、共同繁荣发展”的主题，不断巩固和发展全国各族人民的大团结，壮大爱国统一战线，增强中华民族的凝聚力。为实现这一目标，必须大力开展民族思想政治教育的研究。

（一）民族思想政治教育的涵义

揭示民族思想政治教育涵义的方法很多，本书主要从实践方面和内容方面揭示。

1. 实践方面

从实践方面揭示民族思想政治教育的涵义，就是从民族思想政治教育这一社会实践活动自身来揭示。从民族思想政治教育的实践来看，它是一定的政党或国家有针对性地对其社会成员进行民族观和民族团结教育，促使该政党或国家的民族政策能顺利实施的社会实践活动。中国特色社会主义民族思想政治教育，则是我们党和国家有目的、有计划、有组织地对社会成员所进行的民族观和民族团结教育，实现社会成员对中华民族和国家的认同，促进社会安定团结，提高中华民族凝聚力的社会实践活动。

2. 内容方面

从内容方面揭示民族思想政治教育的涵义，就是从民族思想教育的特殊内容上来揭示。民族思想政治教育的内容主要涉及民族观、民族理论、民族政策、民族认同、国家认同等方面。因此，民族思想政治教育的内容就是对社会成员进行民族观、民族理论、民族政策、民族认同、国家认同等的思想政治教育。中国现阶段的民族思想政治教育的内容，主要是对社会成员进行马克思主义民族观、民族理论、民族政策、中华民族认同以及“三个离不开”、“四个维护”等具体内容的思想政治教育。

因此，民族思想政治教育是指某政党或国家（尤其是多民族国家）有目的、有计划、有组织地对社会成员进行一定的民族观教育，促使其社会成员认同民族、民族共同体和国家的社会实践活动。透视这一定义，它包含四个要素：

第一，民族思想政治教育的主体是某政党或国家。该政党或国家依靠特定的组织或人员在一定时空内来开展民族思想政治教育。

第二，民族思想政治教育的客体是社会成员。社会成员既可以是个体，也可以是群体；既可以是少数民族社会成员，也可以是主体民族社会成员；在单一民族国家，又可以是该单一民族国家的个体或群体社会成员。

第三，民族思想政治教育的主要内容是民族观教育。所谓民族观，就是社会成员对民族问题、民族现象的根本观点和看法，是一定的世界观在民族问题、民族现象上的表现。民族观教育的内容非常丰富，它包括民族理论、民族政策、民族团结教育、民族认同、国家认同等。又由于“有的民族在形成和发展的过程中，宗教起着重要作用”①，因此，民族观教育也内含着宗教观教育。

第四，民族思想政治教育的目的是促使该社会成员实现对民族、民族共同体和国家的认同。社会成员既要认同本民族，也要尊重民族共同体内的其他民族，最终实现对民族共同体和国家的认同。

（二）民族思想政治教育学的涵义

民族思想政治教育与民族思想政治教育学既有区别，又有联系。其区别在于民族思想政治教育是一种社会实践活动，而民族思想政治教育学则是对民族思想政治教育实践的理论概括和抽象，是在民族思想政治教育实践基础上建立起来的一门科学。其联系

① 《中央民族工作会议精神学习读本》，11页，北京，民族出版社，2005。

在于民族思想政治教育是民族思想政治教育学的实践基础，民族思想政治教育学是民族思想政治教育实践的理论概括，离开了民族思想政治教育实践，民族思想政治教育学将是无源之水，而没有民族思想政治教育学的科学指导，民族思想政治教育实践的效果就不可能达到预定的目标。

因此，民族思想政治教育学是以马克思主义理论为指导，用思想政治教育学的理论和方法，以及民族教育的理论和方法，来研究对社会成员进行民族观的教育，揭示民族思想政治教育的本质、规律、原则和方法，用以指导民族思想政治教育实践的一门科学。由于民族思想政治教育伴随着民族现象而产生和发展，不同时空的民族思想政治教育，由于社会制度不同，理论基础必然有差异。本书研究的民族思想政治教育学是马克思主义的民族思想政治教育学，必然要以马克思主义为指导，以中国特色社会主义事业为视角。

二、建立民族思想政治教育学的现实意义

建立民族思想政治教育学有着很强的现实意义，主要是：有利于揭示民族思想政治教育的特殊性；有利于完善思想政治教育学的分支学科；有利于提升民族思想政治教育实践；有利于应对民族思想政治教育的新情况。

（一）有利于揭示民族思想政治教育的特殊性

民族思想政治教育作为一种特殊的思想政治教育形态，既有一般思想政治教育的共性，也有其自身的特殊性，这些特殊性是民族思想政治教育区别于一般形态思想政治教育的关键所在。民族思想政治教育的特殊性表现在哪里，如何揭示和分析这些特殊性，如何依据这些特殊性来揭示民族思想政治教育的理论，分析民族思想政治教育的实践，建构民族思想政治教育的机制等等，都需要做出理论的阐释和系统的解析。另一方面，思想政治教育

和民族思想政治教育是共性与特殊性的关系，共性存在于特殊性之中，通过研究民族思想政治教育的特殊性，又可以更加深邃地揭示思想政治教育的规律。

（二）有利于完善思想政治教育学的分支学科

经过近30年的建设，思想政治教育学科从无到有，研究内容日益深入，研究领域日益拓展，已经成为马克思主义理论一级学科下独立设置的二级学科。这一契机，要求思想政治教育学界从学科建设出发，在巩固现有学科建设成果的基础上，进一步展开对相关分支学科的研究，为最终建立比较完善的思想政治教育学分支学科群奠定坚实基础。民族思想政治教育作为一种独特的思想政治教育形态，在人类社会发展史上占有重要地位，亟待纳入思想政治教育学科体系。建立民族思想政治教育学，用思想政治教育学的理论、原理与方法来研究民族思想政治教育现象，构建民族思想政治教育学的学科体系和学科集群，既有利于推进民族思想政治教育学的发展，又有利于丰富和完善思想政治教育学的分支学科。

（三）有利于提升民族思想政治教育实践水平

理论来源于实践，理论又高于实践。从经验形态到理论形态，是一种升华，因为理论是对实践经验的总结、概括和凝练。从理论形态到学科形态，又是一种升华，因为学科是对理论的归纳、整合和集成。理论是历史的回声、现实的呼唤、实践的总结和行动的指南。建立民族思想政治教育学，有利于推动民族思想政治教育的理论化，有利于系统总结民族思想政治教育的有益经验，有利于推动民族思想政治教育的科学化。所以，建立民族思想政治教育学，通过民族思想政治教育的学科化来推动民族思想政治教育的科学化，最终将会大大提升民族思想政治教育的实践效果。

（四）有利于应对民族思想政治教育的新情况

当前，国际国内形势发生了深刻的变化，国内民族问题与国际民族问题交织在一起，民族思想政治教育领域出现了许多新情况新问题，民族问题成为当今制约、困扰世界和平与发展的热点和难点问题，也是影响我国安定团结的重大现实问题，急需加强民族思想政治教育的针对性研究，实现其方式、方法和机制创新，为促进社会安定团结作出新贡献；同时还需要培养适当数量从事民族思想政治教育的专业人才，以充实民族思想政治教育队伍。可以说，民族思想政治教育领域面临着一些亟待解决的重大现实问题，党和国家多次提出哲学社会科学要有回应重大现实问题的能力，建立民族思想政治教育学，正是对民族思想政治教育领域出现的新情况所引发的重大现实问题的一种回应。

三、民族思想政治教育学的研究对象

系统研究民族思想政治教育学的研究对象，必须搞清楚民族思想政治教育学建立的内在依据、民族思想政治教育学研究对象的特殊性等两个重要问题。

（一）民族思想政治教育学建立的内在依据

民族思想政治教育学建立的内在依据主要包括民族思想政治教育是客观存在的社会现象、民族思想政治教育学有自身展开研究的理论基础、相关学者已开展民族思想政治教育学的实际研究。

1. 民族思想政治教育是客观存在的社会现象

在人类社会发展史上，民族思想政治教育是一个客观存在的社会现象。尽管没有这一称谓，但是其作为一项重要的社会实践活动，则是由来已久的。

自从民族产生一直到现代，不同民族之间总是在相互交往中发展关系，而且社会愈发达，民族之间交往的范围就愈扩大。在现阶段，特别是在多民族国家，都要制定出一定的民族政策，用以处理民族事务，发展民族关系，促进社会和谐。民族政策要顺利实施，可以有不同的方式，既可以依靠刚性手段，又可以凭借柔性措施。刚性手段主要是依靠暴力手段或者是政治、经济等政策性影响，柔性措施则是有针对性地对社会成员进行一定的民族观教育。为什么对社会成员进行民族观教育可以使民族政策顺利实施呢？这是因为，民族政策总是在一定的民族观的指导下，与当时社会的经济、政治、文化等情况相适应而制定的。社会成员将一定的民族观内化后，将会转化为贯彻执行民族政策的自觉性和主动性。在民族政策的实施中，柔性措施促成社会成员民族观的内化，影响更为深远。依靠暴力手段，即使能够使社会稳定，但绝对不会出现社会和谐。依靠经济、政治等政策性影响，也存在对这种政策性影响的认识和实践问题，要使政策性影响深入人心，也需要教育。

就当代中国而言，我们党十分重视民族问题，历来重视用马克思主义的民族观教育社会成员，注意加强民族平等和民族团结教育。毛泽东同志发出“中华人民共和国各民族团结起来”① 的伟大号召；邓小平同志指出“我国现阶段的民族关系是各族劳动人民之间的关系”；江泽民同志阐述了“三个离不开”的思想，即“汉族离不开少数民族，少数民族离不开汉族，各少数民族之间也相互离不开”②；胡锦涛同志提出了“两个共同”的思想，指明各民族“共同团结奋斗、共同繁荣发展”③ 是新世纪新阶段民族工作的主题。2009 年，中宣部和国家民委组织编写了《党和国家民族政策宣传教育提纲》，详细地概括了党和国家的民族政策。从现实实践来看，我们党一贯坚持广泛深入地开展民族团结教育活动，

---

① 降边嘉措：《民族大团结从此开始——记毛主席书写“中华人民共和国各民族团结起来”题词的经过》，载《民族团结》，2000（6）。

② 《中央民族工作会议精神学习读本》，25 页，北京，民族出版社，2005。

③ 吴仕民：《中国民族理论新编》，16 页，北京，中央民族大学出版社，2006。

重视加强党的民族理论、民族政策、民族法规以及民族基本知识教育，大力弘扬以爱国主义为核心的中华民族精神，牢固树立“三个离不开”和“两个共同”的观念。由于我们党高度重视对马克思主义民族观和民族政策的宣传教育，使各民族人民之间的认同不断加深，使民族平等、民族团结的思想逐步深入人心，大大推进了民族地区的繁荣稳定和社会和谐，大大增强了中华民族作为一个民族大家庭的整体凝聚力。我们党对社会成员开展的系统民族理论和民族政策的宣传教育，其实也就是对社会成员进行民族思想政治教育。

这些都充分证明，民族思想政治教育是人类社会实践活动的一个非常重要的方面，是一种客观存在的社会历史现象。

2. 民族思想政治教育学有自身展开研究的理论基础

民族思想政治教育学作为思想政治教育学的分支学科，主要是用思想政治教育学的理论、原理与方法，来研究如何对社会成员进行民族观教育，使其形成一定社会所要求的民族观的学科。由于民族思想政治教育伴随着民族现象而产生和发展，不同时空的民族思想政治教育，由于社会制度不同，理论基础必然不同。我们研究的是马克思主义的民族思想政治教育学，必然要从马克思主义的视域出发，要从中国特色社会主义事业出发。因此，民族思想政治教育学的理论指导是马克思主义理论和中国特色社会主义理论体系，特别是这些理论和体系中关于民族问题的思想。不仅如此，民族思想政治教育学还要以思想政治教育学的基本原理和方法以及民族教育学的原理和方法，作为其自身知识体系的理论基础。随着思想政治教育学建设和研究的深入，其基础理论将会更加丰富。

3. 相关学者已开展民族思想政治教育学的实际研究

开展对于民族思想政治教育相关的实际研究，是民族思想政治教育学建设的关键所在，如果这门学科建设仅仅停留在可能性阶段，就不可能转化为学科建设的现实性。

尽管目前还没有明确提出民族思想政治教育学的概念，但学界在科学研究中已大量涉及对于这一问题的探索。直接涉及的理论成果主要包括对民族院校大学生思想政治教育、少数民族大学生思想政治教育、少数民族干部思想政治教育、民族地区思想政治教育、内地民族班学生思想政治教育、民族地区特殊群体的思想政治教育的研究，等等。这主要是散见于一些学术期刊发表的论文和一些高校的硕士和博士论文；就专著来说，有《中国少数民族地区思想政治教育概论》① 等。就涉及的研究内容来说，主要包括：一是民族观教育。包括马克思主义民族观教育的内涵、必要性、重要性和必须坚持的原则，民族观教育与精神文明建设与爱国主义教育、西部大开发的关系，少数民族地区民族观教育，民族地区高校民族观教育，马克思主义民族观教育现状调查，民族高校大学生民族观教育，等等。二是宗教观教育。包括马克思主义宗教观教育、民族地区宗教观教育、民族院校大学生宗教观教育、宗教观教育与爱国主义教育、精神文明建设与科学无神论教育的关系，等等。三是爱国主义和中华民族精神教育，这方面的资料非常丰富，仅学术期刊文章就有5000余篇，另外还有一定数量的硕士、博士论文和专著。

上述这些研究成果，尽管没有冠以民族思想政治教育学的名称，但在客观上已从不同的层面和视角对民族思想政治教育的相关问题展开了系统研究，这些研究成果在一定程度上奠定了建立民族思想政治教育学的研究基础。

民族问题是影响中国改革发展和社会安定的重大现实问题，仅仅开展民族思想政治教育学的相关性研究是不够的，还应组织相关研究人员和研究机构，组建合理的学术团队，搭建厚实的学术研究平台，深入研究民族思想政治教育学蕴含的问题间性、主

① 崔运武：《中国少数民族地区思想政治教育概论》，昆明，云南大学出版社，2005；吴松：《论少数民族地区的思想政治教育》，昆明，云南大学出版社，2002。

体间性和学科间性，着力开展学科体系的构建研究，进一步丰富和完善民族思想政治教育学的学科建设。

（二）民族思想政治教育学研究对象的特殊性

研究某一学科的研究对象，就要研究该学科领域的特殊矛盾，根据其特殊矛盾来确定本学科的研究对象。这正如毛泽东同志所指出的那样："科学研究的区分，就是根据科学对象所具有的特殊的矛盾性。因此，对于某一现象领域所特有的某一种矛盾的研究，就构成某一门科学的对象。"① 所以，要分析民族思想政治教育学有没有特殊的研究对象，就要探讨民族思想政治教育学有没有不同于其他研究领域的特殊矛盾。

民族思想政治教育是对社会成员进行民族观教育，促使其形成正确的民族观的社会实践活动。民族思想政治教育存在的前提是社会成员的民族观与社会所要求的民族观之间存在着差异，不能正确认识民族现象和民族问题，不能正确处理民族关系。只要社会成员的民族观与社会所要求的民族观之间存在差异，民族思想政治教育就有存在的必要性。因此，社会成员实际的民族观与社会所要求的民族观之间存在的差异，就正是民族思想政治教育学研究领域的特殊矛盾。之所以这样认定，是因为：一是该矛盾贯穿于民族思想政治教育过程的始终，影响到民族思想政治教育的全局，只要这一矛盾不解决，民族思想政治教育就没有结束。二是该矛盾是引发民族思想政治教育其他矛盾的主要因素，民族思想政治教育其他矛盾随着这一矛盾的解决而不复存在。三是这一矛盾规定着民族思想政治教育存在与发展的趋势，这一矛盾的性质、状态和水平，规定着民族思想政治教育的性质、状态和水平。不同社会发展阶段所要求的民族观的性质、状态和水平不尽相同，社会成员的民族观的性质、状态和水平也不尽一致，这就

① 《毛泽东选集》第1卷，309页，北京，人民出版社，1991。

使得民族思想政治教育的性质、状态和水平有不同的表现。

民族思想政治教育的这一特殊矛盾，为民族思想政治教育学开辟了独立的研究领域和研究对象，即研究如何按照社会成员民族观形成与发展的规律对社会成员进行民族观教育。其他社会科学，尽管也涉及对这一对象的研究，但都不是从人的思想意识形态的层面进行的研究。例如民族学，虽然涉及到这一问题的研究，但它主要是研究民族社会问题、民族经济问题、民族关系问题和民族发展问题等；又如思想政治教育学，它虽然涉及到人的民族观形成与发展规律的研究，但它着重研究的是人的思想意识和思想观念的形成与发展规律以及对人实施思想政治教育的规律。由此可见，探寻解决社会成员民族观的形成与发展规律以及如何对社会成员进行民族观教育的规律，促使社会成员树立正确的民族观，探寻如何实现各个民族的社会成员对于本民族、民族共同体和国家的认同，就是民族思想政治教育学的特殊研究对象。正是由于民族思想政治教育学有着自身特殊的研究对象和研究领域，因此可以作为一门独立的学科来展开研究。

四、民族思想政治教育学的学科性质

研究民族思想政治教育学的学科性质，就要分别研究民族思想政治教育学的学科归属和学科特点。

（一）民族思想政治教育学的学科归属

确定民族思想政治教育学的学科归属是推进民族思想政治教育学建设首要的、基本的理论问题。民族思想政治教育学是思想政治教育学的重要分支学科，是思想政治教育学的有机组成部分。

1. 确定民族思想政治教育学的学科归属是推进民族思想政治教育学建设首要的、基本的理论问题

所谓学科归属，是指某一科学知识分类体系的类别归属和特质。学科归属问题的研究，将确认一门学科在整个科学系统中的

类别、层次和准确位置。它对于确定该学科的研究对象、范围、重点、方法、方向等问题都有决定性的意义，是学科建设中首先必须解决的问题。学科归属问题不仅直接关系到学科存在的现实合理性，同时也关系到学科体系的构建问题。而对于任何学科来说，归属不明，定位不准，以及由此形成的诸多模糊认识和思维误区，必将严重阻碍该学科的科学发展与实践推进，使该学科的学科优势难以发挥，学科特色难以形成，学科理论难以发展。

因此，对于民族思想政治教育学进行学科归属的认定，本质上就是要在一定的坐标参照体系中确定民族思想政治教育学的学科方位，把握其意义、特点和性质。准确把握民族思想政治学的学科归属，是推进民族思想政治教育学建设首要的、基本的理论问题。

2. 民族思想政治教育学是思想政治教育学的重要分支学科，是思想政治教育学的有机组成部分

民族思想政治教育是对社会成员进行民族观教育，促使其形成正确的民族观的社会实践活动。然而社会成员由于自身生理、心理、思想、知识储备、文化背景、经历等不同，要使其民族观与社会要求的民族观相符合，就必须要研究社会成员民族观形成发展的规律，并研究对社会成员进行民族观教育的规律，在社会成员民族观形成发展过程中对其思想进行引导，实现其民族观从“现有”水准向“应有”水准的提高和转变。这两方面规律具有因果联系，辩证统一于民族思想政治教育过程中。正是基于对民族思想政治教育领域这一特殊矛盾及其运动规律的研究，才构成了民族思想政治教育学的研究对象。由此，从民族思想政治教育学的研究对象可以看出，民族思想政治教育是思想政治教育的一种形态。这种形态，是以社会成员民族观的形成发展等相关问题为内容的思想政治教育。换言之，民族思想政治教育学作为研究民族思想政治教育规律的学科，也就必然是思想政治教育学的重要分支学科，是思想政治教育学的有机组成部分。

（二）民族思想政治教育学的学科特点

民族思想政治教育学的学科特点体现为阶级性、实践性、综合性和民族性。

1. 阶级性

在阶级社会里，各阶级的思想政治教育理论都反映了本阶级的根本利益和要求，具有明显的阶级性特征。民族思想政治教育学作为思想政治教育学的分支学科，也是如此。民族思想政治教育学的阶级性首先表现在是用马克思主义的民族理论和中国共产党的民族理论和政策来武装人们的思想，形成社会主义社会所要求的民族观。民族思想政治教育学的阶级性有两方面含义：一是民族思想政治教育学自身的内容、任务、目标、目的等具有强烈的阶级性；二是民族思想政治教育学是为一定的阶级利益服务的。马克思主义的民族思想政治教育学是为无产阶级政党和广大人民的长远利益和根本利益服务的，它的目的是要教育社会成员形成正确的民族观念，正确处理民族关系，促进社会的和谐与发展，促进社会的安定团结，促进社会的全面进步。

2. 实践性

民族思想政治教育本身就是一种社会实践活动，它来源于实践。在社会生活中，它又与其他实践活动相结合，共同作用于人的社会实践活动，具有强烈的实践属性。同时，民族思想政治教育又是以实践着的人的思想政治领域为对象的，从实践活动中产生，并在实践中发展。民族思想政治教育的效果如何，不能用主观认识来检验，只能用实践来检验。同时，民族思想政治教育学的最终目的是为了实践，其作用也离不开实践。民族思想政治教育学的实践性有两方面的含义：一是民族思想政治教育学是民族思想政治教育实践活动的产物，离开实践活动，就没有民族思想政治教育学，它的理论来源于实践、并在实践中得到检验、补充和发展；二是指民族思想政治教育学又是为一定阶级的实践服务的。不为实践服务，民族思想政治教育学就失去了存在的价值。

3. 综合性

思想政治教育学是一门综合性很强的学科，民族思想政治教育学作为思想政治教育学的分支学科，也具有综合性的特点。综合性学科是指以既定的自然客体或社会活动为研究对象，运用多种学科的理论和方法，从各个不同的角度进行综合性研究的学科。民族思想政治教育学要综合运用思想政治教育学、政治学、教育学、伦理学、社会学、民族学、心理学等学科的理论和方法来综合研究，才能揭示出人的民族观形成发展的规律和对人进行民族观教育的规律。

4. 民族性

民族思想政治教育学的民族性特点主要表现在两个方面：第一，民族思想政治教育的历史和现实形态具有民族性的特点。思想政治教育包括政治思想、哲学思想、道德思想等方面的内容，从人类历史发展来看，民族正是这些思想内容及其教育得以产生发展和借以实现的重要形态。同时，民族思想政治教育借以实现的民族形态对全体社会成员，包括少数民族和主体民族的政治思想、哲学思想、道德思想、心理等又有着深远的影响。不仅如此，民族还是民族思想政治教育现实存在的重要载体。民族学和人类学等学科的研究表明，在现实生活中，不同民族、不同民族地区的生活方式、宗教信仰、风俗习惯、文化背景等都有其鲜明的特性，即民族性。比如，同属于社会主义初级阶段的我国各民族、各地区，由于各自不完全相同的文化背景、社会风俗、生产方式、思维方式、价值观念等，人的思想观念必然存在着不同的特点。因此，作为以这些思想、观念等为教育内容，并致力于培养社会成员适应现实的政治生活、法律制度的民族思想政治教育学，也就必然具有鲜明的民族性。

第二，民族思想政治教育主客体关系具有民族性的内容。民族思想政治教育主客体关系的民族性内容，主要表现在民族思想政治教育发挥其社会教育功能的过程中，由于民族思想政治教育具有教育和引导功能，以及民族思想政治教育有其特有的政治认同、思想导向和道德自律等规范调节机制，从而能达到教育、引导和约束全体社会成员的行为，促使其形成正确的民族观的目的。在这一过程中，民族个体和民族群体既是民族思想政治教育规范和调节的对象，是教育的客体，又是民族思想政治教育规范和调节的组织者，即教育的主体。在现实中，各国政府都是根据本国各民族的实际和特点制定相应的政策、法令和思想道德规范来教育和约束各族公民，正确处理本民族内部、本民族与其他民族关系的。因此，在民族思想政治教育发挥其规范和调节功能的过程中，各具特点的民族是民族思想政治教育主体和客体关系矛盾运动的载体，使得民族思想政治教育具有鲜明的民族性。

五、建立民族思想政治教育学的基础

建立民族思想政治教育学的基础包括理论基础、历史基础和现实基础等三个方面。

（一）建立民族思想政治教育学的理论基础

学科的理论基础是一门学科理论体系的基础或者基石，是学科赖以建立的前提条件，在学科的理论体系中，处于奠基性的根本地位。没有理论基础的支撑，就无法构筑学科理论体系的大厦。民族思想政治教育学作为思想政治教育学的分支学科，主要是用思想政治教育学的理论、原理与方法，来研究如何对社会成员进行民族观教育，使其形成一定社会所要求的民族观的学科。由于民族思想政治教育伴随着民族现象而产生和发展，不同时空的民族思想政治教育，由于社会制度不同，理论基础必然有差异。而我们研究的是马克思主义的民族思想政治教育学，必然要从马克思主义的视域出发，要从中国特色社会主义的事业出发。

1. 马克思主义的科学理论是民族思想政治教育学的根本理论基础

马克思和恩格斯虽然没有系统地阐述过民族思想政治教育学，但他们在创立科学社会主义理论时，即在创立辩证唯物主义和历史唯物主义、政治经济学和科学社会主义理论时，不仅提出了许多关于思想政治教育学的观点和理论，而且为科学的思想政治教育学奠定了根本的理论基础。由于民族思想政治教育学属于思想政治教育学的分支学科，因此，这些关于思想政治教育学的理论和观点，也必然成为科学的民族思想政治教育学的根本的理论基础。可以说，这是马克思和恩格斯对思想政治教育学的最大贡献，因而也是他们对民族思想政治教育学的最大贡献，没有这个根本的理论基础，科学的思想政治教育学就不可能诞生，民族思想政治教育学也就失去了依托。

列宁指出，马克思主义以前的历史理论有两个主要缺点："第一，以往的历史理论至多只是考察了人们历史活动的思想动机，而没有研究产生这些动机的原因，没有探索社会关系体系发展的客观规律性，没有把物质生产的发展程度看做这些关系的根源；第二，以往的理论从来忽视人民群众的活动，只有历史唯物主义第一次使我们能以自然科学的精确性去研究群众生活的社会条件以及这些条件的变更。"① 这就是说，马克思主义以前的思想家，没有发现社会存在决定社会意识和人民群众创造历史的唯物史观，不承认社会发展的客观规律，因而他们就不可能揭示思想政治教育的物质根源，当然也就不可能揭示民族思想政治教育的物质根源，不可能用社会经济原因说明民族思想政治教育的本质，也不可能揭示民族思想政治教育学产生和发展的客观规律。

"马克思发现了人类历史的发展规律，即历来为繁芜丛杂的意识形态所掩盖的一个简单事实：人们首先必须吃、喝、住、穿，

---

① 《列宁选集》第2卷，425页，北京，人民出版社，1995。

然后才能从事政治、科学、艺术、宗教等等；所以，直接的物质资料的生产，从而一个民族或一个时代的一定的经济发展阶段，便构成基础，人们的国家设施、法的观点、艺术以至宗教观念，就是从这个基础上发展起来的，因而，也必须由这个基础来解释，而不是像过去那样做得相反。”① 根据马克思主义的这一唯物史观，作为人们社会精神生活方面的民族思想政治教育，就应该是由社会的经济关系决定的。社会存在决定社会意识，社会意识反作用于社会存在的原理，为揭示民族思想政治教育同社会经济关系的唯物辩证关系奠定了基础；马克思主义哲学揭示的社会发展的一般规律，为揭示民族思想政治教育学的规律提供了科学的世界观和方法论；马克思主义政治经济学的创立，为民族思想政治教育学奠定了经济学基础；马克思主义的科学社会主义的创立，为民族思想政治教育学的任务和奋斗目标指明了方向。综上所述，马克思主义理论为民族思想政治教育学的建立奠定了根本理论基础。

2. 中国共产党的民族理论和民族政策是民族思想政治教育学的直接理论基础

中国共产党历来重视民族工作，并在不同的历史时期，提出了一系列的民族理论和民族政策。尤其是改革开放30多年来，将马克思主义民族理论与中国民族问题实际相结合，提出了一系列新的理论和新的观点。

改革开放30多年来党的民族理论和民族政策发展的基本内容主要体现在以下方面：（1）民族是在一定的历史发展阶段形成的稳定的人们的共同体。一般说来，民族在历史渊源、生产方式、语言、文化、风俗习惯以及心理认同等方面具有共同的特征。有的民族在形成和发展的过程中，宗教起着重要作用。（2）民族的产生、发展和消亡是一个漫长的历史过程。在人类社会发展的过程中，民族的消亡比阶级、国家的消亡还要久远。（3）社会主义

① 《马克思恩格斯选集》第3卷，776页，北京，人民出版社，1995。

时期是各民族共同繁荣发展时期，各民族间的共同因素在不断增多，但民族特点、民族差异和各民族在经济文化上的差距将长期存在。(4) 民族问题既包括民族自身的发展，又包括民族之间、民族与阶级、国家之间等方面的关系。在当今世界，民族问题具有普遍性、长期性、复杂性、国际性和重要性。(5) 中国特色社会主义道路是解决我国民族问题的根本道路。我国的民族问题只有在建设中国特色社会主义、实践中华民族伟大复兴的共同事业中才能解决。(6) 我国是各族人民共同缔造的统一的多民族国家，祖国统一是各族人民的最高利益，各族人民都要继承和发扬爱国主义传统，自觉维护祖国的安全、荣誉和利益，我国的民族问题是我国的内部事务，反对一切外部势力利用民族问题对我国进行渗透、破坏和颠覆活动。(7) 各民族不论人口多少，历史长短，发展程度高低，一律平等。国家为少数民族创造更多更好的发展机会和条件，保障各民族的合法权利和利益，各族人民都有义务维护宪法和法律的尊严。(8) 民族区域自治是我们党解决我国民族问题的基本国策，是符合我国国情的一项基本政治制度，是发展社会主义民主、建设社会主义政治文明的重要内容，必须长期坚持和不断完善。民族区域自治法是民族区域自治制度的法律保障，必须全面贯彻执行。(9) 平等、团结、互助、和谐是我国民族关系的本质特征，汉族离不开少数民族，少数民族离不开汉族，各少数民族之间也相互离不开。各族人民要相互尊重，互相学习，互相帮助，不断巩固和发展全国各族人民的大团结，构建社会主义和谐社会。(10) 各民族共同团结奋斗、共同繁荣发展是现阶段民族工作的主题。加快少数民族和民族地区经济社会发展，是现阶段民族工作的主要任务，是解决民族问题的根本途径，大力支持少数民族和民族地区加快发展。(11) 文化是民族的重要特征，少数民族文化是中华文化的重要组成部分，国家尊重和保护少数民族文化，支持少数民族文化的传承、发展、创新，鼓励各民族加强文化交流。大力发展教育、科技、文化、卫生、体育等各项事业，不断提高各民族群众的思想道德素质、科学文化素质和健康素质。（12）培养和选拔少数民族干部是解决民族问题，做好民族工作的关键，是管长远、管根本的大事。要努力造就一支宏大的德才兼备的少数民族干部队伍。民族地区人才资源开发是一项战略任务，要大力培养民族地区现代化建设需要的各级各类人才。

以上这十二个方面的内容，既坚持了马克思主义理论，又实现了理论上的与时俱进，开拓创新，提出了符合时代特征的新思想、新观点、新论断，在实践中被证明是正确地反映了我国民族问题和民族工作实质的，是我们党的民族理论和民族政策的最新总结与行动指南，必然成为马克思主义民族思想政治教育学的直接理论基础。

3. 思想政治教育学是民族思想政治教育学的具体理论基础

从学科的角度看，民族思想政治教育学是思想政治教育学的重要分支学科，它作为一种独特的思想政治教育形态，在人类社会发展史上占有重要地位，亟待纳入思想政治教育学的科学体系。建立民族思想政治教育学，用思想政治教育的基本理论、原理与方法来研究民族思想政治教育现象，研究民族思想政治教育学的学科体系和学科群，既可以推进民族思想政治教育学的发展，又有利于丰富和完善思想政治教育学的分支学科。

民族思想政治教育作为一种重要的思想政治教育形态，既有其自身的特殊性，也有一般思想政治教育的共性，它是特殊性与共性的统一，共性存在于特殊性之中，所以民族思想政治教育学必须以思想政治教育学的基本理论、原理和方法作为自己的具体理论基础。

（二）建立民族思想政治教育学的历史基础

马克思曾说：“理论在一个国家的实现程度，决定于理论满足这个国家的需要程度。”[①] 中国自古就是一个多民族的国家，在这个民族大家庭里，民族思想政治教育从来都是客观存在的，只是未冠以民族思想政治教育的名称，作为一种教育形式，它能够满足中国社会历史发展的需要，符合中国社会历史的要求，有着深厚的历史基础。

1. 多民族的特殊国情是建立民族思想政治教育学的社会历史基础

中国自古以来就是一个统一的多民族国家。纵观历史，中国虽然出现过短暂的割据局面和局部分裂，但统一始终是历史发展的主流。同时，在统一的多民族国家形成、发展和巩固过程中，经过长期的民族融合，形成了由56个民族共同组成的中华民族。中华民族是一个血脉相通的共同体，是一个和睦的大家庭。在这个大家庭中，各民族之间相互离不开有着深厚的历史渊源。一是体现在族际间血缘的融合上。自先秦开始，各民族间就相互融合，无论是汉族还是少数民族都不同程度地含有其他民族的血统，一些历史上消失的民族都把他们的血脉融入到后来的民族中。二是体现在经济发展的互动上。在我国历史上，北方游牧少数民族与南方农业民族，因各自都有着自己所特有而为对方所没有或缺少的但同时又是对方在生产和生活所必需的产品，于是，就逐步形成了被后来称为“马绢互市”和“茶马贸易”的民间贸易方式，从而丰富和改善了各族人民的物质生活，促进了各自经济的发展。在农业、手工业方面各民族也相互学习、相互影响。汉族在向周边少数民族传播农业和手工业的同时，也引进了少数民族的许多粮食作物和经济作物。三是体现在政治生活和文化上。在我国古代历史上，民族间在政治思想、政治制度和文化上一直相互学习、互相影响。如北魏孝文帝的改革，就接受儒家思想和汉服，西夏国借用中原王朝的政治制度和文字等，而少数民族的音乐、舞蹈、

① 《马克思恩格斯选集》第1卷，10页，北京，人民出版社，1995。

娱乐方式等对汉族地区也有很大影响。鸦片战争以后，中国一度沦为半殖民地半封建社会，中华民族陷入被压迫民族的境地，为捍卫国家的统一和民族的尊严，各族人民团结奋斗，共御外侮，与侵略者和民族分裂主义者进行了不屈不挠的斗争。1949 年，各族人民在中国共产党的领导下共同缔造了社会主义新中国，这标志着中华民族实现了真正的独立和解放，从而“彻底结束了旧中国一盘散沙的局面，实现了国家的高度统一和各民族的空前团结”①。

总之，在漫长的历史进程中，各族人民密切交往、相互依存，结成了牢不可破的血肉纽带和兄弟情谊，共同捍卫了国家统一和民族团结，共同推动了国家发展和社会进步。这种多民族的历史和现实的特殊国情，正是党和国家对全体社会成员实施民族思想政治教育的社会历史基础，也只有在这种多民族的历史和现实的特殊国情里，民族思想政治教育才能为全体社会成员所接受，才能符合中国社会历史发展的需要，满足中国社会历史发展的要求。

2. 中国共产党历来重视民族关系的建设，是建立民族思想政治教育学的政治思想基础

党和国家对学习马克思主义的民族理论历来十分重视。“早在 1928 年，党的第六次全国代表大会就在《关于民族问题的决议》中强调了少数民族问题对革命的重大意义，并委托中央委员会着手研究和准备这方面的材料，以便第七次代表大会列入议事日程并写入党纲。”② “1935 年红军长征过程中，党又在《中央关于一四方面军会合后的政治形势与任务的决议》中强调指出：学习马

① 江泽民：《在庆祝中国共产党成立八十周年大会上的讲话》，载《人民日报》，2001 年 7 月 2 日。

② 刘锷、何润：《民族理论和政策纲要》，58 页，北京，中央民族学院出版社，1990。

克思主义关于民族问题的理论与方法，是全党的迫切任务。”① 新中国成立初期，为增进各民族的团结，促进各民族的共同繁荣发展，加快少数民族干部的培养，加强马克思主义民族理论与政策的教育，1950 年当时的政务院制定了《培养少数民族干部试行方案》和《筹办中央民族学院试行方案》。根据这两个方案的规定，从当年开始在各民族院校、民族干部学校和民族地区高校先后开设了马克思主义民族理论与政策课程。1956 年国务院制定的《哲学社会科学研究十二年规划》中，进一步强调了要加强马克思主义民族理论的宣传教育，加强马克思主义民族理论的科学研究。党的十一届三中全会召开之后，通过拨乱反正，重新确立了党的实事求是的思想路线，又开始重视马克思主义民族理论的教育与研究，并使其进入正常的建设和发展轨道。

正是因为中国共产党历来对民族问题高度重视，注重对马克思主义民族理论的学习与运用，并提出了一系列符合我国国情的民族理论和民族政策，才使得祖国统一、社会稳定、民族团结、边疆巩固，社会主义建设事业才得到又好又快的发展。中国共产党在革命和建设实践中积累的丰富的马克思主义民族理论的宣传、教育和理论成果，为建立民族思想政治教育学奠定了坚实的政治思想基础。

（三）建立民族思想政治教育学的现实基础

民族思想政治教育学的现实基础包括客观现实基础和主观现实基础两个层面。

1. 民族问题的存在是建立民族思想政治教育学的客观现实基础

我国是一个统一的多民族国家，全面贯彻党的民族政策，巩

① 刘锷、何润：《民族理论和政策纲要》，59 页，北京，中央民族学院出版社，1990。

固和发展平等、团结、互助、和谐的社会主义民族关系，是我国长治久安的重要基础。在社会主义市场经济建设和改革开放的新时期，民族问题依然是关系到民族团结和国家统一稳定的重大问题。当前主要有五个方面的问题导致民族问题突出。

一是西部少数民族地区与东部发达地区经济社会发展差距进一步拉大，少数民族地区人民仍然相对落后。“从经济总量看，目前东部地区人均 GDP 是西部地区的 2.5 倍，比改革开放之前增加 0.5 个百分点。1999 年，东部地区人均 GDP 为 10732 元，西部地区为 4302 元；2006 年，东部为 26875 元，西部为 10894 元，东西部地区差距由 6430 元扩大到 15981 元，增加近 150%。”① 2006 年上半年，中国大陆 31 个省、市、区中，GDP 总量排在前 7 位的都分布在东部地区，而排在 23 名之后的几乎都分布在西部地区。②东西部发展差距过大，如果长期得不到解决，将会导致少数民族地区的干部和群众产生心理失衡和不满情绪，就会变成影响民族关系和社会稳定的深层次根源，影响了和谐民族关系的建设。

二是在社会主义市场经济条件下，民族之间的利益特别是经济利益的矛盾纠纷有所强化。突出地表现在一些国有大中型企业在民族地区进行开发建设时，由于不能很好地处理企业与地方之间相互促进的关系，在利税返还、招工、保护生态环境等方面，照顾地方利益不够，引起了少数民族和民族地区的不满。同时少数民族之间的一些利益矛盾，例如，围绕着草场、森林、水源、土地、矿产等资源之争导致的械斗和激烈冲突经常发生。在城市建设中，因国家重点工程的建设、道路拓宽、旧城改造、房屋土地开发而影响少数民族群众生产生活的事情也时有发生。这些问题表面上是建设过程中个别企业、项目开发商与地方的关系问题，

---

① 张翼、王永强：《8 年回首西部开发思与辩》，载《中国经营报》，2007 年 11 月 19 日。

② 《2006 年最新各省份（直辖市）GDP 排名》，http://www.61226122.com/CSD3.0/profession/detail.jsp?articleid=32172/2007-5-23。

实际上在深层次里已经涉及了民族关系，都不同程度地影响着民族之间的团结和国家的稳定。

三是频繁的人口流动造成民族之间的误会和摩擦有上升趋势。改革开放以来，尤其是在推进社会主义市场经济的进程中，大批汉族人口进入西部少数民族地区，西部少数民族人口也纷纷进入以汉族为主要聚居区的东部经济发达地区。这种人口的双向流动，有利于不同民族在生产和生活中相互了解，促进社会主义民族关系的发展。但是，少数民族人口在内地，会遇到许多在原籍很少遇到的新问题，例如，就业、医疗、社会保障、子女入学、宗教活动场所等实际问题在很大程度上未得到有效解决。为了保护自己的利益，他们往往以民族、宗教、地域和职业为纽带，结成利益群体，有着相对固定的生活圈和交往圈，容易游离于主流社会以外，与其他民族形成隔阂。再加上语言、风俗习惯和宗教信仰的差异，也容易使各类矛盾复杂化。另外，由于某些城市管理部门及其工作人员缺乏民族方面的基本知识，对党的民族政策学习了解不够，对少数民族有误解和偏见，言词中往往带有伤害少数民族感情的内容，如此等等，都会引发民族之间的矛盾和冲突，成为影响民族地区和国家社会稳定与和谐的一个因素。

四是因宗教信仰和风俗习惯不同而引发的民族矛盾时有发生。我国各少数民族都有自己独特的宗教信仰和风俗习惯，在少数民族特别是普遍信教的少数民族中，其信仰的宗教已经渗透到社会生活的各个领域，人们的风俗习惯、道德规范、心理素质、文化艺术等都已经打上了宗教的深刻印记。在现实生活中，由于不尊重少数民族宗教信仰和风俗习惯特别是不尊重信仰伊斯兰教的民族的宗教信仰和清真饮食习惯而产生的矛盾和纠纷时有发生。从近几年情况来看，这类问题主要发生在散杂居地区，以涉及信仰伊斯兰教的民族特别是回族的事件居多，这些地区的民族问题往往因掺杂着宗教因素而引发。所以，其表现形式更为复杂，处理起来更为棘手。特别是在西方敌对势力利用宗教问题对我国进行渗透，国内极少数分裂分子遥相呼应进行破坏的情况下，如果没有有效的应对措施，将会使一般宗教问题演变为民族问题，也可能激化为对抗性的民族矛盾。

五是国际敌对势力极力挑拨我国的民族关系，企图破坏我国的民族团结和国家统一稳定。长期以来，国际敌对势力一直没有放弃颠覆我国社会主义制度的企图，他们打着人权的幌子，加紧对我国实施“西化”和“分化”的图谋，支持和利用我国境内的民族分裂主义分子对我国进行分裂破坏活动。苏联解体、东欧剧变后，他们更加变本加厉，企图以民族、宗教问题为突破口，通过各种手段从事破坏、渗透和分裂活动，他们在部分民族地区鼓吹“西藏独立”和“新疆独立”，散布所谓的“泛伊斯兰主义”、“泛突厥主义”和“泛蒙古思想”，散布谎言，制造事端，煽动民族对立情绪，破坏各民族的团结。他们一手打民族牌，一手打宗教牌，其政治目的非常险恶。这集中表现为对鼓吹“藏独”的达赖集团和鼓吹“疆独”的东突势力的支持，极力挑拨藏族、维吾尔族与汉族的关系，西藏“3. 14”事件和新疆“7. 5”事件就是典型事例。他们把我国对民族分裂主义的斗争歪曲为对少数民族的镇压或侵犯人权，把推进少数民族地区经济建设歪曲对少数民族地区的经济掠夺等。境内外民族分裂分子则与西方敌对势力相互勾结，蒙骗少数民族群众，挑动事端，把矛头对准政府和汉族干部群众。江泽民曾深刻指出：“极少数分裂主义分子，无视历史和现实，一直没有停止过分裂祖国的活动。他们勾结国际敌对势力，披着宗教外衣，打着‘民主、自由、人权’和民族的旗号，在国内制造骚乱甚至暴乱。”①

邓小平同志说过：“我们党在现阶段的政治路线，概括地说就是一心一意搞四化。”为此，就需要有一个稳定的环境。因此，邓小平同志强调，在现阶段“中国的问题压倒一切的是需要稳定”。

① 《江泽民论有中国特色社会主义》，377 页，北京，中央文献出版社，2002。

"中国不允许乱"①。没有稳定的环境，什么都搞不成，已经取得的成果也会失掉；没有稳定的环境，就没有精力搞建设，更不可能实行改革开放政策。十一届三中全会以来，通过拨乱反正，我们党正确地贯彻执行了党的民族政策和宗教政策，民族地区的整个形势是好的，社会是稳定的。但是也应该清醒地认识到，民族问题和宗教问题是十分复杂和敏感的社会问题，由于各民族之间在风俗习惯、宗教信仰、语言和生活方式上的差异，由于少数民族和民族地区经济水平与全国平均发展水平之间的差距，由于从计划经济向社会主义市场经济转轨过程中产生的各种矛盾，所有这些都是民族地区潜在着的各种矛盾和不稳定因素。这些矛盾和不稳定因素虽然大多属于人民内部矛盾，但在一定气候下它又会以民族问题和宗教问题形式引发出各种事端，影响社会稳定。事实上，最近十几年来民族地区出现的各种事端，大都是以民族问题和宗教问题的形式引发的。因此，我们除了妥善解决好这些矛盾和事端以外，必须从国家全局和战略的高度上，在全国人民中进行马克思主义的民族思想政治教育。只有这样，我们才能正确执行党的民族政策和宗教政策，才能维护民族团结和国家统一稳定的大好局面，一心一意地进行社会主义现代化建设。

2. 党的民族工作理论和民族政策有了新的发展是建立民族思想政治教育学的主观现实基础

民族思想政治教育学作为思想政治教育学的分支学科，主要是用思想政治教育学的理论、原理与方法，来研究如何对社会成员进行民族观教育，使其形成一定社会所要求的民族观的学科。实践在发展，理论在创新，民族思想政治教育学必须以最新的马克思主义民族理论成果来武装全体社会成员的思想。

新中国成立60多年以来特别是改革开放30多年以来，在建设中国特色社会主义事业过程中，我们党一直坚持马克思主义的民

① 《邓小平文选》第2卷，284、286页，北京，人民出版社，1994。

族理论，又不断与时俱进。特别是党的十六大以来，以胡锦涛同志为总书记的党中央，深刻把握我国民族问题的客观规律和世界民族问题发展的宏观趋势，着眼于巩固和发展我国的民族团结进步事业，以科学发展观为指导，从构建社会主义和谐社会的战略高度，对新世纪新阶段处理好我国的民族问题，做好民族工作，提出了许多新思想、新观点、新论断和新要求，作出了一系列新的重大决策和部署。党的民族工作无论在理论还是在政策方面都有了新的发展和重大突破，进一步丰富和发展了马克思主义民族理论宝库。

第一，对“什么是民族”这一民族理论的首要问题，在认识上有了新的突破和发展。正确认识、科学阐释“民族”的内涵，是正确认识和解决民族问题的前提条件。长期以来马克思主义民族观关于民族的概念都是沿用斯大林的“四要素”说，即“民族是人们在历史上形成的一个有共同语言、共同地域、共同经济生活以及表现于同文化上的共同心理素质的稳定的人们共同体”。但斯大林的定义主要是根据当时苏联各民族的情况，主要反映的是资本主义上升时期的民族情况。“这一定义并不完全适用于像我国这样有几千年文化传统和民族交往历史的国家的民族界定，也不完全适用于像美国那样新兴的移民国家的民族界定。”① 因此，这个定义在中国学术界和理论界一直存在较大争议。

2005年中央民族工作会议对民族概念给予了新的诠释，明确提出了“七要素说”，即“民族是在一定的历史发展阶段形成的稳定的人们的共同体。一般说来，民族在历史渊源、生产方式、语言、文化、风俗习惯以及心理认同等方面具有共同的特征。有的民族在形成和发展的过程中，宗教起着重要作用”②。对民族概念

① 《中央民族工作会议精神学习辅导读本》，11页，北京，民族出版社，2005。

② 《中央民族工作会议精神学习辅导读本》，10、11页，北京，民族出版社，2005。

的新阐述，不仅富有鲜明的时代特征，而且把历史渊源、宗教等作为一些民族形成和构成的因素，进一步揭示了民族共同体形成的复杂性和特殊性，使民族概念既符合民族共同体的一般发展规律，又符合民族共同体的特殊发展规律，这是对民族概念的新认识和新突破。

第二，把发展引入民族问题的内涵。对什么是民族问题的回答，直接关系到一个国家怎样解决民族问题以及能否正确处理民族问题。这不仅是一个重大的理论问题，而且是一个重大的实践问题。新中国成立以来，我国理论界特别是民族理论界对民族问题的内涵进行了长期的探讨，形成了见解不一的多家争鸣格局。在过去相当长时期里，由于“左”的错误指导思想，也由于对民族问题内涵认识方面的偏颇，我们党曾提出社会主义时期“民族问题实质是阶级问题”的错误观点，加之其他因素的影响，我国在相当长的一段历史时期内，不能正确认识和处理民族问题，使民族工作和民族问题在曲折中徘徊。

在 1992 年中央民族工作会议上，江泽民指出：“民族问题既包括民族自身的发展，又包括民族之间，民族与阶级、国家之间等方面的关系。”① 根据这个论述，民族问题的内涵至少包括四个方面，即民族自身的发展问题，民族之间的关系问题，民族与阶级之间的关系问题，民族与国家之间的关系问题，亦即一个“发展”、三个“关系”。

“民族问题的根本，说到底是发展问题。离开发展，不可能找到正确解决当代民族问题的答案。十三届四中全会以来，民族工作的思想解放，关键就是在这个问题上的思想解放。我国在以往处理民族问题上的曲折和失误，在前进中遇到的一些困惑，归根到底都在于对这个问题没有完全搞清楚。现在搞清楚了，就为正

---

① 国家民委政研室：《中国共产党主要领导人论民族问题》，250 页，北京，民族出版社，1994。

确解决我国现阶段的民族问题提供了科学的理论依据。”[①] 胡锦涛在2005年中央民族工作会议上进一步指出，现阶段我国的民族问题，突出和集中地表现为少数民族和民族地区迫切要求加快社会的发展，“共同团结奋斗、共同繁荣发展”是新世纪新阶段民族工作的主题。因此，处理我国现阶段的民族问题，必须立足于建设中国特色的社会主义的全局，服从和服务于这个大局，抓住历史机遇，千方百计加快少数民族和民族地区的发展，使各族人民的生活水平和生活质量不断提高，使少数民族地区的发展水平赶上汉族地区的发展水平。把发展引入民族问题的内涵，是对马克思主义民族理论的重要发展，标志着我们党对社会主义时期民族问题的认识提高到了一个新的水平。

第三，揭示当代民族问题的基本特征，强调民族问题事关国家主权和民族团结。关于民族问题的特征，江泽民重点强调了“三性”。他在第一次中央民族工作会议上指出：“我们必须从振兴中华民族的高度，充分认识民族工作的长期性、复杂性和重要性。”[②] 他多次强调“民族、宗教无小事”，“民族问题是关系到我们的国家统一、社会稳定、边防巩固、建设成功的大问题”，“在社会主义条件下，正确处理民族问题是一个带根本性的问题”[③]。2005年中央民族工作会议肯定了“三性”，并进一步指出，在当今世界，民族问题具有普遍性、长期性、复杂性、国际性和重要性。这一论断，科学地概括了民族问题的基本特征。同时，在事关国家主权问题上，2005年中央民族工作会议重申维护祖国统一，反对民族分裂。总之，“民族、宗教无小事”，对于多民族国家来说，

---

① 李德洙：《党的第三代领导集体对马克思主义民族理论的新发展新贡献》，载《中国民族》，2002（7）。

② 国家民委政研室：《中国共产党主要领导人论民族问题》，240页，北京，民族出版社，1994。

③ 中共中央统战部：《“三个代表”与统一战线》，38、39页，北京，华文出版社，2003。

民族问题关系到国家主权、领土完整、社会稳定、边疆巩固、经济发展和国内各民族的团结。解决好民族问题无论是对多民族国家，还是对由多民族组成的世界来说，其重要性是不容置疑的。这些新阐述和新概括，进一步丰富了马克思主义民族理论宝库。

第四，全面而深刻地阐明了平等、团结、互助、和谐是我国社会主义民族关系的本质特征。2005 年中央民族工作会议第一次明确了我国社会主义民族关系的本质特征是平等、团结、互助、和谐。在 2006 年召开的全国统战工作会上，胡锦涛同志进一步指出，平等是基石，团结是主线，互助是保障，和谐是本质。这是我们党对民族关系发展规律的深刻把握，是对民族关系理论的重大发展。

1982 年，党章和宪法将我国社会主义民族关系基本特征明确表述为“平等、团结、互助”后，党和国家的文件、领导人的讲话、学术研究的成果，一般都使用这一提法。但是，随着我国改革开放的深入和市场经济的发展，理论界对这一表述提出了几种补充意见，并展开了热烈的讨论。

1983 年 4 月，在讨论《中华人民共和国民族区域自治法》（草案）座谈会上，有人提出了补充“合作”的观点。1985 年 10 月，第三届全国民族理论学术讨论会上，有人提出了加上“竞争”的观点，随后又有人提出“共同繁荣”的内容，认为随着党中央改革、开放、搞活方针的贯彻执行，民族关系在平等、团结、互助的基础上出现了一个新的重要发展，这就是各民族的“共同繁荣”。此外，中共中央和国务院等有关部门的文件中、国家一些领导人的讲话中，对有关社会主义民族关系的表述，除了“平等、团结、互助”以外又提到“友爱”，而且对民族关系基本特征的排列和表述顺序也不同。①

① 金炳镐:《党对社会主义民族关系理论的丰富和发展》（下），载《中国民族报》，2009 年 3 月 6 日。

20世纪90年代，党的十三届七中全会、七届全国人大四次会议以及江泽民《在庆祝中国共产党成立七十周年大会上的讲话》中提出了“平等互助、团结合作、共同繁荣的社会主义新型民族关系”的新提法。这是以江泽民为核心的党的第三代中央领导集体对社会主义民族关系基本特征理论的丰富和发展。

新世纪新阶段，在全面建设小康社会、构建社会主义和谐社会的过程中，我国社会主义民族关系进入了新的发展和完善阶段。胡锦涛在2005年中央民族工作会议上强调指出“平等、团结、互助、和谐是我国社会主义民族关系的本质特征”。“在我国社会主义民族关系基本特征中加入‘和谐’的要素，这是中国共产党从现阶段构建社会主义和谐社会总体目标出发，基于现实民族问题的特点和规律对我国民族关系认识的重要发展，是新的理论突破，为社会主义民族关系理论注入了新的内涵，使我国社会主义民族关系基本特征的内容更加完善、科学，具有重要的理论意义和实践意义。”①

第五，从我国现实出发，对社会主义条件下民族问题的发展规律，进行了新的概括和发展。胡锦涛同志在2007年中央民族工作会议的重要讲话中，进一步丰富了马克思主义民族理论。其基本点主要有四个方面。第一，将马克思主义关于民族和民族问题的基本观点进一步概括为：“民族是一个历史的范畴，民族问题是一种社会现象。民族问题与民族的存在相伴生，只要民族和民族差别存在，就有民族问题存在。”第二，明确提出了要把握民族问题的发展规律，首先要正视民族差别的客观存在，要充分认识民族差别存在的长期性，科学地对待民族之间的差别。“对各民族在历史发展中形成的传统、语言、文化风俗习惯、心理认同等方面的差异，我们要充分尊重和理解，不能忽视它们的存在，也不能

---

① 金炳镐：《党对社会主义民族关系理论的丰富和发展》（下），载《中国民族报》，2009年3月6日。

用强制的方式加以改变。对各民族在发展水平上的差距，我们要积极创造条件，努力缩小和消除。这是一个历史的过程，需要我们进行长期的努力。”第三，在承认和尊重民族之间存在着差异、差别的基础上，还应看到在社会主义条件下民族之间共同因素不断增长的趋势。“在社会主义制度下我国实现了各民族政治上平等，各民族共同繁荣发展具备了根本政治条件，各族人民的根本利益是一致的。随着我国经济、政治、文化和社会的发展，各民族相互学习、相互影响、相互帮助，共同因素会不断增多。”第四，对新世纪新阶段社会主义条件下民族问题的极端复杂性和解决民族问题的根本道路进行了科学地分析和概括，明确提出了“在现实生活中，我国的民族问题往往表现为经济问题与政治问题交织在一起，现实问题与历史问题交织在一起，民族问题和宗教问题交织在一起，国内问题与国际问题交织在一起。正确处理民族问题，涉及我国经济建设，政治建设，文化建设与和谐社会建设各个方面。”“我国的民族问题必须放到建设中国特色社会主义的全局中来解决。”“中国特色社会主义道路是解决我国民族问题的根本道路。”①。

第六，根据全面建设小康社会和构建社会主义和谐社会的需要，明确提出了“新世纪新阶段的民族工作，必须把各民族共同团结奋斗，共同繁荣发展作为主题”。民族工作的主题是民族工作的灵魂和旗帜，是做好民族工作必须把握的根本方向。党的三代领导人和领导集体，在把握民族工作的主题问题上都有大量的论述，都把“共同繁荣发展”作为核心问题来对待。以胡锦涛同志为总书记的党中央，在继承这一关系民族工作根本方向的问题上进一步明确提出了共同团结奋斗，共同繁荣发展是新世纪新阶段我国民族工作的主题，并进而深刻阐述了这一主题的内涵和辩证

① 胡锦涛：《在中央民族工作会议暨国务院第四次全国民族团结进步表彰大会上的讲话》，载《人民政协报》，2007 年 5 月 28 日。

关系，对进一步做好民族工作，把握好根本方向具有重要的理论指导意义。胡锦涛同志在2007年中央民族工作会议的重要讲话中着重强调，“新世纪新阶段的民族工作必须把各民族共同团结奋斗，共同繁荣发展作为主题。共同团结奋斗，就是要把全国各族人民的智慧和力量凝聚到全面建设小康社会上来，凝聚到建设中国特色社会主义上来，凝聚到实现中华民族的伟大复兴上来。共同繁荣发展，就是要牢固树立和全面落实科学发展观，切实抓好这个党执政兴国的第一要务，千方百计加快少数民族和民族地区经济社会发展，不断提高各民族的生活水平。”“只有各民族共同团结奋斗，各民族共同繁荣发展才能具有坚实基础。抓住了共同团结奋斗，共同繁荣发展这个主题就抓住了新形势下正确处理民族问题，切实做好民族工作的根本，就能在全面建设小康社会的历史进程中不断开创民族工作的新局面。”① 党的十七大报告进一步强调了要“牢牢把握各民族共同团结奋斗，共同繁荣发展主题，保障少数民族合法权益”②。

第七，全面而系统地提出了新形势下做好民族工作五项指导原则，这是对我们党在长期实践中积累的处理民族问题丰富经验的科学总结。“我们党在长期实践中积累了处理民族问题的丰富经验。毛泽东同志、邓小平同志、江泽民同志都对正确处理民族问题，做好民族工作做了深刻论述，提出一系列重要思想，指导我们形成了解决民族问题，切实做好民族工作的基本理论和基本政策。这是我们的宝贵精神财富，必须始终坚持和全面贯彻”，要

---

① 胡锦涛：《在中央民族工作会议暨国务院第四次全国民族团结进步表彰大会上的讲话》，载《人民政协报》，2007年5月28日。

② 胡锦涛：《高举中国特色社会主义伟大旗帜，为夺取全面建设小康社会新胜利而奋斗——在中国共产党第十七次全国代表大会上的报告》，载《人民日报》，2007年10月25日。

"结合新的实际不断丰富和发展"①。为此，胡锦涛同志明确提出了做好新形势下民族工作的五项指导原则，即"五个坚持"：坚持从实际出发，促进各民族共同团结奋斗，共同繁荣发展；坚持巩固和发展平等、团结、互助、和谐的社会主义民族关系；坚持和完善民族区域自治制度，切实贯彻民族区域自治法，全面贯彻党的宗教政策，尊重和保护少数民族的合法权益和宗教信仰；坚持把加快少数民族和民族地区经济社会发展作为解决我国民族问题的根本途径；坚持维护法律尊严和各族人民的利益，维护民族团结祖国统一、国家安全和社会稳定。这五项重要指导原则，是结合新形势新任务的需要，对党的民族工作指导原则的系统发展，对于做好新世纪新阶段党的民族工作具有极为重要的指导意义。

第八，对民族工作中坚持和完善民族区域自治制度，全面做好民族团结进步事业，努力培养和选拔少数民族干部等重大问题，从理论的高度做出了新的论述，提出了新的要求。民族区域自治制度是解决我国民族问题的基本政治制度和基本政策，是中国共产党结合中国的具体国情将马克思主义民族理论中国化的典范。20 世纪 90 年代随着国际共产主义运动遭受重大挫折，在国际国内复杂多变的形势下，西方敌对势力进一步加强对我国实行"西化"和"分化"的力度，其中否定、攻击、取消民族区域自治制度的思潮和活动日益猖獗。与此同时，在我国学术领域内，对坚持民族区域自治制度也出现了不同声音。有鉴于此，以胡锦涛同志为总书记的党中央在继承中有了新的发展，肯定和重申了我们党运用民族区域自治正确处理民族问题的基本经验。第一次明确提出了坚持和完善民族区域自治制度"三个不容"的新论断。胡锦涛同志指出："民族区域自治制度，作为我们党处理民族问题的一条基本经验不容置疑，作为我国的一项基本政治制度不容动摇，作

① 胡锦涛：《在中央民族工作会议暨国务院第四次全国民族团结进步表彰大会上的讲话》，载《人民政协报》，2007 年 5 月 28 日。

为我国社会主义的一大政治优势不容削弱。”其次，对民族团结进步事业，胡锦涛同志做出了新的阐释。他指出：“我国民族团结进步事业，是建设中国特色社会主义伟大事业的重要组成部分。发展我国民族团结进步事业，就是要在巩固和发展社会主义民族关系的基础上，全国各族人民和睦相处、和衷共济、和谐发展，促进社会主义祖国繁荣昌盛，维护社会主义祖国的统一安全，同心同德为建设中国特色社会主义、实现中华民族的伟大复兴而奋斗。”“不断推进我国民族团结进步事业，是我们党立党为公、执政为民的根本要求，也是我国各族人民的光荣职责。”第三，少数民族干部，是党和政府联系少数民族群众的重要桥梁和纽带，是做好民族工作的骨干力量。我们党历来重视对少数民族干部的选拔、培养和使用。以胡锦涛同志为总书记的党中央把这一问题提到了一个前所未有的高度，第一次明确提出要把培养、选拔、使用少数民族干部作为关系民族工作根本、长远的大事来抓。胡锦涛同志指出，“做好培养、选拔、使用少数民族干部的工作”，“要把这项工作作为管根本、管长远的大事，制定周密规划，明确目标任务，完善政策机制，认真组织实施，持之以恒地抓下去。”①

此外，在少数民族文化的保护和发展方面，我们党继承和发展了马克思主义的民族理论，指出：少数民族文化是中华文化的重要组成部分，国家尊重和保护少数民族文化，支持少数民族优秀文化的传承、发展、创新，鼓励各民族加强文化交流；大力发展教育、科技、文化、卫生、体育等各项事业，不断提高各族群众的思想道德素质、科学文化素质和健康素质等重要观点。

我们党在实践中总结提炼的与时俱进的又被实践证明是正确的思想和观点，为民族思想政治教育学的建立提供了主观的现实基础。

---

① 胡锦涛：《在中央民族工作会议暨国务院第四次全国民族团结进步表彰大会上的讲话》，载《人民政协报》，2007 年 5 月 28 日。

第一章　民族思想政治教育结构论

民族思想政治教育是一定的政党或国家有针对性地对其社会成员进行民族观和民族政策教育，促使社会成员形成正确民族观的社会实践活动。民族思想政治教育是一个非常复杂的系统工程。与传统的土木工程、冶金技术等“物理”技术工程不同，民族思想政治教育是社会性系统工程，是关于民族思想政治教育“事理”的工程，是组织管理民族思想政治教育实践活动的方法、步骤、程序的总和。钱学森曾指出：“系统工程是组织系统的规划、研究、设计、制造、试验和使用的科学方法，是一种对所有系统都具有普遍意义的科学方法。”① 要对民族思想政治教育展开系统研究，就必须按照系统观点处理民族思想政治教育问题，自觉地将民族思想政治教育作为一个系统来研究。

从共时性角度看，要把民族思想政治教育看作由若干要素构成的整体，注重了解各要素之间的相互联系，从民族思想政治教育系统整体出发研究和处理民族思想政治教育问题。从历时性角度看，要把民族思想政治教育问题看做由许多相互关联的阶段、步骤、工序等组成的过程，注重把握全过程，从全过程出发关照好各阶段的衔接。厘定系统要素，剖析系统结构，是对系统展开

① 钱学森：《论系统工程》（增订本），12 页，长沙，湖南科学技术出版社，1988。

研究的基础。本章从共时性和历时性相结合的角度，以共时性角度为重点，主要分析民族思想政治教育的构成要素、民族思想政治教育结构的类型以及民族思想政治教育结构的优化等问题。

一、民族思想政治教育的要素

系统论认为，任何事物都可以看做一个系统，而要素是构成系统的基本单元，离开要素，事物就不复存在。要系统研究民族思想政治教育，就必须首先分析构成民族思想政治教育的要素。要素是分析系统结构的基础，要分析事物的结构，必须先分析事物的要素。由此可见，要展开民族思想政治教育结构研究，必须首先进行民族思想政治教育结构的要素分析。那么，如何分析民族思想政治教育的要素呢？有学者总结了研究思想政治工作要素的几种取向，将其分为“主客体等要素论”、“教育要素论”、“工作要素论”、“基本要素论”和“情、理、行要素论”等观点，并对每种观点进行了评析，在此基础上提出了研究思想政治工作要素的方法论。①

有学者曾将思想政治教育环境纳入思想政治教育要素，这是需要商榷的，因为从系统论的观点来看，环境是外在于思想政治教育系统整体的东西，所以本书不将环境纳入民族思想政治教育要素之中。结合思想政治教育学界对思想政治教育、思想政治工作要素的认识，本书将民族思想政治教育结构的要素厘定为民族思想政治教育主体、民族思想政治教育客体和民族思想政治教育联通体。这是因为，主体与客体的关系是认识活动和实践活动的永恒主题。民族思想政治教育既是一项实践活动，也是一项复杂的认识活动。我们必须用主客体相统一的视野研究民族思想政治教育，而民族思想政治教育活动中主体和客体如何产生联系、如

---

① 余仰涛：《思想政治工作研究方法论》，50～66页，武汉，武汉大学出版社，2006。

何发生作用，则需要一定的中介，我们将这种中介称为民族思想政治教育联通体。

（一）民族思想政治教育主体

现实的人和现实的人类是认识世界和改造世界的主体，但并非所有的人都是主体。主体应当是具有自觉意识并进行有目的的认识实践活动的人。同理，民族思想政治教育活动中，并不是所有的参与者都是民族思想政治教育主体。具有主体性和主体素质，并不必然表明其就是某项社会实践活动的主体。我们既要正确认识和理解民族思想政治教育主体的含义，也要区分民族思想政治教育主体和民族思想政治教育中的主体的联系和区别。

1. 民族思想政治教育主体的含义

民族思想政治教育主体，是指有目的、有计划地发动、组织、实施民族思想政治教育实践活动的个人或组织。

民族思想政治教育主体，必须是民族思想政治教育活动的发动者、组织者和实施者，是有计划、有目的地发动、组织和实施民族思想政治教育活动的个人或者组织，内在地包含民族思想政治教育领导者、民族思想政治教育管理者和民族思想政治教育具体实施者。本书中的民族思想政治教育主体，主要是指民族思想政治教育具体实施者或操作者。

2. 民族思想政治教育中的主体

民族思想政治教育实践活动中，客观地存在着三种活动形式：首先是认识活动，凡是具有正常认识能力的人，都是认识活动的主体。这就是说，在认识活动中，民族思想政治教育活动中的一切具有正常认识能力的人都是认识主体，这一认识主体既包括民族思想政治教育发动者、组织者和实施者，又包括民族思想政治教育的对象。其次是教育活动，其主体，只能是民族思想政治教育的发动者、组织者和实施者，不能包括民族思想政治教育的对象。最后是接受活动，其主体是民族思想政治教育的对象和参与者。所以，在民族思想政治教育的不同活动领域，存在着不同的主体。需要指出的是，民族思想政治教育实践活动中的这三种活动形式，不是截然分开的，而是以教育活动为中心，相互交融、相互渗透，共存于民族思想政治教育实践活动中。本书之所以将其分开，仅仅是便于认识和分析民族思想政治教育这一复杂的社会性系统工程。

从上述分析可见，民族思想政治教育主体，不同于民族思想政治教育活动中的主体。民族思想政治教育主体，总是处于民族思想政治教育实践活动之中，但是并不是民族思想政治教育活动中的所有主体都是民族思想政治教育主体。民族思想政治教育主体的边界要小于民族思想政治教育中的主体。

（二）民族思想政治教育客体

民族思想政治教育客体总是同民族思想政治教育主体相伴而存在。有民族思想政治教育主体，必然有民族思想政治教育客体。所以，民族思想政治教育客体是民族思想政治教育整体系统的又一重要因素。

1. 民族思想政治教育客体的含义

民族思想政治教育客体是民族思想政治教育主体有计划、有目的地施加教育影响的个人或群体。这蕴含着以下几点含义：首先，民族思想政治教育客体是民族思想政治教育的对象和参与者。其次，民族思想政治教育客体内含着除民族思想政治教育主体之外的能够受到教育影响的一切人，这里的一切人既可以是个人，也可以是群体，甚至可以是整个社会。最后，民族思想政治教育客体有广义和狭义之分。在民族思想政治教育中受到的影响可以是直接的，也可以是间接的，甚或是潜移默化的。从广义上讲，只要受到民族观的教育影响的对象和参与者，都可以算作民族思想政治教育客体。从狭义上讲，民族思想政治教育客体则仅指民族思想政治教育实践活动过程中受到直接教育影响的个人或群体。

本书若无其他说明，民族思想政治教育客体仅指具体的民族思想政治教育实践活动中直接受到民族观教育影响的个人或群体。

2. 民族思想政治教育中的客体

与上述民族思想政治教育中的主体一样，在民族思想政治教育实践活动中，也存在着三种客体，即民族思想政治教育实践活动中的认识客体、教育客体和接受客体。民族思想政治教育实践活动中的认识客体，包括民族思想政治教育实践活动中一切认识对象，这种认识对象可以是人也可以是物，可以是民族思想政治教育主体，也可以是民族思想政治教育客体；民族思想政治教育实践活动中的教育客体，则与本书特指的民族思想政治教育客体同义；民族思想政治教育实践活动中的接受客体，则仅指民族思想政治教育主体所传导的特定的民族观。由此可见，民族思想政治教育客体不同于民族思想政治教育中的客体，后者的边界要比前者大得多。

（三）民族思想政治教育联通体

民族思想政治教育主体与民族思想政治教育客体要想发生思想联结与作用，必须具有一定的能够起到联结和沟通的物体，使民族思想政治教育主体与民族思想政治教育之间的联通成为可能。这就有必要研究民族思想政治教育联通体这一要素。

1. 民族思想政治教育联通体的含义

民族思想政治教育联通体，是指有联结和沟通民族思想政治教育主、客体，促成双方进行思想交往和双向交流的客观实在。民族思想政治教育主、客体关系得以确立，正是借助于民族思想政治教育联通体的作用。这种客观实在是一种中介物，是主客观的统一，是虚与实的统一，起到桥梁和纽带的作用。一般来说，民族思想政治教育联通体包括民族思想政治教育介体、载体等具体内容。

2. 民族思想政治教育联通体的边界

要深入理解和把握民族思想政治教育联通体，必须搞清楚民族思想政治教育联通体的边界，把握其与相关事物的联系与区别。

首先，民族思想政治教育联通体不同于民族思想政治教育中介。中介指在不同事物或同一事物内部对立两极之间起居间联系作用的环节。“对立的两极通过中介联成一体。中介因对立面的斗争向两极分化，导致统一体的破裂。各事物之间直接联系的中介一般有以下几种：①各事物相互交换的媒介子（如引力子和虚光子）所构成的场，如引力场和电磁场；②由各事物自身发出的相互交换着的递质；③各种事物内部共同的规律性（以上三种中介相对于被它们传递着相互作用的事物，不能看成是同一个层次的事物）；④对立的两个方面（这两个方面是处于同一个层次中的事物）。”[①] 根据邵献平的研究，思想政治教育中介包括组织中介、传媒中介、关系中介、载体中介、内容中介和主体中介等所有中介介质，[②] 由此可见，中介的边界比联通体要大。民族思想政治教育联通体只是民族思想政治教育中介的一种。

其次，民族思想政治教育联通体不同于民族思想政治教育介体和载体。介体就是介质，又称媒介，是用于物与物之间相互传递信息或物质的。民族思想政治教育介体是指能够传递思想政治教育信息的媒介，主要包括民族思想政治教育内容（主要是马克思主义民族观）、目标、方法、手段等。而民族思想政治教育载体是指能够承载民族思想政治教育实践活动，并能够传递马克思主义民族观信息的客观实在，包括传统载体和现代载体，传统载体包括课程载体、活动载体、文化载体等；现代载体包括网络载体、管理载体、大众传媒载体等。这说明，民族思想政治教育联通体的边界要大于民族思想政治教育介体和载体，后者是前者的主要内容。

---

① 百度百科：http：//baike. baidu. com/view/567634. htm，2010 - 12 - 27。

② 邵献平：《思想政治教育中介论》，7 页，北京，中国社会科学出版社，2007。

二、民族思想政治教育的结构

研究民族思想政治教育实践活动系统，除了研究其要素外，还要研究要素之间的联结方式即研究其结构，因为研究民族思想政治教育实践活动系统的结构，才能进一步地揭示民族思想政治教育实践活动系统的功能，也更有利于我们认识民族思想政治教育实践活动系统的特性。

（一）民族思想政治教育的要素结构

民族思想政治教育的要素结构，又叫民族思想政治教育的基本结构，是相对于后文民族思想政治教育的具体结构而言的。民族思想政治教育要素结构主要是反映民族思想政治教育实践活动中各个要素所处的地位和作用，以及相互之间的矛盾运动关系。

1. 民族思想政治教育主体的地位和作用

民族思想政治教育各要素存在着一定的差异性，这种差异性，表现为各要素在民族思想政治教育整体系统中的地位和作用不同。

民族思想政治教育主体在民族思想政治教育整体系统中处于主导地位。这是指民族思想政治教育主体在民族思想政治教育系统中处于主导者的位置，往往决定着民族思想政治教育实践活动的发生、发展状况。这一主导地位主要表现在：一是发动性，民族思想政治教育实践活动首先由民族思想政治教育主体来发起和启动；二是导向性，民族思想政治教育实践活动性质、发展方向等均由民族思想政治教育主体左右；三是诱导性，民族思想政治教育系统由民族思想政治教育主体诱导朝着特定方向发展。

与民族思想政治教育主体的主导地位相适应，民族思想政治教育主体在民族思想政治教育实践活动系统中起着主导作用。这主要是指民族思想政治教育主体在民族思想政治教育实践活动中发挥着主导作用。它主要表现在：一是发挥定向作用，民族思想政治教育主体规定和影响民族思想政治教育实践活动的方向；二是发挥组织作用，民族思想政治教育主体把民族思想政治教育实践活动系统各要素按一定的方式有机地组织在一起；三是发挥主旨作用，民族思想政治教育主体谋划、策划、主导着民族思想政治教育实践活动的开展。

2. 民族思想政治教育客体的地位和作用

民族思想政治教育客体在民族思想政治教育系统中处于主体地位。这是指民族思想政治教育客体是民族思想政治教育的主体部分，其主体地位表现在：一是民族思想政治教育存在的前提，没有民族思想政治教育客体，就无所谓民族思想政治教育活动的发生；二是民族思想政治教育的目的地，民族思想政治教育活动最终的目标指向是使民族思想政治教育客体接受马克思主义民族观；三是民族思想政治教育活动的积极主动的参与者，民族思想政治教育客体作为具有主体性的活生生的人，有着自身发展的需要，正是这种自身发展完善的需要，促使民族思想政治教育客体积极主动地参与民族思想政治教育活动。

与民族思想政治教育客体的主体地位相适应，民族思想政治教育客体在民族思想政治教育实践活动中发挥主体作用。这是指民族思想政治教育客体在民族思想政治教育实践活动中起着主力的作用。它主要表现在民族思想政治教育客体是信息反馈的主力军，民族思想政治教育实践活动的各种信息主要从民族思想政治教育客体获得反馈；民族思想政治教育客体是民族思想政治教育实践活动效果检验的主力军，民族思想政治教育实践活动系统主要从民族思想政治教育客体的各种状态来检验；民族思想政治教育客体是民族思想政治教育实践活动中思想之间相互联结的主力军，民族思想政治教育实践活动的成功进行主要靠民族思想政治教育客体的努力来实现。

3. 民族思想政治教育联通体的地位和作用

民族思想政治教育联通体在民族思想政治教育整体系统中处于一种中介地位，是民族思想政治教育主体与客体思想联结与沟通的纽带。其中介地位表现在：一是民族思想政治教育联通体处于民族思想政治教育主体与民族思想政治教育客体之间，是民族思想政治教育主客体之间的沟通与连接体；二是民族思想政治教育联通体是民族思想政治教育主客体之间的凭借体和依托体，使双方的思想交往与互动成为可能。

与民族思想政治教育联通体在民族思想政治教育整体系统运作中的地位相适应，民族思想政治教育联通体在民族思想政治教育实践活动中发挥着中介作用。这主要表现在：一是关联作用，是指民族思想政治教育主客体之间通过民族思想政治教育联通体而相互联系、发生作用；二是传递作用，是指民族思想政治教育主客体之间通过民族思想政治教育联通体相互传递思想信息；三是互动作用，是指民族思想政治教育主客体之间通过民族思想政治教育联通体作为相互作用的手段。

4. 民族思想政治教育主体与民族思想政治教育客体之间的关系

在民族思想政治教育实践活动系统各要素中，最主要的关系是民族思想政治教育主体与民族思想政治教育客体之间的关系，这在民族思想政治教育实践活动中表现为主导与受导的关系。主导包括两层含义，即宣传理论、传导思想，引发启发、劝导诱导、感化影响。受导，也包含着两层含义，即接受主导思想所主导的马克思主义民族观的理论知识和马克思主义民族观的方法论。民族思想政治教育客体与民族思想政治教育主体对于马克思主义民族观认识之间的差距，是推动民族思想政治教育客体民族观发展的动力。

民族思想政治教育主体与民族思想政治教育客体是民族思想政治教育实践活动过程中矛盾的双方，他们之间的相互运动促进了民族思想政治教育实践活动的发展。在民族思想政治教育实践活动活动中，尽管他们各自承担的任务不同，但都是人的因素，都处于主体地位。就两者关系来讲，主要是一种主导与主动、双向互动的关系。

首先，主导与主动的关系。民族思想政治教育主体与民族思想政治教育客体作为有着主体性特征的人，均为民族思想政治教育实践活动过程中不同范畴下的主体。民族思想政治教育主体具有主体性，在民族思想政治教育实践活动过程中起着主导作用，并主导和支配着民族思想政治教育主体与民族思想政治教育客体之间的关系；民族思想政治教育客体对民族思想政治教育主体发出的行为、信息，可以取舍，体现出能动性、自主性、选择性。在民族思想政治教育实践活动活动中，民族思想政治教育客体将马克思主义民族观内化为自己的智慧、才能、思想、观点和品质。民族思想政治教育主体的传导活动离不开民族思想政治教育客体的主动参与配合。如果没有民族思想政治教育客体的积极参加，发挥其主观能动性，民族思想政治教育实践活动是不会获得好的效果的。民族思想政治教育客体的主动作用离不开民族思想政治教育主体的制约和引导。如果没有民族思想政治教育主体的解释、引导、宣传、教育，民族思想政治教育客体的接受活动就有可能走向邪路上去。所以，民族思想政治教育主体的主导性与民族思想政治教育客体的主动性相结合，是有效开展民族思想政治教育实践活动的必不可少的条件。既不能否认和放弃民族思想政治教育主体的主导作用，也不能否定民族思想政治教育客体的主动作用。民族思想政治教育主体与民族思想政治教育客体的主导作用和主动作用不构成矛盾的对立面，而是相互依存的统一体，是从不同角度说明二者在民族思想政治教育实践活动过程中不可忽视的作用，民族思想政治教育主体与民族思想政治教育客体不能互相取代，要把握二者的不同责任及二者的相互作用。

其次，双向互动的关系。民族思想政治教育主体与民族思想政治教育客体在民族思想政治教育实践活动过程中发生着十分复杂的互动关系。肯定民族思想政治教育主体在民族思想政治教育实践活动过程中的主导地位，绝不能否定民族思想政治教育客体的主观能动性。民族思想政治教育客体在民族思想政治教育实践活动过程中对民族思想政治教育主体而言所处的地位是接受者、受控制者的地位。但绝不因此而影响其在民族思想政治教育实践活动过程中的主动性、积极性，他是以主观能动的主体姿态参与、接受马克思主义民族观的过程的。民族思想政治教育客体是接受的主体，在正确的主导思想引导下，民族思想政治教育客体成为主动的学习和接受主体，而不是消极被动任由民族思想政治教育主体摆布的人。事实上，民族思想政治教育客体的主动性、积极性、创造性正是构成了民族思想政治教育主体主导地位的一个侧面。因为，民族思想政治教育主体的主导地位必须建立在民族思想政治教育客体主观能动性充分发挥的基础之上；同时，民族思想政治教育主体主导作用的实现必然带来民族思想政治教育客体主观能动性的充分发挥。民族思想政治教育主体主导作用的目的在于民族思想政治教育客体的接受是有效的活动，这就必须以充分调动和发挥民族思想政治教育客体的主动性、积极性、创造性为前提，要实现这一目标，就必须把民族思想政治教育主体的积极引导过程与民族思想政治教育客体的能动接受过程融合为一体，使之成为一个统一的过程。

（二）民族思想政治教育的具体结构

研究了民族思想政治教育整体系统的基本结构，还要研究民族思想政治教育整体系统的具体结构。因为民族思想政治教育整体系统的基本结构的研究，是对民族思想政治教育整体系统的整体把握，就是研究构成民族思想政治教育整体系统的各要素之间的联结方式。只有对民族思想政治教育整体系统的整体把握，而没有对构成系统的各要素内部的局部把握，也不利于我们揭示民族思想政治教育整体系统。由于目的、手段、方法是内含在马克思主义民族观之中的，又由于主导思想、受导思想分别是依存于民族思想政治教育主体、民族思想政治教育客体之中的，所以，我们在此只研究民族思想政治教育主体的结构、民族思想政治教育客体的结构。

1. 民族思想政治教育主体的结构

民族思想政治教育主体的结构可以分为职业、年龄、人数、知识、能力、身份、性格、性别结构等。

（1）民族思想政治教育主体职业结构

从民族思想政治教育主体职业上的地位来分析，民族思想政治教育主体的结构可分为群众性民族思想政治教育主体与兼职民族思想政治教育主体、专职民族思想政治教育主体。群众性民族思想政治教育主体，是指那些不专门从事民族思想政治教育整体主导活动职业的人。兼职民族思想政治教育主体，则是由在本职工作之外兼做民族思想政治教育整体主导活动的人员组成。专职民族思想政治教育主体，是指那些专以马克思主义民族观教育或引导为己任，并以此为职业，服务社会的人或群体。

（2）民族思想政治教育主体年龄结构

从年龄上分析，民族思想政治教育主体的结构可分为老年民族思想政治教育主体、中年民族思想政治教育主体和青年民族思想政治教育主体。年龄是一个与生命共存、只增不减的，有极限特征的矢量。民族思想政治教育整体，根据其接受任务特点，有的需要有年长者承担，有的需要由中年人来完成，有的需要青年人完成，还有的需要老、中、青相结合来完成。所以，在民族思想政治教育主体中，应构成一个老、中、青相结合的具有合理比例的综合体，依据各自的心理特征和经验能力水平，发挥各自的最优效能并处于不断发展的动态平衡之中。

（3）民族思想政治教育主体人数结构

从人数的角度来分析，民族思想政治教育主体的结构可分为个体民族思想政治教育主体和群体民族思想政治教育主体。个体民族思想政治教育主体，是指个人向他人或他群体宣传、引导民族思想政治教育实践活动。群体民族思想政治教育主体，是指两个以上的人向他人或他群体宣传、引导民族思想政治教育实践活动。

（4）民族思想政治教育主体知识结构

从知识掌握程度的角度划分，民族思想政治教育主体的结构可分为初级水平的民族思想政治教育主体、中级水平的民族思想政治教育主体、高级知识水平的民族思想政治教育主体。一个合理的民族思想政治教育主体知识结构，应当由初级、中级、高级知识水平的人，按一定的比例构成一个动态平衡的有机体。

（5）民族思想政治教育主体能力结构

这主要是指民族思想政治教育主体中，具有不同工作能力人员的比例构成和相互关系。科学的能力结构要求把具有调查研究能力、组织能力、宣传能力、社交能力、表达能力、创新能力和自我控制能力的人，合理地组合起来，形成能够发挥最佳效能的有机整体。

（6）民族思想政治教育主体身份结构

从身份来划分，民族思想政治教育主体的结构可分为私人民族思想政治教育主体与组织民族思想政治教育主体。私人民族思想政治教育主体，是指以亲戚、朋友、同学、老乡、同事等身份、资格出现，向他人或他群体宣传、引导马克思主义及其民族观的民族思想政治教育主体。组织民族思想政治教育主体，是以组织的名义、身份、资格出现向他人或他群体宣传、引导马克思主义及其民族观的民族思想政治教育主体。

（7）民族思想政治教育主体性格结构

这主要指民族思想政治教育主体中，具有不同气质和性格人员的比例构成和相互关系。这种结合，可称为性格结构。一个群体，如果性格结构不合理，必然造成摩擦和内耗，因此，主体必须组成合理的性格结构，实现性格互补。

（8）民族思想政治教育主体性别结构

这主要是指民族思想政治教育主体中，不同性别的人的比例构成和相互关系。民族思想政治教育客体的性别差异，要求民族思想政治教育主体必须有合理的性别结构。由单一性别组成民族思想政治教育主体，在多数情况下，是不利的。因此，民族思想政治教育主体应由男、女不同性别按一定比例组合而成。

2. 民族思想政治教育客体的结构

民族思想政治教育客体的不同结构类型，其思想、心理、生理等方面都有各自的特点。我们划分其不同类型，目的是认识、判别他们之间的差异，以有利于研究各个民族思想政治教育客体的特点，搞清他们在思想联结中各自具有什么特殊性，进而有利于研究民族思想政治教育客体的认识、理解、认同和接受马克思主义及其民族观的规律，为我们有的放矢地进行民族思想政治教育实践活动提供依据。对民族思想政治教育客体的结构类型进行研究，可以按照对民族思想政治教育主体的结构分析那样，从职业、年龄、性别、性格、人数、身份、能力、知识等角度，将民族思想政治教育客体的结构分为职业结构、年龄结构、性别结构、性格结构、人数结构、身份结构、能力结构、知识结构等方面；也可以按照民族思想政治教育客体作为社会上的“现实的人”所拥有的素质结构和动力结构上来分析。我们在此着重选择后者来分析。

（1）民族思想政治教育客体素质结构

人的素质，是指人在先天和后天生理和心理基础上，通过环境和教育影响，将人类发展的物质文明和精神文明成果内化成稳定而巩固的生理和心理方面的属性。有人将人的素质结构概括为品德素质结构、文化知识素质结构、智能素质结构、身体素质结构①；有人认为，个体素质结构“主要由知识结构、能力结构和非

① 王守恒：《教育动力论》，44～51页，北京，人民教育出版社，2000。

认知因素三大方面构成”①。我们认为，民族思想政治教育客体的素质结构，与民族思想政治教育整体系统联系最为紧密的，应该是思想政治素质、心理素质、智能素质。思想政治素质、心理素质、智能素质，共同构成了民族思想政治教育客体的马克思主义及其民族观认识图式。

首先，民族思想政治教育客体思想政治素质。从人的素质结构来看，思想政治素质是最根本的素质，民族思想政治教育客体也不例外。思想政治素质是一个人的政治态度、政治观点、思想观念、思想方法和政治理论等方面基本品质的总称，主要包括思想素质和政治素质两个方面，思想素质由思想认识、思想情感与思想方法三因素组成，而政治素质则由政治信念、政治观点、政治立场等要素组成。我们之所以说思想政治素质是最根本的素质，是因为：其一，综合素质中的思想道德部分对于调动和发挥其他素质的潜力起着价值导向和调控作用，它统帅和决定着人的综合素质的状态、性质、价值量之大小。其二，人的思想政治素质从根本上决定着一个人的理想、信念、道德品质以及他的行为方式。其三，在科技、经济、文化、信息走向全球化的时代，思想政治素质的高下对于一个人现实表现起着关键性的作用。古今中外优秀的思想政治素质，主要表现在三个方面：一是确信人类社会是有高级而美好发展前景的社会阶段的；二是实际的爱国主义精神；三是坚持真理的态度。

其次，民族思想政治教育客体心理素质。心理素质是整体素质的基础，它是指人在感知、想象、思维、观念、情感、意志、兴趣等多方面心理品质上的修养。心理素质是一个内容非常广泛的概念，涉及非智力因素、智力与能力因素、心理现状因素和社会适应因素。衡量一个人的心理素质应从其性格品质的优劣、心

---

① 佟庆伟、秋实：《个体素质结构论》，18页，南宁，广西师范大学出版社，2001。

理能力的强弱、心理动力的大小、心理健康状况的好坏，以及由心理因素引起的行为表现的社会适应与否着手。性格品质，是指人在对现实的态度和行为方式中表现出来的稳定的心理特征。心理能力，主要是指一个人在认知和心理适应方面表现出来的能力。心理动力，是指由个体的需要、兴趣、动机以及信念、理想、世界观、价值观、人生观等个性心理倾向所产生的，来自主体自身的驱动力。心因性行为，是指直接由个体的心理素质及心理健康状况所引发的行为表现。性格健全、具备必要的心理能力、行为适应良好、内在动力强大而又积极，这些既是心理健康的条件，又是心理健康水平高的标志。而心理健康水平低下正是心理素质不良的必然结果。反过来，心理健康状况又直接制约心质、心能、心力等方面的心理素质的提高，并直接导致行为表现，决定行为适应与否。①

最后，民族思想政治教育客体智能素质。“智能是个体的动力、认识力、实践力、创造力等的总和，是这些力量的综合反映。智能结构则是一个由上述这些力所组成的互相联系、互相制约、互相影响的动态综合系统。”② 动力主要包括人的需要、兴趣、理想、信念、价值观、性格、情绪等思想素质和心理倾向。认识力主要包括观察力、记忆力、想象力和思维力。实践力是指个体能动地改造客观世界的能力，主要包括组织管理能力、操作能力、社会活动能力、信息处理能力等，是人才个体保证活动顺利而有效进行的心理特点的综合。创造力是指创造出具有社会价值的新理论或新事物的能力，即独立地发现新事物、提出新见解、解决新问题的能力，也就是思维能力作用在从事科学研究和其他实际活动中取得突破的能力。创造力是诸能力的综合，是能力结构中最本质的内容，是智能开发的高级表现形式。智能素质主要表现

① 肖汉仕：《心理素质的结构及其内外关系》，载《中国教育学刊》，1999（4）。

② 王守恒：《教育动力论》，48页，北京，人民教育出版社，2000。

在学习方法、知识结构、思维方式和能力上。所谓学习方法，就是在学习中获取知识、驾驭知识的手段和方式。学习方法在很大程度上决定学习的效果和工作的成就。知识结构，就是一个人的知识在数量和质量上的构成情况和组合方式。思维方式是人脑间接地概括地反映世界的稳定的程序和形式。能力主要指人在社会实践中解决问题、从事发明创造的智慧和能力，具体表现为认识力、实践力、创造力。①

（2）民族思想政治教育客体动力结构

民族思想政治教育客体的动力结构，实际上就是其在民族思想政治教育整体系统中的接受动力图式。民族思想政治教育客体的接受动力，实际上是引发、激发和驱使民族思想政治教育客体认同民族思想政治教育主体所传导的马克思主义及其民族观和民族政策，并把其内化为自己的主观意识，再由主观意识转化为自身的认知图式，最后外化于社会的一种力量。民族思想政治教育客体动力包括民族思想政治教育客体内在主动力、民族思想政治教育客体外在被动力、民族思想政治教育客体外在被动力与内在主动力的合动力。②

首先，民族思想政治教育客体内在主动力。民族思想政治教育客体的内在主动力，主要来自民族思想政治教育客体生存、发展和完善自己的需要。需要是人类一切认识活动和实践活动的出发点，民族思想政治教育整体活动作为一种合目的性的认识活动和实践活动，也必然与一定的需要相联系。民族思想政治教育客体的内在主动力很大程度上来源于其四个方面的自我需要。一是物质利益。人们从事生产的直接目的，是为了获得物质利益。从事其他活动，包括民族思想政治教育整体活动，也是为了直接或

① 陈秉公：《思想政治教育学原理》，213页，沈阳，辽宁人民出版社，2001。

② 刘居安：《论思想政治教育接受主体动力系统的结构及其管理》，载《学校党建与思想教育》，2004（9）。

间接地满足自身的物质利益。二是获取知识。知识是思想赖以产生的基础。马克思主义民族观也必须以知识为基础。从民族思想政治教育客体思想政治素质发展的规律而言，对知识的掌握，既是民族思想政治教育客体的动力源之一，也是民族思想政治教育客体思想政治素质形成和发展的基础。三是追求真理。追求真理是民族思想政治教育客体为了信仰、理想而产生的动力。人是有思想的高级动物，除了有物质利益外，还有精神方面的追求。随着生产力的发展，物质资料的丰富，追求真理和理想的动力将日益增强。四是政治参与。民族思想政治教育客体要有效地参与社会政治生活，或者说要更好地进行政治参与，必须接受马克思主义及其民族观和民族政策的基本理念，培养必备的思想政治素质和鉴别是非能力，以维护和实现自身的根本利益。

其次，民族思想政治教育客体外在被动力。民族思想政治教育客体的外在被动力主要来源于客观外界环境刺激而引发的民族思想政治教育客体自身的内在矛盾运动。根据来源又可以分为驱动力和促动力。驱动力是指因外在压力作用于民族思想政治教育客体而产生的一种动力。它是强加给民族思想政治教育客体的一种力量，迫使民族思想政治教育客体不得不接受马克思主义民族观的影响，因而具有一定的强制性。促动力是指因外在因素引发的一种动力。和驱动力不同的是，促动力是一种非强制性力量，主要指由生产力发展、文明的进步、发展目标等外在的物质或精神运动引发而产生的动力。

最后，民族思想政治教育客体合动力。按照马克思主义的社会历史发展的合力论思想，民族思想政治教育客体的动力必然来自于外在被动力和内在主动力及这两种分动力相互作用而生成的合力。一般地说，民族思想政治教育客体动力总量的大小取决于这两种分动力所形成的合力的大小，但是这种合力又不是两种分力的简单的数学相加。由于在外在被动力、内在主动力的相互联系、相互作用中，其作用力存在着方向、程度和性质上的差异，同时，合力的生成又是一个外在被动力和内在主动力矛盾运动的复杂的心理过程，因此，两者的合力就不可能是两者的相加之和，而是一种新的力量。

3. 民族思想政治教育联通体的结构

民族思想政治教育联通体内在地包括民族思想政治教育介体和民族思想政治教育载体。分析民族思想政治教育联通体的结构，就要分别分析民族思想政治教育介体结构和民族思想政治教育载体结构。

（1）民族思想政治教育介体

民族思想政治教育介体主要包括民族思想政治教育内容、民族思想政治教育目标、民族思想政治教育方式方法等。

民族思想政治教育内容，是指民族思想政治教育内在因素之和。要研究民族思想政治教育的内容结构，就必须研究民族思想政治教育内容的要素，并分析各组成内容之间的内在关系。民族思想政治教育的具体内容除了马克思主义基本原理、中国化马克思主义外，还应该包括马克思主义民族观、中国共产党民族理论与民族政策以及中华民族传统文化、传统道德等。其中，马克思主义基本原理、中国化马克思主义是指导内容、根本内容，马克思主义民族观、中国共产党民族理论与民族政是核心内容、重点内容，中华民族传统文化、传统道德是基础内容、前提内容。

民族思想政治教育目标，是民族思想政治教育主体通过在一定时期内一定条件下所进行的有目的的活动预期所要达到的要求和结果。民族思想政治教育目标是一个目标体系，包括总体目标和具体目标，长期目标和阶段性目标，培养民族观、国家观和实现民族认同与国家认同等不同任务目标等。

民族思想政治教育方式方法，是指民族思想政治教育主体开展和实施民族思想活动所采用的方式和方法。民族思想政治教育方式方法具有层次性，大致可以分为哲学方法、科学方法和具体操作方法等。不同的方式方法，对于民族思想政治教育实践活动效果影响很大。

（2）民族思想政治教育载体

如上所述，民族思想政治教育载体是指能够承载民族思想政治教育实践活动，并能够传递马克思主义民族观信息的客观实在，包括传统载体和现代载体。所谓传统载体，是指过去一直使用并且至今仍在使用的民族思想政治教育载体，主要包括课程载体、活动载体、文化载体等；所谓现代载体，则是指随着科学技术的不断发展而出现的新的民族思想政治教育载体形式，例如管理载体、大众传媒载体以及近些年所出现的包括网络在内的新媒体等。

（3）民族思想政治教育介体与载体的关系

民族思想政治教育介体，是指能够传递思想政治教育信息的媒介；而民族思想政治教育载体是指能够承载民族思想政治教育实践活动，并能够传递民族思想政治教育信息的客观实在。两者的关系表现为相互依托关系与相互补充关系。所谓相互依托，是指两者都处于一种媒介地位，共同构成了民族思想政治教育联通体。所谓相互补充，是说两者在功能上互补，刚柔相济，共同联结和沟通民族思想政治教育主客体。

三、民族思想政治教育结构的优化

民族思想政治教育结构的好坏，对于民族思想政治教育整体系统功能的发挥，影响重大，所以要花大力气，认真研究民族思想政治教育结构优化问题。事实上，思想政治教育学界一直重视思想政治教育的结构优化问题，相当多的学者在学术论文或专著中提出了有见地的关于思想政治教育结构优化的观点。然而，由于学科建立时间还不长，关于如何优化思想政治教育结构，还没有达成共识，暴露出了一些显而易见的局限性。

（一）民族思想政治教育结构优化的原则

民族思想政治教育结构优化的原则，是民族思想政治教育结构追求综合最优的过程中所必须遵循的准则或标准。主要包括整体与部分相统一的原则、提高要素质量与理顺要素关系相一致的原则。

1. 坚持整体优化与部分优化相结合

民族思想政治教育结构优化是技术性很强的工作，对其优化不能心血来潮，而是要首先坚持整体优化与部分优化相结合，在完成整体优化的基础上，做好对各组成部分的优化工作。因为系统的外显功能是整体行为，必须将整体的优化作为结构优化的核心。在多数情况下，局部结构优化与整体结构优化并不必然具有一致性。有时局部结构优化，但是整体结构非优化；有时局部结构优化，同时整体结构也优化；甚至会出现局部结构非优化，但是整体结构优化的现象。所以。我们必须按照系统论的整体性原理，在整体优化的原则下处理局部与整体的关系，坚持整体优化与局部优化相结合。

2. 坚持提高要素质量与理顺要素关系相一致

优化民族思想政治教育结构，也要关注提高要素质量与理顺要素关系的统一。一是要有计划地调整和提高各个要素的质量，着力完善教育目标、教育内容、教育方法等。这是因为，没有高质量的民族思想政治教育要素，要促进民族思想政治教育结构的优化是非常不容易的。二是要理顺各组成要素之间的关系。现实生活中，组成系统的要素相同，而要素之间的排列组合不同，其功能就可能迥然不同。所以，我们必须认真分析民族思想政治教育各组成要素之间的层次关系，整体思考系统控制，合理安排和布置要素之间的层次关系，实现提高要素质量与理顺要素关系相一致。

（二）民族思想政治教育结构的整体优化

按照民族思想政治教育结构优化的原则，首先必须实现民族思想政治教育结构的整体优化。实现民族思想政治教育结构的整体优化，主要是实现民族思想政治教育结构的要素齐备和谐、时间排列有序、空间布局合理、层次递进有机、数量配比适度。

所谓要素齐备和谐，是指民族思想政治教育主体、民族思想政治教育客体和民族思想政治教育联通体各自健康发展，并且相互之间在各方面都相适应。所谓时间排列有序，是指纵向的时间结构安排合理，呈良性的时序态分布。所谓空间布局合理，是指各要素在空间上的排列符合实际情况，有利于民族思想政治教育实践活动的健康发展。所谓层次递进有机，是指民族思想政治教育的层次结构合理，各层次互相依存、相互支撑，共同推动民族思想政治教育整体系统正常运作。所谓数量配比适度，是指各要素在数量上搭配适度，符合民族思想政治教育发生、运行、作用、接受和发展的机理。

民族思想政治教育结构的整体优化，必须以民族思想政治教育结构的局部优化为基础。否则，民族思想政治教育整体优化便成为无本之木，成为空中楼阁，发挥不了整体应有的功能。因此，本书下文将重点描述民族思想政治教育结构的局部优化。

（三）民族思想政治教育结构的局部优化

民族思想政治教育结构的局部优化，是指分别对民族思想政治教育系统整体的各组成要素的结构优化。主要包括对民族思想政治教育主体的结构优化、对民族思想政治教育客体的结构优化和对民族思想政治教育联通体的结构优化。

1. 民族思想政治教育主体的结构优化

民族思想政治教育主体的结构优化，主要是优化民族思想政治教育主体各方面的具体结构，如上述的职业结构、年龄结构、人数结构、知识结构、能力结构、身份结构、性格结构、性别结构等。由于民族思想政治教育主体的素质结构对于民族思想政治教育主体整体结构的影响更为明显，本书在借鉴他人研究成果的基础上，着重对民族思想政治教育的素质结构优化进行探讨。“思想政治教育主体素质开发是一项系统工程，它包含政策性开发、培养性开发和使用性开发三个子系统。其中，政策性开发主要是通过制定、执行和完善有关思想政治主体素质开发的一系列政策来指导思想政治教育主体素质的开发。培养性开发主要是通过充分发挥教育培训、大众传媒等的育人功能，将非思想政治教育主体转变为思想政治教育主体或提高已是思想政治教育主体的素质。使用性开发则是通过合理使用思想政治教育主体，使广大思想政治教育主体在使用中得到锻炼，从而提高素质，增长才干。无论在思想政治教育主体的培养性开发还是使用性开发中，都需要宏观政策为指导，以保证思想政治教育主体素质开发的顺利进行。”①

（1）民族思想政治教育主体素质的政策性开发

民族思想政治教育主体素质的政策性开发，是指政府建立一套有利于民族思想政治教育主体素质培养性开发和使用性开发的行动准则，使民族思想政治教育主体素质的培养性开发和使用性开发在有关政策的指导下，有章可循，有法可依，从而培养出新形势下民族思想政治教育所需要的主体。

要抓好思想政治教育主体素质的政策性开发，必须制定出科学合理的政策。

首先是抓好民族思想政治教育主体素质开发政策的制定。民族思想政治教育主体素质开发的政策，对民族思想政治教育主体素质的开发具有导向作用。因此，制定科学合理的、适用的开发政策，对于开发民族思想政治教育主体素质，具有极为重要的意义。这主要包括以下两种政策的制定：一是民族思想政治教育主体素质培养性开发政策的制定，尤其是要制定加大民族思想政治教育投资力度的政策。二是民族思想政治教育主体素质使用性开发政策的制定，尤其是要提高民族思想政治教育主体的收入与

① 罗洪铁、董娅：《思想政治教育原理与方法基础理论研究》，226页，北京，人民出版社，2005。

地位。

其次，是民族思想政治教育主体素质开发政策的实施。各级党组织应在国家开发民族思想政治教育主体素质宏观政策的指导下，结合本部门、本地区的实际情况以及对民族思想政治教育主体素质的要求，细化国家民族思想政治教育主体素质开发政策，并制定相应的措施把政策落实到实处，使民族思想政治教育主体在各级党组织的关心和支持下，产生压力，自觉提高自身素质。在开发思想政治教育主体素质的实践活动中，各级党组织要经常督促检查本地区、本行业、本单位对该项政策的执行情况，并制定出解决问题的切实可行的措施。

（2）民族思想政治教育主体素质的培养性开发

民族思想政治教育主体素质的培养性开发，是对各层次的民族思想政治教育主体进行教育培养，充分挖掘出蕴藏在他们身上的潜质，使其具有新形势下从事民族思想政治教育应有的素质，更好地完成党和国家所赋予的历史使命。

民族思想政治教育主体素质培养性开发按不同的分类标准，可以分为不同的类型。按开发主体分，可以分为社会培养性开发和个体培养性开发。按开发的时间来划分，可以分为长期开发、短期开发。按开发的内容来分，可以分为理论素质开发和工作能力开发。按开发的层次来分，可以分为高、中、低三个层次的开发。

民族思想政治教育主体素质的自我培养性开发措施，主要是立志做优秀的民族思想政治教育主体、认真学习民族思想政治教育相关原理与方法、深入思考民族思想政治教育现实问题、勇于到民族思想政治教育第一线去实践；民族思想政治教育主体素质的社会培养性开发措施，主要包括制定民族思想政治教育主体素质开发规划、充分发挥民族高校开发民族思想政治教育主体素质的功能、建立和完善培训和实践锻炼机制。

（3）民族思想政治教育主体素质的使用性开发

民族思想政治教育主体素质的使用性开发，就是在使用民族思想政治教育主体的实践活动中，让他们得到锻炼，从而提高其素质，增长其才干的开发形式。其与民族思想政治教育主体素质的培养性开发的联系，在于民族思想政治教育主体素质培养性开发是基础，后者是延伸。一般而言，前者主要是通过教育的方式，后者则主要是通过实践锻炼的方式。

首先，要制定科学的考核目标和激励竞争机制。一要科学制定民族思想政治教育主体素质考核目标，建立健全考评体系；二是建立优胜劣汰的激励竞争机制。

其次，要优化使用民族思想政治教育主体的环境。一是要努力营造承认民族思想政治教育主体的劳动，尊重民族思想政治教育主体的社会环境；二是努力改善和提高民族思想政治教育主体的工作条件和生活环境。①

2. 民族思想政治教育客体的结构优化

对民族思想政治教育客体结构的优化，主要是优化民族思想政治教育客体的素质结构和动力结构。

（1）民族思想政治教育客体素质结构的优化

民族思想政治教育客体素质结构的优化，主要是优化民族思想政治教育客体的思想道德素质、心理素质和智能素质。这是因为思想道德素质是素质结构的基础，心理素质是素质结构的前提，智能素质是素质结构的保障。

优化民族思想政治教育客体的思想道德素质，是指优化民族思想政治教育客体的思想素质和道德素质。随着改革开放的深入和社会主义市场经济的进一步发展，社会上存在着先进与落后、文明与愚昧、真善美与假恶丑交织并存的现象。面对这种局面，必须加强对民族思想政治教育客体的思想道德教育，自觉培养良

---

① 罗洪铁、董娅：《思想政治教育原理与方法基础理论研究》，226～238页，北京，人民出版社，2005。

好的思想道德素质，坚持养成自我学习、自我调控、自我修养、自我教育的习惯，做一个思想觉悟高、道德品质高尚的人，从而打好接受民族思想政治教育的思想道德基础。

优化民族思想政治教育客体的心理素质，主要是培养和锻炼民族思想政治教育客体良好的心理品质。为此，就要加强对民族思想政治教育客体的心理健康教育与疏导，使其保持心理健康，养成心平气和的好习惯，时刻保持自我身心和谐，从而可以以和谐、宽容的心态去认同和接受不同民族的文化。

优化民族思想政治教育客体的智能素质，就是着力培养和提高民族思想政治教育客体的知识水平和认知能力。一般来说，马克思主义民族观的理论阐释力、价值认同度以及践行有效性如何，具有不同知识水平和认知能力的人往往是不一样的。具有较高知识水平和认知能力的人，往往更加容易认识和理解马克思主义民族观、党的民族理论和民族政策的真理性和价值，更容易理性地认同马克思主义民族观，实现民族认同和文化认同。

（2）民族思想政治教育客体动力结构的优化

优化民族思想政治教育客体动力结构，就是优化民族思想政治教育客体不同层次的动力类型，实现民族思想政治教育客体动力结构的综合最优。这就需要我们坚持用系统工程的“综合、实践、创造”的本质，有效地创设适合民族思想政治教育客体动力结构最优化生成的环境，统筹安排能够让民族思想政治教育客体接受和认同民族思想政治教育主体所传导和灌输的民族思想政治教育内容。

对于民族思想政治教育客体内在主动力的优化，主要是考虑能够引起民族思想政治教育客体直接产生动力的因素，满足其不同层面的需求和利益，最大限度地激发其参与民族思想政治教育实践活动的积极性、主动性和创造性。

对于民族思想政治教育客体外在被动力的优化，则要区分引起两种被动力的原因，注意环境因素的影响。要么变压力为动力，要么通过外接因素的促发作用，使民族思想政治教育客体认识到必须主动去适应民族思想政治教育内容的要求，接受民族思想政治教育客体所传导的民族思想政治教育信息。

对于民族思想政治教育客体合动力，则要注意通过民族思想政治教育情景的布设，实现民族思想政治教育客体内在主动力和外在被动力的同向叠加和综合作用，以达到民族思想政治教育合动力的最佳效能，从而使民族思想政治教育客体更愿意、更容易接受和认同不同的民族，最终达到国家认同和文化认同。

3. 民族思想政治教育联通体的结构优化

由于民族思想政治教育联通体主要分为民族思想政治教育介体和民族思想政治教育载体。所以，对于民族思想政治教育联通体的结构优化，主要是从民族思想政治教育介体的优化和民族思想政治教育载体的优化两个层面展开。

（1）民族思想政治教育介体的优化

民族思想政治教育介体的优化，按照民族思想政治教育介体的内容，可以分为民族思想政治教育目标的优化、民族思想政治教育内容的优化和民族思想政治教育方式方法的优化。

首先，民族思想政治教育目标的优化，主要有社会调查、预测分析和科学决策等方法。

社会调查法是优化民族思想政治教育目标的一个基本方法，既是确定民族思想政治教育目标的基本方法，又是确定民族思想政治教育目标的重要基础。确定高层次的民族思想政治教育目标需要进行社会调查，确定一般层次的目标也同样需要对实际情况的调查研究。社会调查的方法有：访谈法、观察法、问卷法、抽样调查法、个案调查法、普遍调查法、文献调查法等。民族思想政治教育目标的优化，也必须依靠这些具体的方法。

预测分析法，是指导民族思想政治教育者或部门应用思想政治教育的经验、知识和手段，在对民族思想政治教育的现状和思想政治教育客体的实际状况分析的基础上，对民族思想政治教育未来的发展趋势、所要解决的主要问题、所要达到的目标作出预先的推测和判断。

科学决策法，就是根据决策的主要原则，按照决策的一般程度来进行。从程序来说，大体可分为提出问题、确定目标方案、方案评估、择优决断、实施反馈五个阶段。民族思想政治教育目标的决策必须遵循信息原则、系统原则、可行性原则、反馈原则和优化原则等五个基本原则。

其次，民族思想政治教育内容的优化，就是按照世情国情党情的新变化，与时俱进地调整和完善民族思想政治教育的具体内容。要调整和完善民族思想政治教育的具体内容，必须坚持以马克思主义基本原理为指导，坚持老祖宗不能丢，坚持解放思想、实事求是、与时俱进，大力推动马克思主义及其民族观、民族理论的中国化、时代化、大众化，改变以往认识错误或者已经过时的内容和观点。

最后，民族思想政治教育方式方法的优化，要求民族思想政治教育主体要紧跟现代科学技术发展大势，具有世界眼光和超前思维，将现代科学技术的最新成果转化成民族思想政治教育的新方式新方法，实现民族思想政治教育方式方法上的革命，以最大限度地实现民族思想政治教育方式方法的有效性。

（2）民族思想政治教育载体的优化

民族思想政治教育载体的优化，不仅仅包括对传统载体的优化，也包括对现代载体的优化。

传统载体的优化，是指在利用传统载体的过程中，善于利用现代元素，对传统的课堂载体、管理载体、文化载体、活动载体等进行优化。诸如，利用民族传统文化载体开展民族思想政治教育实践活动，就可以利用电脑多媒体技术，模拟或加入声光电等现代元素，以增强传统民族文化载体的生动性和感染力。

现代载体的优化，则是指现代大众传媒、新媒体、互联网等现代媒体，要紧跟世界潮流，用最先进的科学技术成果武装各种现代载体，使民族思想政治教育体真正成为知识政工、网络政工和数字政工，使民族思想政治教育始终保持鲜活的锐气、蓬勃的朝气和极强的时代感。

需要指出的是，由于传统和现代总是相对而言的，传统载体和现代载体也是相对而言的，现代载体总是由传统载体发展而来的，也必将会成为将来的传统载体。从这个角度说，载体的优化，是一个永恒的主题。

第二章 民族思想政治教育价值论

民族思想政治教育价值问题，就是民族思想政治教育对于多民族国家的各民族之间的民族团结、民族平等、民族发展、民族繁荣、民族和谐及其各民族社会个体的生存、发展和完善有何种效用和意义的问题。无论是对当今世界各国以及国与国之间民族问题和民族关系日益凸显的考察，还是基于民族思想政治教育学这个分支学科的建立，都必须首先探明和澄清民族思想政治教育价值性存在的客观依据是什么，民族思想政治教育价值有着怎样的内涵与本质特征及其形态，怎样实现民族思想政治教育的社会价值和个体价值，等等。对于这些问题的科学回答，是深入推进民族思想政治教育学相关理论研究、有效指导民族思想政治教育实践的重要前提。

一、民族思想政治教育价值的涵义

要探究民族思想政治教育价值的概念和内涵问题，就必须首先从价值的内涵及其历史发展入手，由此回答什么是思想政治教育价值，并在考察民族思想政治教育价值性存在的客观依据的基础上，进而阐明民族思想政治教育价值内涵及其相关问题。

（一）价值

价值是一个内涵十分丰富的范畴，在不同的学科中具有不同的意义。价值的本义是“可宝贵、可珍贵、令人喜爱、值得重视”。它来源于古代梵文 wer、wal（围墙、护栏、保护、加固）和拉丁文 vallum（堤）、vallo（用堤护住，加固、保护），即意为“起掩护和保护作用的，可珍贵的，可尊重的，可重视的”。

价值观是中国古典哲学的一个重要方面。中国古典哲学涉及价值论的主要问题是义利之争或理欲之争。这场争论差不多贯穿于漫长的中国思想史的始终，直到今天，它还是当代中国思想论争的核心问题之一。中国古代的价值学说，正如张岱年所言：“虽不如近代西方的繁富和详密，也有其独到的内容。”①

在古代西方，古希腊的哲学家们在论及价值问题时，一般都使用好、善、美、正义等来表达具体价值，而没有上升为一般的价值概念。到了 18 世纪，先后由休谟和康德提出了事实判断与价值判断、实然世界与应然世界、事物的因果性与人的目的性的划分。这种区分后来多用“存在与价值”或“事实与价值”来表示。直到 19 世纪，该术语几乎只与经济学和政治经济学有关，意指物的价格，或凝结在商品中的一般的人类劳动。19 世纪后半叶，以奥地利的布伦坦诺为代表的一些哲学家认为，从古希腊以来哲学家们就一直在分别谈论的好、善、美、正义等问题，它们在根本点上是同一的，因而可以建立一种统摄它们的一般价值理论。于是，在西方就逐渐兴起了研究价值和价值理论的哲学分支——价值学。② 从 19 世纪末开始，在新康德主义者、叔本华、尼采的哲学中，该术语的意义扩张了。同时，以价值为研究对象的学说即价值论（value theory）或价值学（axiology）开始得以系统发展，也有人称其为价值科学（science of value）。

与历史上各种价值论学说相比较，马克思的价值论具有显著的科学性与革命性，表现为在理论上以彻底的唯物主义世界观和

---

① 张岱年：《文化与哲学》，197 页，北京，教育科学出版社，1988。

② 项久雨：《思想政治教育价值论》，33 页，北京，中国社会科学出版社，2003。

方法论为基础，在实践上坚持以人为主体的价值观念。马克思的价值论立足于对人类对象性活动、主客体关系中的“两个尺度”的理解，用主客体相互关系的客观过程和结果来说明价值产生的秘密和本质。马克思认为：“‘价值’这个普遍的概念是从人们对待满足他们需要的外界物的关系中产生的。”① 在这种关系中，客体的属性是价值的基础，是价值的载体；主体的需要是价值的现实构造因素，它将客体的可能意义予以肯定并将其转化为现实的形态，没有主体需要的肯定和转化，同样也无所谓价值。马克思还指出：“人在把成为满足他需要的资料的外界物，作为这种满足需要的资料，而从其他的外界物中区别出来并加以标明时，对这些物进行估价，赋予它们以价值或使它们具有‘价值’属性。”② 马克思的这句话充分表明，价值产生于人与外物的关系，因此，价值并不是反映某种独立存在的实体范畴，也不是反映某一独立存在物的善的范畴，而是反映人与外物的关系范畴。由此可见，所谓价值，就是人在实践——认识活动中建立起来的，以主体尺度为尺度的一种客观的主客体关系，是客体的存在及其性质是否与主体本性、目的和需要等相一致、相适合与相接近的关系。故而，价值并不是指任何对象客体的存在及其属性本身，而是在人的实践活动中，客体与一定主体发生关系时所产生的作用、效果的特定质态，因而是客观性、主体性、实践性和历史性的有机统一。

（二）思想政治教育价值

思想政治教育价值相对于民族思想政治教育价值来说，是普遍与特殊、一般与个别的关系。因此，探明思想政治教育价值的涵义，是深入研究民族思想政治教育价值内涵的逻辑基础。

---

①《马克思恩格斯全集》第19卷，406页，北京，人民出版社，1963。

②《马克思恩格斯全集》第19卷，409页，北京，人民出版社，1963。

关于思想政治教育价值，学术界和社会对此争议颇多，“万能论”者有之，“无用论”者亦有之。其实，探讨思想政治教育的价值是对思想政治教育存在意义的哲学追问，或者说是在深度探询我们人类为什么需要它，它对人的存在和发展又具有哪些功能和终极意义。目前，理论界对思想政治教育价值的涵义存在着多种不同的理解方式。冯达成认为：“思想政治教育价值问题，就是思想政治教育对人的发展和社会进步的效用和意义问题。”① 方玉光认为：“思想政治工作的价值就是它对完成党在各个历史时期总路线、总目标的服务与促进作用。”② 董浩军也认为：“思想政治教育的价值就是对人与社会发展需要的满足，对人和社会在导向、动力、保证等问题上的满足。”③ 从对这些观点的梳理中，我们不难看出，这些关于思想政治教育价值涵义的定义，仅仅是停留在感性经验层面上的论说，没有深入到“思想政治教育价值”这一核心概念的本质，未能揭示其作为价值“特殊”的下位概念的内涵。相比较而言，笔者认为，武汉大学项久雨教授对思想政治教育价值涵义的界定则较为科学合理。他认为，所谓思想政治教育价值：“是人和社会在思想政治教育实践——认识活动中建立起来的，以人的思想政治品德形式和发展规律为尺度的一种客观的主客体关系，是思想政治教育的存在及其性质是否与人的本性、目的和需要等相一致、相适应、相接近的关系。这种关系是思想政治教育在其教育活动和社会关系中合乎人的发展（尤其是思想品德的形式和发展）和人类社会进步（尤其是精神文明的进步）的目的而呈现出的一种肯定的意义关系。”④ 同时，他界定了“主体”与“客体”的所指，即“主体”是指“处于一定社会历史阶段中的社会集团与个体，或处于一定思想政治教育情境中的教育者与受

---

① 冯达成：《新时期思想政治教育价值初探》，载《学术论坛》，2002（3）。

② 方玉光：《思想政治工作价值刍议》，载《石油政工研究》，1994（1）。

③ 董浩军：《论思想政治教育的价值》，载《学术论坛》，2001（6）。

④ 项久雨：《思想政治教育价值论》，46页，北京，中国社会科学出版社，2003。

教育者”，但“社会，归根到底是由人所组成的”，也就是说，思想政治教育价值的主体是人；而思想政治教育价值的“客体”是指与思想政治教育过程发生直接联系的“主体的需要对象”。

（三）民族思想政治教育价值

对思想政治教育价值内涵的分析，为进一步揭示民族思想政治教育价值的内涵和本质特征提供了基本前提。但要真正厘清民族思想政治教育价值问题，还必须分析民族思想政治教育本身具有何种功能以及从我国各民族关系发展史中民族思想政治教育功能发挥状况的视域来考察民族思想政治教育价值生成，这是研究民族思想政治教育价值问题的客观依据。

1. 民族思想政治教育的功能表征是民族思想政治教育价值存在的客观依据

“功能”与“价值”是两个不同的概念，“功能”是就事物本身而言的，是该事物的一种外在体现，是实体范畴；“价值”是一种主客体之间关系表征，是就事物功能对人或人所组成的群体、社会的需求的满足而言的，是关系范畴。“当具有某种功能的某种事物，如果不与他事物发生联系和关系，其价值就无法实现，而具有某种价值的事物不一定具有相应的功能。因此功能和价值并非完全同步。”① 弄清事物的“功能”，是研究该事物“价值”的前提，只有在研究该事物的功能的基础上，才能对该事物的价值更好地进行研究。关于思想政治教育功能的概念研究，仓道来、陈万柏等学者的观点较具代表性。仓道来认为，思想政治教育功能是指思想政治教育所发挥的效能和它具有的极其重要的社会作用。② 陈万柏等认为，思想政治教育功能是指思想政治教育对其教

---

① 张耀灿等：《思想政治教育学前沿》，159 页，北京，人民出版社，2006。

② 仓道来：《思想政治教育学》，49 ~ 70 页，北京，北京大学出版社，2004。

育对象乃至整个社会所发生的积极独特的作用或影响。[①] 对思想政治教育功能内涵的揭示，为民族思想政治教育功能内涵的界定提供了研究前提。民族思想政治教育是对各民族社会成员进行有目的、有计划、有组织的民族观、国家观教育的社会实践过程，其要旨是为了发展和谐、稳定的民族关系，从而维护国家的统一完整、促进中华民族的复兴繁荣。以此而言，民族思想政治教育功能，就是指民族思想政治教育内部要素的结构组成及运行对各民族社会成员形成正确的民族观、国家观从而推进民族关系的发展，达成一致的中华民族认同、国家认同所产生的积极的作用或影响。根据这一定义，我们可以看出，民族思想政治教育主要有以下功能：

依据民族思想政治教育服务的对象来看，可以将民族思想政治教育功能分为社会功能与个体功能两大领域。从社会功能来说，民族思想政治教育通过对各民族社会成员民族观、国家观的教育和培养，对于巩固多民族国家稳定的社会制度和社会秩序，营造良好的社会经济发展环境氛围，形成统一的社会规范和社会心理等具有重要作用。也就是说，民族思想政治教育具有促进各民族社会政治、经济、文化发展等功能。从个体功能来说，民族思想政治教育主要表现为培养和提高各民族社会成员的思想政治素质与民族交往素质，完善其人格发展、促进身心和谐的育人功能；将各民族人民的思想和行为引导到符合国家发展要求的正确方向上来的导向功能；激发各民族人民自信心、自尊心，积极主动地参与社会主义现代化建设的激励功能；开发人的精神才智的开发功能等。

依据民族思想政治教育系统的结构层次，可以将民族思想政治教育功能分为外部功能与内部功能两大领域。就内部功能而言，

---

① 陈万柏、万美容：《思想政治教育学原理新编》，92～114页，武汉，华中师范大学出版社，2000。

民族思想政治教育主要表现为凝聚各民族人心、汇聚各民族力量的凝聚功能；坚持社会主义性质和方向、坚持祖国统一、反对民族分裂的保证功能等。就外部功能而言，民族思想政治教育主要表现为通过民主的、说服的、实事求是的方式，对各民族进行民族情绪调控和民族关系调整，以此形成和谐的民族关系，保证社会稳定与发展的调节功能；不断提升各民族人民的民族认知，纠正某些错误的民族观念，将各民族社会成员引导到正确民族观上来的转化功能；等等。

依据民族思想政治教育实际作用来看，可以将民族思想政治教育功能分为传承功能与创新功能两大领域。对于传承功能来讲，民族思想政治教育主要表现为：一是对各民族特有的文化习俗、节庆节日、礼仪规范等进行承载、延续；二是对社会主义意识形态、思想文化在各民族生产生活中进行传输、传播。对于创新功能来讲，民族思想政治教育主要表现为：一是对落后于时代要求，不能体现先进生产力发展规律的民族文化习俗、礼仪规范、道德伦理、思想观念进行改造和革新；二是从各族人民的生产生活源泉中，不断挖掘、提炼、创造出符合时代发展进步的、满足人民精神需要的文化。

在中华民族五千年的文明发展史中，民族思想政治教育功能得到了有力彰显。我国是一个统一的多民族国家，中华民族五千年的文明史，是历代各族中华儿女共同缔造的，各族人民在中华历史上开拓了祖国辽阔的疆域，创造了辉煌灿烂的中华文明。在这样一个民族大融合大发展的历史进程中，各个历史时期的统治阶级的民族思想政治教育发挥着促进民族交往、提升民族认知、推动民族融合的重要功能和作用，将民族思想政治教育的社会功能和个体功能、内部功能和外部功能、传承功能和创新功能紧密结合起来。尤其是自近代以来，民族思想政治教育在我国民族解放和民族独立的运动中，对于凝聚民心、同仇敌忾、共御外侮发挥着强大的精神激励功能。新中国成立 60 多年来，平等、团结、互助、和谐的社会主义民族关系已经形成并将继续加强和巩固，如此良好的民族关系的形成是与我们长期坚持不懈地进行民族思想政治教育的努力分不开的。

综而述之，只有首先厘清民族思想政治教育的功能及其发挥的作用如何，民族思想政治教育价值研究和实现才能找到现实的基础和有效的切入口。因此，研究民族思想政治教育的功能表现，是研究和揭示民族思想政治教育价值的客观依据。

2. 民族思想政治教育价值的内涵与本质

根据思想政治教育价值的内涵与民族思想政治教育价值性存在的客观依据，我们就可以为民族思想政治教育价值的内涵作如下界定：所谓民族思想政治教育价值，是指人和社会在民族思想政治教育实践与认识活动中建立起来的，以各民族社会主体正确的民族观形成为尺度的一种主客体关系，是民族思想政治教育的存在、性质、活动及其成果能否与社会主体的目的、需要和发展等相接近、相一致、相吻合的关系。因而，从本质上讲，民族思想政治教育价值表现为各民族社会成员正确民族观、国家观的需要与民族思想政治教育具有满足这种需要属性的对应关系。民族思想政治教育的价值目标就是通过有效的民族思想政治教育实践活动，实现统治阶级所期望的民族关系。民族思想政治教育价值与一般意义上的思想政治教育价值有着共同的本质特征，即具有合意识形态性、合目的性、合规律性、合必然性等特征。与此同时，民族思想政治教育价值又具有其独特的本质特征，即合民族性。“现代思想政治教育具有民族性，这是毫无疑问的。只要产生民族性土壤的差异存在，只要各民族的实际生活过程存在不同，只要不同社会制度和不同价值观念存在，思想政治教育就始终带有鲜明的民族印记，并以本民族特有的形式和内容，为民族的崛起和腾飞提供强大的精神动力。”① 源于民族思想政治教育的最为

① 张耀灿等：《思想政治教育学前沿》，66 页，北京，人民出版社，2006。

显著的民族性特征，其价值显现方式也必然表现为突出的民族性特征。民族思想政治教育价值的民族性主要表现在以下方面：

内容价值的合民族性。从民族思想政治教育的主要内容或者其基本内容来说，对多民族国家内任何民族进行民族思想政治教育都离不开诸如民族观的教育、宗教观的教育、国家观的教育等方面的内容，这些内容体现出来的价值具有普遍意义上的民族共性，在多民族国家内应是所有民族及其社会成员都必须学习、认可、接受以及践行的。但是，在具体的民族思想政治教育过程中，基于不同地域的民族，民族思想政治教育的具体内容又必须体现其民族性，融入各民族自己独特的经济状况、文化礼仪、社会风俗、地理地貌等元素，这是民族思想政治教育的内容是否有价值、是否彰显价值的重要前提。

方法价值的合民族性。民族思想政治教育的方法可以分为基本方法、一般方法、特殊方法和综合方法。在这些方法中，既能体现民族思想政治教育方法的普遍性，具有民族共性；又能凸显出民族思想政治教育方法的特殊性，具有民族个性。我国是一个统一的多民族国家，各民族的构成、分布状况、风俗习惯和历史文化背景等呈现出较大的差异性。因而，在对各民族社会成员进行思想政治教育的具体过程中，在遵循民族思想政治教育基本方法和一般方法的同时，尤其要结合各民族不同的民族心理、个性、气质等特点来采取不同的教育方法。如此，民族思想政治教育方法的民族性运用，才能得以显现出其本真的价值。

载体价值的合民族性。可以说，在信息网络高度发展的现代社会，进行民族思想政治教育的载体可谓丰富多彩，它是传统载体与现代载体的交织与融合，是有形载体与无形载体的转换与合成，呈现出多样化、多态化、动态化、生活化的发展趋势。但无论怎样，民族思想政治教育载体必须紧扣各民族传统教育载体与民族现代发展载体的整体特点，大力挖掘和开发各民族教育载体的各自特色，将民族思想政治教育的目标和内容以各种不同的方式方法融进不同的民族载体之中，最大限度地发挥各民族思想政治教育载体的现实价值和潜在价值。

环境价值的合民族性。民族思想政治教育赖以存在的自然环境与社会环境、物质环境与精神环境因各个民族地域分布的不同而不同，不同的民族有着不同的生产生活环境、文化环境、生态环境等。所以，民族环境在空间上的形成、发展和分布受到一定的地理环境的制约，呈现出鲜明的地方区域文化特色。尤其是文化环境，“民族文化是民族思想观念和精神性格的载体”①。不同的民族往往具有不同的民族环境特征，民族文化则是民族环境凸显民族性最为重要的表征，民族文化中的民族观、民族意识、民族价值取向、民族思维、民族习俗等内容，都表征着文化环境的民族性。可以这样认为，环境的民族性特征是进行具体民族思想政治教育过程的最为显著的影响因素，也是民族思想政治教育重要的特征之一。在民族思想政治教育过程中，环境有无价值、能否实现其价值或价值实现的大小程度，都与各民族自身有着必然的联系，必须深刻考量各民族的民族性格、民族心理、思维方式、行为方式等方面。因而，民族思想政治教育环境价值并不是抽象的，而是具体的，是紧紧同各个民族联系在一起的，有着深刻的民族性。

二、民族思想政治教育价值的形态

按照性质作用、表现方式、效果显现、主体类型等不同的标准来划分，民族思想政治教育价值可以从不同的视角分为不同的价值结构形态。

（一）正价值、零价值与负价值

民族思想政治教育的价值体现在通过民族思想政治教育活动，

① 王四代：《云南民族文化概要》，3页，成都，四川大学出版社，2006。

使民族关系达到统治阶级所理想的状态。一般情况下，一种社会实践活动所取得的成果有三种情形：一是良好的效果，达到了预期目标；二是中性的，其效果为不好不坏；三是不仅没有达到预期效果，反而使事情变得更糟糕。这就从三个方面体现了价值客体对价值主体需要的满足程度，也反映了价值的性质和作用。从这一角度来看，按照民族思想政治教育价值的性质作用来划分，民族思想政治教育价值就可以分为三种形态，即正价值、零价值和负价值。民族思想政治教育的正价值，是指通过民族思想政治教育活动，民族关系状况对主体的正当需要有积极肯定的作用，达到了民族思想政治教育预期的目标和任务。民族思想政治教育正面价值的产生必须以党和国家关于正确处理民族问题的思想理论为指导，以宪法和法律为准绳，严格贯彻执行处理民族问题和民族关系的方针政策，这也是民族思想政治教育所以存在并彰显存在价值的根本性前提。因而，在民族思想政治教育过程中，这些方针政策是民族思想政治教育正面价值凸显的本源性依据。民族思想政治教育的零价值，是指通过民族思想政治教育活动，民族关系没有达到既定目标，对特定的任务没有起到任何促进作用，也没有阻碍作用。在民族思想政治教育实践中，我们尤其要坚决反对形式主义的、走过场的民族思想政治教育，大力倡导结合各民族实际情况，有针对性地开展民族思想政治教育，从而提高民族思想政治教育的有效性。民族思想政治教育负价值，是指通过民族思想政治教育活动，不但没起到促进作用，反而对民族思想政治教育价值目标和任务的实现起到了阻碍破坏的负面作用。民族关系不仅没有达到预期目标，反而妨碍了民族政策的贯彻执行，破坏了民族关系的和谐、稳定与健康发展。当然，民族思想政治教育的正价值、零价值和负价值之间并不存在不可逾越的鸿沟，在一定的时空场域条件下，三者之间是可以相互渗透、相互转化的。故而，在民族思想政治教育过程中，教育者要积极挖掘和维护民族思想政治教育的正价值，消解和转化民族思想政治教育的零价值，主动预防和避免民族思想政治教育负价值的产生。

（二）现实价值与潜在价值

从价值目标实现的可能性和现实性的历时态即表现方式来划分，民族思想政治教育价值的形态可以分为现实价值与潜在价值。现实价值是指通过民族思想政治教育活动，已经实现或正在实现的价值，并使人们切实地感受到了民族思想政治教育的有用性，它是一种显性的价值。潜在价值是一种价值目标，它来源于并高于现实价值，具有超前性和导向性的特点，对人们能够产生牵引、导向、激励作用，它是一种隐性的价值。民族思想政治教育的潜在价值，是在民族思想政治教育已经取得成果的基础之上，对未来美好的民族关系蓝图的勾画与设想，是对积极有效的民族关系的向往与追求，是通过努力可以实现的目标。当通过民族思想政治教育的实践活动，对各民族及其社会个体进行马克思主义民族观、国家观教育，帮助其树立正确的民族观、国家观，并将这种民族观、国家观灌注于各民族之间的交往实践才能得以彰显。因而，在一定意义上来说，民族思想政治教育潜在价值的实现是一个较为长期的过程。相对来说，民族思想政治教育现实价值的实现则是即时性的，往往在较短的时间内能对各民族之间的民族关系的改善、稳定和健康发展起到及时的推动作用，对各民族成员的模糊的消极的民族观、国家观起到及时的矫正作用，使其民族观、国家观的思想觉悟有所改进、有所提高。如在处理民族矛盾纠纷或民族之间的突发事件过程中，民族思想政治教育的现实价值更是表现得淋漓尽致、作用突出。

民族思想政治教育的现实价值和潜在价值的关系是辩证统一的，二者相互联系，相互促进。具体来讲，现实价值是潜在价值的基础，现实民族问题的解决则为未来可能出现的民族问题的解决提供了可资借鉴的素材；潜在价值是现实价值的积累，反过来又吸引和激励现实价值。现实民族问题的解决，所产生的对受教育者思想潜移默化的影响和作用，本身就是对实现潜在价值的一种积累。同样，潜在价值的实现可以为现实价值提供有力的支持，因为对未来可能出现的民族问题的预测虽然不能代替对当下大量现实民族问题的解决，但是毕竟为现实的民族问题的解决提供了可资借鉴的理论指导。

（三）精神价值与物质价值

民族思想政治教育对于各民族及其社会成员的全面发展和进步既有精神贡献的一面，又有物质贡献的一面。因而，按照效果显现的作用方式来划分，民族思想政治教育价值的形态就可以分为精神价值和物质价值。民族思想政治教育的精神价值，是指通过各种形式的民族思想政治教育实践活动，将一定统治阶级的民族观和国家观灌输给各民族社会成员，使其形成符合该统治阶级所要求的民族观和国家观。民族思想政治教育的精神价值是一种直接作用于各民族社会成员或教育对象的无形价值，具有即时性、直接性、激励性、导向性等特征。它是为了满足各民族社会成员正确民族观和国家观形成的精神需要，促使各民族成员树立民族平等、民族团结、民族和谐、民族繁荣的民族观念。民族思想政治教育的物质价值，是指通过各种形式的民族思想政治教育实践活动，将各民族社会成员正确的民族观、国家观思想精神付诸于民族之间的民族关系、民族发展的实践之中，以此推进各民族的社会生产力的发展，形成共同繁荣、共同进步的民族局面。民族思想政治教育作为一种社会意识，由一定的社会经济基础所决定，同时又对一定的社会经济基础产生能动的反作用。民族思想政治教育的最终目的是要将其精神价值转化为物质价值，推动整个中华民族的伟大复兴。因而，民族思想政治教育必须以科学发展观为指导，密切联系各民族实际，因地制宜，以促进各民族社会经济的发展、服从和服务于各民族社会经济的发展为目标，以推动解决各民族人民群众最直接、最迫切、最现实的利益为要旨。

民族思想政治教育的精神价值和物质价值是相辅相成、相互促进的。民族思想政治教育的精神价值是民族思想政治教育的物质价值的前提和基础，精神价值含蕴着物质价值，没有民族思想政治教育的精神价值就没有民族思想政治教育的物质价值；民族思想政治教育的物质价值是民族思想政治教育的精神价值的反映和结果，物质价值集中表征着、彰显着精神价值，没有民族思想政治教育的物质价值，民族思想政治教育的精神价值也就缺乏有力的说服力。

（四）社会价值与个体价值

按价值主体来划分，民族思想政治教育价值可以分为社会价值和个体价值两种形态。民族思想政治教育的社会价值，是指民族思想政治教育作用于多民族国家内的各民族经济、政治、文化、社会、生态等方面而呈现出来的社会稳定、社会发展、社会和谐价值等诸多方面的统一体。民族思想政治教育的个体价值，是指民族思想政治教育作用于多民族国家内的各民族社会全体成员而呈现出的个体生存、个体发展和个体完善价值。民族思想政治教育的个体价值是民族思想政治教育的社会价值的基础和前提，民族思想政治教育的社会价值是民族思想政治教育的个体价值的延伸和拓展、映射和验证。民族思想政治教育的社会价值与个体价值之间的关系犹如“车之两轮，鸟之两翼”，二者相辅相成、辩证统一。民族思想政治教育既维护了多民族国家和地区团结与统一，促进社会稳定、社会发展、社会和谐；又满足个体的生存、发展和完善需要，使其能树立正确的政治方向，塑造健全完美的个体人格，提高人的综合素质，促进个体的成长和发展。

关于民族思想政治教育的社会价值和个体价值的具体表现内容和表现形态，应是本论题的重点研究问题，这将在下文进行具体论析。

三、民族思想政治教育的社会价值

纵观人类社会发展史，民族问题关系到国家的治与乱、社会的进与退、人民的福与祸。因而，坚持不懈地开展民族工作，对于处理好民族问题，对于国家和社会的稳定与发展具有极端重要的意义和价值。民族思想政治教育作为民族工作中的一个重要的有机组成部分，在处理和调解民族关系、民族矛盾，增进各民族之间的了解、交流、沟通，推进各民族之间实现民族团结、民族平等、民族发展、民族和谐等方面发挥着不可替代的重要作用。我国是统一的多民族国家，有56个民族，少数民族有一亿多人口，分布在全国各地，民族自治地方占国土面积的64%，各民族之间呈现出大杂居，小聚居的特点。这一基本国情，决定了民族问题始终是我们建设中国特色社会主义事业必须处理好的一个重大问题，也决定了民族思想政治工作始终是关系到党和人民事业发展的带有根本性的、全局性的一项重要工作。具体说来，民族思想政治教育的社会价值主要表现在以下三个方面。

（一）社会稳定价值

民族思想政治教育通过推进各民族不断交往联系、增强各民族之间的认知、沟通与融合，来保障民族社会关系的稳定。很显然，就民族思想政治教育的工作对象而言，并不是一个或几个民族，也不是只针对少数民族或主流民族，而是包括多民族国家内所有民族。在一个多民族存在的国家内，各民族之间的经济、政治、文化以及民族个性、气质、心理、必然存在着差异性，由于这些差异性，在民族交往交流过程中，必然存在着思想文化的碰撞、矛盾甚至冲突。自古以来，我国各民族之间的民族交往频繁，民族认知和民族沟通不断加深，民族融合的趋势不断发展深化。这种局面的形成，离不开各个历史时期统治阶级对各民族及其社会成员的民族观、国家观的教育，尤其是中国共产党领导中国各族人民进行艰苦卓绝的反对封建主义、官僚资本主义、帝国主义三座大山压迫的革命进程中所创立的民族思想政治教育，对各民族之间的民族认知、民族交往、民族沟通、民族和睦以及形成正确的民族观和国家观，起到了不可低估的重要作用。所以，民族思想政治教育的一个重要价值，就是推进各民族之间及其各民族社会成员之间的彼此认知、沟通、了解、熟悉，形成各民族之间你中有我、我中有你、国家一体、民族多元的良好民族社会关系格局。民族之间只有不断加强沟通交流，才能形成民族共识，最终达成民族融合与民族和谐。这就需要民族思想政治教育这一载体。通过民族思想政治教育加强各民族间交往联系、增强各民族之间的认知、沟通和融合，以此促进民族社会关系稳定发展。

民族思想政治教育在凝聚民族人心、汇聚民族力量的过程中，有利于推进民族社会力量的统合稳定。自鸦片战争至新中国成立前的这段时期，是积贫积弱的中华民族的一部屈辱史，也是一部中华民族反抗压迫、争取民族独立和民族解放而不断实现伟大复兴的光辉史。在各民族共同抵御外侮、驱逐列强的中国革命进程中，民族思想政治教育发挥着启蒙民族意识、觉醒民族精神、汇聚民族人心的巨大作用；在各民族共同发展奋进、推进中华民族伟大复兴的中国社会主义建设和改革开放的历程中，民族思想政治教育发挥着彰显民族自尊、激励民族创新、整合民族力量的重要价值和功能。中国共产党的诞生及其在长期的革命斗争中所创立的民族思想政治教育，激励着民族意识的觉醒、民族情绪的高涨、民族自尊的维护、民族力量的凝聚，有力地推进了中国革命的进程。新中国成立以后，为了进一步推进各民族的共同发展和繁荣，党和政府不断加强各民族和民族地区的民族工作，派遣民族工作者和政工人员深入各民族地区，宣传党的民族政策和民族理论，不断加强民族观和国家观的教育，使个民族之间的了解交往不断加深，民族平等和民族团结的意识不断增强。在这样一个历史进程中，民族思想政治教育在加快发展少数民族和民族地区经济，传承、保护、交流、发展与创新少数民族优秀文化，开发和培养少数民族干部人才资源，统合民族社会力量，服务于各民族地区社会健康、稳定发展等等方面，都发挥着不可替代的重要作用。

民族思想政治教育有利于维护整个民族国家的统一稳定。自古以来，中华民族是一个休戚相关、荣辱与共的民族共同体，各民族血肉相连，谁也离不开谁，有着共同的民族尊严。在中华民族遭受外来压迫时期，民族思想政治教育在各民族共同抵御外侮，获得民族解放和民族独立的进程中发挥着积极的重要作用。在社会主义革命和建设时期，民族思想政治教育在促进各民族共同发展繁荣、维护国家统一方面占据着极其重要的地位。在多民族国家中，不同民族的共同发展都以国家统一为前提条件，而各民族和睦相处是各族人民共同生存和国家统一的前提基础。历史与现实实践已经反复证明，民族思想政治教育对于维护国家富强统一、各民族团结和社会长治久安有着不可低估的重要功能和价值。只要我们在民族思想政治教育实践活动过程中，坚持党的正确的民族思想政治教育方针和政策，就会使各民族之间消解纷争，凝聚共识，汇聚力量，共谋发展，建设稳定和谐统一的国家。这是我们在进行长期的民族思想政治教育历史发展进程中，获得的宝贵的经验和体会。

（二）社会发展价值

我国现阶段的民族问题，与政治、文化、宗教以及其他社会问题交织在一起，呈现出普遍性、长期性、复杂性等特点。民族思想政治教育作为民族工作的重要有机组成部分，也是与各民族社会经济、政治、文化等社会现象相互交织在一起。民族思想政治教育在促进各民族社会经济、政治和文化发展等方面大有作为，这也是民族思想政治教育社会发展价值的集中体现。

1. 民族思想政治教育具有促进民族社会经济发展的价值

民族思想政治教育的社会经济发展价值，集中体现为通过大力宣传党和国家促进民族地区经济社会发展的方针政策，并将这种方针政策融入到各民族社会成员的思想观念、生产生活中，来推动各民族和民族地区经济社会的发展。民族思想政治教育通过对各民族社会成员进行思想动员和精神激励，不断加强各民族社会成员民族理论、民族政策、民族法律法规和民族基本知识的教育和认知，进一步提升各民族社会成员的民族意识、民族观念、民族精神，以此形成统一的正确的民族观，并将这种思想认识和民族观付诸于各民族的生产生活实践之中，从而推动各民族和民族地区经济社会发展。“以往在效率源泉问题的研究中，通常只看重经济因素与技术因素而忽略非经济因素与非技术因素，只注意利益的影响而不注意社会责任感与公共目标的作用，只强调物的价值实现而忽视人的价值实现。”① 马克思主义生产力理论认为，生产力是由物的因素和人的因素共同构成的，而人的因素是生产力中最为活跃、最具有潜能的主导性因素，是推动生产力变革、发展的决定性因素。“理论一经掌握群众，也会变成物质力量。”②各民族社会成员是经济的主体，作为具有思想意识的人，其经济行为和生产生活总要受到一定阶级的思想意识的支配，民族思想政治教育正是将一定时期、一定社会阶级所要求的民族观、国家观灌注于各民族社会成员的思想意识和行为实践之中，使其形成一定社会阶级所要求的思想政治素质，并将这种素质运用于旧的生产关系的变革之中，从而推动生产力的发展。如果只讲民族团结和睦，不注重民族地区的经济社会发展，不切实提高和改善民族地区各族人民的生活水平，民族思想政治教育就会成为假话、

---

① 厉以宁：《超越市场与超越政府——论道德力量在经济中的作用》，50页，北京，经济科学出版社，1999。

② 《马克思恩格斯选集》第1卷，9页，北京，人民出版社，1995。

大话、空话和套话，就会流于形式，达不到应有的效果。因而不能简单地把民族思想政治教育等同于发展生产力，搞“空头政治”，也不能把民族思想政治教育同发展生产力对立起来，导致产生民族思想政治教育与生产力发展“两张皮”现象。民族思想政治教育只有凸显“物质力量”的价值，才能变成有效的“武器”。故此，在各民族和民族地区社会经济发展的进程中，民族思想政治教育只有紧紧抓住各民族经济发展这个中心，有机结合民族地区社会经济发展这个主题，进行思想动员、提高和统一思想认识、寻找到促进民族地区经济社会发展的有效途径，才是民族思想政治教育由潜在价值转变为现实价值的关键。

2. 民族思想政治教育具有促进民族社会政治发展的价值

民族思想政治教育有着诸多的价值表现形式，其中最为重要、居于主导地位的是具有促进民族社会政治稳定和发展的价值。如灌输民族政治意识、培植民族政治心理、引导民族政治行为、造就民族政治人才、和谐民族政治关系。列宁曾对苏俄教育偏离政治的倾向提出过严厉批评，指出由于在整个教育工作中不能持有教育脱离政治的旧观点，教育工作就必须联系政治。因此，“讲政治”是民族思想政治教育的本质属性，是发挥社会主义意识形态主导性的重要方式。

其一，民族思想政治教育通过各民族间的民族平等、民族团结、民族认同、民族精神等内容的教育，使各民族社会成员形成正确的民族观，从而促进民族关系的发展与和谐。可以这样说，如何正确对待和处理各民族之间的民族关系，是民族思想政治教育的最主要的政治任务之一，也是民族思想政治教育政治价值实现的关键环节。在民族思想政治教育实践过程中，要将党的马克思主义民族理论、路线、方针、政策在各民族间进行宣传和教育，使各民族社会成员增强本民族认同和中华民族认同，并内在协调一致地化为各民族的思想和行为，以此形成高度的中华民族认同意识、自豪感和归属感。

其二，民族思想政治教育通过国家观教育，促使各民族社会成员增强国家认同意识，形成正确的国家观。各民族形成统一的国家观，是整个国家政治稳定和政治发展的重要前提和基础。我国是人民民主专政的社会主义国家，是党的领导、人民当家作主和依法治国的有机统一，只有将德治与法治结合起来，将党的领导与人民当家作主结合起来，最大限度地发挥各族人民群众主人翁的精神、首创精神，才能激励各族人民积极主动地参与国家各项社会文化事务的管理，并使各族人民认识到只有党才能领导中国各族人民夺取一个又一个的胜利，只有中国特色社会主义才能发展中国的道理。

其三，民族思想政治教育以其政治关系再生产的功能，对各族人民进行爱国主义、集体主义和社会主义主旋律教育，使之牢固树立马克思主义世界观、人生观和价值观，不断培养出一代又一代共产主义接班人。民族思想政治教育是无产阶级政党进行社会思想教育的重要途径，是以社会主义核心价值体系引领各族人民尤其是青年的政治觉悟、政治立场、政治态度和政治方向，以政治社会化的方式和途径不断推进各族人民的政治参与意识、政治角色意识、政治认同意识，从而使各族人民紧随党的领导，紧密团结在党的周围，成为无产阶级事业可靠的接班人。只有这样，党的事业才能薪火相传、后继有人，才能在各种纷繁复杂的国际国内形势中把党的事业不断地推向前进。

3. 民族思想政治教育具有促进民族社会文化发展的价值

文化是一个民族长期共同生产生活的产物，是维系一个民族生存、延续的重要因素，体现着该民族的精神，是该民族的重要标志。民族思想政治教育作为民族国家上层建筑的重要组成部分，本身就是思想文化的存在方式之一，在教育实践活动过程中，更是发挥着民族文化传承和民族文化创新的价值。一方面，民族思想政治教育承载和延续民族传统文化的精髓，通过各民族的民族信仰、民族节庆等活动实现民族文化的传承。绝大多数民族都有自己的民族信仰，如藏、蒙古等民族信仰藏传佛教；回、维吾尔等民族信仰伊斯兰教以及苗族的天王崇拜、蚩尤崇拜、傩公傩母崇拜，土家族的白虎崇拜、向王天子崇拜等祖先崇拜和民间信仰，这些民族性信仰体现了该民族的文化存在样态、文化价值取向和思想道德教育规范。因而，民族思想政治教育可以通过民族信仰活动引导、传播该民族文化。民族思想政治教育以民间信仰这种为各民族所熟悉的文化载体为切入点，充分挖掘和利用各民族地区民间信仰所含蕴的礼仪道德开展教育活动，在尊重各民族文化信仰的同时，又传承了各民族人民的文化精髓。另一方面，民族思想政治教育通过各民族节庆活动引导、传播各民族文化。各民族大都有本民族的节庆活动，如云南白族的“三月三”、傣族的“泼水节”、苗族的“龙船节”、土家族的“女儿会”、壮族的“歌圩”等。民族思想政治教育以民族节庆活动为载体，将节庆活动与民族文化传承有机结合，最大限度地吸引民族成员的广泛参与，从而将民族文化渗透到各民族日常的生产生活之中。另一方面，民族思想政治教育体察时代与现实的特点和要求，不断实现民族文化的创新。随着全球化和民族现代化进程加快，民族传统文化所依赖的生存基础出现巨大变迁，因此民族传统文化必然要不断升华，吸纳新的元素，在自我转型中实现自身特质的延续，否则只能消亡。民族思想政治教育在促进民族传统文化进行现代转型的过程中，对于转变各民族及其民族成员的思想观念，赋予各民族文化新的时代精神和内涵，实行民族文化的民族性和时代性有机糅合起到了积极的推动作用。“观念的转变是少数族群实现现代化的重要条件。”① 在民族传统文化发展的问题上，江泽民指出：“促进少数民族在继承和发展本民族优秀文化的基础上，积极借鉴和吸收其他民族的先进文化，随着时代发展和社会进步不断吸取

---

① 马戎：《民族社会学》，555 页，北京，北京大学出版社，2004。

新知识、树立新观念。”[①] 因此，要积极运用和创新民族思想政治教育方法和形式，促进各族人民思想观念现代化，不断确立现代社会主体意识，从而能够理解和包容不同的文化观念，形成各民族文化共生共存、和谐发展的局面。

（三）社会和谐价值

“构建社会主义和谐社会，是我们党从中国特色社会主义事业总体布局和全面建设小康社会全局出发提出的重大战略任务，反映了建设富强民主文明和谐的社会主义现代化国家的内在要求，体现了全党全国各族人民的共同愿望。”[②] 构建和谐社会是时代发展的必然趋势，是当代中国社会发展的基本特征，也是中国特色社会主义的本质属性。在所有影响社会和谐全局的因素当中，各民族之间是否能够和谐相处则是关键因素，这是民族思想政治教育所以存在的客观依据，也是民族思想政治教育的中心任务和价值显现所在。

民族思想政治教育内含着促进民族和谐的价值。各民族之间的和谐，是整个中华民族社会和谐的基本前提和重要基础。民族思想政治教育本身的出发点，就在于教育各民族人民取消和抛弃狭隘民族主义，以平等、互助、包容和理解的和谐方式来处理种种民族间“人民内部矛盾”，将“民族和谐”作为“生命线”始终贯穿于民族关系的全过程。“只要一抛弃大民族主义，就可以换得少数民族抛弃狭隘的民族主义。我们不能首先要求少数民族取消狭隘民族主义，而是应当首先老老实实取消大民族主义。”[③] 这样才能真正确立起“汉族离不开少数民族、少数民族离不开汉族和各少数民族之间相互离不开”的和谐社会理念。因而，从宏观

① 《江泽民文选》第 3 卷，150 页，北京，人民出版社，2006。

② 胡锦涛：《切实做好构建社会主义和谐社会的各项工作，把中国特色社会主义伟大事业推向前进》，载《求是》，2007（1）。

③ 《邓小平文选》第 1 卷，163 页，北京，人民出版社，1994。

层次上讲，民族思想政治教育的社会和谐价值主要是通过推进民族团结来实现的。“在中国，民族团结包括汉族和少数民族之间的团结，各少数民族之间的团结，以及同一少数民族内部成员之间的团结。”① 各民族之间只有团结一致，才能创造良好的、和谐的环境氛围，才能凝聚人心、汇聚力量，一心一意谋发展，共同推进中国特色社会主义事业不断前进。“民族团结”与“民族和谐”是当代中国发展的重大主题，也是作为“武器”的民族思想政治教育发挥精神力量的出发点。胡锦涛同志指出：“以科学发展观统领经济社会发展全局，围绕全面建设小康社会的宏伟目标，牢牢把握各民族共同团结奋斗、共同繁荣发展的主题。”② 故而，在教育方法上，民族思想政治教育工作应以“民族团结”为导向，促进各民族社会成员之间和睦相处、同舟共济；在教育内容上，把民族团结教育纳入民族思想政治教育全过程，加强马克思主义民族理论与民族政策宣传，提升各民族社会成员的民族认知，确立中华民族认同感、国家认同感和自豪感，使“三个离不开”价值理念深深扎根于各民族心中，自觉与民族分裂势力作斗争；在教育环境上，民族思想政治教育以各种形式、方法和途径构建促进各民族间既互相学习借鉴，又相互合作帮助的和谐舆论环境和情境氛围。

民族思想政治教育内含着促进个人和谐、人与人之间和谐的价值。毋庸置疑，各民族之间的和谐归根结底在于各民族社会个人本身的和谐、人与人之间的和谐相处。因而，从微观层次上来讲，民族思想政治教育的社会和谐价值主要是通过各民族人际和谐，包括个人的和谐、人与人之间的和谐体现的。从个人的和谐来说，民族思想政治教育通过不断提升各民族社会成员的思想道

---

① 国务院新闻办：《中国的民族政策与各民族共同繁荣发展》，15 页，北京，人民出版社，2009。

② 《指导新时期民族工作的纲领性文献》，9～10 页，北京，人民出版社，2005。

德素质、政治素质、心理素质、法律素质以及民族意识、民族观念、民族精神，从而使各民族及其民族成员身心和谐；从人与人之间的和谐角度来说，民族思想政治教育通过马克思主义民族理论与民族政策的宣传教育，使各民族社会成员形成国家所要求的正确的民族观和国家观，以此在各民族交往过程中达到人们思想政治上的一致性认同，调节、规范、约束各民族社会成员之间的行为，形成新型的社会主义民族和谐关系。因此，民族思想政治教育通过加强各民族间的沟通、交流、反馈，在说服、宣传的方式中，引导各民族人民正确认识和对待在社会主义现代化建设进程中所凸显的各种社会问题和矛盾，消除民族偏见，服从国家和民族整体利益、全局利益和长远利益，从而使社会矛盾得到缓解和最终解决。

四、民族思想政治教育的个体价值

民族思想政治教育不仅要体现社会价值，关注各民族社会及其如何协调民族关系，更要体现思想政治教育的个体价值，关注各民族社会成员个体现实的需要。具体来说，民族思想政治教育的个体价值主要体现在以下几方面。

（一）个体生存价值

民族思想政治教育具有有助于各民族社会成员个体生存的价值。人的存在首先就是生存，这是人生发展的前提条件与基础。民族思想政治教育的一个基本目的就是提供一种生存方式，为各民族主体间的相互依存提供一种生存的导向。马克思认为：“任何人如果不同时为了自己的某种需要和为了这种需要的器官做事，他就什么也不能做。”① “如果只讲牺牲精神，不讲物质，那就是唯

① 《马克思恩格斯全集》第3卷，286页，北京，人民出版社，1987。

心论。”① 在经济全球化、信息网络化、发展多样化的背景下以及我国社会主义现代化建设转型时期，面临着社会经济利益的重大调整，这就决定了现代民族思想政治教育的一个重要功能，就是围绕着各族人民的现实生存——如何生存、怎样生存的问题服务的。民族思想政治教育的一个重要目的就是为了塑造各民族社会成员正确的民族观、国家观，而这种民族观、国家观教育和培养的出发点正是基于各民族社会成员个体生存的现实需要，观照现实的个人，立足于服务现实主体需要的。具体来说，民族思想政治教育的个体生存价值主要表现为：一是促进各民族社会成员在民族交往中正确认知民族关系、调节和规范民族行为，进而确立一定社会阶级所要求的民族观，这是各民族社会成员安身立命的基本前提。在民族交往实践中，各民族社会成员的主观认识不可能总是正确地认知民族关系和民族观，不可避免地产生偏差，形成错觉。民族思想政治教育正是源于各族人民高质量生存发展的需要，引导人们掌握和运用科学的民族理论、民族政策以及处理民族问题的方式方法，不断调整调节和规范个体自我的民族交往行为，把握民族社会生产交往实践活动的基本规律，从而形成正确的民族观，以此提高自我生存实践的能力和水平。二是促进各民族社会成员在民族交往中激发民族精神动力，推动各民族及其社会成员形成共生共存的良好环境。民族思想政治教育在发挥人们的积极性、主动性和创造性的过程中，引导各族人民群众对民族关系展开深切的认识和体验，不断提升各民族社会成员的民族观、国家观，激发各民族社会成员的精神动力，在实践中创造出巨大的生产力量和物质力量，从而为现实生活中的各民族社会个体共生共存提供坚实的物质保障。

① 《邓小平文选》第2卷，146页，北京，人民出版社，1994。

（二）个体发展价值

民族思想政治教育具有有助于各民族社会成员个体发展的价值。民族思想政治教育从其本真意义来说，应是“直面人的生命，通过人的生命即为了人的生命质量的提高而进行的社会活动，是以人为本的社会中最能体现生命关怀的一项公益事业”[①]。这种价值最集中表现为，民族思想政治教育引领各民族社会成员正确的政治方向，保障各民族社会成员个体形成正确的政治立场。正确的政治方向不仅指符合一个国家和社会的政治、经济、文化、科技和教育等方面发展的政策措施，而且还包括正确的民族关系在内的所有能促进社会发展进步的社会关系。正确的民族关系是正确的政治方向的重要组成部分。社会成员个体正确的民族观的形成由于个人条件的限制，不可能自觉地形成，主要是通过国家有目的、有计划、有组织的以民族理论与民族政策为主要内容的民族思想政治教育来实现的。我国社会主义的民族理论与民族政策等民族观，是建立在生产资料公有制基础之上的，是以马克思主义理论为指导的，代表最广大人民群众的根本利益，反映了全国各族人民的共同心愿，因而是科学正确的民族观，是被长期的历史实践证明并将继续为实践所证明是符合我国国情的科学、正确的民族观。用这种民族观武装起来的人，才能充分发挥个人的主观能动性，才是历史的创造者，才是推动历史前进的促进者；用这种民族观武装起来的人，才能在社会生活中自觉地遵守我国的民族区域自治制度，把各族人民要互相尊重、互相学习、互相合作和互相帮助的要求变为自己的内在自觉行动，才能沿着正确的方向为我国各民族平等、团结、互助与和谐的社会主义民族关系形成、巩固和发展做出自己应有的贡献；用这种民族观武装起来

---

① 刘智运、胡德海：《对教育本质的再认识》，载《北京大学教育评论》，2004（4）。

的人，才能更好地在我国这样一个由多民族组成的大家庭中成长发展，才能充分发挥自己的聪明才智。

（三）个体完善价值

民族思想政治教育具有有助于各民族社会成员个体完善的价值。一是民族思想政治教育具有塑造个体健全人格的功能。人格是指一个人的品格、品质、思想境界、情操格调和道德水平等等，是个人相对稳定的比较重要的心理特征的总和。塑造完美健全的个体人格是一项重要而艰巨的主体建设工程，它既是一个国家或民族兴旺发达的必要条件，又是一个国家或民族努力奋斗的建设目标。民族思想政治教育所要塑造的健全完美人格，就是要使各民族社会成员不仅具有最基本的一般的公民素质和尊重各民族的风俗习惯等具体生活习性上的道德品质，更要具有坚持平等、团结、互助与和谐的社会主义民族关系上的大局意识、整体意识、民族意识、国家意识，以此树立正确的民族观和国家观。二是民族思想政治教育有助于提高各民族社会成员的综合素质、促进人的全面发展。当今是经济全球化和网络信息化的时代，这个时代需要我们每一个人不断地提高自身的素质，树立适应时代发展需求的观念和意识，以便更好地在社会中生存与发展。民族思想政治教育不仅包含思想教育、政治教育、道德教育等教育内容，也包含着民族意识、民族观念、民族心理、民族文化、民族精神等方面的教育，它是对社会全体成员进行正确的民族观教育，培养社会成员良好民族素养的重要途径。可以说，在当代社会，良好的民族素养已经成为个人良好综合素质的重要组成部分。生活在“地球村”的人们之间的交往联系日益频繁，多民族国家的社会成员不仅要在国内注重和处理好与其他民族成员的关系，走出国门，还要处理好与其他国家民族的关系。就是单一制民族国家的社会成员，随着国际交往的日益频繁，也要处理好与国外其他民族的关系，也要具备一定的民族素质，只有这样，才能为个人全面发展创造条件。人的全面发展意味着人的个性的丰富性和能力的多样性，能力的多样性当中显然包含了处理民族问题与民族关系的能力。个体的这些能力能使其在复杂多变的社会生活中有效应对，显示出个体更强的主动精神和创造力，从而充分自由地实现个人的全面发展。

五、民族思想政治教育价值的实现

与一般性思想政治教育相比，民族思想政治教育价值的实现同样也离不开“灌输和接受”这“两个轴心”[①]，但民族思想政治教育内容和方法具有显著的民族性特征，其价值的实现必须紧扣“民族性”。因而，民族思想政治教育必须紧密结合中华民族的民族关系发展史、党的民族理论与民族政策的宣传、社会主义核心价值体系、民族文化习俗、民族心理、民族地域等民族环境或情境路径来教育各民族人民群众，其价值才能得以最大限度地实现。

（一）社会价值的实现

第一，民族思想政治教育必须紧密结合民族关系发展史来教育群众，筑牢民族社会稳定的心理认同，这是民族思想政治教育社会价值实现的历史基础。

中华民族是由56个民族组成的大家庭，在长期的历史发展与融合过程中，形成了汉族离不开少数民族，少数民族离不开汉族，各少数民族之间也相互离不开的团结和谐局面。我们要从这种民族发展历史观的角度来教育广大人民群众维护和珍惜这来之不易的民族大团结的局面。我国从秦汉到1840年，是中华民族从多元到一体的形成和稳定时期。秦汉400多年的中央集权统治，奠定了统一多民族中国一体模式的基础——封建中央集权统治模式。在

① 张耀灿、徐志远：《现代思想政治教育学科论》，133页，武汉，湖北人民出版社，2003。

民族和文化多元的环境下，推行“书同文，车同轨，独尊儒术”的文化政策，为统一的中华民族的形成打下了文化基础。秦汉时期还奠定了中国统一多民族国家的疆域基础和“因俗而治”的政治结构模式。尽管在魏晋南北朝时期，中华大地上统一的局面出现了短暂的分裂，但各民族之间在政治、经济、文化、语言、习俗等方面的相互融合并没有停止。统一的隋唐王朝的出现，又将中华大地上众多民族置于一个统一的政治统治体制之下，魏晋南北朝时期民族之间的融合成果得到了巩固和进一步加强，整个中华大地成为一个民族融合的大熔炉。宋至明清时期是中华民族统一体的发展和巩固时期。这一时期，中华大地上各民族的迁徙与流动可以说波及到各个角落，其结果是中国各民族又重新呈现出新的民族大杂居状态。到了清朝时期，今天中华民族所包括的56个民族已经基本形成，分布地域也基本确定下来。从鸦片战争到中华人民共和国成立之前，由于帝国主义的入侵，中华民族同帝国主义的矛盾成为最主要的矛盾，在反抗外来侵略的过程中，各民族人民结成了同呼吸、共命运的亲密关系，“中华民族”这一共同的称谓开始出现，并日益深入人心，不仅为汉族所接受，而且也为各少数民族所认可，鼓舞着各族人民团结一致，共同抵御外侮。中国各族人民正是在中国共产党的领导下，经过长期的反帝反封建的艰难曲折的武装斗争，建立了中华人民共和国，掌握了国家政权，成为国家的主人。我国各民族的关系也由此进入了一个新的阶段，即从阶级社会的不平等的剥削压迫关系，发展成为平等、团结、互助与和谐的社会主义民族关系。当前，全国各族人民团结一致，在党的领导下，为全面建设小康社会，为中华民族的伟大复兴而努力奋斗。故而，民族关系的发展史是一个多民族国家发生、发展、形成的生动见证，民族思想政治教育只有紧密结合民族关系实践的发展史，才更具说服力、更具客观性和科学性，才能从历史事实上确证中华民族多元一体的格局，各民族是在冲突中不断融合，在融合中不断深入发展的。因此，紧密结合民族关系实践的发展史，是民族思想政治教育社会价值实现的一个最为基本的前提。

第二，民族思想政治教育必须以社会主义核心价值体系来引领各民族人民群众思想道德和精神文明建设，指引民族社会发展的方向，这是民族思想政治教育社会价值实现的理论基础。

民族思想政治教育的中心任务，是要促进民族团结，构建和谐的民族关系，建设社会主义和谐社会，坚持这种科学导向就必须努力加强社会主义核心价值体系建设。在当代中国，社会主义核心价值体系是社会主义意识形态的集中体现，是社会主义存在和发展的根本价值判断标准。社会主义核心价值体系是构建社会主义和谐民族关系的基石，也是我国民族思想政治教育工作的基本导向与基本内核。因此，民族思想政治教育必须以社会主义核心价值体系统领一切社会思潮，指导民族政策的制定、民族关系的维护。民族地区思想政治教育工作应在加强社会主义核心价值体系的科学导向上下功夫，大力发挥其科学的理想信念导向、社会目标导向和行为规范导向的作用。[①] 民族思想政治教育加强各民族社会成员的思想教育、民族观教育，要以马克思主义民族观为根本指导，激发各民族内在动力，指导各民族社会成员现实行为，使各民族社会成员把握社会主义民族关系的性质和方向；民族思想政治教育加强各民族中国特色社会主义共同理想教育，就是要以“共同理想”信念鼓舞和团结各族人民群众，凝聚民族精神，汇聚民族力量，为实现中华民族伟大复兴而努力奋斗；民族思想政治教育通过以爱国主义为核心的民族精神的培养，以各民族喜闻乐见的活动形式促使各民族及其成员形成强烈的民族认同、国家认同及其自豪感和归属感，以改革创新为核心的时代精神教育来促进各民族转变观念，创新思维，勇于开拓，自觉提升民族文化现代化转型的“主体性”能力；民族思想政治教育通过以“八

① 刘新庚：《现代思想政治教育方法论》，312 页，北京，人民出版社，2008。

荣八耻”为主要内容的社会主义荣辱观教育，就是要弘扬民族传统美德，明确提倡什么、抵制什么，明确当代中国最基本的价值取向和行为准则，引领社会风尚，提高各民族文明程度。民族思想政治教育必须“牢牢把握社会主义先进文化的前进方向……倡导和谐理念，培育和谐精神，进一步形成全社会共同的理想信念和道德规范，打牢全党全国各族人民团结奋斗的思想道德基础”①，从而推进各民族传统伦理道德与社会主义道德建设相适应，自觉提升思想道德素质，养成良好行为风尚。

第三，民族思想政治教育必须紧密结合党和国家的民族理论和民族政策来武装广大人民群众，夯实民族社会和谐的环境，这是民族思想政治教育社会价值实现的现实基础。

一个国家的民族理论和民族政策就是某政党或国家关于民族问题的主张，其本身就寓含着民族思想政治教育的功能和作用，因而是民族思想政治教育的最主要的内容，也是民族思想政治教育价值存在的根本性前提。我党的民族思想政治教育实践活动，就是把党和国家关于民族问题的主张和意志内化为广大人民群众的自觉行为，从而外化为强大的物质力量。一方面，民族思想政治教育要大力宣传党的民族平等和民族团结的理论与政策。民族平等是一切民族不分大小，不分先进与落后，在政治、经济、文化、教育等方面都享有平等的权利，处于平等的地位，任何民族都不享有任何特权。马克思主义民族理论和政策自始至终都贯彻着民族平等和民族团结的根本原则。民族平等和民族团结二者是相辅相成、密不可分。民族平等是民族团结的前提和基础，民族团结是民族平等的结果，是进一步实现真正民族平等的保证。坚持民族平等是为了达到民族的团结，民族团结的目的，是为了共同进行革命斗争，共同进行社会主义事业建设，进一步实现各民

① 《中共中央关于构建社会主义和谐社会若干重大问题的决定》，载《人民日报》，2006年10月19日。

族的真正平等。民族思想政治教育只有以党和国家的民族理论和民族政策为指导，将各民族的民族文化特殊性与民族理论和民族政策的普遍性紧密链接起来，才能最充分、最大限度地实现民族思想政治教育的社会价值。另一方面，民族思想政治教育要大力宣传党的民族区域自治制度，用党的民族区域自治制度教育各族人民。民族区域自治制度是我国正确处理民族关系问题的基本政治制度，是中国共产党对马克思列宁主义民族理论的重大发展，是马克思主义民族理论与中国具体实践相结合的产物。中国自古以来就是一个统一的多民族国家，各民族有着维护祖国统一的共同心理基础。虽然在历史上各民族经历了短暂的分裂和战争，但统一是各民族发展历史的主流。我国各族人民在长期的交往历史过程中，形成了大杂居、小聚居、交错分布的居住格局。长期的民族交往，使得各民族之间有着不可分割的血肉联系，汇聚成为一种强大的民族凝聚力和向心力。自近代以来，中国各族人民在为争取民族独立的斗争中，团结一致，形成了生死与共的友谊。彼此的政治认同，为建立统一的新中国，为在少数民族地区实行区域自治奠定了坚实的政治基础。因而，在我国实行民族区域自治既是民族历史发展和民族关系维护的必然，又是维护国家统一、民族团结的迫切需要。民族区域自治制度既是进行民族思想政治教育的理论指导，也是对各民族社会成员进行民族思想政治教育的重要内容。民族思想政治教育只有深刻把握和领会民族区域自治制度的本质内涵和思想精髓，才能正确处理各族人民之间的经济关系、政治关系、文化关系，才能加强各民族的中华民族认同和国家认同，协调矛盾，统一思想，形成整体合力，营造出一个团结、和睦、和谐的民族社会环境氛围、共同推进中国特色社会主义事业不断前进，最终实现中华民族的伟大复兴。

（二）个体价值的实现

民族思想政治教育的民族性特征，决定了民族思想政治教育个体价值的实现更要注重从各民族社会实际出发，实事求是，采取不同的教育方式方法，不能照抄照搬任何教育模式。第一次全国民族教育会议在阐述少数民族教育总方针时曾指出："少数民族教育必须是新民主主义的内容，并应采取适合于各民族人民发展和进步的民族形式。"① 因而，对于民族思想政治教育来说，也必须"采取民族形式，照顾民族特点，才能很好地和各民族实际情况结合起来，否则便不会有良好的效果"②。民族思想政治教育个体价值的实现，必须紧密契合各民族社会个体所处的环境或情境来进行，如民族地域、民族文化习俗、民族心理等等。

第一，熟悉各民族社会成员所处的地域环境，是民族思想政治教育个体价值实现的基本前提。从传统自然地理学的角度看，所谓地域是指在自然条件方面具有某些同质性特点的地理区域，即"纯物质"的"地理空间"。每一特定社会的成员都必须生活在某一地域之内，人们总是以特定空间为立足点审视自我，确立自己的利益、地位和角色。与地域相联系的两个重要属性是场所性和地方性。场所是具有明确边界的地理区域，它构成了人们日常社会活动的区域范围，共同的场所构成了相互关系的开始，从这个意义上说，场所"是由附着于某种权力或资本形式的各种位置间的一系列客观历史关系所构成的"③。地方性是特定场所内人们生存方式所具有的特殊的规定性。由于不同的自然环境、地理位置，以及长期生产和生活实践中形成的经济、社会、文化结构，使得该地域内人们往往表现出与其他场所不同的利益结构、交往模式、行为特性和价值取向等。民族思想政治教育并不是一种抽象的存在，而是寓于具体地域的各民族之中，其个体价值实现首先是建立在了解和熟悉各民族的地理环境、自然地貌的基础之上

① 《少数民族教育工作文件选编》，37页，呼和浩特，内蒙古教育出版社，1991。

② 《少数民族教育工作文件选编》，37页，呼和浩特，内蒙古教育出版社，1991。

③ P. Bourdieu and L. Wacquant, *An Invitation to Reflesive Sociology*, University of Chicago Press, 1992, p. 187.

的。可以说，每个民族、每个人都在一定程度上被定格在某一地域空间内，从该地域所提供的空间内确定自己的身份、角色、利益和地位，以这一空间地域为立足点接收各种信息并结合本地域的生存经验对之予以诠释。这种地域意识之下总是附着一定的民族心理和民族文化。各民族这种地域意识的认同使各民族社会个体对自己所处的地域产生某种归属感，对该地域内的生活方式、风土人情、生活习俗等形成直接的生存体验和心理上的亲近感。在当代社会，地域作为人们生活的自然居所，愈来愈成为人们生活的重要场景，对人们的思想和行为方式产生较大影响，特别是对于少数民族社会成员而言，其独特的地域性更是对其产生巨大的影响。由于他们生活在特定的区域内，他们的发展具有相对的稳定性和传承性，容易对自己的生活区域产生高度的地域认同感而呈现出某种特殊的“地域身份”，成为各民族个体在不同社会地域生活中相互区别的重要社会标识。民族思想政治教育只有真正融入各民族地域，与各民族地域环境特点结合起来，才能有针对性地开展教育活动，提高教育的时效性、有效性。因此，民族思想政治教育个体价值的实现就不得不深入考察其生存生活的地域环境，熟悉各民族地域环境或情境就成了民族思想政治教育个体价值实现的最为基本的前提。

第二，深入了解各民族社会成员所生活其中的以风俗习惯为主要内容的文化环境，是民族思想政治教育个体价值实现的载体中介。“民俗，即民间风俗，指一个国家或民族中广大民众所创造、享用和传承的生活文化……民俗一旦形成，就成为规范人们的行为、语言和心理的一种基本力量，同时也是民众习得、传承和积累文化创造成果的一种重要方式。”① 风俗习惯尤其是良俗，是该民族在长期的历史发展过程中沿袭而成的风尚和习俗，它包括一个民族的衣食住行、婚礼丧葬、节庆娱乐、文学艺术、生产

① 钟敬文：《民俗学概论》，1页，上海，上海文艺出版社，1998。

生活以及待人接物等。各民族优良民俗是其民族文化的结晶，是一个民族文化的载体，是一个民族区别于其他民族的重要标志，表征着该民族的生活习性、理想信念、价值观念，成为该民族思想和行为的准则。因此，不同的民族生活在不同的区域形成了自己特定的文化习俗，即使是同一民族也因生活的区域不同而不尽相同，风俗习惯由此在民族交往中十分敏感，一个民族往往会把其他民族对本民族风俗习惯的态度看做是对自己民族的态度，并由此影响甚至决定民族间的关系。大体而言，民俗作为各民族一种思想道德规范的载体，具有鲜明生动的育人功能。一是凝聚功能。“一个民族的风俗习惯、待人处事无不反映着民族精神。”① 民俗作为一个民族社会成员所特有的共同的情感、心理、信仰和价值观，深刻地影响着该民族成员的思想行为和生活方式，激励着该民族成员的强烈的民族自尊心和自信心，从而形成高度的民族认同感和凝聚力。二是导向功能。优良民俗是千百年来各民族的文化传承，是其在长期的物质与精神的生产、生活中形成的社会道德规范与行为准则，其语言、信仰、心理、礼仪、习惯等方面已经渗透到民众的心里，内化为行为准则，具有无形的向导力、约束力。三是教育功能。各民族优良民俗中涵蕴着为人处世、安身立命的思想道德标准，在人们的生产生活中时刻影响着个体的道德认知、道德情感、道德观念、道德意志、道德行为，并以寓教于乐的方式，教育和培养个体良好的品性。各民族优良民俗资源中蕴含着如此巨大的民族思想政治教育功能，作为民族思想政治教育者应对其加以充分挖掘和利用。故此，在民族思想政治教育过程中，只有将民族思想政治教育的内容、目标和方法渗透于各民族优良民俗中，才能找到彰显和实现其个体价值的载体中介和平台。

第三，尊重各民族社会成员独特的心理特点，是民族思想政

① 顾明远：《中国教育的文化基础》，68页，太原，山西教育出版社，2004。

治教育个体价值实现的关键环节。民族心理特点是特定民族在长期的自然环境和社会环境的交互作用下、在其历史文化不断的演进积淀的过程中发生、发展、形成的，并通过一定的生产生活方式与各种文化产品诸如生活习俗、道德观念、行为交往、艺术体育等实践活动得以表现。每个民族的心理特征都是通过该民族特殊的社会化过程而加以传承，并随着时代的变迁而不断发展与变化的。我国是一个多民族的国家，由于各民族和民族地区经济、社会、文化和教育等方面的差异，使得各民族在民族心理方面表现出较大差异。要对各民族成员进行民族观教育，使其形成统一的民族观思想，就必须理解和尊重各民族社会成员独特的心理特点。尤其是在处理不同民族之间的民族关系问题时，如果不了解特定民族的心理现象和心理特点，就无法制定出有效的教育对策和教育方法。在我党的民族思想政治教育工作史上，一些民族干部、政工教育者在处理民族成员之间的纠纷时，因不了解各民族的民族心理特点，采取了不合时宜的方法，而导致纠纷上升为民族关系问题的现象也不是不存在。故而，在民族思想政治教育实践过程中，只有了解和熟悉各民族及其社会成员的心理特点，才能充分利用各民族心理的积极因素，推进民族经济社会文化事业的健康、快速、可持续发展，也才能采取有效的对策积极预防各民族心理的消极影响，并将其转化为有利的因素。因此，对于教育目标的制定、教育内容的选择、教育方法的实施，一定要考虑到各个民族在特定的历史条件下所形成的个性心理特征，使之相互融合、相得益彰。

当然，“民族思想政治教育价值”是一个庞大宏观的论题，还有许多需要加以深入研究的问题，如民族思想政治教育价值的特点、理想、标准、判断等方面。限于篇幅，本书对这些问题还没有论及，在以后的研究中将逐一加以思考和探讨。

第三章　民族思想政治教育内容论

任何形式的教育，都需要有具体的教育内容。没有实际内容的教育，必然是空洞的、言之无物的，这样的教育自然无法实现教育的目标和目的。因此，要建立民族思想政治教育学，必须首先明确民族思想政治教育学的内容。“民族思想政治教育的内容十分广泛，主要涉及民族理论、民族观、民族政策、民族认同等方面。所以，民族思想政治教育就是对社会成员进行民族理论、民族观、民族政策和民族认同等内容的思想政治教育……中国现阶段的民族思想政治教育，则是指对社会成员进行马克思主义民族观、民族理论、宗教观、民族政策、中华民族认同以及‘三个离不开’、‘四个维护’等具体内容的思想政治教育。”① 同时，“又由于‘有的民族在形成和发展的过程中，宗教起着重要作用’，因此，民族观教育也内含着宗教观教育”②。

一、马克思主义民族观教育

要系统研究马克思主义民族观教育，必须依次研究民族观、马克思主义民族观、中国共产党民族理论与民族政策等的教育

---

① 徐柏才：《建立民族思想政治教育学的思考》，载《中央民族大学学报》（哲学社会科学版），2009（5）。

② 徐柏才：《建立民族思想政治教育学的思考》，载《中央民族大学学报》（哲学社会科学版），2009（5）。

问题。

（一）民族观

什么是民族观？学术界对这个问题有相近的看法。有学者认为："民族观是一个阶级对民族和民族问题的基本看法，亦即这个阶级的世界观在民族问题上的反映和表现。……不同阶级有不同的民族观，这就是说，每个阶级不仅按照自己的观点来理解民族问题，而且还根据本阶级的利益来制定民族纲领和民族政策，处理民族问题。现今世界，民族观归根结底只有资产阶级和马克思主义两家。"①

还有学者认为：民族观"就是人们对民族、民族问题的看法以及人们制定的处理民族问题的纲领和政策。民族观是世界观的一部分，它具有鲜明的阶级性"②。

徐柏才教授认为："所谓民族观，就是社会成员对民族问题、民族现象的根本观点和看法，是一定的世界观在民族问题、民族现象上的表现。民族观内涵十分丰富，一定的民族理论和民族政策都包含其中。又由于'有的民族在形成和发展的过程中，宗教起着重要作用'，因此，民族观教育也内含着宗教观教育。"③

因此，概括起来说，民族观是人们对民族和民族问题的总认识，它一方面表现为人们对民族和民族问题的基本看法，另一方面也反映在人们对待和处理民族问题的态度和方法上。

（二）马克思主义的民族观

马克思主义民族观是马克思主义对民族和民族问题的看法，

---

① 熊锡元：《民族理论基础》，93页，北京，民族出版社，1989。

② 彭英明：《马克思主义民族理论与中国民族问题》，127页，成都，四川民族出版社，1988。

③ 徐柏才：《建立民族思想政治教育学的思考》，载《中央民族大学学报》（哲学社会科学版），2009（5）。

以及处理民族问题的纲领和政策。马克思主义民族观的内容包括很多方面，这里我们择要介绍一些主要思想和主要观点。

1. 关于“民族”的概念

马克思、恩格斯和列宁等人虽然没有直接给“民族”下过定义，但他们经常论述到民族的特征。马克思在《摩尔根〈古代社会〉一书摘要》中提出，语言、地域等是民族的必备条件。恩格斯在《论封建制度的瓦解和民族国家的产生》中也指出，到了西欧封建社会后期，民族（nationality）之间的语言分界线越来越清晰，语族逐渐形成。“一旦划分为语族，很自然，这些语族就成了建立国家的一定基础，民族（Nationalitaten）开始向民族（Nation）发展。”[①] 恩格斯在《法兰克时代》中说：封建社会后期，一个民族“共同的世系愈来愈不认为是实际的血统亲属关系；关于这一方面的记忆愈来愈淡薄了，余下来的仅仅是共同的历史和共同的方言”[②]。恩格斯还认为：“民族的自然分界线，即语言的分界线。”[③] 列宁在有关著作中也论述了民族的地域、语言等特征：“民族这个概念要以一定的条件为前提……民族应当有它的发展地域……一个民族应当有它共同的语言。”[④]

1913年，斯大林在马克思、恩格斯和列宁研究的基础上，提出了一个民族定义：“民族是人们在历史上形成的一个有共同语言、共同地域、共同经济生活以及表现于共同文化上的共同心理素质的稳定的共同体。”[⑤]

斯大林的民族概念提出以后，在全世界都产生了很大影响。新中国成立后，这个概念也是我国进行民族识别的主要依据之一。在民族识别过程中，很多学者认识到这个概念不完全适合中国各

---

① 《马克思恩格斯论民族问题》，818～819页，北京，民族出版社，1987。

② 《马克思恩格斯论民族问题》，632页，北京，民族出版社，1987。

③ 《马克思恩格斯全集》第16卷，176页，北京，人民出版社，1965。

④ 《列宁全集》第7卷，83页，北京，人民出版社，1959。

⑤ 《斯大林选集》上卷，64页，北京，人民出版社，1979。

个民族的实际，也开始从理论方面反思斯大林的民族概念。从实践反思到理论反思，最终的成果体现在2005年提出的有中国特色的民族概念：“民族是在一定历史发展阶段形成的稳定的人们共同体。一般来说，民族在历史渊源、生产方式、语言、文化、风俗习惯以及心理认同等方面具有共同的特征。有的民族在形成和发展的过程中，宗教起着重要作用。”① 这个概念更适合中国各个民族的实际情况。

2. 关于民族问题的思想

第一，民族问题的内涵。1992年1月，在中央民族工作会议上，江泽民对民族问题的内涵作了如下概括：“民族问题既包括民族自身的发展，又包括民族之间，民族与阶级、国家之间等方面的关系。”②

第二，民族问题产生的根本原因。马克思主义认为，民族问题产生的根本原因在于生产力发展水平的差距和私有制度、剥削制度的存在。各民族之间的关系取决于各个民族的生产力、分工和内部交往的发展程度。存在一些民族剥削另一些民族的原因是由现存的所有制关系造成的。

第三，彻底解决民族问题的途径。要彻底解决民族问题，就必须消除民族问题产生的根源。马克思主义认为，无产阶级对资产阶级的胜利是一切被压迫民族获得解放的信号；消灭了人对人的剥削，意味着消灭了民族对民族的剥削；而消灭民族内部的阶级对立，民族之间的敌对关系也会随之消失。

需要说明的是，无产阶级对资产阶级的胜利，不仅仅是无产阶级夺得政权，无产阶级夺得政权只是无产阶级胜利的第一步。无产阶级要实现对资产阶级的全面胜利，实现人的彻底解放和自

---

① 吴仕民：《中国民族理论新编》，25页，北京，中央民族大学出版社，2008。

② 《中国共产党关于民族问题的基本观点和政策》（干部读本），282页，北京，民族出版社，2002。

由，是以生产力的巨大增长和高度发展为前提的。没有生产力的巨大发展，不可能消灭剥削和剥削观念这些“陈腐的东西”，甚至也无法彻底消除民族不平等和民族问题。这是一个彻底的历史唯物主义的观点，对指导我国当前的民族工作具有特别重要的意义。

3. 关于民族平等的思想

马克思主义民族平等思想主要包括四个方面的内容。第一，主张一切民族平等。以一个国家来说，是指国内各民族一律平等；从世界范围来说，是指各个民族国家之间的一律平等。第二，主张各民族在一切权利方面完全平等。即不仅要实现各民族政治平等，还要实现各民族在社会领域的平等，如经济平等、语言平等，等等。只承认各民族政治平等，而不承认各民族在其他方面也应该平等，那么，这种民族平等就是不彻底的。只有承认各民族在政治、经济、社会、语言等各个方面都应该完全平等，这才是真正的民族平等。邓小平指出：“中华人民共和国没有民族歧视，我们对西藏的政策是真正立足于民族平等”；“我们的民族政策是正确的，是真正的民族平等。我们十分注意照顾少数民族的利益”[①]。列宁也曾指出：“谁不承认和不坚持民族平等和语言平等，不同各种民族压迫或不平等作斗争，谁就不是马克思主义者，甚至也不是民主主义者。”[②] 第三，马克思主义认为，要实现真正的民族平等，就必须消灭一切阶级差别。第四，在社会主义国家里，国家政权要采取积极措施，帮助弱小民族达到事实上的平等；发达民族不仅应该遵守形式上的民族平等，而且要不惜牺牲自己的某些利益，去保证和实现弱小民族在事实上的平等。

马克思主义的民族平等思想，继承了资产阶级思想家的民族平等思想，又赋予民族平等以新的内容，不仅主张各民族在政治权利方面完全平等，而且主张帮助各弱小民族在社会生活的各个

① 《邓小平文选》第3卷，246、362页，北京，人民出版社，1993。

② 《列宁全集》第20卷，11页，北京，人民出版社，1958。

领域也实现平等，更主张要彻底实现民族平等就必须消灭一切阶级差别。马克思主义的民族平等，是一种真正的民族平等。

4. 关于民族自由、民族独立和民族自决的思想

马克思主义关于民族独立、民族自由与民族自决权思想包括四个方面的内容：

第一，充分肯定了民族独立和民族自由对资本主义发展的重要性。第二，马克思主义民族自决的含义。自决权，从字面意思说，就是一个民族有自己决定自己内部事务的权利。若把民族自决权发挥到最极端，就是一个民族可以摆脱其他民族的压迫，可以成立自己单独的国家。列宁曾经针对这种最极端的情况给自决权下过一个定义："民族自决，就是民族脱离异族集体的国家分离，就是成立独立的民族国家。"① 也就是说，被压迫民族有从压迫民族的统治下解放出来的权利，有成立自己单独的民族国家的权利。第三，马克思主义是从无产阶级革命的角度来看待民族独立、民族自由和民族自决的。马克思主义之所以主张民族独立、民族自由和民族自决，是希望通过这些达到各民族的平等，进而促进各民族无产阶级的联合，保证他们能在共同的基础上联合起来推翻人剥削人的社会制度，实现人类的彻底解放。马克思主义并不是泛泛地支持一切民族分离的倾向。第四，主张民族独立、民族自由和民族自决的目的在于坚决反对一切民族压迫。如果没有民族压迫，那么，民族自决就失去了前提。

需要指出的是，新中国成立时，我国各民族自愿联合起来建立统一的国家，这是我国各民族的自愿选择，是符合民族自决权基本精神的。联合国大会 1970 年 10 月 24 日通过的《关于各国依联合国宪章建立友好关系及合作之国际法原则之宣言》称："一个民族自由决定建立自主独立国家，与某一独立国家自由结合或合

① 《列宁全集》第 20 卷，397 页，北京，人民出版社，1958。

并，或采取任何其他政治立场，均属该民族实施自决权之方式。”①

需要注意的是，目前一些西方国家打着“民族自决”的旗号，对我国进行渗透，鼓动民族分裂分子从事分裂国家的行为，这已经超出了民族自决的范畴。我国各民族当初自愿联合起来建立中华人民共和国，是民族自决的具体体现。同时，新中国成立以来，我国各民族在政治上是平等的，并不存在民族压迫和殖民统治，因此不存在实行“民族自决”的前提。他们之所以这样宣传，目的是要分化、瓦解中国。这种别有用心的宣传和煽动，是违背国际法基本准则的。联合国大会 1960 年 12 月 14 日通过的《给予殖民地国家和人民独立宣言》明确指出：“任何旨在部分地或全面地分裂一个国家的团结和破坏其领土完整的企图，都是与联合国宪章的目的和原则相违背的。”②

5. 关于民族联合与民族团结的思想

第一，民族团结的含义。马克思主义所说的民族团结，是指在民族平等基础上的各民族之间和民族内部之间的团结。民族团结是有不同层次的。就世界范围来说，民族团结是指各个民族国家之间的团结，如中华民族与法兰西民族之间的团结。就一个国家内部而言，民族团结是指国内各个地区、各个部分之间的团结，如海峡两岸中国人的团结、56 个民族之间的团结。就一个具体的民族而言，民族团结是指这个民族内部各个组成部分之间的团结，如瑶族各个支系之间的团结。

第二，民族联合与民族团结的目的。由于民族团结有不同的层次，所以民族联合和团结的目的也有不同的层次。从马克思主义的观点看，世界范围的民族团结和联合，其目的是各民族尤其是各民族的无产阶级团结联合起来，共同推翻资本主义，实现人

① 董云虎、刘武萍：《世界人权约法总览》，951 页，成都，四川人民出版社，1990。

② 董云虎、刘武萍：《世界人权约法总览》，1348 页，成都，四川人民出版社，1990。

类的解放。就一个国家内部的团结问题来说，其目的是确保安定团结的政治局面，确保国家主权和领土完整。毛泽东说：“国家的统一，人民的团结，国内各民族的团结，这是我们的事业必定要胜利的基本保证。”① 就一个具体民族内部的团结而言，民族团结的目的是为这个民族的发展创造更好的、稳定的条件。

第三，民族团结和联合的前提条件。民族平等是实现民族团结的前提条件，如果没有各民族之间的平等，民族团结和联合只能是空谈。

6. 关于民族区域自治的思想

第一，民族区域自治的含义。“民族区域自治是在国家的统一领导下，在少数民族聚居的地方实行区域自治，设立自治机关，行使自治权。”②

第二，民族区域自治是马克思主义基本原理同中国实际相结合的产物。一方面，马克思主义主张，社会主义国家在国家政权建设问题上，应该建立集中统一的国家政权，因为这符合历史发展的趋势。另一方面，马克思主义也主张各民族应该自主。所谓民族自主，就是指所有民族都能够当家作主，能够自主地处理内部事务，不受其他民族的强制与干涉。民族区域自治就是在国家集中统一的前提下，在少数民族聚居的地方实行区域自治，这正好可以同时满足马克思主义关于国家集中统一与民族自主这两项要求。列宁认为：“一个民族成分复杂的大国只有通过地区的自治才能实现真正民主的集中制。”③

因此，民族区域自治制度，是中国共产党根据马克思主义的基本原理结合中国国情，解决我国民族问题的一个创造，“是我国的一项基本政治制度，是发展社会主义民主、建设社会主义政治

---

① 《建国以来毛泽东文稿》第6卷，316页，北京，中央文献出版社，1992。

② 《中华人民共和国民族区域自治法》（单行本），2页，北京，民族出版社，2001。

③ 《列宁全集》第25卷，73页，北京，人民出版社，1986。

文明的重要内容，是党团结带领各族人民建设中国特色社会主义、实现中华民族伟大复兴的重要保证”①。

（三）中国共产党处理民族问题的理论与政策

中国共产党处理民族问题的理论与政策，主要涵盖中国共产党处理民族问题的基本纲领、中国共产党处理当代民族问题的基本理论观点和政策。

1. 中国共产党处理民族问题的基本纲领

中国是一个多民族国家，处理好民族问题，对中国来说十分重要。中国共产党成立以来，一直非常重视民族工作和民族问题。在中国共产党成立初期，由于对中国国情还不十分了解，再加上受到了共产国际和苏联的影响，所以当时提出的解决中国民族问题的纲领是联邦制和民族自决权。抗日战争后，中国共产党根据中国国情，逐渐形成了“民族区域自治”的思想，并逐渐走上了民族区域自治的道路。

在民族区域自治思想的指导下，1936 年在宁夏建立了豫海回族自治县，1947 年 5 月 1 日成立了内蒙古自治区。这些自治地方的建立，都是民族区域自治思想的光辉实践。新中国成立前夕召开的中国人民政治协商会议通过的《中国人民政治协商会议共同纲领》规定：“各少数民族聚居的地区，应实行民族的区域自治，按照民族聚居的人口多少和区域大小，分别建立各种自治机关。凡各民族杂居的地方及民族自治区内，各民族在当地政权机关中均应有相当名额的代表。”② 民族区域自治制度早已成为我国解决民族问题的基本政治制度，成为我国三大基本政治制度之一。

---

① 胡锦涛：《在中央民族工作会议暨国务院第四次全国民族团结进步表彰大会上的讲话》，载《人民日报》，2005 年 5 月 28 日。

② 《民族问题文献汇编（1921. 7——1949. 9）》，1290 页，北京，中共中央党校出版社，1991。

2. 中国共产党处理当代民族问题的基本理论观点和政策

20 世纪 80 年代末 90 年代初，国际局势风云变幻。随着冷战的结束，民族分裂主义势力、极端宗教势力和恐怖主义这三种势力对世界各国包括对我国形成严重威胁，我国国内经济发展不平衡的问题也日益严峻，不尊重少数民族文化和宗教信仰的事件也屡有发生。国际反华势力利用民族问题插手中国事务，也对我国的主权和安全形成威胁。

进入 21 世纪后，以胡锦涛为总书记的新一届中央领导集体，高举邓小平理论和“三个代表”重要思想的伟大旗帜，在全面建设社会主义小康社会和建设社会主义和谐社会的过程中，坚持科学发展观，与时俱进，把党和国家处理民族问题的基本理论观点和政策进行了新的总结和概括，丰富和发展了中国共产党的民族理论与民族政策。

新时期新阶段，中国共产党的民族理论与民族政策共包括十二个方面：“一、民族是在一定历史发展阶段形成的稳定的人们共同体。一般来说，民族在历史渊源、生产方式、语言、文化、风俗习惯以及心理认同等方面具有共同的特征。有的民族在形成和发展的过程中，宗教起着重要作用。二、民族的产生、发展和消亡是一个漫长的历史过程。在人类社会发展的进程中，民族的消亡比阶级、国家的消亡还要久远。三、社会主义时期是各民族共同繁荣发展的时期，各民族间的共同因素在不断增多，但民族特点、民族差异和各民族在经济文化发展上的差距将长期存在。四、民族问题既包括民族自身的发展，又包括民族之间，民族与阶级、国家之间等方面的关系。在当今世界，民族问题具有普遍性、长期性、复杂性、国际性和重要性。五、中国特色社会主义道路是解决我国民族问题的根本道路。我国的民族问题，只有在建设中国特色社会主义、实现中华民族伟大复兴的共同事业中才能逐步解决。六、我国是各族人民共同缔造的统一的多民族国家。祖国统一是各民族人民的最高利益，各族人民都要继承和发扬爱国主义传统，自觉维护祖国的安全、荣誉和利益。我国的民族问题是内部事务，反对一切外部势力利用民族问题对我国进行渗透、破坏和颠覆活动。七、各民族不分人口多少、历史长短、发展程度高低，一律平等。国家为少数民族创造更多更好的发展机会和条件，保障各民族的合法权益和利益，各族人民都有义务维护宪法和法律的尊严。八、民族区域自治是我们党解决我国民族问题的基本政策，是符合我国国情的一项基本政治制度，是发展社会主义民主、建设社会主义政治文明的重要内容，必须长期坚持和不断完善。《中华人民共和国民族区域自治法》是民族区域自治制度的法律保障，必须全面贯彻执行。九、平等、团结、互助、和谐是我国社会主义民族关系的本质特征，汉族离不开少数民族，少数民族离不开汉族，各少数民族之间也相互离不开。各族人民要互相尊重、互相学习、互相合作、互相帮助，不断巩固和发展全国各族人民的大团结，构建社会主义和谐社会。十、各民族共同团结奋斗、共同繁荣发展是现阶段民族工作的主题。加快少数民族和民族地区经济社会发展，是现阶段民族工作的主要任务，是解决民族问题的根本途径。要坚持科学发展观，大力支持、帮助少数民族和民族地区加快发展。十一、文化是民族的重要特征，少数民族文化是中华文化的重要组成部分。国家尊重和保护少数民族文化，支持少数民族优秀文化的传承、发展、创新，鼓励各民族加强文化交流。大力发展教育、科技、文化、卫生、体育等各项事业，不断提高各族群众的思想道德素质、科学文化素质和健康素质。十二、培养选拔少数民族干部是解决民族问题、做好民族工作的关键，是管长远、管根本的大事。要努力造就一支宏大的德才兼备的少数民族干部队伍。民族地区人才资源开发是一项战略任务，要大力培养民族地区现代化建设需要的各级各类人才。”①

二、马克思主义国家观教育

要了解马克思主义国家观教育，既要了解马克思主义国家观的内涵，也要了解祖国观教育、国家主权观教育、国家利益观教育等内容。

（一）马克思主义国家观

马克思主义国家观，是马克思主义关于国家问题的总的看法和基本观点，是关于国家的产生、国家的本质、国家发展演变的趋势以及国家消亡等理论观点的总称。

1. 国家及其本质

第一，国家的定义与特征。在《奥本海国际法》中，对“国家的概念”作了如下解释：“当人民在自己的主权政府下定居在一块土地之上时，一个正当意义的国家就存在了。因此，国家的存在必须有四个条件：

“其一，必须有人民。人民是共同生活在一个社会里的个人集合体，尽管他们可能属于不同种族或信仰或文化，或有不同的肤色。

“其二，必须有人民所定居的土地，尽管‘没有这样的规则：国家的陆地边界必须完全划定和明确’；这些边界确实可能是有争议的。但是土地的大小是没有关系的，有时，例如城邦，只是一个城镇。

“其三，必须有一个政府——那就是说，有一个或更多的人为人民并且按照本国的法律进行统治。一个国家要求社会作为一个政治单位组织起来，以别于一个部落。但是，国家一旦建立起来，

---

① 吴仕民：《中国民族理论新编》，18～20页，北京，中央民族大学出版社，2008。

即使它的政府的有效性暂时中断，例如在内战中，或由于交战国占领的结果，但国家还将继续存在。

“其四，必须有一个主权的政府。主权是最高权威，这在国际上并非意味着高于所有其他国家的法律权威，而是在法律上并不从属于任何其他世俗权威的法律权威。因此，依照最严格和最狭隘的意义，主权含有全面独立的意思，无论在国土以内或在国土以外都是独立的。”①

第二，国家的本质。《奥本海国际法》是从国际人格者的角度来定义“国家”的，在这个定义中，国家的存在必须要有四个条件：即人民、领土、政府、主权。这个定义并没有对国家的阶级本质做出说明。而在这个方面，马克思主义国家观则有系统论述。列宁认为，国家是阶级矛盾不可调和的产物和表现，是剥削被压迫阶级的工具，是实现统治阶级意志的机关。国家的本质是一个阶级压迫另一个阶级的手段和工具。

2. 国家的产生与消亡

马克思主义认为，国家是社会发展到一定阶段的产物，是阶级矛盾不可调和的产物。在原始社会，由于人们的生产力水平低下，没有剩余产品，也就不存在私有制和剥削现象，所以没有国家。随着生产力的发展进步，私有财产、阶级和剥削的出现，国家也就诞生了。马克思主义认为，国家是人类社会发展到一定阶段的产物，是一种历史现象，因此，它不会永远存在的。阶级的消亡是国家消亡的前提，国家的消亡是人类历史发展的必然趋势和结果。

但是，国家的消亡是一个长期发展的过程。国家的消亡也需要一些条件。首先，要彻底消灭一切阶级差别。其次，无产阶级专政是消灭阶级差别和废除国家的必经阶段。“必须实行专政以过

① ［英］詹宁斯等修订：《奥本海国际法》第1卷第1分册，92页，北京，中国大百科全书出版社，1995。

渡到废除阶级并和阶级一起废除国家。”① 再次，社会的发展必须达到恩格斯所说的以生产者自由平等的联合体为基础，按新方式来组织生产的社会这样的程度，国家才能彻底消失。最后，国家的消亡必须有高度发达的生产力和社会产品的极大丰富。

在当今世界，人类的生产力发展水平还比较低，我们还不能消灭剥削现象和剥削观念，还不能实现“各尽所能、按需分配”，所以，国家目前还不可能消亡。

（二）祖国观教育

祖国观就是指一个国家的国民或公民对自己国家所持的基本立场和基本观点。它包括：对祖国历史文化的认同、对祖国自然地理的热爱、对维护祖国统一和促进祖国发展的历史责任等等。祖国观从表现形式上看，它是一种政治信仰、是一种思想观念、也是一种历史责任。马克思主义祖国观，是指一个国家在马克思主义国家学说的指导下，运用辩证唯物主义和历史唯物主义的世界观、方法论而形成的对祖国的民族、历史、政治、经济、文化、领土、主权以及社会制度的基本看法、基本立场和基本观点，形成一套完整的、系统的马克思主义关于“祖国”这个历史现象的理论体系。我国的马克思主义祖国观教育的主要内容，可以概括为中华民族精神、领土疆域意识和主权意识三个方面，其核心思想是爱国主义。

1. 要大力弘扬中华民族精神

江泽民曾说：“一个民族、一个国家，如果没有自己的精神支柱，就等于没有灵魂，就会失去凝聚力和生命力。”② 中华民族精神是我国各民族精神的融汇、凝聚与升华，是各民族优秀的传统文化在当代的集中表现，是已经意识形态化了的爱国情感，吸引

---

① 《马克思恩格斯全集》第18卷，297页，北京，人民出版社，1965。

② 《十五大以来重要文献选编》上册，276页，北京，人民出版社，1991。

着不同民族人民的赤胆忠心和报效热情，成为各族人民强大的向心力和凝聚力。“面对世界范围各种思想文化的相互激荡，必须把弘扬和培育民族精神作为文化建设极为重要的任务，纳入国民教育全过程，纳入精神文明建设全过程，使全体人民始终保持昂扬向上的精神状态。”①

2. 要有清晰的领土意识

我国拥有的广阔疆域，包括领陆、领水、领空，即领土，是各族人民生存和发展的物质基础，是我们国家主权的表征和独立的前提，是繁荣经济、稳定政治、长治久安和保证社会发展的重要物质生活条件。因此，我国各族人民具有强烈的共同反对任何形式的分裂、维护祖国领土完整统一的责任感和使命感。

3. 要有强烈的主权意识

我国的主权，是我们国家处理其国内事务和国际事务的最高权力，是独立自主行使的，是统一而又不可分割的，是我们祖国的生命和灵魂。

4. 要树立祖国的利益高于一切的观念

维护祖国利益是全体公民必须坚持的基本原则。任何时候都要视祖国利益为高为重，当个人利益或局部利益和国家利益发生冲突时，个人利益或局部利益必须服从国家利益和整体利益。青年一代要把国家的昌盛和衰落作为自己最大的快乐和痛苦，为祖国的明天贡献一切。目前，在中国的领土上，一些蓄意破坏祖国统一的不法分子在新疆、西藏、台湾等地所搞的破坏活动，造成了局部地区的不稳定和动乱。针对这些问题，我们一定要牢固树立正确的祖国观念，不断增强祖国意识，坚决捍卫国家主权、人民安全和领土完整，确保祖国和人民的利益高于一切。

---

① 《全面建设小康社会，开创中国特色社会主义事业新局面》[EB/OL]. http://www.people.com.cn/GB/shizheng/16/20021117/868421.html，2002-11-17。

（三）国家主权观教育

要研究国家主权观教育，就要分别研究国家主权观的内涵、国际法中国家主权平等的原则。

1. 国家主权的内涵

国家主权，指的是一个国家独立自主处理自己的内外事务、管理自己国家的最高权力。国家主权是一个国家固有的根本属性，国家主权是国家构成的重要要素。主要表现为：一是对内最高权，即国家对它领土内的一切人（享有外交豁免权的人除外）和事务以及领土外的本国人实行管辖的权力，有权按照自己的情况确定自己的政治制度和社会经济制度；二是对外独立权，即国家完全自主地行使权力，排除任何外来干涉；三是自卫权，即国家为维护政治独立和领土完整而对外来侵略和威胁进行防卫的权力。

国家主权是国家作为国际法主体所必备的条件，互相尊重国家主权是现代国际法确认的一条基本原则。国家主权和国家领土有着密切的联系，国家根据主权对属于它的全部领土行使管辖权，反过来，主权也必须有领土才能存在和行使。

2. 国际法中国家主权平等的原则

在国际法中，国家主权平等的原则就是国家不分大小强弱、人口多寡、政治制度和经济制度如何，都具有平等地位，因而都应该互相尊重，平等相处，任何国家不应要求任何特权。

1953 年 12 月，周恩来总理在中南海接见以驻华大使赖嘉文为团长的印度政府代表团时，第一次提出“和平共处五项原则”。1954 年，我国政府正式提出了处理国际关系的五项原则，即“互相尊重主权和领土完整、互不侵犯、互不干涉内政、平等互利、和平共处原则”。五项原则中的第一项就是互相尊重主权，可见国家主权对一个国家来说具有非常重要的地位和作用。

（四）国家利益观教育

研究国家利益观教育，就要研究国家利益和国家利益观、国家利益的实质、维护国家利益要注意的几个问题。

1. 国家利益和国家利益观

国家利益就是满足或能够满足国家在国际关系中以生存和发展为基础的各方面利益需求的总和，是主权国家维护自身生存和发展的权益，包括国家的经济利益、政治利益、文化利益、安全利益和外交利益等。

国家利益观是对国家利益的根本的、总体的看法，是关于国家利益的内容、价值、途径等方面的根本认知、评价与操作方法，是对客观的国家利益的一种能动的反映。不同的民族、国家、阶级，所处的历史时期不同，由于受到当时的历史文化传统、国际规范的建构等方面的影响，因而有着不同的国家利益观。

2. 国家利益的实质

第一，国家利益是建立在个人利益之上的共同利益。国家是人类社会发展到一定时期的产物。剩余产品的增多和私有制的出现，导致了国家的产生。社会分工的发展，加剧了人们开始关注个人利益的得失，个人利益和共同利益的矛盾也随着产生。对此，马克思指出："随着分工的发展也产生了单个人的利益或单个家庭的利益与所有互相交往的个人的共同利益之间的矛盾。"① 而共同利益是不能没有的，如果共同利益被冲击掉，个人利益也无从实现。因为人"天生是社会动物"②。由此看出，个人利益只有在与他人的交往与协作中才能实现，由此也就必然产生了共同利益。马克思说："正是由于私人利益和公共利益之间的这种矛盾，公共利益才以国家的姿态而采取一种和实际利益（不论是单个的还是

---

① 《马克思恩格斯全集》第3卷，37页，北京，人民出版社，1960。

② 《马克思恩格斯全集》第23卷，363页，北京，人民出版社，1960。

共同的）相脱离的独立形式。”① “这些特殊利益始终在真正地反对共同利益和虚幻的共同利益，这些特殊利益的实际斗争使得通过以国家姿态出现的虚幻的‘普遍’利益对特殊利益进行实际的干涉和约束成为必要。”② 可见，个人利益、共同利益和国家既有联系又有区别。国家利益是共同利益的代表，但国家利益并没有否定个人利益，“共同利益恰恰只存在于双方、多方以及存在于各方的独立中，共同利益就是自私利益的交换，一般利益就是各种自私利益的一般性”③。因此，国家利益是个人利益与共同利益的统一，它既不能否认个人利益，也不能取代个人利益。

第二，国家利益有阶级性，是以统治阶级利益为核心的全民利益。从国家的本质来看，国家是一个阶级统治另一阶级的工具，是阶级的产物。因此，国家利益必然带有阶级利益的色彩。马克思和恩格斯指出：“个人利益总是违反个人的意志而发展为阶级利益，发展为共同利益，后者脱离单独的个人而获得独立性，并在独立化过程中取得普遍利益的形式，作为普遍利益又与真正的个人发生矛盾。”④ 因此，统治阶级的利益代表了全民的利益，是国家利益的核心。

第三，国家利益是以经济利益为核心的多种利益的有机统一。国家利益包括经济利益、政治利益、社会利益、文化利益、军事利益等多个方面。其中，经济利益是基础，政治利益是保障，文化利益和其他利益是在经济利益的基础上衍生出来的利益需求，政治利益、文化利益和其他利益的取得又为经济利益的实现提供了条件。这几个方面相互依存、相互促进，有机地统一成一个整体。

---

① 《马克思恩格斯全集》第3卷，37~38页，北京，人民出版社，1960。

② 《马克思恩格斯全集》第3卷，38页，北京，人民出版社，1960。

③ 《马克思恩格斯全集》第46卷，197页，北京，人民出版社，1960。

④ 《马克思恩格斯全集》第3卷，273页，北京，人民出版社，1960。

3. 维护国家利益要注意的几个问题

在当代全球化背景下，一方面国与国之间的经济联系和交往日益频繁，另一方面，国与国之间的利益差别却日趋明显。因此，维护国家利益已经成为全体中国人必须担负起的一项重任。为了应对经济全球化和多变的世界，维护我国的国家利益，当前及未来要注重以下几个方面的问题。

首先，推进国家利益观的变革与创新。我们要充分认识到世界发展对中国国家利益的新要求，要转变观念，实现观念变革与创新，要以科学发展观指导维护国家利益的实践，树立新国家利益观和新安全观。

其次，走和平发展道路。要从自身做起，提高综合国力，在和平发展中维护国家利益，同时以自身的发展促进世界的和平与发展。要坚持对外开放，深化改革，加强国际合作，推动经济建设、政治建设、文化建设和社会建设的全面发展，维护中国的国家利益。

再次，开展积极的外交活动。要积极融入国际社会，在对外交往中通过外交活动来实现国家利益。全球化背景下，国家间相互依存的特点，使中国只有融入国际社会才能更好地维护和实现国家利益。在坚持独立自主和平外交政策的同时，通过积极地开展形式多样的外交活动，积极参与国际体系和国际事务，在国际合作中维护国家利益。

三、中华民族认同观教育

研究中华民族认同观教育，必须分别研究认同与民族认同、中华民族从自在到自觉的历史过程、中国民族关系的主流、中华民族的文化、中华民族和 56 个民族的关系、中华人民共和国是各民族共同缔造的民族大家庭等内容。

（一）认同与民族认同

认同最早是一个心理学的概念，指的是人的自我意识，其他学科借用这个概念是指各种各样的集体（群体）认同。人类有地域的、政治的、经济的、职业的、宗教的等等不同性质的群体归属，因此也就有不同的集体认同。民族认同是人们的集体认同的一种。关于民族认同的内涵，著名的民族学家费孝通先生在不同场合多次分析了这个概念。他说：人们“把人己之别用来区别不同的群体，而且用不同的感情和态度来对待这两种群体。凡是和自己同属一个群体的，即是自家人，相互之间痛痒相关、休戚与共。自家人的认同意识就发生了共同的命运感和共同的荣辱感。……所谓民族心理素质其实就是民族认同意识”[①]。他认为，民族认同感也称民族认同意识，它是“同一民族的人感觉到大家是同属于一个人们共同体的自己人的这种心理”[②]。费孝通还认为：“民族名称的一般规律是从‘他称’转为‘自称’。生活在一个共同社区之内的人，如果不和外界接触不会自觉地认同。民族是一个有共同生活方式的人们共同体，必须和‘非我族类’的外人接触才发生民族认同，也就是所谓民族意识，所以有一个从自在到自觉的过程。”[③]

中国社会科学院民族学人类学研究所研究员王希恩认为，民族认同有着不同于其他群体认同的两个特点：“其一，认同的基础是文化。说到底认同是一种心理活动，它基于物质生活。民族存在的根基在于人类文化的不同。不同的群体在不同的物质环境中创造了不同的文化内容，而不同群体的人们也正是从这些文化的

① 费孝通：《简述我的民族研究经历与思考》，载《中央民族大学学报》（哲学社会科学版），2000（1）。

② 《费孝通民族研究文集》，173页，北京，民族出版社，1988。

③ 费孝通：《中华民族多元一体格局》，7页，北京，中央民族大学出版社，1999。

不同中感悟自我，认识自己的民族归属的。文化是民族存在的基础，也是民族认同存在的根基。这一特点使得民族认同比其他认同有着更为持久的聚合力。其二，认同的归结点常常指向血统渊源。民族的要素中不一定存在血缘关系，尤其现代民族，但人们却自觉或不自觉地将民族与血缘联系起来。有意思的是，近代、甚至现代社会形成的一些民族，原本没有任何血缘上的联系，却也在自己的民族认同教育中大量加入血缘的成分，形成所谓的‘拟制’血缘关系。民族认同的这种血缘溯源倾向源于早期民族的血缘性：氏族、部落及其他早期民族都是建立在血缘基础上的。现代民族的血缘溯源指向是对血缘民族时代的一种歪曲性记忆。但也正是因这一特点，民族认同也比其他认同有了更强固的聚合性。”①

中华民族认同意识，就是对中华民族这一族体的归属意识。

（二）中华民族从自在到自觉的历史过程

中华民族自古生存在一个独特的地理单元中。这个地理单元的东方和南方是太平洋，西南是青藏高原和喜马拉雅山脉，西部是帕米尔高原，北部是大漠。在这个家园中，在东西南北中各个地区很早就有了文明的产生。到新石器时代，黄河流域和长江流域的文明已经相当发达。到夏、商、周时期，已经初步形成了华夏和四夷的结构：中国（中原）与东夷、南蛮、西戎、北狄。公元前221年，秦始皇实现了统一。从此统一成了中国历史的主流。

秦汉以后，统一多民族国家的格局逐渐形成。在秦汉以后的历史发展过程中，一方面，先后有很多少数民族进入中原，有的还建立了全国政权，少数民族把自己的文化带入了中原汉族地区。另外一方面，汉族也逐渐向少数民族聚居区流动，不仅把汉族文

---

① 王希恩：《说民族认同》，http：//www.people.com.cn/GB/guandian/8213/28144/28155/2298460.html，2004-1-15。

化带入少数民族聚居区，而且汉族聚居的商业据点分散在几乎所有的少数民族聚居区里，构成了巨大的经济流通网络，起着汉族吸收和传播各族物质文化和精神文化的作用。在这种双向流动过程中，逐渐形成了你中有我，我中有你的大杂居、小聚居的民族分布格局。

鸦片战争之前，我国各民族没有认识到自己是“中华民族”，也就是说，虽然中华民族的各个民族一直生活在这个独特的地理单元中，但我们只是一种“自在”的存在，没有“中华民族”的认同和意识。西方列强对中国的侵略和掠夺，直接刺激了中华民族认同感的产生。

西方主要资本主义国家进入近代社会以来，经济实力逐步增强，这些国家在完成了国内政治和经济的统一以后，还要向世界扩张，要按他们自己的模样重新塑造世界。

1840 年的鸦片战争，西方列强强行打开了中国的大门。列强的入侵，直接刺激了中国各民族团结起来一致对外的意识。在这种大背景下，中华民族的认同意识产生了。关于这一点，费孝通先生已经有过精辟的分析：“中华民族作为一个自觉的民族实体，是近百年来中国和西方列强对抗中出现的，但作为一个自在的民族实体则是几千年的历史过程所形成的。”①

（三）中国民族关系的主流

在中国民族关系史上，充斥着压迫、剥削、歧视，甚至有劫掠和战争。其实，这些绝不是中国民族关系史的主流，中国民族关系史的主流是中华各民族频繁的经济文化交往。

之所以这样说，原因很简单。因为在民族关系中，大量发生的是频繁的经济文化交往，而这些交往太具体甚至太平凡，往往

---

① 费孝通：《中华民族多元一体格局》，1 页，北京，中央民族大学出版社，1999。

不见于史书记载，而民族之间的冲突甚至战争，却常常被史书记载。在谈到秦汉时期汉族和匈奴的关系时，费孝通先生也认为："中原和北方两大区域的对峙后，实际上并非对立，尽管历史里记载着连续不断的劫掠和战争。这些固然是事实，但不见于记载的经常性互相依存的交流和交易却是更重要的一面。"①

在民族关系中，杂居化程度也是判断民族关系是否良好的一个标准。民族关系越融洽，杂居化程度越高。中国各民族大杂居、小聚居的分布格局，也充分证明了历史上民族关系的主流是友好的。

（四）中华民族的文化

中华各民族由于居住环境、生产方式和生活方式等方面有很大差异，他们创造了丰富多彩、各具特色的文化。各民族文化，都是中华文化的重要组成部分。

自古以来，汉族就吸收了大量的少数民族文化因素，少数民族文化也从汉族文化中吸取了营养。这种文化的相互交流，促进了汉文化和少数民族文化的共同发展、提高。中华民族的优秀文化传统，包括了56个民族的共同的优秀文化传统。

在当前，和保护自然基因同样重要的是要保护文化的多样性。人类的文化越单一，就越危险，因为文化越单一就越没有可借鉴的对象而容易失去创造力。要从保护人类文化多样性的角度去看待少数民族文化的重要性。

要保护少数民族文化，不能用静止的眼光看问题。任何文化，若没有发展和创新，就没有了生命力，没有生命力的文化是无法保护的。所以，必须从发展和创新的角度来看待和处理少数民族文化保护问题。

---

① 费孝通：《中华民族多元一体格局》，11页，北京，中央民族大学出版社，1999。

（五）中华民族和56个民族的关系

在我国，我们在称呼中华民族和56个民族时，使用的都是“民族”这个概念。那么，该怎样看待中华民族和56个民族的关系呢？关于这个问题，费孝通先生认为，中华民族和56个民族是处在不同层次上的民族。这个思想，包括三个方面的内容：一是“中华民族是包括中国境内56民族的民族实体，并不是把56个民族加在一起的总称，因为这些加在一起的56个民族已结合成相互依存的、统一而不可分割的整体，在这个民族实体里所有归属的成分都已具有高一层次的民族认同意识，即共休戚、共存亡、共荣辱、共命运的感情和道义”。[①] 他认为这就是民族认同意识的多层次论，在这个多层次的民族认同意识中，56个民族是基层，中华民族是高层。二是“形成多元一体格局有个从分散的多元结合成一体的过程，在这个过程中必须有一个起凝聚作用的核心。汉族就是多元基层中的一元，由于他发挥凝聚作用把多元结合成一体，这一体不再是汉族而成了中华民族，一个高层次认同的民族”[②]。三是“高层次的认同并不一定取代或排斥低层次的认同，不同层次可以并存不悖，甚至在不同层次的认同基础上可以各自发展原有的特点，形成多语言、多文化的整体。所以高层次的民族可说实质上是个既一体又多元的复合体，其间存在着相对立的内部矛盾，是差异的一致，通过消长变化以适应于多变不息的内外条件，而获得这共同体的生存和发展”[③]。

费孝通先生还认为，在上述认识中，中华民族、汉族和少数

---

① 费孝通：《中华民族多元一体格局》，13页，北京，中央民族大学出版社，1999。

② 费孝通：《中华民族多元一体格局》，13页，北京，中央民族大学出版社，1999。

③ 费孝通：《简述我的民族研究经历与思考》，载《中央民族大学学报》（哲学社会科学版），2000（1）。

民族都各得其所，分属于不同层次的认同体，尽管我们在语言中都使用“民族”这同一个名词，但它可以指不同层次的实体。汉族和55个少数民族同属于一个层次，他们互相结合而成中华民族。中华民族是56个民族的多元形成的一体，是高一层次的民族实体。①

（六）中华人民共和国是各民族共同缔造的民族大家庭

中华人民共和国是中国各民族共同缔造的。各民族在政治、经济以及文化方面，都对新中国的成立做出了巨大贡献。有一种观点认为，我国的少数民族经济、文化发展水平比较低，对中国的贡献也少。这种观点是极其错误的。少数民族对中国的贡献，可以从很多方面表现出来。在政治方面，近代以来少数民族反对外国侵略的斗争，是中国人民反对帝国主义侵略，维护国家独立、统一斗争的重要组成部分。新中国成立时，少数民族和汉族一起联合建立新中国，这也是少数民族对中国的伟大的政治贡献。在经济、文化方面，我国少数民族以其独特的经济生活和文化形式，丰富了中华民族的经济和文化。

中华人民共和国的成立，标志着中国各民族的历史和民族关系史掀开了新的篇章。亲自参与过新中国民族识别、民族调查的著名民族学家费孝通先生，对此有切身感受。他说：“新中国的成立在我国历史上是件空前的大事，全国社会结构起了重大变化，其中之一是民族关系的转变，从不平等的关系转变为平等的关系。中国是个多民族的国家，民族间的关系十分复杂，但是几千年来基本上没有变的是民族间不平等的关系，不是这个民族压倒那个民族，就是那个民族压倒这个民族。在这段历史里，中国在政治上有过多次改朝换代，占统治地位的民族也变过多少次，但民族

① 费孝通：《简述我的民族研究经历与思考》，载《中央民族大学学报》（哲学社会科学版），2000（1）。

压迫民族的关系并没有改变。直到这个世纪的初年，封建王朝覆灭，进入了民国时代，才开始由孙中山先生为代表推行了五族共和的主张。又经过了几乎半个世纪中华人民共和国建立后方出现各民族一律平等的事实，并在国家的宪法上做出了规定。从此我国各民族间的相互关系出现了一个新的民族平等的时代，现在又已经过了近半个世纪了。今天回想起我们中国这个民族关系的根本变化，如果针对世界上民族战争至今未息的形势来看，不能不承认民族平等是件有关人类共同命运的根本大事。在一个和平大同的世界里，民族平等是决不能少的条件。这个条件在我们中国首先实现，在人类历史上是应当大书特书的。”①

今天的中国，不仅是民族平等的中国，还是各民族团结、互助、和谐的中国。中华人民共和国是我国各民族和谐生活的大家庭，各民族人民都是这个大家庭的成员和主人，我们都有义务维护中华民族的大团结。“历史发展表明：国家统一、民族团结，则政通人和、百业兴旺；国家分裂、民族纷争，则丧权辱国、人民遭殃。中国是这样，外国也是这样。”② 只要各民族能够团结起来，相互帮助，共谋发展，中华民族和其中所包含的56个民族一定会迎来光辉灿烂的明天。

四、民族团结观教育

当前，各种敌对势力妄图利用民族问题、宗教问题对我国进行渗透和破坏，我国国内各民族发展不平衡的问题也十分突出，不尊重少数民族风俗习惯、宗教信仰和语言文字的现象时有发生。这些因素都给我们的国家稳定、安全和民族团结大业带来了威胁。因此，广泛地开展民族团结教育是一个刻不容缓的重要任务，也

---

① 费孝通：《简述我的民族研究经历与思考》，载《中央民族大学学报》（哲学社会科学版），2000（1）。

② 《中国共产党关于民族问题的基本观点和政策》（干部读本），2～3页，北京，民族出版社，2002。

是民族思想政治教育的重要内容。

（一）民族团结的重要性

民族团结是我国处理民族问题的重要原则，是实现国家繁荣富强、社会和谐与稳定、人民安居乐业的重要保障，是建设中国特色社会主义事业成功的基本保证。民族团结关系着国家的统一、民族的命运和人民的幸福。

第一，民族团结可以促进全国人民团结友爱，为维护社会安定有序提供政治保障。民族团结是社会主义民族关系的主线，是做好一切工作的根本前提和保证。各民族只有同心同德、携手共进，才能促进人民团结友爱，维护社会安定有序的政治局面，形成中华民族强大的凝聚力和牢固的向心力，更好地实现中华民族的伟大复兴。

第二，民族团结可以促进各民族在互帮互助中增强综合国力，为实现社会和谐提供思想保障。随着经济全球化步伐的不断加快，世界各国的综合国力竞争日趋激烈，经济、科技、军事实力已成为衡量一个国家综合国力强弱的重要尺度。但是，无论是经济实力还是科技实力，都需要强大的民族凝聚力来形成坚不可摧的合力。国内各民族团结，则经济发展，综合国力强大。因此，我们必须把民族团结提高到综合国力的高度来认识，进一步加强民族团结，实现建设更加繁荣富强的社会主义中国的奋斗目标。

第三，民族团结可以维护社会稳定，为缩小各民族发展差距提供良好的社会环境。各民族共同繁荣发展需要稳定的环境，正是从这个意义上，邓小平提出了“稳定压倒一切”① 的观点。目前，影响民族团结和国家政治稳定的因素有很多，但只要我们能从民族团结和国家稳定的角度考虑问题，就能自觉担负起民族团结的神圣使命，促进社会稳定和实现国家统一，不断开创我国经

---

① 《邓小平文选》第3卷，331页，北京，人民出版社，1993。

济发展、社会稳定、民族团结的新局面。

（二）民族团结观教育的内容

在民族团结教育中，必须牢固树立以下三种观念。

1. 要牢固树立“两个共同”的观念

第一，“两个共同”的提出。“两个共同”即各民族“共同团结奋斗、共同繁荣发展”。2003 年 3 月 4 日，胡锦涛在全国政协十届一次会议少数民族界委员联组讨论会上明确提出：“各民族共同团结奋斗、共同繁荣发展是新世纪新阶段民族工作的主题。”在 2005 年 5 月召开的中央民族工作会议上，胡锦涛总书记对“两个共同”的主题又作了深刻的阐述：“共同团结奋斗，就是要把全国各族人民的智慧和力量凝聚到全面建设小康社会上来，凝聚到建设中国特色社会主义上来，凝聚到实现中华民族的伟大复兴上来。共同繁荣发展，就是要牢固树立和全面落实科学发展观，切实抓好发展这个党执政兴国的第一要务，千方百计加快少数民族和民族地区经济社会发展，不断提高各族群众的生活水平。只有各民族共同团结奋斗，各民族共同繁荣发展才能具有强大动力。只有各民族共同繁荣发展，各民族共同团结奋斗才能有坚实基础。”①

第二，“两个共同”教育的内容。首先，始终坚持以经济建设为中心，打好各民族大团结的经济基础，这是实现各民族“共同繁荣发展”的核心问题。1992 年 1 月 14 日，江泽民在中央民族工作会议上的讲话指出：“在新的历史时期，搞好民族工作，增强民族团结的核心问题，就是要积极创造条件，加快少数民族和民族地区的经济文化等各项事业，促进各民族的共同繁荣。这既是少数民族和民族地区人民群众的迫切要求，也是我们社会主义民族

---

① 胡锦涛：《在中央民族工作会议暨国务院第四次全国民族团结进步表彰大会上的讲话》，载《人民日报》，2005 年 5 月 28 日。

政策的根本原则。”[①] 其次，要大力加强各民族共同团结奋斗的历史教育和爱国主义教育。再次，大力宣传各族人民在缔造我国多民族国家，为维护民族团结、祖国统一做出的历史贡献。最后，利用各种途径普及民族常识。让各民族在相互学习中增进相互理解，在相互理解中学会相互关爱，自觉成为互帮互助、团结友爱的兄弟姐妹民族。在相互尊重中，相互吸收各民族的语言文字、风俗习惯中的优良文化传统。

第三，“两个共同”的意义。“共同团结奋斗、共同繁荣发展”主题的确立，为解决新形势下民族工作的一系列重大理论和实践问题指明了方向，具有丰富的时代内涵和重大的现实意义。这是对新时期民族发展规律的新认识和新概括，既是我党几十年来民族理论、民族政策的经验归纳，也是对世界各国解决民族问题经验教训的深刻总结；既顺应了百年来中华民族伟大复兴的历史要求，也为建设中国特色的社会主义指明了方向；既科学、精辟地反映了《中华人民共和国民族区域自治法》的深刻内涵，也十分准确地阐明了我党制定民族政策的根本依据和理论基础。它高度集中地概括了新世纪新阶段民族工作的指导思想和奋斗目标及根本任务，是做好新世纪新阶段民族工作的行动纲领。

2. 要牢固树立“三个离不开”的观念

第一，“三个离不开”思想的提出。新中国成立后，以毛泽东为代表的党的第一代领导集体就提出了汉族离不开少数民族、少数民族也离不开汉族的观点。1990 年 8 月，江泽民在新疆视察时指出：“我们伟大的中华民族，是由 56 个民族构成的，在我们祖国的大家庭里，各族之间的关系是社会主义的新型关系，汉族离不开少数民族，少数民族离不开汉族，各少民数民族之间也相互

① 《中国共产党关于民族问题的基本观点和政策》（干部读本），284 页，北京，民族出版社，2002。

离不开。”①

第二，“三个离不开”教育的内容。首先，必须始终坚持把马克思主义民族理论同各民族各地区的具体实际情况相结合，牢牢把握“共同团结奋斗、共同繁荣发展”的主题，深入开展党的民族理论和民族政策学习。深入开展民族团结宣传教育，扎实推进民族团结进步事业，坚定不移地反对民族分裂、维护民族团结。其次，必须深入开展各民族团结友爱的教育。各民族团结友爱是中华民族的光荣传统，“三个离不开”是社会主义民族关系的生动体现，也是全国各族人民在党的领导下，建设美好家园、实现中华民族伟大复兴的实践中形成的共识。再次，必须把加强民族团结当作做好各项工作的基础性工作，增强做好民族工作的自觉性和责任感，珍惜长期以来逐渐形成的平等、团结、互助、和谐的新型社会主义民族关系。最后，必须广泛开展民族团结宣传教育活动，使“三个离不开”的思想观念深深扎根于我国各族人民的心中，在全社会形成人人维护民族团结的良好风尚。

第三，“三个离不开”思想的意义。江泽民同志在充分肯定“两个离不开”思想的基础上，又进一步将其完善为“三个离不开”的思想，精辟地概括了我国56个民族在长期历史发展中结成的休戚与共、互助合作的紧密联系，集中体现了各族人民的共同意志和愿望。“三个离不开”思想，是新时期巩固和发展社会主义民族关系，加强各民族大团结的重要指导原则。

3. 要牢固树立“五个维护”的观念②

第一，“五个维护”的提出。“五个维护”是指维护社会稳定、维护社会主义法制、维护人民群众根本利益、维护祖国统一、维护民族团结。

---

① 闵言平：《党的民族理论政策发展创新的60年》，载《中国民族报》，2009年9月25日。

② 龚学增：《坚持“五个维护”，妥善处理关乎民族宗教的重大事件》，载《中国民族报》，2010年7月20日。

“五个维护”是在高举“两面旗帜”、坚持“四个维护”的基础上提出来的。1993年，李瑞环在领导处理宁夏西吉事件中提出了“两面旗帜”的问题。宁夏西吉事件早期是由宗教内部纠纷引起的，最后发展成乱打乱杀的严重违法犯罪行为。在处理这个事件时，李瑞环提出：必须高举保护人民的旗帜——保护人民利益，保护人民生命财产安全；必须高举维护法律的旗帜——维护法律的尊严，制止一切违法犯罪行为。根据这一精神，宁夏西吉事件很快得到了妥善处理，得到了广大群众包括相关民族信教群众的拥护。1989年1月28日，十世班禅大师不幸逝世。班禅大师逝世后，达赖一直谋求把他所圈定的儿童确定为“班禅真正转世灵童”。对达赖集团的阴谋活动，党和国家多次予以严正批驳。1995年11月，党中央在北京召开了第三次十世班禅转世灵童寻访工作会议，李瑞环在会议上发表了讲话。他说：“在我们国家，任何人、任何团体，包括任何宗教，都应当维护法律尊严，维护人民利益，维护民族团结，维护国家统一。”由此庄严宣布了“四个维护”。这个讲话标志着从“两面旗帜”发展到了“四个维护”。2008年拉萨“3·14”事件和2009年乌鲁木齐“7·5”打砸抢烧严重违法犯罪事件平息后，在深刻总结处理这两大事件经验教训的基础上，党中央国务院在2010年先后召开了西藏工作座谈会和新疆工作座谈会。在这两次会议上，胡锦涛总书记先后发表重要讲话，正式提出了“五个维护”。

第二，“五个维护”是确保国家长治久安、人人必须遵守的基本准则。近些年涉及民族宗教问题的重大事件，无论是发生在少数民族地区还是在内地，从根本上说，是国际国内各种社会矛盾积累并有所激化的反映，同时，也包括国内外敌对势力、违法犯罪分子的破坏等因素。这些事件的发生，对民族团结造成了严重危害。由于这些事件交织着民族和宗教的因素，交织着人民内部矛盾和敌我矛盾，因此，给判断这些事件的性质带来了非常大的难度。如何透过民族、宗教的因素把握事件的实质，需要科学地认识民族宗教问题的内涵，需要划清民族宗教问题同利用民族宗教进行违法犯罪活动的界限。在一些重大突发事件中，敌对势力和违法犯罪分子打着维护民族利益的旗号，或打着维护宗教信仰的旗号，从事破坏民族团结、分裂祖国、打砸抢烧、滥杀无辜的犯罪活动，在实质上与民族、宗教问题毫无关联。然而，一些人对此并没有科学地认识和把握，往往由于害怕涉及民族、宗教问题而看不清违法犯罪分子在民族、宗教外衣下进行犯罪活动的实质，以致延误解决问题的时间，不能稳、准、狠地打击违法犯罪分子。因此，必须树立一个标准，以作为衡量涉及民族宗教因素的重大事件性质的准绳。“五个维护”就是标准。在我国，无论是属于哪个民族的人，无论是信仰何种宗教的人，都不能违背“五个维护”的原则。

第三，“五个维护”的内容是相互关联、融为一体的。首先是维护社会稳定。这是着眼于国家的全局和整体，强调国家的大局绝不能乱，社会的正常运行才会有基本的保障，因此，稳定是社会发展的前提。其次，维护社会主义法制。这体现出国家在依法治国的过程中，法律面前人人平等，人人都必须遵纪守法，而不应因归属于哪个民族、信仰哪种宗教而践踏法律尊严。第三，维护人民群众根本利益更是强调以人为本，人民群众的生命财产安全绝不能被损害。第四，维护祖国统一意味着祖国的神圣领土绝不能分割，国家的利益高于一切，必须坚决依法打击一切分裂活动。第五，维护民族团结则是指通过不断巩固和发展平等、团结、互助、和谐的社会主义民族关系，增强中华民族的凝聚力。五个维护，角度不同，目标一致，就是确保国家的长治久安，促进经济社会发展，实现各民族的共同繁荣，实现中华民族伟大复兴。

五、马克思主义宗教观教育

研究马克思主义宗教观教育，就要系统分析中华各民族的宗教信仰、宗教与民族问题的关系、马克思主义宗教观以及中国共产党关于宗教政策的主要内容。

（一）中国各民族的宗教信仰

我国是一个统一的多民族国家。由于各民族有不同的自然社会生活环境、历史环境和生产力发展水平，往往形成了不同的宗教信仰。而且中国各民族的宗教信仰相互影响，相互渗透，既存在许多民族信仰同一种宗教的情况，也存在一个民族信仰多种宗教的情况。下面根据2006年3月国务院新闻办公室发布的《中国民族宗教信仰自由状况》① 和其他一些资料，将我国的宗教信仰状况作一个简单介绍。

1. 佛教

据正史记载，西汉哀帝元寿二年（公元前2年），佛教传入中国。公元7世纪，唐代著名高僧玄奘西去印度取经，之后，大量的佛教经典传入我国中原、西藏、云南等地。这些佛教经典和当地文化结合后，形成了三种不同的佛教支系：汉传佛教（汉语系）、藏传佛教（藏语系）和云南地区上座部佛教（巴利语系）。目前信仰汉地佛教的有汉、满、蒙、朝鲜、白、壮、布依、畲、拉祜、侗等民族。信仰藏传佛教的有汉、藏、蒙、门巴、珞巴、土、裕固、白、怒、纳西、普米等民族。信仰上座部佛教的主要是云南地区的傣、佤、布朗、崩龙、阿昌、德昂等民族。

2. 伊斯兰教

伊斯兰教于公元7世纪传入中国。我国主要是回、维吾尔、哈萨克、柯尔克孜、乌孜别克、塔吉克、塔塔尔、东乡、保安、撒拉等10个少数民族信仰伊斯兰教。这些少数民族总人口约1800万。

---

① 《中国的宗教信仰自由状况》，http：//www. seac. gov. cn/gjmw/zwgk/M150210index－1. htm，2005－2－25。

3. 基督教（基督新教、天主教、东正教）

基督教于公元1世纪发源于巴勒斯坦，后来分化为东正教、天主教、基督新教三大派别以及一些小的教派。传入中国的时间虽然比较早，但基本上没有在中国扎根。鸦片战争后，随着帝国主义对中国的侵略，基督教在中国发展起来。

4. 道教

道教是中华民族的本土宗教，产生于汉族地区，目前不仅存在于汉族之中，在白、瑶、壮、苗、侗、京、土家、布依、彝、黎、羌、仡佬、毛难、纳西等少数民族的日常生活中，道教的影响也很大。

5. 原生宗教

新中国成立后，我国一些少数民族中仍保持着原生宗教信仰，其宗教形态仍然保留原始特色，没有明确的教主、确切的创教时间、独立的教团、复杂的教义，因此有别于佛教、基督教、伊斯兰教、道教。我们仅简单介绍以下几种原生宗教。

第一，萨满教。萨满教是我国北方阿尔泰语系民族中普遍流行的一种典型的传统宗教，主要流行于满、达斡尔、鄂伦春、鄂温克、赫哲、锡伯、蒙古、哈萨克、朝鲜等民族中。

第二，白族的“本主”崇拜。“本主”是白族主神的汉语译名，白语称“朵博”、“劳谷劳泰”等，意为大老爷、祖父、祖母。白族的本主神种类繁多。有自然神，如天、日、月、风等；有图腾神，如白石本主、黄龙等；有祖先神，如传说中的劳谷、劳泰。

第三，纳西族的东巴教。东巴教因巫师称为“东巴”而得名。其信仰内容、宗教仪式和萨满教无本质差异。中国少数民族的原生宗教，大多数没有统一的教义和经典，可是纳西族的东巴教却留下了大量的东巴经，成为纳西族和中华民族珍贵的历史文献。

（二）宗教与民族问题的关系

宗教与民族的关系问题，是一个密切相关、难解难分的话题。

当今世界任何一个民族都有过自己的宗教。可以说，一定的民族生存环境孕育了适合该民族生存和发展的特有的宗教。宗教产生之后，又对该民族自身的发展壮大产生了深刻影响，还对与其他民族的关系产生了深刻影响。

1. 宗教对民族形成和发展的影响

首先，在一些民族的产生与形成过程中，宗教起着重要作用。相同的宗教信仰把信教群众凝聚在一定的地域范围之内，使其产生强烈的认同感和凝聚力。比如，图腾崇拜对于氏族、部落和民族的形成，起到一定的促进和巩固作用；祖先崇拜强化了人们集体意识；求雨巫术、收获仪式中对神灵的祈求，强化了宗教的神圣性，也对人们形成共同的心理素质有着巨大的影响。宗教传播过程中，统一的宗教语言对一些民族的形成和发展也起到一定的作用。比如，在我国回族的形成过程中，伊斯兰教就起着决定性的作用。

其次，宗教对民族发展的影响。宗教对民族的形成和发展既有积极的影响，也有消极的影响。比如，共同的宗教信仰，有利于增强该民族成员的认同感，促进该民族内部成员的团结，增强民族的凝聚力，特别是遭遇异民族的侵略和压迫时，宗教对民族的影响最为明显。同时，不同的宗教形式孕育了不同的宗教文化，有利于增强该民族的自信心和自豪感。

2. 宗教问题处理不当也会引发民族问题

我国人口众多，又是一个多民族和多宗教的国家，很多民族信仰宗教，甚至是全民普遍信仰宗教，信教群体庞大。社会转型期，各种社会矛盾必然存在。而国外一些敌对分子、分裂主义分子和国内一些不法分子又企图利用宗教对我国的民族团结进行破坏。如在西藏的“3・14”事件和新疆的“7・5”事件中，都有敌对分子利用群众的宗教情感进行煽动闹事的阴谋活动。西藏和新疆两地均是宗教信仰气氛较浓厚的地方，境外敌对势力一直在利用宗教问题寻找对我国进行“西化”、“分化”的突破口。

3. 宗教问题非常敏感

由于宗教问题和民族问题经常交织在一起，加上民族分裂主义分子利用宗教煽动闹事，攻击中国共产党的领导和社会主义制度，蓄意破坏我国各民族团结和祖国统一，因此，能否妥善处理好宗教问题，直接关系到我国的人民安定、社会稳定、民族团结和祖国统一。

（三）马克思主义宗教观

马克思主义宗教观是马克思主义对宗教与宗教问题的基本观点，以及处理宗教问题的基本纲领和基本政策的总和。马克思主义宗教观，是马克思主义理论的重要组成部分，是我们正确认识宗教、宗教问题以及正确处理宗教问题的重要指南。马克思主义宗教观所涉及的内容有很多，这里我们从四个方面对马克思主义宗教观的一些主要观点和主要思想进行简单介绍。

1. 宗教的本质

关于宗教的本质，马克思、恩格斯都反对用观念和意识解释宗教，他们都主张从一定的社会关系、物质生活条件中寻找宗教的本质。马克思在《德意志意识形态》中提出："在宗教中，人们把自己的经验世界变成一种只是在思想中的、想象中的本质，这个本质作为某种异物与人们对立着。这绝不是……用'自我意识'以及诸如此类的胡言乱语来解释的，而是应该用一向存在的生产和交往的方式来解释的。"① 马克思不仅表明了对宗教本质问题的态度，也指出了寻找宗教本质的方法，即从各个时代的物质条件中去寻找宗教的本质。在《反杜林论》一文中，恩格斯运用辩证唯物主义认识论深刻揭示了宗教的本质，他指出："一切宗教都不过是支配着人们日常生活的外部力量在人们头脑中的虚幻的幻想

① 《马克思恩格斯全集》第3卷，84页，北京，人民出版社，1972。

的反映，在这种反映中，人间的力量采取了超人间的力量的形式。”① 这一论断大体上有三层含义：首先，宗教是一种幻想的反映。也就是说，无论是上帝也好，还是真主安拉也好，都不是客观存在的，是被人们神化的虚构出来的。其次，宗教信仰是客观存在的“支配着人们日常生活”的社会历史现象，即宗教产生的根源是客观的物质世界，是对社会的反映。最后，宗教反映出来的是“超人间的力量”，因而使人们对此产生强烈的神秘感和敬畏感。

2. 宗教的产生、发展与消亡的客观规律

宗教是一个历史范畴，是人类社会发展到一定阶段的产物，有着自身的产生、发展、消亡规律，它不是永恒存在的。

第一，关于宗教的产生根源。首先，马克思、恩格斯都认为，宗教是在原始社会产生的。在原始社会，由于生产力水平低下，人类在自然面前是弱小的，水灾、雷电、猛兽、瘟疫、地震等强大的自然力量一方面使人们感到恐惧，一方面又因无法抵抗而产生神秘感，于是人类认为存在一种超自然的力量支配着人类世界，进而人们对这种可怕的自然力产生了敬畏，并对其虔诚崇拜。可见，原始宗教是一种被自然压迫下的人的产物，即自然宗教。对这种现象，马克思、恩格斯在《德意志意识形态》中有过精辟的论述：“自然界起初是作为一种完全异己的、有无限威力的和不可制服的力量与人们对立，人们同自然界的关系完全像动物同自然界的关系一样，人们就像牲畜一样慑服于自然界，因而，这是对自然界的一种纯粹动物式的意识（自然宗教）。”②

其次，马克思、恩格斯认为，历史上的任何宗教，都是特定社会历史条件下的产物，一切宗教产生的根源，最终还是存在于社会的物质生活条件之中。马克思指出：“宗教本身是没有内容

① 《马克思恩格斯选集》第3卷，666～667页，北京，人民出版社，1995。
② 《马克思恩格斯选集》第1卷，81～82页，北京，人民出版社，1995。

的，它的根源不是在天上，而是在人间，随着以宗教为理论的被歪曲了的现实的消灭，宗教也将自行消灭。”① 恩格斯在《反杜林论》一文指出：“除自然力量外，不久社会力量也起了作用，这种力量和自然力量本身一样，对人来说是异己的，最初也是不能解释的，它以同样的表面上的自然必然性支配着人。最初仅仅反映出自然界的神秘力量的幻想的形象，现在又获得了社会的属性。”②在阶级社会中，被压迫阶级长期受到贫困、饥饿、失业等问题的影响，面对现实的苦难，人们就会把希望寄于来世的“天国”。

最后，宗教的产生还源于人类认识上的根源。这主要是受当时人们认识水平的限制和某些认识的错误。在生产力落后和科学不发达的情况下，对无法控制和无法解释的现象充满了敬畏，这是很正常的现象。

第二，宗教的发展。马克思、恩格斯都认为，人类社会进入阶级社会后，阶级压迫成了宗教存在与发展的最深刻的根源。首先，在阶级社会中，阶级剥削和阶级压迫给人们带来了极大的痛苦，人们无法抗拒这种异己力量。恩格斯在《反杜林论》中曾经说过：“在目前的阶级社会中，人们就像受某种异己力量的支配一样，受自己所创造的经济关系、受自己所生产的生产资料的支配。”“资产阶级经济学既不能制止整个危机……或者使各个工人避免失业和贫困。现在还是这样：谋事在人，成事在神”③。其次，剥削阶级利用宗教的麻醉作用控制人民群众，使人们在精神上认为“君权神授”思想是天经地义的。再次，剥削阶级利用扶植某一种宗教，直接为其统治地位服务。同时，阶级社会中的许多农民起义也曾利用宗教的手段来组织人民进行抗争。恩格斯指出：“中世纪把意识形态的其他一切形式——哲学、政治、法学，都合

① 《马克思恩格斯全集》第 27 卷，436 页，北京，人民出版社，1972。

② 《马克思恩格斯选集》第 3 卷，667 页，北京，人民出版社，1995。

③ 《马克思恩格斯选集》第 3 卷，667 ~ 668 页，北京，人民出版社，1995。

并到神学中，使它成为神学中的科目。因此，当时任何社会运动和政治运动都不得不采取神学的形式；对于完全受宗教影响的群众的感情说来，要掀起巨大的风暴，就必须让群众的切身利益披上宗教的外衣出现。”①

第三，宗教的消亡。关于宗教的消亡，马克思、恩格斯多次强调，宗教不是永恒存在的，它如同宗教的产生、发展一样，宗教的消亡是历史的必然。首先，随着阶级社会的消灭，宗教存在的最深刻的社会根源也就随之消灭。其次，随着生产力水平的提高，人们应对各种风险的能力也会随之提高。当人们面对强大的自然灾害和社会危害不再陌生与恐惧时，宗教也随之消亡。再次，现代教育水平的提高，科学技术的进步，人们对自然和社会的认识也在不断提高，宗教就会自然而然地消亡。

但我们也应该清醒地认识到，宗教的消亡是一个逐步的过程，在社会主义时期，宗教还会长期存在。

综上所述，马克思和恩格斯通过批判地继承前人关于宗教问题的研究成果，运用辩证唯物主义和历史唯物主义的观点和方法论述了宗教的本质，并结合一定的社会历史条件，从物质经济生活中找到了宗教产生、发展、消亡的客观规律。

3. 宗教的功能与作用

宗教的产生和发展离不开人们的现实生活，是社会生活的反映。因此，宗教与人们社会生活的方方面面有着密切又广泛的联系，对现实的社会生活产生着重大的影响。

第一，宗教作为一种规范，可以调节人们的行为。一般来说，所有的宗教都有一整套自己的清规戒律，它们要求信徒无条件地服从神的安排，并承担对神的义务。而且，很多宗教都会把神的仁慈和惩罚结合在一起，强调“善有善报，恶有恶报”，在这种情感的支配下，信徒一般会采取遵从的态度，并在内心产生强烈的

① 《马克思恩格斯全集》第21卷，349～350页，北京，人民出版社，1965。

高度自发或自觉的相当自律的习性。

第二，宗教的社会凝聚整合作用。某种程度上来说，宗教组织能够把广大信教群众团结起来，凝聚在宗教共同体的内部，在共同的宗教信仰的基础上，使他们自觉成为一个具有共同的宗教价值观念和强烈的集体认同感的整体。当宗教凝聚到一定程度，宗教共同体的行为会对整个国家的事务产生重大的影响，与国家的利益相一致时，有利于国家内部的团结，如果与国家利益相对立，则往往会破坏国家的稳定和团结。

第三，宗教的社会控制作用。宗教的社会控制功能，是指统治阶级可以利用超自然的神的力量，来使社会秩序合法化和神圣化。比如，封建社会的“君权神授”，是这一功能的最好的例证。它充分发挥了维护和稳定社会秩序的功能，它告诫每个人都要安于现况，甘心承受人世间的一切快乐与苦难，不能有丝毫非分之想。

第四，宗教对文化的影响。一般来说，文化分为物质文化、精神文化、制度文化和行为文化四个层面，而宗教所具有的巨大包容性使之能够包括文化的所有层面。宗教作为重要的文化现象，以其特定的方式反映了人们的社会生活，而宗教意识又被实体化而成为一种社会体系和生活方式。对此，牟钟鉴先生曾予以精辟的论述：宗教“并非一种孤独的思想游魂在空中飘来飘去，它总要附着在某种文化实体上，通过一定的文化系列在社会生活中发生实际的作用，例如通过宗教道德、宗教哲学、宗教文学、宗教艺术、宗教习俗、宗教典籍、宗教活动，影响人们的思想情趣，成为社会精神生活的一个组成部分”①。同时，宗教还通过对世俗道德、意识形态、人类艺术、科学发展等多领域、全方位地发挥作用和影响，成为人类文明的重要的不可分割的组成部分。

---

① 牟钟鉴：《中国宗教与文化》，5页，成都，巴蜀书社，1989。

（四）中国共产党宗教政策的主要内容

中国共产党根据马克思主义关于宗教问题的基本思想，结合中国国情，提出了我国宗教政策方面的十个主要观点："一、宗教有其发生、发展和消亡的过程，在社会主义社会将长期存在，不能用行政力量去消灭宗教，也不能用行政力量去发展宗教。二、宗教信仰自由受国家宪法保护，公民有信仰宗教的自由，也有不信仰宗教的自由。三、要宣传无神论，但不能把有神论和无神论的区别等同于政治上的对立。要坚持政治上的团结合作、信仰上互相尊重。四、国家依法对宗教事务进行管理，保护正常的宗教活动和宗教界的合法权益，制止和打击利用宗教进行违法活动。五、我国宗教方面的矛盾主要是人民内部矛盾，但在一定条件也可能出现对抗性的问题，要严格区别、妥善处理两类不同性质的矛盾。六、坚持独立自主、自办教会的原则，在平等的基础上开展宗教方面的对外友好交往，抵制境外敌对势力利用宗教进行渗透，不允许任何境外宗教团体和个人干预我国宗教事务。七、爱国宗教团体是党和政府联系信教群众的桥梁，要支持他们加强自身建设，自主开展活动，充分发挥作用。八、爱国宗教界人士是团结信教群众、维护社会稳定的重要力量，宗教界要有计划、有组织地培养爱国宗教教职人员队伍。九、积极引导宗教与社会主义社会相适应。宗教界要把爱教与爱国结合起来，在国家法律和政策范围内进行活动。十、所有宗教团体和宗教界人士都必须维护社会稳定，维护法律尊严，维护人民利益，维护民族团结，维护国家统一。"①

---

① 《中国共产党关于民族问题的基本观点和政策》（干部读本），5～6页，北京，民族出版社，2002。

第四章　民族思想政治教育过程论

民族思想政治教育过程，是以实现民族思想政治教育目标为基本动力的可持续发展过程。民族思想政治教育过程，不仅直接影响民族思想政治教育内容的选择、原则的制定、形式与方法的确定、活动的组织等要素，而且直接制约着民族思想政治教育的实践效果。科学认识民族思想政治教育过程，既有助于不断丰富、完善、发展民族思想政治教育理论，提高对民族思想政治教育内容、原则、方法、途径等内容的认识，也有助于强化对民族思想政治教育生活性和实践性的认识，不断增强其吸引力、感染力和科学性、实效性。民族思想政治教育过程论在民族思想政治教育中居于中心地位。

一、民族思想政治教育过程的基本含义

民族思想政治教育是有意识地促进社会个体国家观、民族观、民族政策等政治思想形成的过程，无论是在结构方面，还是在矛盾和模式方面都有自身的表现形式。

（一）民族思想政治教育的一般过程

关于事物过程的思想是马克思主义的重要组成部分。恩格斯很早就提出：“一个伟大的基本思想，即认为世界不是既成事物的

集合体，而是过程的集合体。”① 列宁也曾指出：“每种现象的一切方面（而且历史在不断地揭示出新的方面）相互依存，极其密切而不可分割地联系在一起，这种联系形成统一的、有规律的世界运动过程”②，并强调“要认识在‘自己运动’中、自生发展中和蓬勃生活中的世界一切过程，就要把这些过程当作对立面的统一来认识”③。毛泽东同志同样也说过：“统一的物质世界是一个发展的过程。”在认识世界和改造世界过程中，必须“把世界当作发展，当作过程去考察”。④

一切事物都是作为过程向前发展的，不论自然的或精神的、历史的或现实的世界都是如此。关于自然世界的发展过程，恩格斯指出：“自然界中的一切运动都可以归结为一种形式向另一种形式不断转化的过程。”⑤ 劳动使猿实现了到人的转变过程，是一个有力的证明。关于人类历史世界的发展过程，马克思“把社会运动看做受一定规律支配的自然历史过程，这些规律不仅不以人的意志、意识和意图为转移，反而决定人们的意志、意识和意图”⑥。人类历史就是一个无穷发展的过程。关于精神世界的发展过程，马克思认为：“思维过程同自然过程和历史过程的类似之处以及反过来的情形并且证明同一些规律对所有这些过程都是适用的。”⑦ 并指出：“思维过程本身是在一定的条件中生成的，它本身是一个自然过程，所以真正能理解的思维永远只能是一样的，而且只是随着发展的成熟程度（其中也包括思维器官发展的成熟程度）逐渐地表现出区别。”⑧ 任何一种正确思想都有一个形成和发展的过

① 《马克思恩格斯选集》第4卷，239～240页，北京，人民出版社，1995。
② 《列宁选集》第2卷，423页，北京，人民出版社，1995。
③ 《列宁选集》第2卷，557页，北京，人民出版社，1995。
④ 毛泽东：《辩证法唯物论提纲》，20页，1937。
⑤ 《马克思恩格斯选集》第4卷，245页，北京，人民出版社，1995。
⑥ 《列宁选集》第1卷，33页，北京，人民出版社，1995。
⑦ 《马克思恩格斯选集》第4卷，364～365页，北京，人民出版社，1995。
⑧ 《马克思恩格斯选集》第4卷，581页，北京，人民出版社，1995。

程。世界是过程的集合体，这是唯物辩证法的一个基本原理，是我们认识世改造世界的基本方法，也是我们研究民族思想政治教育过程论的理论基础和哲学方法论。马克思主义过程论表明，探索事物发展过程是掌握事物形成发展规律的基础。对民族思想政治教育而言，研究其过程论就是民族思想政治教育基本理论研究的基础和核心。

民族思想政治教育过程论，是探索民族思想政治教育本质和规律的基本理论。民族思想政治教育过程是由教育对象和社会需求的分析把握、目标和任务的确定、内容和方法的选择、教育力量的组织、教育活动的实施、教育效果的评估等环节组成的。思想政治教育过程的最终目的，是促使受教育者思想品德的形成与发展。因此，民族思想政治教育的一般过程，可以概括为，它是教育者根据一定的政党或国家对社会成员的民族意识和民族观念要求以及社会成员民族意识和民族观念形成、发展规律，有目的、有计划、有组织地对社会成员进行民族理论、民族观、民族政策、民族认同等方面的教育，激励社会成员充分发挥自身积极、能动的作用并产生内在的思想矛盾运动，教育、引导、帮助社会成员形成并发展社会所期望的正确国家观和民族观，促使该政权或国家民族政策顺利实施，促进社会和谐发展的实践教育过程。[①] 从宏观上看，民族思想政治教育过程是一个完整的过程，一个周期连着一个周期，循环往复，不断深化，体现了民族思想政治教育过程的连续性和周期性；从微观上看，民族思想政治教育过程，是由若干相对独立的阶段有机组成的具体过程，各个阶段错落有致，相互关联，循序渐进，体现了民族思想政治教育过程的完整性和阶段的独立性。

民族思想政治教育过程和社会成员国家观、民族观、民族政

---

① 徐柏才：《建立民族思想政治教育学的思考》，载《中央民族大学学报》（哲学社会科学版），2009（5）。

策等政治思想形成过程的关系，实际上是民族思想政治教育活动与社会成员个体素质发展之间的关系。民族思想政治教育是有意识地促进社会个体国家观、民族观、民族政策等政治思想形成的过程，但它只是影响社会成员个体国家观、民族观、民族政策等政治思想形成的一个因素。除此之外，还有多方面的社会因素对社会成员个体的国家观、民族观、民族政策等政治思想的形成产生影响，这些社会因素主要包括政治的、经济的、文化的关系，通过社会、学校、家庭等各方面的影响而形成。在这些因素中，正式和非正式的、可控制和不可控制的因素相互交错和制衡，形成一个庞大而复杂的影响因素群。同时，民族思想政治教育过程与社会成员个体国家观、民族观、民族政策等政治思想的形成过程的关系又是最为密切的。民族思想政治教育过程是为了帮助人们形成正确的国家观、民族观、民族政策等政治思想观念而展开的，它是社会成员个体的国家观、民族观、民族政策等政治思想形成的重要外因，其功效最终体现在促进社会成员个体的国家观、民族观、民族政策等政治思想的形成。也就是说，社会个体的国家观、民族观、民族政策等政治思想形成离不开民族思想政治教育过程的作用，民族思想政治教育过程是社会成员个体国家观、民族观、民族政策等政治思想形成过程坚持正确发展方向的重要保证。

（二）民族思想政治教育过程的一般表现

民族思想政治教育过程的一般表现，主要是研究民族思想政治教育过程结构要素的一般表现、民族思想政治教育过程矛盾的一般表现、民族思想政治教育过程模式的一般表现。

1. 民族思想政治教育过程结构要素的一般表现

思想政治教育过程结构要素，主要是指影响思想政治教育存在和发展的决定性因素。对于思想政治教育过程的构成要素问题，学术界虽有三要素说、四要素说、多要素说（五要素及其以上）、系统说等不同的观点。但是，“四要素说（包括三体一位要素说）凭借其‘具有高度的概括性，囊括了与思想政治教育相关的几乎所有方法’这一优点，逐渐占据了主流的位置，逐渐为多数学者所接受”①。具体来讲，思想政治教育过程结构要素主要由教育者（主体）、受教育者（客体）、思想政治教育内容和方法（联通体）组成。照此理解，民族思想政治教育过程结构要素，主要表现出以下特点：

首先，民族思想政治教育主体和客体的多民族性。民族思想政治教育是一定的政权和国家有针对性地对其社会成员进行民族观和民族政策教育，促使该政权或国家民族政策顺利实施的社会实践活动。为此“要广泛深入地开展党和国家民族政策的宣传教育，既要教育少数民族，更要教育汉族；既要教育群众，更要教育干部；既要教育一般干部，更要教育领导干部”②。因此，无论是民族思想政治教育的主体还是民族思想政治教育的客体，都有可能是整个政党或国家的社会成员，尤其是对多民族国家来讲，民族思想政治教育的主体和客体，就是由多民族成分组成的。中国特色社会主义民族思想政治教育的主体和客体，就是由 56 个民族组成的统一体。

其次，民族思想政治教育联通体的多元性。“民族思想政治教育的内容十分广泛，主要涉及民族理论、民族观、民族政策、民族认同等方面。所以，民族思想政治教育就是对社会成员进行民族理论、民族观、民族政策和民族认同等内容的思想政治教育，也可以说是以民族相关问题为主体的思想政治教育。”③ 中华民族是由 56 个民族组成的多元一体结构。民族思想政治教育的教育内

---

① 赵野田等：《思想政治教育过程研究综述》，载《思想政治教育研究》，2009（2）。

② 《党和国家民族政策宣传教育提纲》，北京，民族出版社，2009。

③ 徐柏才：《建立民族思想政治教育学的思考》，载《中央民族大学学报》（哲学社会科学版），2009（5）。

容必然要包括多民族的文化认同、民族认同等内容。在加强多民族的文化认同、民族认同的基础上，增强文化认同、民族认同和国家认同的重叠与重合，把文化认同、民族认同统一到中华民族的认同和祖国的统一认识上来。具体来讲，民族思想政治教育内容必须突出将爱国主义教育落实到坚决维护祖国稳定和统一的教育之中；突出将民族团结教育融汇到增强民族认同与国家认同的具体行动中；突出将稳边兴边、富民固边教育寓于共同推进祖国繁荣昌盛的历史使命的教育之中。“中国现阶段的民族思想政治教育，则是对社会成员进行马克思主义民族观、民族理论、宗教观、民族政策、中华民族认同以及‘三个离不开’、‘四个维护’等具体内容的思想政治教育。”①

从民族思想政治教育的方法来看，它是根据民族思想政治教育内容以及民族思想政治教育主客体思想和行为活动规律对思想政治教育方法的特殊运用。民族思想政治教育充分运用了个性教育法，使民族思想政治教育内容更加贴近教育主客体的思想和行为实际；充分运用了实践体验法，使民族思想政治教育目标更加符合对民族认同和国家认同的客观要求；充分运用了比较鉴别法，使民族思想政治教育主客体更具有是非判断和鉴别能力；充分运用了激励教育法，使民族思想政治教育环境更加体现出“各民族共同团结奋斗、共同繁荣发展”的时代主题。

2. 民族思想政治教育过程矛盾的一般表现

“思想政治教育过程的基本矛盾，主要是教育者掌握的社会所要求的思想政治品德要求与受教育者思想政治品德发展状况的矛盾。”② 它主要“包括思想政治教育过程与外部环境的矛盾，思想政治教育过程内部的矛盾，思想政治教育过程中主体自身的矛盾

---

① 徐柏才：《建立民族思想政治教育学的思考》，载《中央民族大学学报》（哲学社会科学版），2009（5）。

② 邱伟光、张耀灿：《思想政治教育学原理》，101 页，北京，高等教育出版社，1999。

三层次”①。这些矛盾相互作用，构成思想政治教育过程运行的动力并决定着思想政治教育过程的阶段和运行趋势。

民族思想政治教育过程是一个由多种矛盾构成的矛盾体系。从矛盾存在与作用的范围来看，按照过程辩证法与系统辩证法统一的思维角度审视发现，民族思想政治教育过程中的矛盾体系主要有如下的表现形式。

首先，民族思想政治教育过程与外部环境的矛盾。思想政治教育过程的外部环境，是指影响思想政治教育系统运行的一切外部因素的总和。在思想政治教育过程运行中，只有使思想政治教育系统对环境系统开放并与环境系统形成良性的互动，此过程才能顺利有序地进行。这是因为，思想政治教育总是在一定的环境背景下进行的，外部环境因素总会自发性地对思想政治教育过程产生积极的和消极的制导性影响，也就是说，民族思想政治教育过程与外部环境的矛盾，实际上就是民族思想政治教育系统作为一个整体在运行中与外界环境之间的对立统一。

影响民族思想政治教育过程的外部环境是多方面的，也是极其复杂的。因为民族问题是“民族从形成、发展直到消灭之前的各个历史阶段，不同民族和民族集团在社会生活的各个领域发生的各种矛盾”②。同时，“民族问题既包括民族自身的发展，又包括民族之间，民族与阶级、国家之间等方面的关系”③。民族问题往往容易成为境内外敌对势力对我国进行分化、西化、渗透的幌子，也容易成为一些别有用心的人挑起民族矛盾、破坏民族团结、制造民族分裂的借口。因此，民族思想政治教育过程与外部环境的对立统一关系就显得更为复杂，也更为敏感。解决这种复杂、敏感的矛盾，就需要采取特殊的教育方法。首先必须要加强马克思

① 张耀灿等：《思想政治教育学前沿》，224～227页，北京，人民出版社，2006。

② 《中国大百科全书》（民族卷），14页，北京，中国大百科全书出版社，1983。

③ 国家民委政研室：《中国共产党主要领导人论民族问题》，250页，北京，民族出版社，1994。

主义国家观、民族观、宗教观和党的民族理论与政策教育，增强广大社会成员对外来信息的分辨能力和选择能力、对社会需要的预测能力、对自我言行的调节能力，自觉抵御一切利用民族问题破坏民族团结、影响政治思想品德形成的行为。其次要高度重视民族思想政治教育环境的优化，要善于提取各民族优秀的文化精神财富，将各民族特有的精神气质与道德追求融汇到民族思想政治教育环境之中，营造一个多元一体的、独特的民族思想政治教育环境，形成民族思想政治教育工作的合力，促使民族思想政治教育过程与外界环境之间的良性动态平衡。

其次，民族思想政治教育过程内部的矛盾。虽然思想政治教育过程内部充斥着错综复杂的矛盾，但从根本上可以划分为教育子系统和接受子系统两大方面，两大系统是对立统一的。教育子系统主要包括了教育主体、客体、联通体几个要素，这几个要素相互联系，相互作用，构成整体，以合力的形式发挥施教系统的作用。接受子系统主要是指接受主体本身，它是与教育子系统相互依存、又相互渗透的。因为，“在思想政治教育过程中，既无单纯的教育方也无单纯的接受方，教育方在进行教育的同时，也在不断地接受着来自接受方的信息和能量，接受方在接受教育方的影响时，也在不断地给教育方施加影响”①。

民族思想政治教育的目的是促使社会成员达到对民族、民族共同体和国家的认同。要求社会成员既要认同本民族，也要尊重民族共同体的其他民族，最终达到对民族共同体和国家的认同。由于受不同语言环境、不同文化背景、复杂宗教信仰以及非均衡的经济与社会发展水平等因素的影响，不同民族的社会成员在政治活动和道德活动中的潜意识思维、直觉体验、情感宣泄、性格气质等显现出鲜明的民族个性，思想政治品德接受能力和现实水平也表现出明显的差距。民族思想政治教育过程结构要素个性更

---

① 刘烨：《思想政治教育过程矛盾体系新探》，载《思想教育研究》，2004（1）。

为突出、差异更加明显，内部矛盾呈现形式更为复杂多样。这就要求我们在教育实践中，一方面要强调教育系统必须按照社会的要求和接受主体的实际需要，探索科学合理的教育内容、方法，在积极主动适应接受系统实际需求的基础上，不断引导接受系统去适应社会和超越现状；另一方面也要求接受系统能与教育系统相互契合、接纳，根据社会的要求，对自我原有的思想政治品德进行批判性、创造性地转化和发展。

第三，民族思想政治教育过程中教育主客体自身的矛盾。教育主体和教育客体是思想政治教育系统中最重要的两个方面，他们自身思想品德发展的矛盾运动必然会反映到思想政治教育过程，并对教育过程和教育效果产生巨大的影响。

从教育主体来看，教育者自身的矛盾主要体现为思想政治教育的角色要求与自身主体性之间的矛盾。民族思想政治教育者是受社会委托来教育受教育者的，他们是社会的代表者和国家意志的代言人。但是，由多民族组成的民族思想政治教育者，由于文化背景等方面的影响，他们对思想政治教育内容的理解和教育目标的落实也存在着一些差异，教育者的社会角色要求与自身主体之间的矛盾比较突出，需要高度重视和大力解决。从教育客体来看，他们自出生之日起，便处在社会的互动关系中，社会对受教育者的思想品德要求与受教育主体发展之间必然存在着一定的矛盾，特别是不同民族的社会成员受非平衡的经济因素和较落后的基础教育影响，自身发展与社会要求的矛盾也更为复杂，从而导致民族思想政治教育过程中教育主客体之间的矛盾更为复杂。也正因为民族思想政治教育过程中教育主客体自身存在着必然的和必要的矛盾，才会不断促进教育主体和客体能以自己的需要不断去适应和超越社会的要求，成为自身思想政治品德发展的动力，才能促使教育过程真正成为教育者、受教育者德行共进的过程。

3. 民族思想政治教育过程模式的一般表现

民族思想政治教育过程是根据民族思想政治教育主客体思想

和行为特性而运用的一种具有较强针对性和实效性的教育实践过程，其过程模式自然要体现教育主客体的现实水平和实际需求，具有自身的特殊性。

首先，民族思想政治教育是一个注重个体实情的能动式教育过程。思想政治教育的发生过程，往往是根据思想政治教育基本要素的特性而制定教育计划和教育目标的过程。在民族思想政治教育过程中，教育主体和客体两个主要结构要素都具有多民族性。虽然，他们受不同文化背景等多种因素的影响，对思想政治教育内容的理解和把握存在着不同程度的差异，但是，也由于有了较强的民族认同意识和民族情感等因素的作用，他们之间更容易建立起相互信任、理解的关系，更容易进行沟通和交流，更容易获得良好的教育效果。因此，民族思想政治教育过程要充分发挥这种特殊关系的作用，一方面，深入分析和准确掌握教育主客体实际水平和现实需求的基础上，根据教育主客体的知、情、信、意、行等实际情况，科学分解教育目标、有效制定教育计划，充分发挥教育主客体主观能动性，激励他们不断适应和超越社会的要求；另一方面，充分挖掘教育主客体间积极的民族情感因素，建立平等、信任、和谐的教育关系，加强沟通交流，促进双边互动。

其次，民族思想政治教育是一个注重情境创设的体验式教育过程。思想政治教育运行过程，是根据思想政治教育基本要素的特性而选择教育机制和实施路径的过程。由于各方面因素的影响，不同民族社会成员的认知能力、理解能力和记忆能力都存在一定的差异，对思想政治教育内容的理解和掌握也会存在一定的困难。因此，民族思想政治教育过程，特别注重根据不同的教育内容，科学地设计教育情境，尽量地引导各民族社会成员深入其境去感悟思想政治教育的真实意义，从验证中去把握思想政治教育的本质，从而自觉地内化为自己的行为。

第三，民族思想政治教育是一个注重能力培养的主体性教育过程。“人的思想政治素质是在客观外界条件的影响与主观内部因素相互作用的积极活动中，主体接受外界的各种刺激影响，通过主体自身的作用，逐渐形成和发展的。”① 民族思想政治教育的形成过程，其实就是一种主体性的教育过程。在民族思想政治教育过程结构要素中，主客体因素的多元性、差异性，更需要在教育过程的实践运行中，强调教育主客体的主体性，注意提高教育者对社会要求的理解、掌握和运用能力；增强各民族社会成员辨别是非对错的价值判断能力、解决思想认识问题实际能力、抵御不良侵蚀的人格完善能力、恪守法定准则的行为责任能力等。

第四，民族思想政治教育是一个注重持续发展的全程式教育过程。思想政治教育的发展过程，是根据思想政治教育基本要素特性而选择教育目标不断践行社会需求和不断超越的过程。民族思想政治教育的最终结果，是帮助社会成员形成正确的国家观、民族观，掌握科学的民族理论与政策，促进民族团结与进步、社会和谐发展、国家统一繁荣。总体来讲，就是要保障民族思想政治教育过程及其教育对象的可持续性发展。因此，民族思想政治教育就需要全方位地引导社会成员做维护民族尊严、民族团结、社会稳定、国家统一的践行者，也要全过程地考量民族思想政治教育过程的发生、运行和发展，使民族思想政治教育真正取得实效。

二、民族思想政治教育过程的发生

民族思想政治教育过程发生的基本依据，是政党或国家对社会成员民族意识和民族观念的要求，是与民族相关问题为教育内容的思想政治教育过程。民族思想政治教育过程的发生有自身的基础和特征。

① 张耀灿等：《现代思想政治教育学》，334 页，北京，人民出版社，2006。

（一）民族思想政治教育过程的原始发生

民族思想政治教育过程，是教育者根据一定的政党或国家对社会成员的民族意识和民族观念要求以及社会成员民族意识和民族观念形成、发展规律，有目的、有计划、有组织地对社会成员进行民族相关问题教育，帮助社会成员形成并发展社会所期望的正确国家观、民族观和民族理论政策的思想政治素质，促使该政党或国家民族政策顺利实施，促进社会和谐发展的实践教育过程。“民族思想政治教育是民族工作的一部分，也是思想政治教育的一部分。”[①] 民族思想政治教育过程是思想政治教育过程的一种形式，并且，这种形式是以与民族相关问题为教育内容的思想政治教育过程。因此，民族思想政治教育过程的原始发生是在思想政治教育过程理论基础上，与民族及其相关问题相伴而发生的。

1. 中华民族“多元一体”结构是民族思想政治教育过程原始发生的客观基础

中华民族是由56个民族共同组成的多元一体结构。“中华民族作为一个自觉的民族实体，是近百年来中国和西方列强对抗中出现的，但作为一个自在的民族实体则是几千年的历史过程所形成的……是由许许多多分散孤立存在的民族单位，经过接触、混杂、联结和融合，同时也有分裂和消亡，形成了一个你来我去、我来你去，我中有你、你中有我，而又各具个性的多元统一体。这也许是世界各地民族形成的共同过程。”[②] 中国的历史是中华各族人民共同创造的，“各个少数民族对中国的历史都作过贡献”[③]。千百年来，各民族共同劳动、生息、繁衍在这一广阔的土地上，

---

① 徐柏才：《建立民族思想政治教育学的思考》，载《中央民族大学学报》（哲学社会科学版），2009（5）。

② 费孝通：《中华民族多元一体格局》，1页，北京，中央民族大学出版社，1999。

③ 《毛泽东选集》第5卷，278页，北京，人民出版社，1977。

互相交流、学习，互相影响，共同开拓了祖国的疆域，创造了灿烂的中华文化，并以疆域为舞台、以中华文化为纽带，开拓进取，共同奠定了伟大祖国的千秋基业。

在人类文明曙光初临之时，中华民族的先人在这片土地上分别创造着各自具有特色的文化。从远古神话传说中的“三皇”、“五帝”以及蚩尤、三苗、九夷等氏族部落或部落集体开始，到氏族制度瓦解跨入到民族的门槛，继而，共生于中华大地的各民族进入文明的时代初期，共同创造了统一的民族国家。“华夏”和“四夷”为统一的国家奠定了多民族基础。夏、商、周三族开始有了共同的族称、共同的地域观念、共同的祖先观念、共同的经济文化生活模式，已具备同一民族共同体的基本属性。随着夏商周三代的更替，尤其是春秋战国时期的诸侯割据与兼并，华夏民族内部及华夏与四夷民族之间，在相互吸收、充实的过程中形成了民族文化繁荣发展的景象，形成了我国历史上“百家争鸣”的古典文化高峰。经济文化上的进步繁荣，提出了政治上统一的历史使命，形成了“大一统”的观念。秦始皇顺应历史潮流，建立了统一的多民族国家，在全国范围内推行郡县制，实行车同轨、书同文、行同伦的政策，统一货币、统一文字、统一度量衡。秦王朝的统一，开始了我们统一多民族国家发展进步的伟大征程。

从秦汉隋唐到宋元明清，从秦始皇建立帝制到孙中山推翻帝制，中国两千多年的历史发展，是各族人民共同推进的；我们的统一发展历史趋势，也是各族人民共同选择的。秦代统一的多民族国家形成以来，在我国发展的历史进程中，各民族共同推动了统一多民族国家的发展。近代以来，中华各民族人民在中国共产党的领导下，前仆后继，英勇不屈，共同参与了波澜壮阔的反帝反封建斗争，共同参与了争取国家独立和民族解放的伟大斗争，驱逐帝国主义，推翻三座大山，中华各民族人民共同缔造了社会主义新中国。

在漫长的历史过程中，中华各民族在政治、经济、文化的起源、形成、发展上虽各具特色，却兼容并蓄。“中国各民族特点与特长的发展，与中华民族的共同性的发展，存在着相辅相成、相互促进、共同发展的关系。”① 众多民族各有其发展的历史与文化，是中华民族的多元性；有着长期在统一国家共处并发展其统一不可分割的联系，最终自觉地联合成不可分割的整体，是中华民族的一体性。各民族的特长的荟萃，共同形成了光辉灿烂的中华文化。各民族文化存异而致和，使中华民族文化充满着勃勃生机。

民族或族群是国家的组成部分，民族是文化的载体，是文化的人造物。在多民族国家中，社会成员在认同本民族及其文化的基础上，也必须尊重和认同共同体内的其他民族及其文化，最终达成对民族共同体及其文化的认同，达成对多民族国家的认同。马克思主义认为，社会存在决定社会意识，社会意识是社会存在的能动的反映。“观念的东西不外是移入人的头脑并在人脑中改造过的物质的东西而已。”② 根据这一社会存在的客观要求，必须有目的、有计划、有组织地对社会成员个体施加国家观、民族观、民族理论与政策等教育影响，促使社会成员个体能产生内在的思想矛盾运动，以形成社会所期望的国家观、民族观、民族理论与政策等思想政治教育素质。为满足这一社会需求，有效地开展民族相关问题的教育，从而有了民族思想政治教育过程的原始发生。

2. 党和国家民族工作实践是民族思想政治教育过程原始发生的现实基础

新中国的建立和社会主义制度的确立，开辟了民族团结的新纪元。中国共产党的历代领导人都十分重视加强民族团结进步教育，强调一定要做好民族工作。毛泽东同志曾明确指出：“人民的团结，国内各民族的团结，这是我们的事业必定要胜利的基本保

① 费孝通：《中华民族多元一体格局》，44 页，北京，中央民族大学出版社，1999。

② 《马克思恩格斯全集》第 2 卷，112 页，北京，人民出版社，1995。

证。"[①] 他要求"我们无论对干部和人民群众，都要广泛地持久地进行无产阶级的民族政策教育，并且要对汉族和少数民族的关系经常注意检查"[②]。同时，还发出了"中华人民共和国各民族团结起来"[③] 的伟大号召。邓小平同志也曾指出："在世界上，马列主义是能够解决民族问题的。在中国，马列主义与中国革命实践相结合的毛泽东思想，也是能够解决这个问题的。只要我们真正按照共同纲领去做，只要我们从政治上、经济上、文化上诚心诚意地帮助他们，就会把事情办好。只要一抛弃大民族主义，就可以换得少数民族抛弃狭隘的民族主义。我们不能首先要求少数民族取消狭隘民族主义，而是应当首先老老实实取消大民族主义。两个主义一取消，团结就出现了。"[④] 1990 年 8 月，江泽民到新疆视察工作时指出："我们伟大的中华民族，是由 56 个民族构成的，在我们祖国的大家庭里，各民族之间的关系是平等、团结、互助的社会主义的新型民族关系，汉族离不开少数民族，少数民族离不开汉族，少数民族之间也相互离不开。"[⑤] 这段话精辟地概括了我国 56 个民族在历史发展过程中休戚与共、互助合作的紧密关系，反映了我国民族关系历史构成的客观事实——中华民族多元一体的格局。"三个离不开"思想既充分考虑了我国民族关系的历史，全面反映了我国民族关系的生动现实，又着眼于我国民族关系的长远发展，充分表达了全国各族人民团结、发展的共同愿望，是新形势下巩固和发展社会主义民族关系的重要指导原则。2004 年 10 月 21 日，胡锦涛同志在政治局第 16 次学习上作题为《做好新

---

① 《毛泽东选集》第 5 卷，363 页，北京，人民出版社，1977。

② 毛泽东：《论十大关系》，载《人民日报》，1956 年 4 月 25 日。

③ 毛泽东：《一九五〇年五月交访问西南各地少数民族的中央访问团带赠少数民族的题字》，载《人民日报》，1950 年 10 月 14 日。

④ 《邓小平文选》第 1 卷，163 页，北京，人民出版社，1994。

⑤ 闵言平：《党的民族理论政策发展创新的 60 年》，载《中国民族报》，2009 年 9 月 25 日。

形势下的民族工作》的讲话时指出："民族问题始终是关系党和国家工作全局的一个重大问题。……全党同志特别是各级领导干部都要坚持学习和实践马克思主义民族理论，深入学习党的民族政策，学习民族学、人类学、社会学和宗教学等有关民族问题的知识，不断丰富自己为做好民族工作所需要的各方面知识。要坚持理论联系实际，加强调查研究，深入研究新情况、解决新问题，进一步认识和把握新的历史条件下民族问题发展变化的特点和规律，创新民族工作的思路和方法，不断提高驾驭和解决民族问题的能力。特别是要加强对那些前瞻性、战略性重大问题的研究，牢牢掌握工作主动权。"① 并明确指出："各民族共同奋斗、共同繁荣是新世纪新阶段民族工作的主题。"② 对改革开放以来民族工作的基本经验进行了精辟地总结，对新世纪新阶段民族工作任务进行了高度地概括，也是科学发展观在民族工作上的具体运用和生动体现。

中国共产党人在中国统一多民族国家的社会历史条件下，以马克思主义的基本原理为指导，在长期的革命、建设和改革开放的实践中，在吸收中华历史文化营养的基础上，不断探索、形成和发展中国民族理论。并在中国民族理论指导下，高度重视民族工作，一贯坚持广泛深入地开展民族团结进步教育活动，重视加强党的民族理论、民族政策、民族法规以及民族基本知识教育，大力弘扬以爱国主义为核心的中华民族精神，牢固树立"汉族离不开少数民族，少数民族离不开汉族，各少数民族之间也相互离不开"的观念，坚定"维护法律尊严，维护人民利益，维护民族团结，维护祖国统一"的意志，坚持中国特色社会主义道路不动摇，坚持党的民族政策不动摇，坚持共同团结奋斗、共同繁荣发展不动摇，坚持维护祖国统一不动摇。正因为我们党高度重视对

① 胡锦涛：《做好新形势下的民族工作》，载《人民日报》，2004 年 10 月 23 日。

② 《民族团结教育通俗读本》，46 页，北京，学习出版社，2009。

马克思主义民族观和民族政策的宣传教育，营造了各民族相互尊重、和睦相处的良好氛围，使各民族之间的认同度不断加深，使民族平等、民族团结的思想真正深入人心，大大推进了民族地区的繁荣稳定和社会和谐，大大增强了中华民族作为一个民族大家庭的整体凝聚力。我们党对于社会成员的系统民族政策宣传教育，其实也就是对社会成员进行民族思想政治教育，也是民族思想政治教育过程原始发生的实践基础。

3. 现代思想政治教育过程理论是民族思想政治教育过程原始发生的理论基础

首先，现代思想政治教育的社会需求特性，为民族思想政治教育原始发生提供理论支撑。

思想政治教育的发生既是社会实践发展的产物，同时也是国家社会实践发展的需要。一般来讲，现代思想政治教育的社会需求特性主要表现在两大方面。一是社会意识形态建构的需要，二是社会有序运行的需要。社会对意识形态建构的需要是思想政治教育产生的社会结构性机制，正是因为社会意识和思想关系的建构在社会形成和发展中的重要地位和作用，才创造了思想政治教育过程产生的社会土壤。这是因为人是有意识的动物，由人组成的社会必然具有社会意识。意识形态就是社会思想的上层建筑，是一定社会或一定社会阶级、集团基于自身根本利益对现存社会关系自觉反映而形成的理论体系。它构成该社会集团和该阶级的行为准则、价值取向、政治纲领、社会理想的思想理论依据。人类社会对社会意识形态的建构，需要伴随着人类社会发生、发展的始终。从社会的形成看，社会关系的形成和发展，不能没有社会意识和意志的力量。社会意识在社会形成的过程中发挥着重要的作用，是社会形成的精神基础和黏合剂。社会有序运行的需要，是思想政治教育产生的社会运行性机制。社会利益关系的思想协调以及社会规范的内化，都是社会在有序运行的过程中的必要保证，思想政治教育正是从保障社会协调、有序发展的需要中产生的，其目的是为了把本阶级、本社会对人们的思想政治品德要求变成人们实际的思想品德，使人们实现从“现有”向“应有”的转变。

民族思想政治教育过程的原始发生，是民族国家社会实践发展的产物，民族思想政治教育同民族国家社会实践发展之间存在着特定的价值关系，这种价值关系突出地表现为民族思想政治教育对民族国家社会实践发展需求的满足上。正是民族国家社会实践发展的内在需要推动了民族思想政治教育过程的发生。

其次，现代思想政治教育文化属性，为民族思想政治教育原始发生提供的理论支撑。

其一，从现代思想政治教育文化属性来讲，首先体现的是一种潜在的文化。它是指由人类通过创造性的活动所取得的知识、信仰、艺术素养、生活技能技巧、行为习惯以及思维方式、价值取向、审美情趣、道德观念、宗教信仰等等的总和。其中，思想政治教育潜在的德文化是指文化中以善为主题的价值取向、政治信仰、道德观念、行为习惯等的总和。从潜在文化的角度看，思想政治教育过程即是传承、传播和创造德文化的过程。其具体表现为：一方面，思想政治教育过程总是在社会历史文化的大背景中展开的，受社会历史文化背景的制约和影响。民族思想政治教育，是与所属民族、社会的文化发展有着整体性的联系，是与所属民族的社会精神文化系统不可分割的一部分。另一方面，思想政治教育是截至目前人类所找到的促进德文化发展最为稳妥、有效的形式，思想政治教育过程即是传承、传播和创造德文化的过程。民族思想政治教育过程，就是借用思想政治教育的教育文化功能和民族学等相关理论，通过国家观、民政观、民族政策等政治思想的教育，促进社会个体不断超越自我，并通过自己实践，不断提高思想认识和形成行为规范的过程。

其二，现代思想政治教育文化功能，能为民族思想政治教育原始发生提供的理论支撑。从现代思想政治教育文化功能来讲，不仅存在着潜在的文化，同时，还具有文化的促进功能，也就是说，思想政治教育本身也是一种动态的文化。它是指个体在社会实践过程中，不断求真、求善、求美的文化交往活动，以及人类社会的精神劳动过程和与之相关联的各种社会实践过程的概括。一方面，思想政治教育过程的基本职能在于促进人与社会要求的德文化的双重建构。另一方面，思想政治教育过程又是根据社会要求的德文化，进行合目的主体化、个性化等运行的过程，最终实现社会所要求的德文化向个体文化迈进，实现从凝固态转化为活化态，最终获得新的发展与超越动力。

总之，思想政治教育过程既是传承、传播和创造潜在德文化的形式，同时又是人类精神交往实践过程的一部分，与理想性和超越性等人类精神的过程性特征相关联，具有历史生成的特点。中华民族灿烂绚丽的文化是各民族优秀文化的相互交融和集合，民族文化是民族的重要的特征，也是民族发展的强大动力。民族文化的传承、发展与创新是促进少数民族地区文化建设，构建社会主义和谐社会的重要条件。民族思想政治教育过程借鉴了思想政治教育文化的相关理论，在满足民族文化的传承、发展和创新的需要中发生、运行和发展。

（二）民族思想政治教育过程的具体发生

民族思想政治教育过程的具体发生，主要研究民族思想政治教育内化过程的具体发生、民族思想政治教育外化过程的具体发生。

1. 民族思想政治教育内化过程的具体发生

唯物辩证法认为：矛盾是普遍存在的，又是一切事物所固有的，是不以人们的主观意志为转移的。每一事物从产生到灭亡，时时刻刻都存在着矛盾，矛盾贯穿于一事物“发展过程的始终”。矛盾是事物发展的动力，内因是事物发展的根本原因，外因是事物变化发展的条件，外因通过内因起作用。在民族思想政治教育过程中，存在着教育者所表达的一定政党或国家的民族思想政治素质要求和受教育者原有的对民族思想政治素质的认识水平之间的矛盾及其运动。正是这一矛盾的存在和运动发展，催生着民族思想政治教育过程的具体发生。

首先，民族思想政治教育内化过程具体发生是在各民族间的交往中进行的。

民族思想政治教育的内化过程，主要是指教育者把一定政党或国家的民族思想政治素质要求传授给受教育者，受教育者则在各种因素的作用下，以自己已有的知识水平为基础，自觉地选择、消化、吸收这些民族思想政治素质要求，并将其转化为自己的民族思想政治素质的过程。民族思想政治教育要真正取得转化为各民族的社会成员个体观念的效果，就离不开各民族社会成员个体思想上的积极活动，离不开他们之间在信息、思想、情感等方面的沟通与交流。

马克思主义认为："人的本质不是单个人所固有的抽象物，在其现实性上，它是一切社会关系的总和。"① 人类的实践活动作为人本质力量的外化、对象化过程不仅是主体自觉改造物质客体的感性活动，而且是主体之间物质交往的活动。交往是在社会领域内发生的特定现象，只有在人与人之间以及由人所构成的社会共同体之间才会发生。

从民族的属性来看，"民族是人们在历史上形成的一个有共同语言、共同地域、共同经济生活以及表现于共同文化上的共同心理素质的稳定的共同体"②。也就是说，民族是社会发展到一定历史阶段的产物，并不是人类社会一开始就存在，也不会永恒存在下去。民族是社会的民族，总是随着社会的发展而发展变化。民族的发展变化，取决于它的社会生产、分工及内部和外部的交往

---

① 《马克思恩格斯选集》第 1 卷，56 页，北京，人民出版社，1995。

② 《斯大林全集》第 2 卷，294 页，北京，人民出版社，1953。

程度。民族间的交往是社会发展的必然现象，也是民族发展的根本动力。加强民族间的交往，就要求不同民族间的人们拥有一个共同的交往准则和行为规范，统一于一定政党或国家的民族思想政治素质要求之中。为了使社会成员达到一定政党或国家的民族思想政治素质要求，就必须加强对社会成员的民族相关问题的教育。也就是说，民族思想政治教育过程具体发生，既是民族间交往的需要，也是在民族间交往中进行的。

其次，民族思想政治教育内化过程具体发生是在民族团结进步要求中进行的。

其一，民族思想政治教育过程具体发生是在各民族相互平等、相互尊重关系中进行的。

民族平等是马克思主义民族观的一个根本原则，也是党和国家制定民族政策的一项总原则和总政策。在中国特色的社会主义实践过程中，民族平等已经成为社会生活的真实，成为社会主义民族关系的基石。平等、团结、互助、和谐是我国社会主义民族关系的本质特征，汉族离不开少数民族，少数民族离不开汉族，各少数民族之间也相互离不开。各族人民要互相尊重、互相学习、互相合作、互相帮助，在不断巩固和发展全国各族人民的大团结中，构建社会主义和谐社会。

从民族平等和民族团结两者的关系看，如果没有民族之间的平等关系，民族团结就无从谈起，民族平等实际上是民族团结的基础和前提，而民族团结是民族平等的结果，二者相辅相成。民族平等不但反映了我国社会中人们对于社会正义、公平等人类理性的追求，成为营造团结、互助、和谐的民族关系以进行社会主义现代化建设和构建和谐社会的基本条件，而且还事关各民族共同发展、共同繁荣的大局。我国民族平等关系的建立，增强了各个民族尤其是少数民族的自信心和作为国家主人翁的责任感，使各民族的特点和优点能够得到充分的展示，民族之间的合作和交流逐渐增多，进一步增强了各民族之间的凝聚力和向心力，各族人民在根本利益一致的基础上共同发展、共同繁荣。可见，民族间相互平等、相互尊重的关系，有利于促进社会成员个体的民族观、国家观、民族政策等民族思想政治素质的形成，它是民族思想政治教育过程具体发生的基础。

其二，民族思想政治教育过程具体发生是在各民族社会成员发挥其主体作用前提下进行的。

不同的主体在交往实践中需要结成一个反映和强调主体间关系、显示自己主体身份，彼此相互尊重、相互协调、共同发展、共同进步的共同主体。在民族思想政治教育过程中，教育者与受教育者不仅要构建特定的交往关系，而且还要形成和构建教育者和受教育者的教育主体性，以便能增进彼此的“交互性”，增强教育的时效性。

从中国特色社会主义的民族理论来看，它强调“各民族不分认可多少、历史长短、发展程度高低，一律平等；国家为少数民族创造更多更好的发展机会和条件，保障各民族的合法权利和利益，各族人民都有义务维护宪法和法律的尊严”①。强调各族人民的平等，强调要保障各民族人民的合法权利和权益，就是在强调各族人民的主体意识，强调要充分发挥各民族人民的主体作用。

从民族思想政治教育过程来看，不仅强调了教育者和受教育者都作为教育的主体，二者要构成“主体—主体”的关系；同时，还强调要把教育资料作为共同客体，必须与教育者和受教育者的“双主体”构成“主体—客体”的关系。这就是主体间性的民族思想政治教育。主体间性民族思想政治教育反映的第一个特征，就是教育者和受教育者是共在的主体间的存在方式，把受教育者当作主体，体现了以人为本、对他人的尊重。主体间性民族思想政治教育反映的第二个特征，就是教育者和受教育者之间的活动是主体间的交往活动，而不是教育者单向的活动。主体间性民族思

① 吴仕民：《中国民族理论新编》，170页，北京，中央民族大学出版社，2008。

想政治教育反映的第三个特征，就是指教育者和受教育者之间是相互理解的，他们通过设身处地、将心比心、换位思考的方法实现人的民族思想政治素质的提高，而不是通过单子式主体的民族思想政治教育的硬性“填鸭式”来实现。

其三，民族思想政治教育过程最终的价值取向和根本目的在于实现民族团结与进步。

马克思主义研究人类交往的根本意义不在于要获得某种认识论意义上的“主体间性”和客观性，而是在人的存在、发展和最终获得解放的层面上研究交往的。把民族交往引入民族思想政治教育过程的意义，绝不仅仅意味着交往是教育过程的背景、条件、手段，它的价值也不仅仅只具有完成教育任务的工具性价值。民族思想政治教育交往的最终价值取向和根本目的，在于教育对象主体性的形成和发展，在于实现个体自我的解放和超越。只有各民族社会成员个体主体性得到充分发挥，才能促使各民族社会成员个体获得自由而全面的发展，才能充分发掘各民族社会成员个体的智慧和才能，才能使各民族人民的合法权利和权益获得充分的保障，才能确保一定政党或国家形成“各民族共同团结奋斗、共同繁荣发展”的大好格局。

发展是解决民族问题、处理民族关系的关键，共同繁荣进步是实现民族平等团结的物质基础。少数民族和少数民族地区如果长期贫困落后，差距就会越拉越大，民族平等就难以巩固，民族团结就会遭到破坏。加强民族思想政治教育，不仅要引导社会成员个体形成民族思想政治素质，促进各民族社会成员个体获得在多民族社会交往生存的基本技能，了解各民族优秀文化中蕴含的人文精神和道德内涵，达到德文化的传承与更新；同时，还要通过既定社会规范和普遍原则的学习和实践，使各民族社会成员个体都能从属于既定的社会集团，养成遵从社会道德规范的自觉性，领悟社会、集体和他人利益的重要性，最后促成各民族社会成员个体的和睦共处，共同发展，促进各民族的团结与进步。

2. 民族思想政治教育外化过程的具体发生

民族思想政治教育外化过程，是指在教育者的帮助和促进下，受教育者把自身在内化阶段已经形成的民族思想政治素质的认识自觉转化为自身的民族思想政治品德行为，并养成相应的民族思想政治品德行为习惯的过程。在此阶段，存在着受教育者内在的民族思想政治素质的认识和民族思想政治品德行为的矛盾及其运动。正是这一矛盾及其运动，推动着社会成员个体的民族思想政治素质认识转化为民族思想政治品德行为。

首先，民族思想政治教育外化过程具体发生是在促进社会成员自觉维护民族团结进步中进行的。

民族思想政治教育外化过程的目的，就是要促使社会成员个体民族思想政治素质的认识与民族思想政治品质行为的高度统一，两者不可分割。如果两者得不到统一，外化阶段就会受阻，社会成员个体的民族思想政治水平得不到提高，其行为习惯就难以形成，民族思想政治品德问题还会依然存在。社会成员个体的民族思想政治品德问题的最终解决，必然要通过他们的行为反映出来。具体来讲，新时期民族思想政治教育是否有实效，就是要看社会成员个体是否树立了“汉族离不开少数民族、少数民族离不开汉族、少数民族之间也相互离不开”的民族思想，是否养成了“必须坚持中国特色社会主义道路不动摇，必须坚持党的民族政策不动摇，必须坚持共同团结奋斗、共同繁荣发展不动摇，必须坚持维护祖国统一不动摇”的行为习惯，是否具备了“各民族共同团结奋斗、共同繁荣发展”的行为能力。总之，民族思想政治教育外化过程的具体发生，不仅是帮助社会成员形成社会所期望的正确国家观和民族观的教育过程，更重要的是促使社会成员自觉维护民族团结进步的过程。

其次，民族思想政治教育外化过程具体发生是在党的民族理论指导下的教育评估中进行的。

民族思想政治教育外化过程，不仅需要教育者根据一定政党或国家对社会成员的民族思想政治素质要求进行科学有效的教育、引导，促使社会成员个体由民族思想政治素质提高的认识状态向日渐优化的行为表现转变。同时，还需要对民族思想政治教育过程进行整体性的评估总结，能为下一周期的教育打下基础。所谓评价，是指对民族思想政治教育整体过程中的各个阶段情况和实际效果进行的检查和评估。评估要充分肯定成绩，更要发现缺点和不足，并加以分析，总结经验和教训，以便更好地指导今后民族思想政治教育过程的开展；评估要严肃认真，实事求是，全面衡量；评估要重视信息的反馈，把握整个民族思想政治教育过程的变化；评估的结果要具体明确，不能模棱两可。

民族思想政治教育过程的评估，必须按照党的民族理论与政策进行。在新世纪新阶段，中国共产党提出的关于民族问题的基本理论和政策主要包括：民族是在一定的历史发展阶段形成的稳定的人们共同体；民族的产生、发展和消亡是一个漫长的历史过程；社会主义时期是各民族共同繁荣发展的时期，各民族间的共同因素在不断增多，但民族特点、民族差异和各民族在经济文化发展上差距将长期存在；民族问题既包括民族自身的发展，又包括民族之间，民族与阶级、国家之间等方面的关系；中国特色社会主义道路是解决我国民族问题的根本道路；我国是各族人民共同缔造的统一的多民族国家；各民族不分人口多少、历史长短、发展程度高低，一律平等；民族区域自治是我们党解决我国民族问题的基本政策，是符合我国国情的一项基本政治制度，是发展社会主义民主、建设社会主义政治文明的重要内容，必须长期坚持和不断完善；平等、团结、互助、和谐是我国社会主义民族关系的本质特征，汉族离不开少数民族，少数民族离不开汉族，各个少数民族之间也相互离不开；各民族共同团结奋斗、共同繁荣发展是现阶段民族工作的主题；文化是民族的重要特征，少数民族文化是中华文化的重要组成部分；培养选拔少数民族干部是解决民族问题、做好民族工作的关键，是管长远、管根本的大事。[①]这些理论观点是相互联系、密不可分的一个整体，有着重要的科学价值和现实指导意义；体现了当今中国和世界发展的时代精神，具有鲜明的时代特点，是我们观察和认识民族问题的指南，是新世纪新阶段民族工作的根本指导思想，也是民族思想政治教育过程评估的重要依据。

三、民族思想政治教育过程的运行

民族思想政治教育过程的运行，是依据社会成员民族意识和民族观念形成、发展规律而进行的，有其自身特有的表现形式。

（一）民族思想政治教育过程运行的涵义

1. 民族思想政治教育过程运行的涵义

关于思想政治教育过程运行的阶段，目前学术界主要是从两个角度进行研究的：一是从思想政治教育工作过程的角度，认为思想政治教育过程运行主要经历三个阶段，即制订教育方案、思想政治教育过程实施、思想政治教育过程评估；[②] 二是从思想政治教育过程内在运行构成的角度，主要分为“思想政治教育者的意识活动过程、思想政治教育者的实践活动过程，思想政治教育对象的意识活动过程、思想政治教育对象实践活动过程”[③] 四个过程。对于民族思想政治教育过程运行的研究，我们既要借鉴思想政治教育过程运行研究的成果，从上述两种不同视角中获得启示，又要立足民族工作的实际，结合民族工作的特点。

“从民族思想政治教育的实践来看，它是一定的政权或国家有

① 吴仕民：《中国民族理论新编》，19～20页，北京，中央民族大学出版社，2008。

② 张耀灿等：《现代思想政治教育学》，338～347页，北京，人民出版社，2006。

③ 沈壮海：《思想政治教育有效性研究》，114页，武汉，武汉大学出版社，2001。

针对性地对其社会成员进行民族观和民族政策教育，促使该政权或国家民族政策顺利实施的社会实践活动。”① 民族思想政治教育过程运行，也就是教育者根据一定的政权或国家对社会成员的民族意识和民族观念要求，以及社会成员民族意识和民族观念形成、发展规律，有目的、有计划、有组织地对社会成员进行民族理论、民族观、民族政策、民族认同等方面的教育，教育、引导、帮助社会成员形成并发展社会所期望的正确国家观和民族观的教育过程的运行轨迹。从宏观上看，民族思想政治教育过程运行是一个完整的、不断上升的运行过程，一个周期连着一个周期，循环往复，不断深化，体现出一定的周期性和连续性；从微观上看，民族思想政治教育过程运行是由若干相对独立的阶段有机组成的运行过程，各个阶段错落有致，相互关联，循序渐进，体现出一定的完整性和独立性。

在民族思想政治教育过程运行中，主要包含着教育者、受教育者两大方面的活动。这是因为，一方面是受教育者的民族思想政治素质的形成，总是一定教育影响的结果，因而教育者有计划地对受教育者的民族思想政治素质施加教育影响，就构成了民族思想政治教育过程的一个重要方面；另一方面，一定的民族思想政治教育实施过程，总是根据一定的社会要求和个体的民族思想政治素质形成发展规律进行的，因此，受教育者的民族思想政治素质的接受过程，又在某种程度上制约着民族思想政治教育的施教过程。思想政治教育者的教育过程和受教育者的接受过程内在地统一在民族思想政治教育过程之中，成为一个过程的两个方面。从最基本的和主要的逻辑关系来看，民族思想政治教育过程的运行，即是教育者根据一定社会的民族团结进步思想的基本要求，以国家观、民族观和民族政策为主要内容，以教育性活动和交往

① 徐柏才：《建立民族思想政治教育学的思考》，载《中央民族大学学报》（哲学社会科学版），2009（5）。

为基础对受教育者施加影响的教育运行过程。并且，在民族思想政治教育过程运行中，只有教育者和受教育者双方在教育与接受活动中发生联动，才会使民族思想政治教育过程开始发生；只有充分调动了教育者和受教育者双方的积极性，使他们在民族思想政治教育过程运行中真正地发生了作用，才能够使民族思想政治教育过程运行获得真实的动力。教育者与受教育者互动关系的形成不仅作为教育者与受教育者、教育与接受逻辑关联的结果而存在，而且还将作为教育过程运行的内部动因，它是民族思想政治教育过程运行效能产生的前提和基础。

2. 民族思想政治教育过程运行的基本步骤

首先，民族思想政治教育过程运行中的教育者施教步骤。

民族思想政治教育过程运行中的教育者施教步骤，主要是教育者为了对社会成员实施教育影响，促使社会成员形成一定社会所期望的民族思想政治素质的一般操作程序。这个步骤主要包括三个方面：

其一，确定教育目标，理解教育情境，帮助受教育者做好受教的心理准备。确定民族思想政治教育目标，是整个民族思想政治教育过程的前提和起点，是教育者实施教育活动的指针，是调节、控制和评估民族思想政治教育过程的依据，也是社会成员接受教育的努力方向。科学确定民族思想政治教育目标，就需要分析、掌握一定政党或国家对社会成员的要求以及社会成员现有的民族思想政治素质状况，有效把握民族思想政治教育过程的基本矛盾及其运动趋势，力求做到主观需要和客观要求相符合、长远目标和短期目标相一致。

确定民族思想政治教育目标以后，还需要进一步制定教育计划，理解教育情境。教育计划是对教育目标的具体化，是完成教育目标的具体实施方案。制定民族思想政治教育计划，就是要精心设计、周密安排民族思想政治教育过程的内容、选择民族思想政治教育工作方法和设计民族思想政治教育过程的程序等。理解教育情境，就是根据民族思想政治教育目标和教育计划，对当下任务情境进行适宜的把握、预设和构想，并能有效地将受教育者引入教育情境之中，从而使得教育双方的教育与接受活动形成一个有机整体，搭建交流互动的平台。

其二，选择教育机制，实施教育计划，指导受教育者内化民族思想政治素质和行为规范。民族思想政治教育机制是民族思想政治教育过程中的内在工作方法，主要包括集体教育、典型教育、教育者示范和自我教育等方式。在这个环节中，就是要求教育者根据教育目标和教育计划，选择有效的教育机制，制定并实施有效的教育方案，指导受教育者认识民族相关问题、掌握民族政策、培养民族情感、端正民族观念、增强民族认同，提高民族思想政治素质。

其三，及时检查总结，强化评估反馈，指导受教育者践行社会要求。这是民族思想政治政治教育过程中教育者、受教育者参与民族思想政治教育活动的反馈环节，也是教育者、受教育者用以调节、控制思想政治教育过程运行的依据。通过这一环节，不仅要调整民族思想政治教育过程运行的轨迹，修正教育计划，更关键的是要进一步指导受教育者根据社会的要求不断规范自己的行为。

其次，民族思想政治教育过程运行中教育对象的接受步骤。

在民族思想政治教育过程运行中，教育者的施教和受教育者的接受都是实现教育目标至关重要的环节。教育对象的接受主要表现在以下方面：

其一，受教育者进入必要的接受准备状态。这个阶段主要包括教育对象在心智、精神动力、效应器官等方面要具备与当前教育情境相适应的准备。这种适应性的基本要求，是受教育者必须围绕当前社会对民族相关问题的要求而进行的。这是因为，在多民族国家中，各民族不分人口多少、历史长短、发展程度高低，是一律平等的；民族思想政治教育过程就是在保障各民族的合法权利和利益，各族人民享有平等的权利与义务的基础上进行的民族相关问题的教育实践过程。在民族思想政治教育过程开始之初，教育者要尽力使教育对象对教育者产生信任、尊重的态度，对教育内容有接受的心理准备。这种接受的准备状态，既是已往接受的结果，也是今后接受的起点，还是进一步改造、发展、超越的基础。

其二，受教育者进入具体的教育情境之中。这是整个民族思想政治教育过程运行中教育对象接受环节的重要阶段，也是接受环节中各种因素综合作用的结果。在这个阶段中，受教育者对于教育内容进行形式化、系统化的接受，对民族认同、民族政策、国家认同等民族相关内容在知、情、信、意、行发生改变，这是受教育者参与以教育者为中介的，有目的、有计划、有组织的民族思想政治教育重要环节。

其三，受教育者进行民族思想政治素质的自我评价与外化。在教育者的帮助下，受教育者在熟悉、了解新旧意识的发展变化的内在联系、自我学习经验的矫正与完善、自我学习意向的强化和抑制、自我学习结果的检验与评价过程中进行民族思想政治素质的评价、反思，并在实践中践行新的民族思想政治品德行为，形成新的民族思想政治素质。

总之，民族思想政治教育过程运行的基本步骤，主要由教育者的施教与受教育者的接受组成。民族思想政治教育过程运行中的施教、接受是一个过程的两个方面，两者互为前提、互为因果、相辅相成。这是因为，教育者是基于想教、善教、乐教以及期望教会的基础上的，教育对象是基于想学、善学、乐学以及期望学会的基础上的，无论教育者，还是受教育者都涉及了动机、操作、调控、结果等诸多方面，他们统一在动态中构成了一个合理的逻辑循环。同时，教育者和受教育者都是围绕民族思想政治教育的目标、内容、方法、途径等方面而进行的施教和受教环节，他们的作用是一致的。教育者和受教育者在共同期望的教育目的基础上，共同检视当下教育适应与超越的成败得失，共同完成相对独立的教育与接受的互动转换过程。

（二）民族思想政治教育过程运行轨迹的表现形式

民族思想政治教育过程运行轨迹的表现形式，体现为民族思想政治教育过程运行轨迹是教育主体双向作用下的运行过程。

1. 民族思想政治教育过程运行轨迹是教育主体双向作用下的运行过程

在民族思想政治教育过程中，总存在着特定的教育者和受教育者，他们在相互影响、相互联系、相互促进的前提下，均发挥着教育的主体作用。具体来说，教育者主要在教育的设计和组织、疏导和激励、示范和转变等方面发挥主体作用；受教育者则主要在能动、检验、促进等方面发挥主体作用。在整个教育过程中，正因为有了教育者在正确理解一定政党或国家对社会成员个体的民族相关问题的要求基础上，依靠自身高尚的品德情操和强烈的敬业精神，以身作则，对受教育者采取接纳、尊重、关心、理解的态度和有效的教育方法，才能使民族思想政治教育的教育者和受教育者建立起密切的教育关系，民族思想政治教育过程才会取得实效。也正因为有了受教育者主动地配合教育者实施教育计划，完成教育任务，能有选择、有鉴别地接受教育者施加的影响，自觉地把自己的思想转变为相应的行为并约定成行为习惯，才能促进民族思想政治教育过程整体水平的提高。总之，思想政治教育过程，是教育者主体和受教育者主体共同参与的教育实践过程。在这个教育过程中，教育者和受教育者双方充分发挥自我的主体意识，相互联系、相互促进，实现“三次转化”与“两次飞跃”，共同推动民族思想政治教育的顺利进行。

民族思想政治教育过程运行轨迹中的“三次转化”。其一是实现了教育者接受正确有关民族的思想、理论、知识，并转化为自己的民族思想政治素质。在民族思想政治教育过程中，作为教育者总是代表一定社会规范的，并将一定政党或国家的民族认同、国家认同、民族政策等民族相关要求内化为自身的民族思想政治素质，并外显为行为习惯，才有资格去教育受教育者，帮助受教育者形成正确的民族国家观。其二是教育者将正确的民族理论、民族政策、民族观念等民族相关问题的要求，通过多种方式途径传递给受教育者，实现了受教育者的原有观念的转化。受教育者是一个个具有自主性、能动性的现实的人，对于教育者传授的信息，不是被动地毫无选择地做出反映，而是在自我已有的知识经验和心理水平基础上加以选择、筛滤，做出积极的应答。受教育者将自己“认同”的教育信息转化为自己认知结构的有机组成部分，形成自己科学的民族观、国家观，从而完成在整个民族思想政治教育过程中的第二次转化。其三是在教育者的帮助下，受教育者把自身已经形成的民族思想政治素质转化为自己的外在行为，形成了行为规范的转化。

民族思想政治教育过程中存在着“两次飞跃”。其一是民族思想政治教育过程中，受教育者不断地有选择地接收教育者输入的信息，并转化为自己的理论观念，从而打破其原有的认知模式的平衡状态。随着受教育者接受信息的量的增多，其认知模式也在不断发展、变化，当量的增加超过一定限度时，受教育者就在新的理论基础上达到新的平衡，形成教育者所要求的思想政治观念的一个新的认知模式，实现由量变到质变的飞跃。其二是随着社会发展变化以及社会要求的不断提高，受教育者在正确思想观念的指导下，不断促进主体加深认识、激发情感、锻炼意志、坚定信念，最后促成行为习惯的养成，受教育者最终在认识——行为上实现由旧质到新质的飞跃。

总之，在民族思想政治教育过程中，只有教育者和受教育者主体意识下的双向作用，才会促使教育者和受教育者实现“三次转化”和“两次飞跃”，才会使教育者和受教育者由矛盾转换到统一，又在统一中产生新的矛盾，开始新一轮的民族思想政治教育过程。

2. 民族思想政治教育过程运行轨迹的特点

首先，民族思想政治教育过程运行轨迹是双向性的。在民族思想政治教育过程中，教育者主体与受教育者主体的思想信息相互传递，相互交流，呈现出双向性的特点。在民族思想政治教育过程中，教育者主体为实现一定的教育目的，总是依据一定的教育原则，采用各种教育方法，通过各种教育途径，将一系列符合社会要求的教育信息传递给受教育者。受教育者在接受教育信息时，也会表现出自主性、能动性等主体性特征，以自己已有的文化结构、意志结构、心理结构、道德价值结构作为参照系，积极主动地接受和处理这些信息。因此，我们既要强调教育者在向受教育者传递信息时，时刻注视受教育者的思想状况，并依据受教育者思想变化和行为表现所反馈的信息，不断地调整自己的教育方式、教育内容；又要强调受教育者在提高自身思想政治水平过程中，自主地、能动地产生新的思想、观念，形成新的行为表现。

其次，民族思想政治教育过程运行轨迹是启导性的。民族思想政治教育过程，是在教育者的正确引导下，通过受教育者自身思想矛盾运动过程来完成。同时，这个过程又是一个循序渐进的发展过程，需要做耐心细致的工作，既不能放任自流，也不能操之过急。民族思想政治教育要通过教育者的教育影响，转变受教育者的思想，指导其正确地行动。教育者必须采用启发、引导的教育方式，积极采用各种现代化教育设施，因势利导地打开受教育者的心灵大门，解开其思想疙瘩。受教育者良好的思想政治品德能让教育者重新审视自己的言行举止，发现不足并加以改正，使自己的思想观念达到一种新的境界，使自身素质提高到一种新的水平。

第三，民族思想政治教育过程运行轨迹是民主性的。提倡民主性，是思想政治教育固有的特点和规律所决定的。首先，民族思想政治教育的目的是促进社会成员个体形成正确的民族观、国家观、民族政策等民族思想政治素质，实现民族平等，维护各民族合法权利和权益，促进各民族共同团结奋斗、共同繁荣发展。实现这一目的，就需要教育者和受教育者能建立起相互平等、相互尊重、民族协商的紧密关系。其次，民族思想政治教育的任务是转变人的思想，提高人们认识世界和改造世界的能力。只有关怀、热爱教育对象，采用民主讨论等方法，鼓励他们发表自己的看法和意见，才有利于分析思想产生的根源，开展有针对性的教育。只有坚持民主平等的原则，增强受教育者的“主人翁”感，才能使受教育者愿听、爱听、听得进，才能增强民族思想政治教育的实效性。

第四，民族思想政治教育过程运行轨迹是持续性的。民族思想政治教育的过程，是由各个具体的民族思想政治教育过程组成的。各个具体的民族思想政治教育过程之间不是彼此割裂和静止的，而是相互联系、相互作用的，每个教育过程的结束，标志着教育者和受教育者的认识暂时达到了统一。在此基础上，又会开始新的民族思想政治教育过程，使思想政治教育总是处在一个由浅入深、由低到高的不断发展的过程之中。在每个具体的思想政治教育过程中，教育者解决受教育者的某一思想问题总是需要持续反复进行的。

第五，民族思想政治教育过程运行轨迹是可变性的。民族思想政治教育活动的开展离不开特定的时代背景、一定的时间、地点和环境条件。在民族思想政治教育过程中，受教育者由于所处的社会地位和面临的社会关系不同而呈现出千差万别的个性特点。由于受教育者的思想行为在不断变化，教育者也必须随之对教育条件、教育内容、手段做出相应的调整。这就决定了思想政治教育过程中“双主体”的互动必然呈现出可变性的特征。民族思想政治教育过程运行轨迹又不是一成不变的，它必然会随着民族思想政治教育过程构成要素的发展而不断地变化、发展。如果我们不能及时掌握民族思想政治教育过程构成要素的变化、发展规律，不能及时调整民族思想政治教育过程的运行轨迹，民族思想政治教育就难以取得理想效果。只有准确掌握民族思想政治教育过程构成要素的发展、变化特点及规律，根据形势变化发展的需要，不断改革、不断创新，使民族思想政治教育过程运行模式切合时代发展规律，才能不断增强民族思想政治教育的针对性和实效性。

四、民族思想政治教育过程的发展

民族思想政治教育过程的基本根据是政党或国家对社会成员民族意识和观点的要求，民族思想政治教育过程的发展必须顺应社会发展的客观需求。

（一）民族思想政治教育过程发展的基础

1. 民族思想政治教育过程发展的哲学基础

发展首先是一个哲学概念。所谓发展，是指事物由小到大、由简到繁、由低级到高级、由旧质到新质的运动变化过程。事物的发展原因是事物联系的普遍性，事物发展的根源是事物的内部矛盾，即事物的内因。唯物辩证法认为，物质是运动的物质，运动是物质的根本属性，而向前的、上升的、进步的运动即是发展。事物的发展是事物内部矛盾运动的结果，是量变与质变的统一。

从人的本质上来讲，马克思认为："人的本质不是单个人所固有的抽象物，在其现实性上，它是一切社会关系的总和。"① 人是具体的、生活于现实生活中的人，人的一切行为不可避免地要与周围所有的人发生各种各样的关系，如生产关系、亲属关系、同事关系等等。生活在现实社会中的人，必然是生活在一定社会关系中的人。人的发展，就是在对立、转化、统一的相互作用过程中，优化人自身的素质结构以及与相关事物之间关系的要素与结构，提高适应环境、认识事物、变革事物、驾驭事物、创造事物

① 《马克思恩格斯选集》第1卷，56页，北京，人民出版社，1995。

与创造和谐关系的智能，提高人生的价值与精神境界。每个人的发展，都是以他人和过去的社会发展为基础，以为他人和未来的社会发展创造与提供了多少有利的条件为标志，以实现人的自身、人与他人、人与社会、人与自然相统一为目的的。

从民族的一般特征来讲，民族是人类社会发展到一定阶段的必然产物。民族作为一种历史现象、社会现象和种的繁衍现象，具有自然属性、社会属性、生物属性等多维属性。民族作为一种社会的人类共同体，它是随着社会的发展而发展变化的。民族发展是在民族的自身因素、自然因素、社会因素等综合影响下，对民族内部结构、整体素质、外在特征以及民族之间关系的不断调整更新、协调适应的过程，由此推动民族纵向质的演进和横向量的扩展，不断实现其政治、经济、文化、社会的全面发展，本质上是民族生存和演进的质和量的提高。在民族发展过程中，民族精神是民族发展的重要动因，民族精神反映了一个民族的物质文化、精神文化、制度文化发展的程度，表明了一个民族的综合素质程度。民族精神在确定发展目标、凝聚力量、实施发展措施方面总是起到重要作用的。

在社会主义社会的民族发展中，由于废除了民族压迫制度，形成了社会主义的新型民族关系，出现了各民族特点长期存在、各民族充分发展的趋势和民族间共同性日益增多、各民族共同繁荣的趋势。社会主义发展过程中的民族发展与资本主义过程中的民族发展是两个本质不同的发展趋势。在社会主义社会，特别是社会主义初级阶段，民族发展的质和量的趋势是相辅相成、对立统一的，都是内外因作用下民族发展繁荣的表现和结果。在民族发展中，社会经济发展是民族的其他各方面发展的前提、基础；民主政治发展是民族发展的重要动力，也是民族发展程度上的一种标志；民族文化发展既包括作为民族文化具体形势的文化发展，也包括价值观念、思想认识、思维模式和心理的发展变化，它是民族发展的重要内容；民族人口发展包括人口数量和质量的发展，它是民族发展的一种标志，也是民族间交往发展的一种反映。因此，立足于发展的哲学思考，研究民族发展的一般过程、基本模式和基本趋势，掌握民族发展的特点和规律，探索如何进一步弘扬民族精神，充分发挥民族精神在民族发展中指导作用，理应是民族思想政治教育过程发展的基础。

2. 民族思想政治教育过程发展的核心理念

可持续发展是既要满足当代人的需要，又不对后代人满足其需要的能力构成危害的发展。它是科学发展观的基本要求之一。党的十五大把可持续发展战略确定为我国“现代化建设中必须实施”的战略，党的十六大又把“可持续发展能力不断增强”作为全面建设小康社会的目标之一。可持续发展是以保护自然资源环境为基础，以激励经济发展为条件，以改善和提高人类生活质量为目标的发展理论和战略。它是一种新的发展观、道德观和文明观。它不仅突出发展的主题，也强调了发展的可持续性、人与人关系的公平性以及人与自然的协调共生性，它是人类发展史上的一次历史性重大转折。

可持续发展是我们从发展的视野研究民族思想政治教育过程发展的核心理念。首先，可持续发展观能够从发展的整体过程全面地规划设计民族思想政治教育过程运行总体图景，为描述和解释民族思想政治教育过程总体图景提供了系统的逻辑格式。可持续发展不是指某一阶段、某一方面的发展，而是强调全面、协调、连续、持久地发展，对民族思想政治教育过程发展提出了宏观的、整体性的规划设计理念。

其次，可持续发展观是自觉的发展价值观，对民族思想政治教育发展进程和方向具有指导和规范性作用。把可持续发展观引入民族思想政治教育过程，就是要根据民族思想政治教育过程本身以及民族思想政治教育过程中的人是否得到了可持续发展，来评价民族思想政治教育活动或现象。在进行民族思想政治教育实践时，可持续发展理念是我们始终要遵循的最高原则。我们在展开民族思想政治教育过程时，不仅要力图把握客观的民族思想政治教育发展实践进程，同时还要从主体需要的角度审视、评价过程的发展；不仅要从已知的或现有的发展实践中寻找民族思想政治教育过程的作用和位置，还要力图超越现有的过程存在，构建民族思想政治教育过程未来发展的理想图景，实现民族思想政治教育过程的可持续发展。

第三，可持续发展观对民族思想政治教育过程研究及其实践具有方法论意义，能从长远的、整体的角度增强民族思想政治教育过程的实效性。可持续发展中的人本性原则、整体性原则或综合性原则、协调性或调控性原则、持续性或长远性原则、普遍受益原则、互利性原则、利益调控性原则、内源性或内生性原则等主要原则，不仅是指导民族思想政治教育过程发展的原则，也是我们在实践中如何提高民族思想政治教育过程实效性的重要原则。可持续发展观中的反思思维、批判思维、前瞻思维、创造思维等重要的思维方式，也给我们研究民族思想政治教育过程提供了重要的思维方式的指导。

（二）民族思想政治教育过程发展的表现

民族思想政治教育过程发展，是在尊重教育主体的主体地位基础上进行的，是在注重情感体验的教育实践中进行的，是在增强民族思想政治教育内容科学性的基础上进行的，是在构建平等和谐的教育环境基础上进行的，是在突出思想政治教育文化价值基础上进行的。

1. 民族思想政治教育过程发展是在尊重教育主体的主体地位基础上进行的

民族思想政治教育过程，既不单纯是教育者从外部对受教育者进行“培养”、“塑造”、“改造”的过程，也不单纯是受教育者头脑内部“同化”、“顺应”与“平衡”的过程或受教育者民族思想政治素质在成长规律的支配下自然成长的过程。它是在教育者价值引导和受教育者自主构建双方共同作用下不断形成和发展的过程，没有教育者的价值引导，就不成其为民族思想政治教育过程，而是单纯的自我修养、自我教育；没有受教育者的自主建构，教育者的价值引导也难以发挥作用。也就是说，民族思想政治教育主体是在教育者价值引导与受教育者的自主构建中形成的。

民族思想政治教育过程的重要本质之一，就是要使受教育者的思想道德主体性在思想政治教育过程中得到发展、提升。这个过程中，一方面是教育者的思想道德主体性得到激发和提升，另一方面是强调受教育者的主体性在教育者的引导和激励下，自觉地、能动地加以建构。因此，民族思想政治教育过程就需要充分发挥教育者和受教育者双方的主体作用，对民族思想政治品德能够积极、主动地加以认识、遵从、把握与超越，从而实现民族思想政治教育过程的整体发展。

2. 民族思想政治教育过程发展是在注重情感体验的教育实践中进行的

民族思想政治教育过程的情感体验，是指围绕民族思想政治教育目标而开展的、使受教育者亲身得到情感体验的实践活动，它是针对传统灌输性、说教式而提出来的一种主体式的教育方法。这种教育方法，不但是马克思主义实践认识论的具体运用，而且还是民族思想政治教育的本质要求。马克思主义的实践认识论认为实践是沟通客观世界和人的精神世界的桥梁，人对客观世界的认识必定经过实践的过程，在实践中体验、升华，进而在实践中内化为自身的东西；同时内化的认识也只有在实践中才能不断地得到验证、充实和深化，才能促使社会成员形成一种行为习惯。民族思想政治教育的目的，在于增强社会成员对民族观、国家观、民族政策等民族相关问题的认识，其本质不仅是对民族相关问题的知识的识记和发展，关键是要使社会成员将其内化为自己的民族认同、国家认同，外化为促进民族团结进步的行为。因此，在民族思想政治教育过程中，必须要结合时代特色，将鲜活的民族思想政治教育事例展现在社会成员面前，发挥他们的主动性，为他们提供和创造亲自体验的机会，培养他们的主体意识和主体人格。让他们在自己亲身体验的过程中感悟、思索、进行自我教育，才能在基于对相应知识的掌握的前提下，形成健全的理论思维能力和正确行为的素质，形成科学的世界观和方法论，形成坚定的信念和良好的思想道德素质，从而增强思想政治教育的实效性。

“道德是一种精神，但它不是一般的精神，而是一种特殊的精神，它的特殊性就存在于实践性。”① 民族思想政治素质的提高，不能单独依靠理论的灌输和说教，也不能单独源于教育者与受教育者某一方面的努力，而是需要教育者和受教育者的共同努力，来源于双方相互作用的实践活动。只有在教育者和受教育者双方情感体验的实践活动中，才能实现民族相关问题的知识与民族思想政治素质之间的转化，才能不断增强民族思想政治教育的实效性。

3. 民族思想政治教育过程发展是在增强民族思想政治教育内容科学性的基础上进行的

民族思想政治教育内容，是根据一定政党或国家对社会成员民族意识和民族观念的要求以及社会成员的民族意识和民族观念的实际水平，经教育者选择设计后有目的、有步骤地输送给受教育者的一切信息。民族思想政治教育内容是一个集合概念，它是民族观、国家观、民族理论、民族政策等民族相关问题相互联系、互相渗透，互为条件、互相制约构成的统一体。中国民族理论，是中国共产党人在中国统一多民族国家的社会历史条件下，以马克思主义的基本原理为指导，在长期的革命、建设和改革开放的实践中，吸收中华历史文化营养的基础上形成和发展起来的，是毛泽东思想、邓小平理论和“三个代表”重要思想的重要组成部分，充分体现了科学发展观的要求，是对马克思主义民族理论的

---

① 张琼、马尽举：《道德接受论》，23 页，北京，中国社会科学出版社，1995。

丰富和发展。

马克思主义又是关于自然、社会和人类思维发展的普遍规律的科学，是严密完整的科学体系，已经被亿万人们所接受。正如马克思所言："理论只要说服人，就能掌握群众；而理论只要彻底，就能说服人。所谓彻底，就是抓住事物的根本。"① 因此，民族思想政治教育过程的发展，一方面要用正确的理论和先进的思想作为民族思想政治教育内容，要使所灌输的民族思想、理念、观点等符合马克思主义的基本原理和党的路线方针政策，符合客观实际，具有真理性；另一方面要注意摆事实、讲道理，循循善诱，以理服人，用理性和逻辑的力量征服人，按照科学的精神、原则和方法实施民族思想政治教育。

4. 民族思想政治教育过程是在构建平等和谐的教育环境基础上进行的

"思想政治教育环境是构成思想政治教育过程的要素之一，是思想政治教育系统的外部条件，是人的思想品德形成和发展的客观基础。""思想政治教育环境，是指影响人的思想品德形成和发展，影响思想政治教育活动运行的一切外部因素的总和。"② 思想政治教育环境的各个要素之间是相互渗透、相互影响、相互作用的，具有多维性、复杂性和开放性等一般特征。思想政治教育环境的各个要素，共同作用于思想政治教育过程，往往又对思想政治教育具有强化、导向、感染等方面的作用。

我国是有着56个民族、13亿人口的发展中国家，民族团结进步事业是建设中国特色社会主义伟大事业的重要组成部分。发展我国民族团结进步事业，就是要在巩固和发展社会主义民族关系的基础上，全国各族人民和睦相处、和衷共济、和谐发展，促进社会主义祖国的繁荣昌盛，维护社会主义祖国的统一安全，同心

① 《马克思恩格斯选集》第1卷，9页，北京，人民出版社，1995。

② 张耀灿等：《现代思想政治教育学》，294页，北京，人民出版社，2006。

同德为建设中国特色社会主义、实现中华民族的伟大复兴而努力奋斗。中国共产党人一贯注重加强民族团结进步教育，强调民族平等。在我国，各民族不论人口多少，居住地域大小，经济发展程度如何，语言文字和宗教信仰、风俗习惯是否相同，社会地位一律平等，享受相同的权利，承担相同的义务；汉族和少数民族一律平等，各少数民族之间也一律平等；任何民族都有权利，任何民族的权利也没有被限制。各民族在平等的关系中和睦相处、共同发展、共同进步。正因为中华各民族的共存关系使我国民族多样性的结构成为国家发展、社会进步的重要资源，各民族之间的优势互补增强了我们的综合国力，成为中华民族强大和屹立于世界民族之林的重要保证。

当前，随着改革开放的不断深入和社会主义市场经济的逐步建立，我国的政治、经济、社会生活发生了重大变化，政治稳定、经济发展、民族团结、社会进步是我国社会发展的主流。但是我们必须看到，随着经济建设的快速发展和城市化进程的加快，各类社会矛盾日益增多，社会矛盾纠纷也出现了一些新情况、新问题。这些矛盾纠纷调处难度大、激化因素多，处理不当，极易引发刑事、治安、群体性上访案件，给社会造成不安定因素。而民族问题又是社会发展总问题的一部分，社会在发展变化，民族问题也随之变化。在不同的历史时期和社会条件下，民族问题具有不同的内容和性质。新中国成立以后，虽然阶级剥削已经消灭，产生民族压迫的阶级根源已被铲除，各民族实现了政治上的平等，但是，由于历史遗留下来的各民族经济、文化发展水平上的差距，民族问题还将长期存在。现阶段我国民族问题往往表现为经济问题与政治问题交织在一起，现实问题与历史问题交织在一起，民族问题与宗教问题交织在一起，国内问题与国际问题交织在一起。因此，要解决新的历史条件下的民族问题，国家就必须采取一切措施，为少数民族创造更多更好的发展机会和条件，保障各民族的合法权利和权益，逐步缩小民族间经济、文化发展上的差距；

同时，也要加强民族思想政治教育，增强社会成员的民族认同、国家认同、民族政策等民族思想政治素质，不断巩固和发展平等、团结、互助的社会主义民族关系。

5. 民族思想政治教育过程发展是在突出思想政治教育文化价值基础上进行的

从民族的发展来看，民族是文化的载体，文化是民族的重要特征，民族发展的核心在于以民族文化为基础的民族精神的崛起和发展。中华民族文化是56个民族优秀文化的相互交融和集合，是各民族的多元文化造就了多姿多彩的中华文化；中华民族的文化精神，就是中华民族的民族精神。它是中华各民族文化的交融和升华，具有中华民族共同的理想、心理和精神状态，也是中华民族延续发展、不断进取的精粹思想。党的十六大报告指出："在五千多年的发展中，中华民族形成了以爱国主义为核心的团结统一、爱好和平、勤劳勇敢、自强不息的伟大民族精神。"[①] 这一伟大民族精神，植根于中华大地，源自各民族生生不息的创造。

中华民族文化既具有多样性的特征，同时也具有同一性和互补性的特性。多样性是各民族文化认同的基础，同一性是中华民族文化认同的基础。我们既要保护文化多样性，同时也要增强同一性或共同性，以增强中华民族凝聚力，加强国家的认同。在中华民族多元一体的文化中，民族思想政治教育一方面要对各民族的各种知识形态的文化、意识形态的文化，各种理性形态的文化、非理性形态的文化，各种意识层面的文化、潜意识层面的文化加以继承、发扬和创新。同时，还要大力倡导社会主流文化，使之渗透到各民族的文化之中，使社会形成比较统一的文化认同。新时期民族思想政治教育，必须解决好中华民族文化的多样性与同一性之间的关系，既要保护中华民族文化的多样性，也要增强中

---

① http：//www.china.com.cn/zhuanti2005/txt/2002 - 11/17/content，5233867.htm，2002 - 11 - 17。

华民族文化的同一性或统一性。要防止一切借保护多样性为名，行文化保守主义之实，对本民族的传统文化不分良莠、全盘保护的行为；也要防止一切排斥本民族之外的其他文化，反对引进和接受先进文化的思想观念和行为。如果只强调保护多样性，而不强调增强共同性，则多样性和差异性将会逐步扩大，统一性或共同性将会逐步削弱，中华民族也将失去文化认同的基础，加强中华民族凝聚力和增加国家意识也就会成为空话。因此，必须正确处理多样性与统一性的关系，两者并重，不可偏废，以增强中华民族凝聚力，加强各民族对国家的认同。

（三）民族思想政治教育过程发展的趋势

民族思想政治教育过程发展的趋势表现为：民族思想政治教育过程发展必须适应现代信息技术发展的需要、必须顺应经济全球化的需要、必须顺应中国特色社会主义道路的要求。

1. 民族思想政治教育过程发展必须适应现代信息技术发展的需要

随着现代信息技术的高速发展，特别是互联网的日益普及，现代社会逐渐进入“网络时代”，信息全球化的趋势愈加明显。在网络社会，超容量的信息能给人们生活带来便利，但是，也容易给人们带来思想认识上的混乱。一方面，网上信息来自不同的国家、民族和地区，所反映的文化传统、宗教道德信仰、意识形态和生活方式有着极大的差异，甚至是完全对立的，对同一价值客体会有不同的甚至完全相反的评判和选择标准，使得人们在多元价值观下陷入迷茫。另一方面，随着网络容量的迅速扩大以及平等性和传递性增强，网上信息呈现几何级数的增加，面对过度充分的信息，人们需要付出更多的识别成本，如何判断信息的正确性与完整性便成为一个极为迫切的问题。正如有学者所言：“随着全球化进程的推进，现代人的生活方式由于网络文化传播的某些误导，或人们在接受传播当中的某些误读，可能变得愈加找不到自己，愈加迷失方向。”① 网络为民族思想政治教育的发展创造了有史以来最为强大的信息载体，给民族思想政治教育过程发展带来了历史性的机遇。同时，网络良莠不齐的信息，容易给人们的价值观念、道德标准造成混乱，网络的兴起又给民族思想政治教育过程的发展带来了前所未有的冲击。因此，民族思想政治教育过程发展首先必须主动掌握现代信息技术，主动抢占网络阵地，充分利用网络技术，培养社会成员科学、理性利用网络信息的能力。这是因为，道德认知取决于人们对社会信息掌握的多少以及主体判断能力的强弱。在网络信息时代，网络已成为人们获取信息的主要渠道，面对潮水般良莠不齐的网络信息，人们在收集、选择、整理、管理和使用网络信息上往往容易出现了两难，在道德认知上出现了迷茫和混乱。因此，民族思想政治教育者必须积极开发网络教育信息资源，用积极的、健康的中华民族文化资源去抢占一块与中国的历史、人口、文化、经济、政治相适应的世界网络文化重地，让社会成员能有途径，自觉、自主地了解中华民族先进文化，提升网络信息判断能力，培养网络信息世界的主体意识。其次要具有应对现代信息技术冲击的手段，抵御一切破坏民族团结进步和影响民族思想政治素质形成的有害信息。网络信息的有效利用虽然诉之于自律与自主，但也不排斥各种网络规范和法律的规定，以及各种监管和控制手段的使用。民族思想政治教育过程发展，不仅要注意培养社会成员有效利用网络信息的能力，同时还要注意加强网络的监管与控制，通过正确引导、堵住漏洞、加强预防、培养队伍等途径，应对现代信息技术队民族思想政治教育的冲击。

2. 民族思想政治教育过程发展必须顺应经济全球化的需要

随着全球化的不断加强，不同的经济形态、政治制度、文化样式等在对外开放和国际交流中不断地交相辉映和碰撞融合，不

① 黄健：《网络时代文化传播的潜伏危机》，载《新闻与传播研究》，2000（4）。

同的价值观念在世界范围内以及人们的思想深处交互激荡。民族思想政治教育发展不仅在时空上得到了前所未有的拓展，在教育内容上也不得不面对和正视全球化所带来的西方文化的挑战和冲击。因此，我们首先必须具有经济全球化的国际视野，认真审视民族思想政治教育过程发展。伴随着民族思想政治教育发展时空的世界性拓展，我们不仅需要以中华民族多元一体的文化视野来加强民族思想政治教育，同时，还要以开放、宽容和正确的文化心态，在继承和弘扬中华民族优良传统的基础上，坚持正确的政治方向和“以我为主”的发展道路，积极借鉴和吸收其他国家民族思想政治教育的先进经验和宝贵资源，要以宽阔的视野、开放的胸怀和海纳百川的气度去面对和汲取人类文明的一切优秀成果和先进经验，在世界视野中推进民族思想政治教育的改革与发展。

其次，民族思想政治教育过程发展要具有经济全球化的时代内容。在全球化的条件下，随着外来文化的逐渐渗入，在思想领域更是出现了中华民族文化与西方文化、马克思主义文化之间的冲突和整合。民族思想政治教育被赋予了更多新的时代内容，要求体现更加鲜明的开放性特征和国际化特征。既要确保中华民族文化安全和马克思主义在意识形态领域的主导地位，又要增强人们的全球意识、开放意识、合作意识、生态意识。

再次，民族思想政治教育过程发展要具有应对和平演变的能力。民族问题的发生是以民族的交往与联系为前提的。民族已经形成，它们在生存和发展过程中，不可避免地要与邻近的其他民族进行广泛密切的交往，与此同时，也不可避免地发生各种错综复杂的矛盾，构成民族问题。民族问题涉及到政治、经济、文化、人权等诸多方面，往往具有普遍性、长期性、复杂性、国际性、重要性等特性。比如，在民族问题的国际性方面，少数民族问题往往被放在人权的议题下讨论，从而产生了国际社会中的少数民族人权保护问题，民族问题通常就会引起国际社会的关注，甚至会形成国际社会的干预和制裁，这种干预制裁有时是经济手段，有时是赤裸裸的军事手段。从国际社会关于少数民族人权保护的实践来看，一些西方大国，往往打着保护人权的幌子，干涉别国的内政，推行自己的价值观、社会制度和意识形态。因此，全球化背景下的民族思想政治教育过程发展，必须有全球化的视野，有应对敌对势力利用民族问题以实现他们政治图谋的能力。必须加强马克思主义国家观、民族观、宗教观和党的民族理论与政策教育，增强社会成员个体对外来信息的分辨能力和选择能力、对社会需要的预测能力、对自我言行的调节能力，自觉抵御一切利用民族问题破坏民族团结、影响政治思想品德形成的行为。必须高度重视民族思想政治教育环境的优化，要善于提取各民族优秀的文化精神财富，将各民族特有的精神气质与道德追求融汇到民族思想政治教育环境之中，营造一个多元一体的和谐教育文化氛围和独特的教育环境，形成民族思想政治教育工作的合力，促使民族思想政治教育过程与外界环境之间的良性动态平衡。

3. 民族思想政治教育过程发展必须顺应中国特色社会主义道路的要求

党的十七大报告中明确指出："中国特色社会主义道路，就是在中国共产党的领导下，立足基本国情，以经济建设为中心，坚持四项基本原则，坚持改革开放，解放和发展生产力，巩固和完善社会主义制度，建设社会主义市场经济、社会主义民主政治、社会主义先进文化、社会主义和谐社会，建设富强民主文明和谐的社会主义现代化国家。"① 中国特色社会主义道路的核心就是坚持党的基本路线，推动社会主义物质文明、政治文明、精神文明和社会文明建设，实现社会主义现代化。中国特色社会主义是各民族共同的事业，民族团结进步事业是中国特色社会主义的重要组成部分。改革开放以来，我国的民族团结进步事业，在中国特色社会主义道路上，阔步前进、顺利发展，取得了有目共睹的巨

---

① http://www.sina.com.cn，2007－10－24。

大成就。少数民族和民族地区经济持续快速健康发展，综合实力显著增强，少数民族生产生活条件大幅改善；文化、教育、卫生等社会事业得到长足发展，少数民族的思想道德素质、科学文化素质和健康素质明显增强；我国的民族关系经受住了20世纪80年代末90年代初东欧剧变、苏联解体的严峻挑战，平等、团结、互助、和谐的社会主义民族关系进一步巩固和发展，中华民族向心力、凝聚力空前提高；各民族共同团结奋斗、共同繁荣发展，民族复兴大业展现出宽广而美好的前景。实践证明，只有中国共产党才能拯救各民族、解放各民族、团结各民族；只有中国特色社会主义才能繁荣各民族、发展各民族、振兴各民族。中国特色社会主义道路是解决我国民族问题的根本道路。我国的民族问题，只有在建设中国特色社会主义、实现中华民族伟大复兴的共同事业中才能逐步解决。因此，民族思想政治教育过程发展，必须顺应中国特色社会主义道路的发展要求。

首先，民族思想政治教育过程发展要顺应社会主义民主政治发展的要求。回望中国共产党领导中国革命和社会主义现代化建设的历程，“民主”一直是中国共产党坚定的政治信念，也是中国革命和社会主义事业取得胜利和成功的重要法宝。经历了“文化大革命”的挫折与教训以后，邓小平提出了“没有民主就没有社会主义”的深刻论断。进入21世纪以后，面对全球化、民主化浪潮的挑战，党的十六大提出了发展社会主义民主政治、建设社会主义政治文明的坚定回应，十七大又提出了“人民民主是社会主义的生命”的崭新观念和“坚定不移发展社会主义民主政治”的战略方针，表明了中国共产党的民主信念更加坚定。同时，十七大报告还指出，要坚持中国特色社会主义政治发展道路，坚持党的领导、人民当家作主、依法治国有机统一，坚持和完善人民代表大会制度、中国共产党领导的多党合作和政治协商制度、民族区域自治制度以及基层群众自治制度，不断推进社会主义政治制度自我完善和发展，表明了我国民主政治的制度框架更加坚实。

社会主义民主政治运行机制的建立，保证了人民当家作主的权利，有利于调动社会成员从各个层次、各个领域积极参与依法管理国家事务和社会事务、管理经济和文化事业的积极性，有利于构建社会主义和谐社会，有利于促进各民族共同团结奋斗、共同繁荣发展。社会主义民主政治是民族思想政治教育的重要内容之一，民族思想政治教育过程发展必然要顺应社会主义民主政治发展的要求。

其次，民族思想政治教育过程发展要适应社会主义市场经济发展的要求。随着改革开放的不断深入、社会主义市场经济的不断发展，必然会引起人们精神世界的深刻变化。一方面，人们的竞争、效率、民主法治意识和开拓创新精神在增强；另一方面，人们思想活动的独立性、选择性、多变性、差异性也在明显地日益增加。市场经济自身的弱点诱发的自由主义、拜金主义、享乐主义、利己主义不同程度地存在；国外资产阶级腐朽思想文化乘机而入，我国长期存在的封建迷信和愚昧落后思想观念也会沉渣泛起。在这些问题中，有的问题容易跟民族问题连在一起，甚至还会打着民族的牌子把问题放大，这无疑是对民族思想政治教育过程发展提出的挑战。民族思想政治教育过程发展必须冷静应对和正确解答社会主义市场经济发展带来的新变化，既要防止市场经济发展带来的资产阶级腐朽文化思想的冲击，更要防止一切借用民族的牌子，影响人们国家观、民族观形成的干扰。

第三，民族思想政治教育过程发展要顺应社会主义和谐社会构建的新要求。社会主义和谐社会，“应该是民主法治、公平正义、诚信友爱、充满活力、安定有序、人与自然和谐相处的社会”①。社会主义和谐社会理论的提出，既体现了我们党在继承中华民族优秀传统文化的创新与发展，也体现了我们党观察世界发

---

① http：//news. xinhuanet. com/newscenter/2005 - 02/19/content _ 2595497. htm，2005 -2 -19。

展大势和马克思主义理论创新方面所取得的新成就和新突破。社会主义和谐社会理论，是以一种动态的、系统的、辩证的思维方式作为指导的，它强调社会各个组成部分和要素的有机统一和动态平衡。建设社会主义和谐社会，既要考虑和满足最大多数人的利益要求，又要认真考虑和兼顾不同民族、不同方面群众的具体利益。各方面利益关系的协调，既要依靠政策和法规，同时也必须借助民族思想政治教育的协调机制来进行疏导。这是建立民族思想政治教育的现实需要，也是不断完善和发展民思想政治教育的重要基础。一方面强调，民族思想政治教育过程要在新的历史条件下实现自身的可持续发展，实现自身内部各个要素的匹配性和谐，促使民族思想政治教育过程发展获得不竭的、持续的动力，有效发挥民族思想政治教育的效果，促进社会成员民族思想政治素质不断提高。另一方面，我们必须善于用“协调论”的视野来推进民族思想政治教育过程的发展，使民族思想政治教育充分发挥在理顺各种思想矛盾的基础上协调人们的利益冲突，化解各种社会矛盾，促进和谐社会发展的作用。

第四，民族思想政治教育过程发展要顺应社会主义核心价值体系建立的新要求。建设社会主义核心价值体系，是我们党在思想文化建设上的重大理论创新，也是党的十七大提出的一项重要战略任务，它鲜明地回答了在新的历史条件下，我们党用什么样的精神旗帜团结带领全体人民开拓前进，中华民族以什么样的精神风貌屹立于世界民族之林的重大问题。社会主义核心价值体系集中体现了社会主义意识形态的本质要求，是现阶段我国广大人民群众所要树立的世界观、人生观、价值观和道德观的有机整体，它包括“马克思主义指导思想，中国特色社会主义共同理想，以爱国主义为核心的民族精神和以改革创新为核心的时代精神，社会主义荣辱观”四个方面。其中，马克思主义指导思想是社会主义核心价值体系的灵魂；中国特色社会主义共同理想是社会主义核心价值体系的主题；民族精神和时代精神是社会主义核心价值体系的精髓；社会主义荣辱观是社会主义核心价值体系的基础。建立社会主义核心价值体系，就是要求我们必须巩固马克思主义指导地位，坚持不懈地用马克思主义中国化的最新理论成果武装全党、教育人民，用中国特色社会主义共同理想凝聚力量，用以爱国主义为核心的民族精神和以改革创新为核心的时代精神鼓舞斗志，用社会主义荣辱观引领风尚，巩固全党全国各族人民团结奋斗的共同思想基础。

中华民族文化结构是多元一体的。随着对外开放的不断发展，本土文化和西方文化不断的交织和碰撞，多元文化的交流与融合，是当前我国社会文化发展的必然趋势和不争的事实。社会出现了一部分价值多元的状态，出现了不同的社会思潮，有些不利于社会的发展，在这种状态下必须有主流文化来引领社会思潮，从而促使社会主义核心价值体系的建立。党的十六届六中全会《决定》指出，“坚持以社会主义核心价值体系引领社会思潮，尊重差异，包容多样，最大限度地形成社会思想共识”①。党的十七大报告进一步提出，“建设社会主义核心价值体系，增强社会主义意识形态的吸引力和凝聚力”，“积极探索用社会主义核心价值体系引领社会思潮的有效途径，主动做好意识形态工作，既尊重差异、包容多样，又有力抵制各种错误和腐朽思想的影响”。② 只有根据时代特征和中国社会发展的现实，不断推进理论创新，发展马克思主义，才能巩固马克思主义的指导地位。用发展中的马克思主义教育社会成员，促进其国家观、民族观和民族理论与政策意识的形成，是民族思想政治教育过程发展的基本要求。

---

① http：//politics. people. com. cn/GB/1026/4932440. html，2006 - 10 - 18。

② 胡锦涛：《在中国共产党第十七次全国代表大会上的报告》，载《人民日报》，2007 年 10 月 25 日。

第五章　民族思想政治教育环节论

民族思想政治教育环节论，是探讨实施民族思想政治教育活动过程中相关问题的本质和规律的基本理论。它既是开展民族思想政治教育活动的基本依据，也是一个关系到民族思想政治教育全局的研究课题。民族思想政治教育活动是一项复杂而又庞大的系统工程，涉及到许多方面，在具体的实施过程中又涉及到民族思想政治教育领导、民族思想政治教育管理、民族思想政治教育教学、民族思想政治教育交往等多个环节，各环节的有效开展、共同作用才能达到民族思想政治教育的最终目的和整体效果。因此，正确认识和把握民族思想政治教育环节理论，将有助于我们更全面地认识民族思想政治教育本质和基本规律，更好地开展民族思想政治教育活动，提高民族思想政治教育的科学性和实效性。

一、民族思想政治教育环节概述

民族思想政治教育环节，是政党或国家对社会成员实施民族观教育过程中相关联的事件及其关系，具有自身的含义和特征。

（一）环节的概念

环节一词在词典中的解释是：相互关联的事物中的一个。毛泽东同志曾在《论联合政府》中写道："掌握思想教育，是团结全党进行伟大政治斗争的中心环节。”① 由此可以看出，所谓环节，指的是若干个相互关联事物中的一个事物，而各事物间又是相关联的关系，它们相互作用构成了一个完整的系统或整体，这个系统或整体中的某一部分就称之为某某环节。实际上，人们在日常生活中也是这样理解和使用“环节”一词的，如高校常常把办学实践中的一些活动，分别称之为某个办学环节，像领导环节、管理环节、教学环节等等。

根据以上对“环节”的解释和使用习惯的举例说明，我们对“环节”有了一个基本的认识。把民族思想政治教育环节论单独作为一章来论述，而非像一些思想政治教育的书籍把“环节”列入到思想政治教育过程中来研究，就是因为我们对民族思想政治教育环节有着不同的理解。在一些思想政治教育的论著中，大都将“环节”定义为“过程”中的相关阶段，认为“思想政治教育过程的环节是指思想政治教育过程相互关联的若干阶段”，这样的划分方法，我们可以把它称之为过程环节论。我们认为，将“环节”定义为“过程”中的相关阶段，容易在对环节的理解上出现歧义。过程中的相关阶段是以事物或者活动发展进程中先后顺序来划分的，是一种时间上的纵向关系。而“环节”的原意是指“相互关联的事物中的一个”，它可以理解为各事物间是一种相互关联的横向关系，而且由于是相互关联的事物，那么各事物即各环节在系统的发展过程中还存在着相互作用、调整和同步发展的关系，而非简单的先后顺序上的阶段。因此，我们认为，用关联环节论的观点来认识和研究民族思想政治教育中的相关具体环节，将更有利于认识事物的本质和基本规律，更具全局性，更能有效地指导和研究民族思想政治教育的工作实践。

---

① 毛泽东：《论联合政府》，87 页，北京，人民出版社，1975。

（二）民族思想政治教育的具体环节

民族思想政治教育是指某政党或国家（尤其是多民族国家）有目的、有计划地对社会成员进行一定的民族观教育，使其认同民族、民族共同体和国家的社会实践活动，是人类社会实践活动中的一个非常重要方面。在我国，就是由党和国家所组织的、对国民的马克思主义民族观教育，培养和不断增强对民族共同体、国家的认同意识。由此可以看出，这是一项庞大而又复杂的系统工程，内容丰富，涉及面广，既有政策层面的工作，又有操作层面的工作；即涉及到民族理论问题，又涉及到具体的工作实践；既受到认识水平的制约，又受到工作方法的影响；既有区域、群体的差异，又有教育对象个体的不同；既有受教育程度和文化水平的差异，又有宗教信仰的影响；既要考虑历史的因素，又要兼顾现实的问题；既要进行有组织的教育教学，又要注意现实交往中的潜移默化影响，等等。虽然内容丰富，系统比较复杂，但并不是无章可循，用系统分类的眼光去观察、分析民族思想政治教育，将其中的相关问题梳理清楚，理清概念，分清主次，则其内在规律和特点就显得清晰可辨、有章可循。

根据以上分析，我们在总结、借鉴我国民族工作成功经验的基础上，同时也参考了思想政治教育及其他相关学科的理论，针对民族思想政治教育的特点和实际，采用关联环节论的方法，将民族思想政治教育这一系统工程中的相关活动，大致划分为民族思想政治教育领导环节、民族思想政治教育管理环节、民族思想政治教育教学环节、民族思想政治教育交往环节等四个环节。之所以这样划分，基于以下原因：

1. 借鉴了党和国家长期以来所积累的富有成效的民族工作经验

纵观世界，有许多多民族的国家在国内民族问题、民族关系方面都存在一些问题，民族问题成了影响社会稳定、引发国家分裂的因素之一；而在我们这个拥有56个民族的大家庭内，各民族和谐共处、团结互助、共同繁荣发展，这一切都是因为我们党和国家所制定的一系列正确的民族政策和扎实、有效的民族工作实践。对比分析世界各国在处理民族问题方面的政策和做法以及所产生的效果、存在问题，我们不难发现：国家正确的民族政策引领着人们对民族问题的认识、引导着民族工作的方向，是正确解决民族问题的有效保证；各级政府和相关部门、机构对政策的贯彻和落实，以及深入细致的工作实践，是正确解决民族问题的可靠保障；行之有效的民族政策宣传、教育活动，为构建和谐民族关系、有效地开展民族工作营造了良好的社会氛围和群众基础；民族间的广泛交流、友好往来和相互帮扶，极大地增进了民族友谊，形成了民族间牢固的兄弟情谊，是民族团结的坚实基础。由此可以看出，将民族思想政治教育划分为领导环节、管理环节、教学环节、交往环节等四个环节，有着民族工作实践方面的成功经验作依据。

2. 符合民族思想政治教育的内在规律

从现实工作中可以发现，民族思想政治教育不是一项单一的活动，是由多个相关环节共同构成的一个庞大的系统工程。根据其特点，我们可以将其形象地比喻成一个立体的结构：最上层是负责制定民族思想政治教育政策、规划的国家层面，中间则是负责落实、协调教育活动的各级政府和相关机构，再往下是负责执行、实施活动的相关单位。这其中既有有组织行为的教育活动又有无组织的教育交往影响，相互关联、作用、交织，共同构成一个系统整体。将民族思想政治教育划分为领导环节、管理环节、教学环节、交往环节等四个环节，正是对其工作运行模式的客观总结和反映，既把握了民族思想政治教育的整体，又充分考虑到了各相关环节的职能、差异性、相互关联度，应该说是分之有据、分而不缺、互补统一、合为整体，揭示了民族思想政治教育的特点，符合民族思想政治教育的内在规律。

3. 有利于认识和研究民族思想政治教育的本质和基本规律

民族思想政治教育是一个新兴的研究课题，存在着许多需要去归纳、分析和研究的问题，需要不断地认识和研究民族思想政治教育的本质和基本规律。民族思想政治教育是一个整体，对整体的研究离不开对局部和各分支理论深入细致、科学的研究。合理地划分民族思想政治教育的各具体环节，就是为了更好地认识民族思想政治教育内部的关联事物，并通过对关联事物的认识和研究，揭示其内在规律和特点。将民族思想政治教育划分为领导环节、管理环节、教学环节、交往环节等四个环节，不仅借鉴了党和国家长期以来所积累的富有成效的民族工作经验，也借鉴了思想政治教育的相关理论和方法。相比较而言，这样的划分方法，应该说是比较合理和科学的，既符合民族思想政治教育工作的客观实际，又遵循了思想政治教育的一般规律，从内部结构上揭示了民族思想政治教育的本质性结构特点，有利于对民族思想政治教育本质和基本规律的认识与研究，有利于指导民族思想政治教育实践。

二、民族思想政治教育领导环节

民族思想政治教育领导环节，是民族思想政治教育组织、策划、指挥、协调等活动的总称，是民族思想政治教育有效实施的前提。

（一）民族思想政治教育领导的涵义

在词典中对领导的解释是：率领并引导朝一定方向前进。民族思想政治教育是一项有组织、有目的、有计划和相关措施保证的社会实践活动，离不开必要的、有组织的领导行为。民族思想政治教育领导，就是指党和国家及各级党委、政府、领导机关利用其所具有的权威导向作用，对民族思想政治教育所实施的决策、规划、号召、指挥、协调、监督、舆论引导等活动的总和。结合具体的工作实践可以看出，民族思想政治教育领导具有方向性、全局性和权威性，主要表现在政策层面和执行层面两个方面。

从政策层面看，党和国家统领民族思想政治教育活动。由于民族思想政治教育是由政党或国家对其社会成员实施的民族观教育，应该说是一种国家行为，这样一项需要长期坚持不懈开展下去的全国性的教育活动，必须由党和国家统领才能保证活动的顺利进行。党和国家通过制定政策，确立民族思想政治教育的地位、方向、目的和内容，统一规划和部署、实施民族思想政治教育，引领和营造舆论及社会氛围，以求达到预期的效果。

从执行层面看，各级党委和政府以及相关部门、机构负有民族思想政治教育活动实践的领导责任。正确的路线、方针、政策制定之后，关键在于具体的贯彻落实。各级党委、政府以及相关部门和机构在民族思想政治教育活动中，既是组织者和实施者，又是本地区、本部门民族思想政治教育活动的领导者。基层民族思想政治教育的成败与否，直接影响着党和国家民族政策的落实效果，决定着民族思想政治教育的整体效果，关系着民族团结的社会环境。

（二）民族思想政治教育领导的地位

前文已经讲到，民族思想政治教育领导就是对民族思想政治教育所实施的决策、规划、号召、指挥、预测、监督、舆论引导等活动的总和，由此可以从以下几点来理解民族思想政治教育领导的地位。

1. 主导地位

民族思想政治教育领导的主导地位，是由民族思想政治教育的任务和目的所决定的。民族思想政治教育是一项政策性强、方向性和目的性非常明确的教育活动，为了确保民族思想政治教育的方向，保证教育活动目的的有效实现，必须遵循教育活动的指导思想，把握教育活动的方向，分阶段、有目的、创造性地开展教育。在这样一项庞大的民众教育活动中，民族思想政治教育领导的主导作用就是对方向的把握，对活动效果的保证。

另一方面，民族思想政治教育领导的主导地位，是由其在民族思想政治教育中的职责所定。民族思想政治教育领导肩负着规划、组织和引领教育活动的重任，在承担责任的同时，也赋予了对教育活动的领导权力和主导地位，使其能有效地规划、实施活动实践，有计划地朝活动目标努力。民族思想政治教育领导的主导地位，主要体现在对相关政策的制定，体现在对活动的规划和组织，体现在对活动实践的领导等方面。

2. 指挥实施

当政策制定之后，如何实现民族思想政治教育的目的，就需要民族思想政治教育领导负责指挥实施具体的工作实践，将政策落到实处，有针对性地开展实际工作。没有具体的工作支撑，民族思想政治教育就成了空谈。另一方面，在具体的实施过程中还存在很多问题，诸如重视程度、机构设置、队伍建设、考核机制等等，也需要民族思想政治教育领导去进一步部署，提出工作要求并加以落实和实现，为民族思想政治教育工作提供环境和条件保障。

指挥实施民族思想政治教育的过程中，还要讲究一个统一指挥的问题。统一指挥是领导管理中的一种形式，但不是个人专断。“统一”的目的是为了步调一致，防止各自为政和政出多头。民族思想政治教育是一项全民性的教育活动，全国范围需要统一指挥。各地区、各部门虽可创造性地开展工作，但应是在全国的同一要求下进行，而且其部门内的工作也要讲究一个统一指挥。“统一”就是为了保证方向、保证落实、保证效果。

3. 协调各种关系

所谓领导，在实施某一项系统工程中还发挥着协调关系的作用。民族思想政治教育是众多国家事务中的一项，与其他工作是一种平行关系，需要得到方方面面的支持和配合，这些与外界的关系需要协调。在民族思想政治教育系统内部，存在着各个工作环节，就工作而言都很重要，不存在孰轻孰重。但若要达到最佳效果，就需要形成合力，彼此之间就有一个相互配合的问题。如果各自都要强调以我为中心，彼此间就很容易发生矛盾冲突和时间上的争执造成内耗。在实施民族思想政治教育的过程中，管理层与执行层之间、教育者与受教育者之间、受教育的不同群体之间也会遇到各种各样的矛盾。另外，由于思想观念上差异，宗教信仰、民族习惯、生活习俗的不同，同样也会导致误解和矛盾。诸如此类的关系和矛盾，都需要民族思想政治教育领导去协调、解决，力求有序、和谐，使民族思想政治教育能得以有效开展。

（三）民族思想政治教育领导的实施

民族思想政治教育领导的实施，主要是加强党对民族思想政治教育的领导，各级党委、政府应肩负起对民族思想政治教育活动的领导责任，充分维护相关部门、机构在民族思想政治教育活动中的权威作用，加强对民族思想政治教育队伍的建设、加强对民族思想政治教育的全程调控。

1. 加强党对民族思想政治教育的领导

中国共产党是中国社会主义事业的领导核心，党的领导是我们国家各项事业顺利进行的坚强保证。我国是一个统一的多民族国家，56 个民族共同缔造了中华民族的灿烂文明，在长期的共同奋斗中凝成了血浓于水的兄弟情谊。历史和现实证明，在一个多民族的国家中，国家的统一、民族的团结和社会的稳定，是我们进行现代化建设、构建和谐社会、实现中华民族伟大复兴的良好社会基础和重要的环境保障。党的历届中央领导集体都非常重视我国的民族问题，坚持以先进的马克思主义民族理论为指导，制定出了一系列正确的、行之有效的民族政策；重视用马克思主义民族观教育社会成员，注意加强民族平等和民族团结教育，使各民族之间的认同度不断加深，民族平等、民族团结的思想深入人心，极大地增强了中华民族大家庭的凝聚力，推进了少数民族和少数民族地区繁荣发展，促进了民族和谐，保证了社会稳定和国家统一。正是由于党和国家对民族问题的高度重视，民族政策和民族团结教育的有效开展，才有了今天和谐的民族关系和团结的民族大家庭。历史经验证明，离开了中国共产党的正确领导，我们的发展就会遇到挫折、事业就会受到损失。

确立党对民族思想政治教育的领导，是民族思想政治教育自身性质和特点所决定的。我们知道，民族思想政治教育就是指某政党或国家（尤其是多民族国家）有目的、有计划地对社会成员进行一定的民族观教育，使其认同民族、民族共同体和国家的社会实践活动，是一项全民性的教育活动，目的非常明确且具有唯一性，那就是通过教育使其社会成员认同民族、民族共同体和国家。这样一种唯一性目的的全民教育活动，既不能政出多头，更不能各自为政，必须是由党和国家统一决策、规划、监控，才能确保教育活动的方向。党对民族思想政治教育的领导，主要是通过路线、方针、政策统一确立民族思想政治教育活动的目的和方向，实现对民族思想政治教育的政治领导、思想领导和组织领导。

2. 各级党委、政府应肩负起对民族思想政治教育活动的领导责任

民族思想政治教育是一项面向全体社会成员的全民性的民族观教育活动，党和国家的相关政策均是面对全局提出的原则性精神和要求。我国是一个幅员辽阔的多民族国家，各地在民族构成、传统习俗、经济条件和所面对的民族问题等方面都存在着较大的差异，这些差异的存在决定了各级党委、政府应根据党和国家的相关政策精神，结合本地的实际情况，制定出更具针对性的地方政策和措施，落实中央精神，合理规划和实施本地的民族思想政治教育活动，发挥其在民族思想政治教育活动中应有的领导责任和组织实施责任。

在新的历史时期，随着改革和对外开放的深入，我国社会生

活的各个方面都发生了深刻变革，民族问题、宗教问题也发生了新的变化，民族思想政治教育正面临着一系列的新情况和新问题，这就对民族思想政治教育提出了新任务和新要求。面对新情况，更是需要加强各级党委和政府对民族思想政治教育的领导，与时俱进、创造性地规划和开展民族思想政治教育，提高活动的实效。

3. 充分维护相关部门、机构在民族思想政治教育活动中的权威作用

中国共产党具有重视开展思想政治教育的优良传统，充分维护和发挥思想政治教育工作部门的权威作用，加强对执行政策、工作实践的具体领导，有效地开展思想政治教育活动，为党和国家的事业成功提供了坚实保证。民族思想政治教育更是一项复杂的教育活动，受到包括境内外各方面因素的影响，民族思想政治教育的成效与否，取决于实际的执行过程，取决于基层的具体工作实践，基层的民族思想政治教育是整个工作的重点。

目前，从全国范围来看，民族思想政治教育工作的开展情况不够理想，实际效果差别也很大，这其中最主要的问题是对民族工作、民族思想政治教育的重视不够，一些地区或部门没有正确地认识和对待民族工作，没有认识到民族思想政治教育对我们事业发展的重要性，甚至认为民族部门可有可无，民族思想政治教育尚未纳入到日常工作之中，更谈不上重视。建立健全民族思想政治教育机构，充分维护相关部门、机构在民族思想政治教育活动中的权威作用，是社会主义事业顺利进行的需要，也是重视和加强对基层民族思想政治教育工作实践领导的具体体现。只有不断加强对基层民族思想政治教育工作实践的领导，才能确保各项民族政策能落实到位，确保民族思想政治教育能得到重视和顺利开展，为我们的事业发展营造出良好的社会环境，提供坚实的保证。

4. 加强对民族思想政治教育队伍的建设

加强对民族思想政治教育的领导，其中一项很重要的内容就

是要加强民族思想政治教育的队伍建设。民族思想政治教育最终是通过广大民族思想政治教育工作者来贯彻落实的，队伍的建设和实际执行力，是提高民族思想政治教育效果的关键。各级组织应从国家统一、社会稳定、民族团结的高度去认识民族思想政治教育工作，重视队伍建设，建立一支政治坚定、业务过硬、作风扎实、具有敬业精神和较高素质的民族思想政治教育队伍，承担起民族思想政治教育的专项任务，为民族思想政治教育的有效开展提供必需的人员保证。与此同时，还要调动广大基层干部、党员的积极性和奉献精神，建立起一支兼职的民族思想政治教育工作队伍，构成一个庞大的民族思想政治教育网络，以适应民族思想政治教育的全民性特点，从整体上推进民族思想政治教育。

5. 加强对民族思想政治教育的全程调控

民族思想政治教育是一个比较复杂的动态过程，在实施过程中，由于环境、人的思想等因素的变化，以及各种思潮和各方面信息的影响，都可能出现各种各样的新问题，仅靠一项政策、一次活动是不够的。为了保证民族思想政治教育的有序进行，不仅要加强宏观上的科学规划，而且还要加强对教育活动全过程的有效监控和协调，与时俱进，根据变化了的情况作出积极地反应，适时调整教育活动方案，使党和国家的总规划能得到有效落实。

加强对民族思想政治教育的全程调控，应注意处理好总体规划与地方具体情况的关系、长远目标与阶段性任务的关系、适度超前与现实工作的关系。这些关系处理得好坏，都会影响到民族思想政治教育的实际效果。因此，要注重开展调查研究，及时总结工作，善于从工作中发现问题，不断完善工作计划、调整工作方案，保证教育活动达到预期目的。

三、民族思想政治教育管理环节

民族思想政治教育管理环节是对民族思想政治教育要素、结构、机制、过程等活动进行的科学管理，是确保民族思想政治教育有效实施的基础。

(一)民族思想政治教育管理的涵义

所谓管理，就是为了实现预定目标而按照一定的原则，通过组织和协调他人的活动，以求收到个人活动所不能收到的效果而进行的各项活动。管理是通过应用一定的手段、方法和途径来调节、影响人们思想与行为的各种因素和关系，充分发挥人的主观能动性，按照管理总体对象的客观规律要求循序进行。

民族思想政治教育管理是民族思想政治教育的重要组成部分。就其本质而言，它是教育者为实现预期的民族思想政治教育目标，以科学的管理思想为指导，遵循自身的发展规律，有计划地进行组织、协调、监督和实施，促进教育对象马克思主义民族观形成和发展的一种管理实践活动。其目的就是使民族思想政治教育活动实现科学化管理，对实施民族思想教育的人员、组织机构、规章制度、教育过程等方面进行科学管理，使民族思想政治教育的管理更加符合规律地运转。

事物的运动总是伴随着矛盾运动。在民族思想政治教育的系统内部，存在着各类矛盾，教育者与受教育者之间的矛盾是最基本的矛盾。除此之外，围绕这一基本矛盾，还存在着诸如教育者与环境、教育者与教育内容及方式、教育对象与教育内容及方法、教育对象与社会环境等诸多一般矛盾，这些矛盾的相互作用，推动民族思想政治教育过程不断向前发展。要实现民族思想政治教育的预期，使其社会成员形成正确的民族观，增强其对民族、民族共同体和国家的认同意识，就需要正确地处理教育过程中的一系列矛盾关系。这个不断地发现问题、协调矛盾、解决问题的过程，就是民族思想政治教育的管理过程。离开科学的管理机制和科学化的管理，就不可能理顺民族思想政治教育活动中的各种矛盾关系，也就不可能达到民族思想政治教育活动的预期效果。管理就是为了有效地实现目标，从管理的作用和效果看，民族思想政治教育管理是民族思想政治教育活动得以顺利进行的基本保证。

民族思想政治教育管理是以培养人的民族观和对民族、民族共同体及国家的认同意识为目的的管理实践活动，它既有着管理的属性，又有着教育的属性。因此，既体现出管理科学的一般特征，又具有着自身的特殊规律。这种特殊性源于民族思想政治教育的特殊性，虽然是培养人的思想观念，但在教育对象、教育内容等方面又与思想政治教育存在着不同，表现出明显的民族差异性。基于民族思想政治教育的特殊性，民族思想政治教育管理的成果除了需要依靠规章制度、措施条文、激励手段等行政管理的方法来保证、巩固和完善之外，应该是以民主管理为前提，主要依靠思想的启迪、情感的激发、自我管理的引导等措施和手段来实施管理。

（二）民族思想政治教育管理的职能

科学、规范、系统、完善的民族思想政治教育管理，是民族思想政治教育的有效保证。其实民族思想政治教育领导的本身也是一种管理，在职能方面与民族思想政治教育管理有交织的地方。但两者相比，后者的管理职能则更细、更具体，有着明显的不同。为了区别前者，在分析民族思想政治教育管理的职能时，凡叙述过的领导管理职能部分将不再重复，仅对民族思想政治教育管理的特有职能作介绍。

1. 目标管理

目标管理就是把工作目的和任务转化为具体的工作目标，使管理者明确自己的工作在某一阶段应达到的状态标准和要求，努力使工作能够全面地实现管理目标。目标管理明确地划定了管理过程中每个阶段的任务目标和每个岗位的工作职责，使大家都能够清楚地知道自己该干什么、达到什么要求，从根本上避免了任务不明、职责不分、效率低下的弊端。

民族思想政治教育的目的，就是通过民族观教育不断增强其社会成员对民族、民族共同体及国家的认同意识。这一目的是不可能在短时期就能完成的，需要长期的不懈努力，而且民族观教育活动在不同的时段还会有新的内容和新的任务。民族思想政治教育管理就是围绕着实现民族思想政治教育的总目的而进行科学、系统、缜密的管理，用不同的阶段性目标引导教育活动，层层有序递进，构成民族思想政治教育的整个过程。通过目标管理不断激发民族思想政治教育的管理者、管理对象的工作进取心、创造力，使民族思想政治教育管理人员能够主动性地开展各项活动，提高管理效率和质量。通过对阶段目标任务执行、完成情况的检查，不断推进民族思想政治教育的进程，逐步实现民族思想政治教育管理的总体目标。

2. 过程效果管理

谈到目标管理，大家都可能会认为既然是目标管理，就不要去过多地关注过程，避免管得过细、太死。实际上这样的想法是不对的，目标管理和过程效果管理之间并不矛盾，过程和细节常常决定事情的成败。民族思想政治教育是对人的教育活动，人的思想变化比较复杂，思想意识的转变和发展不可能呈直线轨迹，经常会出现反复。实践证明，任何教育活动都不能只关注目的而放松对过程的考察，教育活动的最终效果源于平时的不断积累，教育的过程效果决定着教育的方向和教育的最终目的。

既然教育活动的过程效果决定着教育的最终效果，那么在民族思想政治教育管理中，就有必要注重对过程效果的管理，将目标管理和过程效果管理有机地结合起来，两种管理手段相互交叉配合使用，确保民族思想政治教育管理目标的完成。民族思想政治教育管理的质量、效果评价，比一般的生产、经营管理中质量、效果评价的难度要大，不能简单地从表象观察推论教育的真实效果，只能是通过扎实有效的工作推动教育实效。过程效果管理，就是要通过调研、信息反馈等手段，加强对教育内容、方式方法、实际效果等方面的日常管理，维持民族思想政治教育的管理程序，维持民族思想政治教育的政策性和方向性。

3. 制度管理

制度管理就是利用一系列的规章制度进行管理，即利用根据民族思想政治教育和人的思想活动发展的一般规律、教育对象的实际需要等所建立起的合理的规章制度和行为规范进行管理。其特点就是将民族思想政治教育中典型的内容、工作方法、工作模式等以制度的形式确定下来，使其成为民族思想政治教育管理的一种行为规范要求和工作职能要求，控制着民族思想政治教育管理过程，保证管理的有序性、稳定性和有效性。

民族思想政治教育是在一个开放、复杂的社会环境中进行的，开放的社会带来的是信息的开放，境内外的各种因素都会影响到民族思想政治教育管理的全过程，既有积极影响，同样也有消极、甚至反面影响。民族思想政治教育管理就是要排除各种干扰，以制度规范工作行为，创建良好的管理秩序和管理环境。

实行制度管理既要防止制度过严，管得过死，制约管理创新；又要克服有章不循、制度流于形式等倾向。既要注意保持规章制度的相对稳定和连续性，也要与时俱进，随着环境和对象的变化对管理制度进行必要的修订和完善，以提高制度的适应性和针对性，增强管理实效。

（三）民族思想政治教育管理的实施

思想政治教育管理是通过一定的具体管理行为来实现的，从管理的开始到一个管理周期的完成，分步、分项实施，相互协作、促进，构成了管理的整个过程，共同完成管理任务。从民族思想政治教育的实施特点看，民族思想政治教育管理大致可以分为制定计划、组织实施、监督检查、总结调整、信息反馈等五个大项的工作内容。前四项工作基本上是分阶段实施，而信息反馈工作则贯穿于民族思想政治教育管理的整个过程，为其他四项工作提供依据。

1. 制定计划

制定计划、确立管理目标是管理工作过程的开始，也是管理活动的基础，为整个管理过程提供依据。民族思想政治教育管理同样也是从制定计划、确立管理目标开始，依据民族思想政治教育的总体目标以及党和国家的民族政策，利用科学的管理原理，对管理对象的思想实际、本地实际以及管理过程中各要素的可能情况等方面问题作出综合分析，制定出具体的工作实施方案，确立具体工作目标，明确在管理过程中各自的职责，为后期的各项具体工作提供依据、提出要求。

计划的制定，既要符合党和国家对民族思想政治教育的总体要求，也要适应当地、本部门的实际情况；既要有管理科学的依据，也要符合民族思想政治教育特点；既要有高标准的要求，也不能急于求成。不顾客观条件和实际情况，凭个人意志，任意制定或改变计划，都会使工作陷入盲目、带来危害。制定计划时，还要区别总体计划与局部计划、不同阶段及不同层次的差异性，既要有一般性的要求也要突出重点提出硬性指标；既要保持计划的稳定性，还要允许有一定的弹性，激励创造性地开展工作。总之，计划应做到科学、可行、有序、明晰、有实效。

2. 组织实施

顾名思义，组织实施就是组织对管理工作计划的具体实施。当管理计划确定之后，就要通过部署、组织、指导、协调、教育和激励等措施将管理计划落到实处，按计划分步实施具体的管理。组织实施的第一步就是部署计划，应做到全面、细致、到位，要使相关部门、人员充分了解计划，明确各自的工作内容和相关责任要求、目标时限。

前面已经提到过，由于民族思想政治教育是对全民的民族观教育，是一项需要不断积累效果的复杂过程，那么民族思想政治教育管理就不能将计划一部署了事，必须关注过程中的阶段效果，加强对管理过程的指导，及时协调、解决过程中出现的各种问题和矛盾，保证活动的方向性、政策性、进程及实效。各种管理活动都要把激励措施作为一项重要的管理手段，激励先进，引导和鞭策后进，激发和调动人的主动性、积极性和创造性。在实施管理的过程中，应注意处理好管理权力集中与下移的关系，既不能过于集中，也不能一味地放权，应以如何有利于管理和民族思想政治教育的有效开展为目的，科学、合理地分配和使用管理权限。

3. 监督检查

任何一项工作部署之后，都需要不断推进，监督检查是不断推进工作的手段，是工作中不可缺少的环节。目标计划制定得准确与否、阶段效果实施得如何、对各种因素控制是否得当、管理职能发挥的程度等方面的信息，都要依靠一定的监督检查手段来了解和掌握。经常有目的地检查对于管理者和管理对象都是一种考核、监督和激励促进，对于管理过程起着积极的作用。通过检查，使管理者及时发现目标计划在实施阶段的实际效果、与目标的差距。

民族思想政治教育是对社会成员的民族观教育实践活动，对人的思想政治教育工作是一项复杂的、长期的、循序渐进的工作，不是一个文件或一项号召就能解决的。为了保证民族思想政治教育朝着既定的目标有序地开展下去，监督检查是必需的手段，而且需要长期坚持。监督检查既是对政策执行、工作方向和工作进度等情况的了解和考查，也是对民族思想政治教育过程中所遇问题的考察，是活动过程中不可缺少的反馈手段，有利于不断地修订活动规划和实施方式，使工作更加有效。

4. 总结调整

总结调整是民族思想政治教育管理过程中最后一个阶段，它是在科学管理思想指导下，在检查、调研的基础上，对所获得的各类信息进行综合、系统地研究和分析，依照民族思想政治教育管理的总体要求，对前期已经开展的各项工作进行全面的总结、评价。总结既要充分地肯定成绩，也要找出经验教训，找出问题之所在，尤其是要不断探索和寻找带有民族思想政治教育管理过程一般规律的经验，为今后的工作提供参考和帮助。

总结调整是管理中一项经常性的工作，也是我们平时工作中常用的一种手段，可以是对整体工作，也可以是对工作局部；既可以是年度总结，也可以是对某项主题活动（教育）的总结。总结和评价的重点是为了更好地做好后期工作，通过总结、评价，肯定成绩查找不足，对计划内容、实施方法、工作进度及要求等进行必要的调整，不断地改进工作，提高管理水平，增强民族思想政治教育的效果。

5. 信息反馈

信息反馈作为一项重要的管理措施，它不是一项阶段性的工作，而是贯穿于整个管理过程的各个阶段，为增强工作实效服务。其特点是根据已经开展的工作情况，来调整未来的工作行动。信息反馈之所以要贯穿于整个管理过程，就在于管理过程的各个阶段都需要收集反馈信息，并根据反馈信息不断地调整和改进工作，调控整个管理过程，从而不断地接近整体工作目标。

要及时获取到准确的反馈信息，信息渠道畅通是关键。民族思想政治教育的信息渠道是一个纵横交错的网络系统，无论是从中央到地方，从部门到个人，还是组成系统的子系统和系统元素之间，都有着上下的纵向联系或系统内部的横向联系。既要把领导管理机关的指令及时传递下去，使党的方针、政策深入到广大基层，让民众知晓；还要及时地把社会各界、各方的相关信息收集起来，反馈到决策和领导管理机关，由决策和领导机关再根据反馈信息来调整政策和工作措施。

民族思想政治教育是一项复杂的社会系统工程，受到来自社会各方面包括境外因素的影响，与政治、经济、文化、民族、宗教、新闻等部门有着密切关系。保持信息渠道的畅通，就是把民族思想政治教育系统置于整个社会大系统的构成之中，形成一个有机的整体，相互间保持信息的有效畅流，发挥系统的整体功能优势，共同促进民族思想政治教育活动。

四、民族思想政治教育教学环节

民族思想政治教育教学环节是运用一定的教学方法、手段实施教育内容，实现教育目的活动总称，是民族思想政治教育有效实施的关键。

（一）民族思想政治教育教学的涵义

民族思想政治教育教学，是指以培养和增强社会成员对民族、民族共同体和国家认同意识为目的，对社会成员所开展的民族观教育的教学活动。

民族思想政治教育应该说是一项国家进行的民众教育活动，带有全民性质的教育活动。中国特色的社会主义民族思想政治教育，就是我们党和国家在全国范围内有目的、有计划地进行的民族观、民族政策教育，实现中华民族认同、提高中华民族凝聚力的社会实践活动，关系到国家的统一、社会的稳定、民族的团结。为了确保教育活动的顺利、有效开展，党和国家必然要对教育的原则、方向、目的以及主要内容等关键问题以政策的形式确立下来，为具体的教育活动实践提供指导和依据。民族思想政治教育教学是为实现民族思想政治教育的总体目标服务的，在具体的教学实践中带有很强的政策性和方向性，教学活动的目的和主要内容必须遵守相关的政策和规定，围绕着民族思想政治教育的中心任务，通过一系列有目的的教学活动，去实现民族思想政治教育的预期效果。

民族思想政治教育的特性，决定了民族思想政治教育教学具有很强的政策性、方向性和目的性，教学内容既十分广泛又有严格的规范，不可能脱离党和国家开展民族思想政治教育的宗旨和相关要求。我国现阶段的民族思想政治教育，就是以马克思主义民族观、宗教观、民族理论、民族政策、中华民族认同以及“三个离不开”、“四个维护”思想等为主要教学内容。由于教学形式的不同，民族思想政治教育教学又可分为学校教学和一般性的培训或讲座教学，在这里我们主要是指学校所开展的民族思想政治教育教学。既然是学校所开设的教学课程，就意味着应该有统一的课程规范、统一的教材、统一的要求，有计划、有目的地对学生进行系统的、全面的、直接的民族观教育。从作用和功能上看，课堂教学应该是民族思想政治教育教学的主渠道。

（二）民族思想政治教育教学的作用

如同所有的教学活动一样，民族思想政治教育教学不仅在教学目的、任务、内容等方面有着自身的特点，而且在民族思想政治教育以及思想政治教育活动中，同样发挥着不可替代的特有作用。

1. 能有效地保障民族思想政治教育活动的有序开展

纳入学校课程体系的教学与一般性的讲座或主题活动相比，就是在课程设置、教材、内容、时间等各方面都有着一定的统一性和规范性，而且是根据学生年龄、智力阶段科学合理地安排教学内容，实施有计划的系统、全面教育。目的明确、内容全面、安排合理、系统性强是学校课程教学的最大特点，也是教学活动有序开展的基础和制度性、规范性保证。

民族思想政治教育的内容十分广泛，既包含马克思主义民族观、宗教观、民族理论、民族政策，又涉及到中华民族的历史、民族常识以及“三个离不开”、“四个维护”思想等相关知识点，一般的学习教育活动无法涵盖这么多的内容，也无法将这么丰富的内容有序地展开并系统地实施教育。将民族思想政治教育的相关内容以课程的形式确定下来，是对有序开展民族思想政治教育的最好保障。学校教学活动的统一性和规范性，决定了民族思想政治教育教学必须遵守的原则，国家的相关部门或机构，将根据整个学校教育不同阶段学生年龄、智力及知识基础等特点，把民族思想政治教育所必需的主要内容由低到高、由浅及深、由常识到政策，科学合理地安排各阶段的相关教学内容和要求，使民族思想政治教育教学在整体上构成了一个阶梯型、完整的系统体系，既保证了民族思想政治教育教学的有序，又保证了知识体系的完备。

2. 有利于系统地开展马克思主义民族观教育

民族观教育是一项长期的社会实践活动，对民族、民族共同体和国家认同意识有一个从认知到认同的不断强化和内化的过程，并非一朝一夕，既需要长期的坚持不懈，又取决于教育效果的不断积累。民族思想政治教育是党和国家所开展的全民性的民族观教育，这其中既有以成人为对象的社会教育活动，也有以各级各类学校在校生为对象的学校教育。学生从接受教育开始，到世界观、价值观的形成，学校的思想政治教育起到了至关重要的作用，这期间应该也是马克思主义民族观形式的最佳时期。在学校开展民族思想政治教育的教学，正是利用学生身心成长、发展的有利时机，从小、从基础教育抓起，必然会有利于马克思主义民族观的形成。

民族思想政治教育教学是向教育对象系统地灌输马克思主义民族观的有效形式。“灌输”是教育活动中常用的一种教育手段，“灌输”不能简单地理解为“满堂灌”或“填鸭”，正确地使用灌输是增强教学效果的有效手段。列宁曾经明确地指出：“工人本来也不可能有社会民主主义的意识，这种意识只能从外面灌输进去，各国的历史都证明：工人阶级单靠自己本身的力量，只能形成工联主义的意识。”① 实践也充分验证，文化知识的教学中需要必要的灌输，思想政治教育中离不开必要的灌输。那么，作为同样是培养人的思想意识的民族思想政治教育教学活动，也一样需要适时和必要的灌输。灌输可以强化基础，加深学生对概念和事物的

① 《列宁选集》第1卷，317页，北京，人民出版社，1995。

认知，对概念的掌握、理解和对事物的有效认知，又是达到认同所必需的过程和基础。民族思想政治教育教学的目的，就是要通过教学过程，系统地介绍和读解马克思主义民族理论，由认知达到认同，并不断地强化认同，最终内化为牢固的心理素养。

对民族思想政治教育教学的时间保证，是积累教育效果的基础。民族思想政治教育教学进入学校课程体系，必然有课时的规定和知识传播量的要求，保证每个阶段教学任务和教学效果的完成，对有效实施马克思主义的民族观教育又提供了一系列的可靠保障。学校课程教学的一些保证性做法，既可以在规定和形式上保证民族思想政治教育教学的有序开展，又起到了增强民族思想政治教育活动实效的客观效果。因此说，民族思想政治教育教学能够使马克思主义民族观教育得到有效开展。

3. 能极大地增强对中华民族“多元一体”文化的认同

目前，我国已将民族团结教育纳入基础教育的知识体系，并在每年高考政治考试的分数上作了最低的比例规定。应该说这是一个明智之举，这样的做法其实就是民族思想政治教育的一种形式，用高考政治考试作引导，既可以保证教学内容的落实，又可以强化学生对知识内容的掌握。但民族思想政治教育的内容显得明显不足，应该不断地丰富和完善，将民族思想政治教育列入素质教育之中，形成系统的知识体系，加强对学生的民族思想政治教育，这其中就包含着对学生的中华民族“多元一体”文化教育。

民族思想政治教育的目的就是要维护民族团结、不断增强对国家的认同意识，而文化认同是国家认同的中介和基础，国家认同教育应首先从文化认同教育开始。民族思想政治教育教学除了系统地讲授马克思主义民族理论、党和国家的民族政策、民族团结教育等内容之外，还要系统地讲授民族常识、中华民族的形成史等知识，向学生系统地介绍 56 个民族所共同缔造的中华民族灿烂文明，以及中华民族“多元一体”文化性质和形成特点，等等。通过系统的教学，使学生从历史和现实多角度地了解中华民族

“多元一体”文化、56个民族所作出的共同贡献以及本民族文化与中华民族“多元一体”文化的相互关系，既能激发学生的民族自豪感，又强化了学生对“多元一体”文化的认同意识。文化认同教育是国家认同教育的开始，只有通过对文化的认同教育，才能使学生真正理解“多元一体”文化和“三个离不开”的深刻内涵，增强民族共同体的吸引力和凝聚力，进而上升到对中华民族、国家的认同意识。

4. 是构建和谐民族关系的有效途径

我国是统一的多民族国家，一亿多人口的少数民族分布在全国各地，民族自治地方占国土面积的64%，西部和边疆绝大部分地区都是少数民族聚居区。这一基本国情“决定了民族问题始终是我们建设中国特色社会主义必须处理好的一个重大问题，民族工作始终是关系党和人民事业发展全局的一项重大工作”①。和谐民族关系既是构建和谐社会的内容，也是民族关系发展的理想状态、构建和谐社会的目标，又是衡量民族团结、社会稳定和发展重要指标之一。多民族大家庭的国情决定了和谐民族关系是构建社会主义和谐社会的坚实基础，是实现“各民族共同团结奋斗、共同繁荣发展”的有力保证，是维护民族团结大业的重要纽带，是实现中华民族伟大复兴的坚强保障。

和谐民族关系的建立是以平等为基础、以相互尊重和友好交往为前提，彼此间需要广泛交流和了解、消除误解和偏见。民族间的了解，除了通过交往以外，还可以通过必要的教育来实现。以马克思主义民族观、宗教观、民族理论、民族政策、中华民族认同以及“三个离不开”、“四个维护”思想等为主要内容的民族思想政治教育教学，无论是在形式上、内容上，还是时间上都能把民族思想政治教育真正落实到位。通过系统的民族知识和民族

① 胡锦涛：《在中央民族工作会议暨第四次全国民族团结进步表彰大会上的讲话》，载《人民日报》，2005年5月27日。

政策教育，能使学生深刻理解“三个离不开”、“四个维护”思想的内涵，理解构建和谐民族关系对于建设和谐社会、实现中华民族伟大复兴的重要作用，并会随着教育的不断深入和强化，引导他们把这种理解上升为自觉的行为，为维护和谐民族关系作出自己的贡献。

另一方面，由于民族思想政治教育教学是少数民族学生、汉族学生以及民族地区和内地的全体学生，而非只对少数民族或民族地区的学生，最大限度地扩展了民族思想政治教育的对象群体，使更多的教育对象接受了系统的马克思主义民族观教育。同时还应该看到，每一个学生的背后，还有一个更大的家庭人群。他们虽然也接受了来自单位或是社会的民族思想政治教育，但没有学校所开设的民族思想政治教育教学那么全面和系统。所以，从某种意义上讲，学校的民族思想政治教育教学的效果，还能够通过已接受了系统教育的学生辐射到家庭成员，进一步扩大受教育的人群，使教育效果得到最大化，使维护和谐民族关系的力量得到扩大和增强。因此说，民族思想政治教育教学是构建和谐民族关系的有效途径。

5. 对培养社会主义事业可靠接班人有着重要作用

我们的教育方针就是为社会主义事业培养合格的建设者和可靠的接班人，学校承担着培养合格建设者和可靠接班人的具体任务。我们正在进行的是有中国特色的社会主义建设，所谓的中国特色就是中国的国情，这其中也包含中国的多民族国情和中国的民族问题现状。马克思主义认为，民族是一个历史范畴，民族问题是一种社会现象。民族问题与民族的存在相伴生，只要有民族和民族差别存在，就有民族问题存在，而且将长期存在下去。多民族的国家以及民族在历史发展中形成的传统、语言、文化、风俗习惯、心理认同等方面的差异，少数民族和民族地区经济社会发展与内地、沿海地区的差距，收入水平和生活水平方面的差距等等，都是现有的国情。社会主义事业的接班人在素质和能力上应该有较高的要求，不仅要有崇高的理想和坚定的信念，以及过硬的相关专业能力，而且要对包括民族问题在内的国情有一个基本的了解。否则，就无法适应今后的工作，无法驾驭将可能出现的民族问题，可能会因自身的素质或能力缺陷为党和国家的事业带来损失。

胡锦涛总书记曾指出："要加强培养培训，下大气力建设一支具有很强政治意识和大局意识、较高理论和政策水平、丰富民族专业知识、务实工作作风的民族工作干部队伍。"① 由于在现实生活中，民族问题往往表现为经济问题与政治问题交织在一起，现实问题与历史问题交织在一起，民族问题与宗教问题交织在一起，国内问题与国际问题交织在一起。正确处理民族问题，涉及我国经济建设、政治建设、文化建设与和谐社会建设各个方面。因此，胡锦涛同志的这一要求，不仅仅是对民族工作干部，也可以理解为是对整个干部队伍、乃至接班人培养的素质和能力的要求。

社会主义事业接班人的素质和能力，关系着我们事业的未来。民族思想政治教育既有先进的马克思主义民族理论作指导，又有中国共产党正确的民族政策和成功的民族工作经验作依据，其教学内容针对我国民族问题的历史和现实表现，目的性强，就是培养学生的马克思主义民族观，了解党和国家的民族政策，了解民族团结在我们国家的建设和发展中的重要性，掌握正确认识、分析、解决民族问题的原则和方法，自觉地维护民族团结，为今后走上实际工作岗位打下坚实的理论和素质基础。由此可以看出，民族思想政治教育教学在培养学生的综合素质和能力中起着不可替代的作用，对于培养社会主义事业接班人来讲是必需的，并发挥着极其重要的作用。

---

① 胡锦涛：《在中央民族工作会议暨第四次全国民族团结进步表彰大会上的讲话》，载《人民日报》，2005 年 5 月 27 日。

（三）民族思想政治教育教学的实施

民族思想政治教育教学的实施，与思想政治教育教学及其他科目的教学相比，既有一定的共性之处，也有着自身的特点；既可以借鉴已有成功的教学模式和方法，也需要不断探索符合民族思想政治教育教学自身特殊性的教学模式和方法。尤其是民族思想政治教育作为一项新兴的教育活动，而且又是一项对全体社会成员实施的民众教育，其教育教学活动的实施更是需要一定的条件和环境保证，并需要尽快探索出带有本质性的规律。

1. 民族思想政治教育教学应具备的政策、环境和条件保证

任何一项教学活动要想有效地实施，都必须有相关的措施保证，这其中包括应有的政策、环境和条件等。民族思想政治教育是一项新兴的民众教育活动，其教学活动的实施，取决于开展民族思想政治教育的政策、环境和条件，没有对开展民族思想政治教育的相关保证，民族思想政治教育的具体教学实践就无从谈起。

其一，需要有相关的政策依据。学校的一切教学活动，是对人的培养，关系到国家的未来，必须遵守党的教育方针和国家的相关法律、政策。民族思想政治教育教学是一项政策性强、目的非常明确和具体的教学实践活动，不能随意而设。因此，党和国家在制定实施民族思想政治教育的规划时，就应对实施民族思想政治教育的形式在政策中作出明确的规定和制定出具体的措施。除社会层面的民众教育以外，各级各类学校的民族思想政治教育该如何开展，是采取一般性的素质教育，还是要纳入课程体系；若进入课堂，那么应在哪一级的学校中开设，应有多少课时量，等等。这些带有政策性的问题，都需要由决策规划部门或机关作出决定，以便具体的教育机构执行，为具体的民族思想政治教育教学提供活动依据，使其得以顺利开展。

其二，需要营造出一个良好的社会氛围。民族思想政治教育是在全国范围实施的国民思想素质教育，良好的社会氛围能有效

地引导和促进国民的认可，对教育活动的开展起着催化剂的作用。党和国家除了颁布政策、提出工作要求之外，应该充分地利用各种媒体，加大宣传力度，为民族思想政治教育的开展营造舆论和社会氛围。不仅要提高各级党组织和政府部门的认识水平、重视程度，更要提高民众对民族思想政治教育的认可度，要让大家真正认识到，在我们这个多民族的国家开展民族思想政治教育的必要性和重要性，认识到开展民族思想政治教育教学是维护国家利益和社会稳定、和谐的必然，是人才培养、思想教育、提升综合素质的有机组成，不是一种形式，更不是一种负担。若能形成这样的社会氛围和环境，人们就会把民族思想政治教育教学作为了解民族政策、获取知识、提高认识的有效途径，自觉地接受教学的内容，而不是被动地接收。所以说，良好的社会氛围是有效开展民族思想政治教育教学的催化剂。

其三，应建立起系统完善的教学内容体系。教学内容体系的建立，是实施教学的依据和保障。我们知道，民族思想政治教育的教学内容十分广泛，既包含马克思主义民族观、宗教观、民族理论、民族政策，又涉及到中华民族的历史、民族常识以及“三个离不开”、“四个维护”思想等相关知识，而且这些知识的每一个方面的内容都十分丰富，要想将这些知识完全都纳入民族思想政治教育的教学内容之中是不可能的，只能是根据民族思想政治教育的需要，选择其中的精髓，再重新组织、调整、汇编成适用的民族思想政治教育教学内容。构建民族思想政治教育教学的内容体系，还要考虑到学生的身心发展特征和相应的文化知识基础，本着渐进的教学过程，由浅入深、由低到高、由常识性知识到政策解读和理论原理，合理科学地安排各个教育阶段的教学内容。要完成上述工作，就需要相关部门组织有关学者、专家认真研究，圈定民族思想政治教育教学的相关内容，构建出系统完善的教学内容体系，编写出统一的教材，为具体的教学活动提供依据，保证教学内容的规范。

其四，应有一支业务过硬的专职教师队伍。在具体的教学实践中，教师承担着向受教育者传授知识的重任，是保证教学活动正常开展的关键。民族思想政治教育是一项庞大的教育活动，必须拥有一支基本的专职教师队伍，才能保证民族思想政治教育教学活动得以正常开展。

民族思想政治教育教学与其他教学活动相比，除了要具有统一性和规范性之外，还有着很强的政策性和方向性。教师自己不仅要热爱民族思想政治教育的教学，还要具有马克思主义的民族观和宗教观，掌握党和国家的民族政策，能用马克思主义原理、民族政策分析和诠释民族问题；既要有民族学方面的知识，也要有思想政治教育的知识；既要了解少数民族和民族地区，还要了解中华民族的形成历史；另外还要具有教育学、心理学等教学活动中应具备的知识和能力。与一般的专业教师相比，承担民族思想政治教育教学的教师，知识面要广，思想素质、理论水平、政策水平要高。在实际的教学中，教师既要做民族知识的传递者，又要做民族政策的宣传员，还要做民族友谊之花的培育者。

2. 民族思想政治教育教学所具有的特征

其一，民族知识和民族政策的教育性。教育是影响和培养人思想观念的最常用方式，教育性又是教学活动的本质属性。人们思想意识的形成离不开必要的教育，知识可以转变人的思想和行为。民族思想政治教育的目的就是要加强民族团结，增强中华民族的凝聚力和向心力。民族思想政治教育教学在民族政策和民族知识方面所具有的教育性在于：通过对民族政策的宣传，让学生了解党和国家对民族问题的一贯方针，了解少数民族和民族地区经济社会发展所取得的巨大成就，用事实反映党和国家对少数民族和民族地区的关怀，增强民族政策的亲和力和对民族大家庭的向心力；民族知识和中华民族形成史等内容的知识教育，使学生更全面地了解56个民族对中华民族的贡献，从根源上理解中华民族大家庭的血肉关系和兄弟情谊，以及民族团结的重要性，从内心深处接受和认同这个民族大家庭，不断增强其对国家的认同意识。

其二，马克思主义民族观的养成性。人们思想观念的形成是一个渐进的过程，需要不断地引导、影响、培育和强化。民族思想政治教育的教学，是以马克思主义民族观、宗教观为指导，以民族理论、民族政策、中华民族的历史、民族常识以及“三个离不开”、“四个维护”思想等为主要内容，由浅入深、由常识性知识到政策读解和理论原理，对学生实施系统而有序的知识教育，且内容的选择和教材的编写是根据学生的身心发展特点和文化基础安排的。科学合理的内容和富有针对性的教学，既遵循教育规律，又符合学生的身心发展规律，知识传授与思想观念培养并重，从培养学生对马克思主义民族理论和中华民族大家庭的认知开始，通过不断地深入和有目的的引导，进而上升到认同，固化为内在的心理素质，形成牢固的思想观念，学会用马克思主义民族观、宗教观指导自己的思想和行动。这一有目的的教学过程，既是一个知识传授的过程，也是马克思主义民族观的逐渐形成过程，经历了引导、培养、养成、固化等教育阶段，民族思想政治教育教学在这一养成过程中，起到了重要的主渠道作用。

五、民族思想政治教育交往环节

民族思想政治教育交往环节是民族思想政治教育过程中，教育者和受教育者之间的连续交往活动的总称，是民族思想政治教育有效实施的基本保证。

（一）民族思想政治教育交往的涵义

“交往”一词在《现代汉语词典》中的解释是“互相来往”。对“交往”的详细解释，则由于研究方向的不同，很多专家、学者分别从心理学、社会学、语言学及信息传播学等学科专业的角度给出了多种解释。哲学的角度则认为：交往“就是指人与人或与人群共同体之间为了实现变革世界和生存环境的目的，通过媒体中介而开展的相互沟通、相互影响、相互渗透、相互制约、相互改造的各种实践活动和所形成的普遍性的社会关系”①。

人作为社会中的一员，从出生的那一刻起，就注定了不能脱离社会而独立、封闭地自我生存。在日常的社会生活实践中，为了免除能力不足和孤独感，为了获得社会生活能力并满足自身生存和发展的需要，彼此之间必须发生交往，相互间交流思想、观点、兴趣、情感和态度，以谋求沟通、理解、和谐和配合，从而有条不紊地组织起来，有效地进行生产和劳动。没有交往，就不可能形成和发展人的各种社会关系，就不能有人们对自然的关系，也就不会出现生产活动。由此可以看出，交往能够满足人的生存需要和归属感，是人类最基本的生存和活动方式，是人类社会活动的重要内容，是人类社会的本质特征。交往的过程就是人与人之间传递信息、沟通思想、交流感情的过程。没有了这种交流，就没有了协调一致的社会活动，社会也就不可能发展。因此，在某种程度上也可以说，没有人们彼此间的交往，便没有人类社会。

教育交往是一种特殊的交往，是指在教育的过程中具有差异性和独特性的主体之间的连续交往。教育者和受教育者共同参与构成了教育活动，尽管他们在教育活动中所承担的任务不同，在年龄、性别以及知识、能力、兴趣、爱好、人格等方面存在着较大的差异，显示出各自的独特性，但都是处于主体地位，即教育交往的主体。教育交往主体可以是教育者或受教育者中的个体，也可以是群体。从上面的叙述可以看出，教育交往的过程实际上就是人与人之间的交流过程，在交流过程中相互启迪、相互激励、人格上相互砥砺、精神上相互融合。

根据以上所述，民族思想政治教育交往可以理解为在实施民族思想政治教育的过程中，教育主体之间所进行的包括思想、观

---

① 姚纪纲：《交往的世界》，14 页，北京，人民出版社，2002。

点、知识、兴趣、情感和态度等方面的交流活动，以谋求达到沟通、理解、和谐和配合。由于民族思想政治教育既有着一般教育活动的共性，又有着明显的自身特点，因此，民族思想政治教育交往在具备教育交往共性特征的同时，还具有与一般教育交往所不同的个性特征。民族思想政治教育的目的、内容、对象等活动要素具有自身明显的个性特征，这些个性特征决定了民族思想政治教育与其他教育活动相比，交往主体所具有的差异性和独特性则更加明显，比如在民族习惯、宗教信仰、传统习俗、生活生产方式等很多方面，都会存在着较大的差异，而且这种差异性将始终伴随着民族思想政治教育的整个过程。正是这种明显的差异性，使交往在民族思想政治教育活动中显得尤为必要，并在教育活动中起着积极的促进作用。同样是这种差异性的存在，要求教育主体在交往的过程中要特别注意方式方法，要以平等的态度对待对方，尊重和理解各自的宗教信仰、风俗习惯以及在生活、生产等方面存在的差异。平等、理解和尊重是交往的基础，也是交往有效延续的保证。

（二）民族思想政治教育交往的功能

有学者指出教育从形态上起源于人类的交往，当交往双方相对特殊化并形成一种以传递经验、影响他人身心为目的的活动时，交往则转化为教育。因此，从某种意义上可以说，交往与教育之间是一种特殊的关系，教育是人类交往中的一种特殊形式，教育离不开交往；交往在教育中起到了相互交流、沟通和理解，发挥着积极的促进作用。由此可以推出，民族思想政治教育交往可以说是具有思想性、教育性、知识性的交往，在民族思想政治教育中发挥着特有的功效。

1. 加深了民族思想政治教育主体之间的认识和了解

我国是一个拥有 56 个民族的大家庭，少数民族大多都居住在偏远的山区和边疆地区，即使居住在内地的一些少数民族，在宗教信仰和生活习惯上与汉族也有很大的差别。由于历史和自然条件等方面的原因，造成了少数民族和民族地区的经济社会发展与汉族和内地、特别是沿海发达地区有着较大的差别。另外，由于地理条件或宗教信仰、生活习惯等原因，各民族间的交往和了解也有一定的局限，甚至在某些方面还会存在一些偏见和误解。这些现象和问题的存在，都可能会成为影响和制约构建和谐民族关系的因素，甚至还会影响到对民族共同体和国家的认同。

民族思想政治教育交往是教育主体之间所进行的交流和沟通活动，虽然教育主体之间有着一定的差异性和独特性，但它是在相互尊重的基础上所进行的平等交流，是一种人格上的平等，是对对方的完全尊重。平等、尊重的态度，能使教育自身主动地敞开心扉，把介绍自己和了解对方作为交流的基础，以一种平常、自然而无偏见的心态进行交流，去认识和了解对方。在真诚地认可和接受对方的同时，以求获得对方的认可和接受，愿意与自己进行交流。当教育主体的双方都希望得到对方的接受，同时又主动地去认识对方时，此时的交往就成为一种自身需求，教育主体间的差异性和独特性就不再是交往的障碍，而成为交往的诱因，吸引着双方去主动地认识和了解对方，民族思想政治教育活动成了双方交流的平台，通过活动使双方在思想、观点、知识、兴趣、情感等方面有了更深入的交流和沟通，形成良性互动，加深了了解，增加了感情。

2. 为民族思想政治教育营造了良好的情感氛围

教育活动需要有一个环境或情感氛围来为教育服务，旧时的教育讲究的是师道尊严，所要营造的是师生之间威严的等级，教师就是权威，学生只能处于接受地位。现代教育提倡寓教于乐，提倡交流，倡导师生间人格的平等，希望能有一个既利于教又利于学的情感氛围，让学习成为一种快乐的享受。

民族思想政治教育是一种思想观念的形成教育，这样的教育不是简单的单向知识传递教育，需要教育者与受教育者的双向互动，进行思想、观点、知识、兴趣和情感的交流与沟通。民族思想政治教育的对象是人，而人是有情感的，在教育的过程中讲究动之以情、晓之以理。换句话讲，就是以情感人、以理服人，让受教育者从思想上真正认同和接受马克思主义的民族观，增强对中华民族共同体的认同意识，这其中的情感因素是非常重要的。当受教育者在接受教育的过程中得到接受和尊重时，受教育者会在心理上获得一种亲切感和安全感，能使受教育者自愿地接受教育，从这个角度来理解的话，情感在民族思想政治教育中起着沟通和润滑剂作用。民族思想政治教育交往中所进行的相互平等、相互尊重的交流，加深了民族思想政治教育主体之间的认识和了解，所产生的亲和力使教育主体在心理上获得满足，在教育活动中亲身感受到中华民族大家庭中家的感觉，为民族思想政治教育的顺利开展营造出了良好的情感氛围。所以说，良好的情感氛围既是民族思想政治教育交往的基础和条件，也是民族思想政治教育交往的结果。

3. 有利于宣传马克思主义民族理论和党的民族政策，增强民族思想政治教育的实效

德高为师，学高为范，这其中还包含着教师的人格魅力。无数的教育实践证明，受教育者对教育者的信任程度，极大地影响着教育活动的实际效果。当教育者获得了受教育者的信任时，教育者所传播的思想、观点和知识则极易被受教育者所接受，并深深地影响受教育者思想观念和做人准则。

民族思想政治教育交往，增强了教育者与受教育者之间思想和心灵的交流和沟通，为民族思想政治教育营造了良好的情感氛围，教育者在了解和尊重受教育者的同时，也获得了受教育者的尊重和信任。民族思想政治教育的内容包括理论、政策、知识和现实成就等多个方面，教育的效果取决于受教育者对教育内容的接受程度。只有当受教育者接受了教育内容，才能在思想上得到认可，进而转变其思想观念，不断增强对民族、民族共同体和国

家的认同意识。这一过程从感知开始，经历认可、接受，到内化和不断强化，光靠简单地说教和灌输是不够的，既需要加强宣传和教育，还要充分地展示少数民族和民族地区的经济社会发展成就，用事实证明党和国家民族政策的伟大，增强理论的说服力，使党的民族理论和民族政策得到受教育者的内心认同，在思想上真正接受马克思主义的民族观。

受教育者对教育者的信任，无形中会延伸到对受教育者所讲授的思想、观点、知识认可。从情感上讲，受教育者会相信他所信任的人所宣讲的内容，认为是对的、可信的。在这样的教育环境、教育氛围和教育主体融洽的人际关系背景下，利用教育者的人格魅力所开展的马克思主义民族理论和党的民族政策宣传、教育活动，自然也就更容易被受教育者所接受。综合以上分析可以得出，民族思想政治教育交往不仅能够增强教育主体间的情感，而且还能够为教育活动营造一个良好的教育环境和教育氛围，极大地增进民族思想政治教育的实效。

4. 能够有效地促进各民族文化的交融

纵观历史，没有一个民族可以长期孤立于社会之外，不与其他民族发生交流而封闭地自我发展，民族间文化的交融使不同的民族获得了新的营养，推陈出新，不断地丰富本民族的自身文化。历史充分证明，民族间的交流促进了民族文化的交融，民族间的交流、融合一直是人类社会发展的趋势和主流。中华民族“多元一体”文化的形成过程，实际上就是历史上不同民族文化的交融过程，这种交融是在民族间的长期交流过程中、自然状态下逐渐完成的，是一个渐进的过程。

民族思想政治教育活动的开展，必然要在教育主体间发生教育交往，为不同民族的教育主体进行思想、观点、知识、兴趣和情感等方面的交流与沟通创造了机会，创建了交流的平台和环境，营造出了自然、和谐的氛围。在实际的教育交往中，教育主体间的思想、观点、感情等方面的交流过程，实际上也是各民族间不同文化的交流过程，交往个体在介绍和展示本民族优秀传统文化的同时，也在认识和了解其他民族的优秀传统文化，这是一个碰撞、交流的过程，又是一个学习不同民族优秀文化的过程，自然也就会发生不同民族间文化上的交融。这样一个碰撞、交流、融合的过程是非常自然的，既是民族间交流的自然结果，也符合人类社会发展的基本规律。这样的民族文化交融是正常的、有益的、积极的，它不仅能够促进和加深民族间交流和友谊，而且还能够极大地促进不同民族的自身发展，更重要的是，它能够在民族文化交融中使教育主体加深对中华民族“多元一体”文化的认识，强化对“多元一体”文化的认同。从这个角度看，民族思想政治教育交往，不仅能够有效地促进各民族文化的交融，而且也是强化国家认同意识的有效形式和重要途径。

（三）民族思想政治教育交往的实施

从上面的分析我们可以看出，民族思想政治教育本身就是交往，民族思想政治教育离不开交往，教育活动的实施过程就是交往的过程。但由于民族思想政治教育的特殊性、教育主体的差异性较大，且涉及到56个民族的全体社会成员，关系重大，政策性强，因此，在民族思想政治教育交往的实际过程中，有许多需要注意的问题。

1. 诚实交往原则

诚实是做人应有的品德，是交往中对人的最起码的要求和基本原则，也是交往得以延续的基础，所谓的交往方式和手段只是建立在诚实交往之上的一些交往技巧，离开了诚实基础的交往，其结果是可想而知的。

在民族思想政治教育交往中，由于教育交往主体间有着较大的差异，会在某些方面使一些个体产生一种复杂的心理变化，一定程度地影响他们与不同民族个体的交往，此时诚实就显得非常重要，会成为开启交往之门的钥匙。实际上在现实生活中我们同样可以发现，人们在选择交往对象时，判断的首要标准不是对方有多大本事和多高水平，而是这个人是否诚实、人品如何。人们在交往时，总会有一种自我防范意识，都希望获得一种安全感，这是人的本能。当面对缺乏诚实的交往对象时，会让人产生不安和焦虑，本能地担心自己可能会受到欺骗或侵害，于是便会倾向于逃避和拒绝；而对于诚实的交往对象，良好的人品会产生无形的吸引力和亲和力，使人的内心有一种踏实感和明确的交往欲望。这就是我们为什么总是赞扬诚实的人，而对于为人虚假的人则是敬而远之。

诚实交往就意味着在交往的过程中所表现出的是真实的自我，而不是装模作样带一副面具。常言道，人无完人，每一个人身上都会有优点和缺点。在交往时，人们都能够容忍对方身上的缺点，谅解因缺点而造成的失误，但却常常不能接受和容忍伪装和欺骗。展现自己的长处，克服自身不足，让自己的人格趋向于完美，这是对的。但如果刻意地去追求完美而避短藏拙、装模作样，迟早会露出破绽，失去大家的信任。因此，要正确、坦然地面对自己的优、缺点，既不夸大优点也不回避缺点，在交往中表现出一个真实的自我，获得别人的认可和尊重，享受自由、平等交往的快乐。

2. 平等交往原则

平等是人与人之间交往、建立情感的基础。虽然在现实社会中，由于交往主体在诸如年龄、学识、职务、家境等方面存在着一定的差异，但在人格上是平等的，人们都有得到他人尊重的愿望，希望能平等地与他人交往，获得心理满足。只有平等交往才能使交往得以延续，才能坦诚相待，才能有深交。

民族思想政治教育主体间的差异性和独特性则更大、更明显，平等交往则显得更为重要。由于宗教信仰、民族习惯、经济发展条件、历史等方面的原因，兄弟民族之间存在着一定的差异和差距，甚至还会有一些偏见和误解，但这些都不应该成为影响教育主体间交往的因素。正是因为存在着这些差异和差距，就更需要进行平等地交往，让对方能够感受到你的诚意和人格上的平等，此时对方才会从内心深处真正地接纳你，与你进行思想、观点及情感等方面的交流，并能把相互间的交往不断地延续下去。反之，如果是一种不平等的交往，一方总是感到受到另一方的限制或压抑，那么这种交往关系就注定不能深入，无论你怎样强烈地希望了解对方的内心世界，对方都难以对你报以真正的信任，敞露自己内心深处的东西，因为他们没有感到平等的交流。其实，交往主体如果都能怀着一个平常、自然的心态，坦诚、平等地参与交往，平等地对待对方，通过主体间的相互了解和交流，任何偏见和误解都可以消除，平等交往也就是顺理成章的事。

3. 尊重对方原则

上面所讲的平等交往是交往中的一种姿态，是对他人人格的尊重，而尊重对方则是维护对方的自尊心，或者说是要照顾对方的“面子”。我们身边的每个人都有自尊心，在社会交往中，都希望能得到别人的尊重，别人的言行不会伤及自己的自尊心。如果一个人得不到别人的尊重，自尊心受到伤害，那么就有可能会激起他的强烈自我保护意识，引起排斥情绪，甚至拒绝与人交往，将自己封闭起来。

民族思想政治教育交往的特殊性，决定了在交往过程中更是要尊重对方。民族间存在着差异是很正常的，但没有优劣之别。在实际交往中，既要尊重对方的宗教信仰、民族习惯和生活方式，也要顾及到对方因民族不同所存在的心理差异，等等。不同民族交往主体间的交流，切忌口无遮拦，尤其是不要对一些涉及到民族习惯和禁忌的问题不懂装懂，引起不必要的争议和矛盾。尊重对方，既是交往中的一种良好的行为作风，又是一种交往技巧，交往中不能不分场合、不分对象地只有一种方法，要根据实际情况，讲究一定的方式方法和交流技巧、策略。在陈述与对方不同意见时，或者是指出对方的不足时，要考虑到对方的感受、心理承受能力，不同的交往对象要用不同的方式进行交流，照顾到对方的自尊心。当然，尊重对方、维护交往对象的自尊心，并不是说，在交往中要一味地处处迎合对方，失去原则，失去自我。那样的话，就变成了虚伪，失去了应有的真诚。实际上，在充分尊重对方的基础上，坚持原则，用恰当的方式表达自己的不同意见，或者委婉地指出对方的不足，是能够得到对方的接受和理解的，并不会影响到双方的交往和友谊。

4. 适度交往原则

顾名思义，适度就是得体、恰到好处。在实际生活中，有些人之所以善于和各种人交往，能处理好各方面的关系，其中很重要的原因之一，就是他们能够很好地把握适度交往的原则。在实际的交往中，有许多影响交往效果的因素，比如热情、信任、谨慎、谦虚、自尊、忍让、幽默、言谈举止等等，不是说越热情越好，凡事都要讲究个适度，过了一定的度，就可能适得其反。

在民族思想政治教育交往中，存在着民族习惯及其他方面的差异，有一些敏感、禁忌的问题，越发要注意把握好交往的方式和分寸。既要热情、坦诚和主动，又不要大大咧咧、口无遮拦；既要谨慎处事、待人，也不要谨慎过头而缩手缩脚，不敢与民族兄弟接触。谦虚过头会让人觉得有点虚伪，过于谨慎会显得有些冷淡，太豪放了会有点粗鲁，热情过度会有些让人接受不了，幽默不当则会让人难堪，自尊心过强就有点让人难以接触，等等，这些都需要在交往中有所注意，因人、因事、因地，具体问题具体把握。但也不要一讲到在民族思想政治教育交往中要把握交往适度问题，就把事情看得非常严肃，成了一种心理负担，不敢与人交往。只要用心去观察、学习，在交往中体会、感悟、总结和实践，自然就学会和掌握如何参与民族思想政治教育交往。

5. 主动交往原则

主动交往是指在交往中要以一种积极的心态，主动地与人接触、与人交往，不能总是被动地接受交往。在民族思想政治教育交往中，主动交往有着特殊的意义。同样是由于民族的差异性、语言、知识、经济条件等因素，一定程度地影响到一些个体参与交往活动。此时，民族思想政治教育活动的管理者和教育者就不能按照一般的交往方法，你不来我也不往，而是应该积极主动地与其他教育主体进行交往，了解他们的思想状况，发挥应有的引导作用，引导他们克服心理障碍参与到教育交往之中。比如可以组织一些能够发挥他们特长的活动，吸引他们加入其中，为他们创造与其他教育主体进行交流和沟通的话题和机会。教育交往不是一种完全自由式的人际交往，而应是有目的、有倾向的，管理者和教育者应积极地引导民族思想政治教育交往，发挥出应有的桥梁和纽带的作用。

另一方面，作为民族思想政治教育交往的所有个体，不管什么原因都不要把自己封闭起来，要积极地与人交往，学会与人交流和沟通。在实际的交往中，一个人如果总是把自己放在被动接受的位置，被动地与人交往，久而久之就会影响到与他人的关系，使人感到你不太好接触或不愿与人交往。你若想得到交往对方的接受和友情，那你需要主动。交往是一种感情和思想的交流，也是一种感情“投资”，它能给你带来“回报”。交往能够增加我们的自信，能获得思想、知识、友情和自尊，只要积极地参与其中，就能感受到交往的快乐。

六、民族思想政治教育各环节之间的关系

上面我们对民族思想政治教育所涉及的民族思想政治教育领导、民族思想政治教育管理、民族思想政治教育教学、民族思想政治教育交往等四个环节分别就其涵义、功能或作用、实施作了阐述，那么各个环节之间又有着什么样的关系呢？正如“环节”的词意所释，环节就是指相关事物中的一个，民族思想政治教育原本就是一个完整的系统，各环节在这个系统中并不是孤立存在的，彼此之间虽有一定的区别，但是相互关联的，并且相互依存、

补充，构成了一个完整的系统，共同作用于民族思想政治教育的整个过程，完成民族思想政治教育的总任务，以求达到民族思想政治教育所预期的目的。

（一）互补统一地构成了完整的民族思想政治教育体系

从前面的论述中可以看出，民族思想政治教育是一个完整的体系，由于系统庞大、政策性强、内容丰富、涉及面广，围绕着民族思想政治教育的总任务和总目标，各个环节既要充分地发挥各自的作用为实现总目标服务，又不可能包揽一切，完成所有的工作，还需要其他环节协同和补充，形成一个整体，构建出一个完整的民族思想政治教育体系，通过有效的教育，实现民族思想政治教育的总目标。

从形式上看，各个环节因功能和作用的不同，组织和开展工作的形式、内容、方法各有突出和侧重，但总任务和总目标是一致的。即通过一系列的教育活动，有目的、有计划地对社会成员进行马克思主义的民族观教育，培养其对民族、民族共同体和国家的认同意识。各环节围绕着这一工作中心，按照不同分工，通过各方面的努力，既确保了各自工作的有效开展，又从不同的方面为其他环节工作的开展或提供相关保证、或创造有利条件、或营造良好氛围，使其他环节的工作能得到有力的支持和有效开展。

从各环节的功能和作用上看，其他环节都是对领导环节所作的决策的执行、对规划具体实施，将民族思想政治教育转变为具体的教育活动实践。管理环节是领导环节决策的执行保证，既要在组织机构、规章制度、人员经费等方面为开展民族思想政治教育提供保证，又要通过各种有效措施和手段保证民族思想政治教育实践的有序和有效开展。民族思想政治教育教学环节是民族思想政治教育活动的主渠道、主阵地，承担着对教育的具体执行任务，通过有序的教学活动，宣传党的民族政策，完成对社会成员的马克思主义民族观教育，培养、形成和强化受教育者的国家意识。民族思想政治教育交往则是对有组织的教育活动的有效补充，通过管理者、教育者积极主动的参与和有意识的引导，使教育交往成为民族思想政治教学的延伸，成为民族思想政治教育的有机组成部分，构建出一个全方位的民族思想政治教育体系，增强民族思想政治教育的实效。

（二）相互依存地共同作用于整个民族思想政治教育过程

之所以说民族思想政治教育中的各环节之间还是相互依存的关系，可以从民族思想政治教育的具体实施过程中各环节所需要的条件和环境依赖来分析、理解。

民族思想政治教育领导环节在整个民族思想政治教育活动中掌控着全局，属于政策层面，起着决策、规划、组织、号召、指挥和协调等作用，但最终的效果如何不是单靠政策就可以解决的，关键是要看对政策的贯彻和落实情况，即对教育活动规划的具体执行和实施。没有扎实和有效的教育活动实践，再好的规划也是没用的。反之，所有的民族思想政治教育实践环节都离不开政策的保证，没有了政策保证，整个教育活动就失去了方向和依靠。

民族思想政治教育管理环节负责对民族思想政治教育活动实施的管理和协调，既要依靠相关的政策保证，又要依托民族思想政治教育教学、民族思想政治教育交往等教育实践环节的具体实施。管理是对具体的教育实践的管理，管理的价值体现在为民族思想政治教育活动服务之中，管理的目的就是通过有效的管理实现民族思想政治教育的最优效果，一切管理的规章制度和行为都是通过民族思想政治教育的具体实践来实现，离开了教育活动的管理是纸上谈兵，更谈不上所谓的管理效果了。

民族思想政治教育是对全体社会成员实施的民族观教育，是一项涉及范围广的系统工程，如果没有党和国家的统一规划和组织以及科学、规范的管理，如此庞大的教育活动就不可能有序地展开，更达不到预期的教育效果。民族思想政治教育教学环节是民族思想政治教育活动的主渠道、主阵地，民族思想政治教育教学的实际效果在很大程度上决定着民族思想政治教育活动的效果，但民族思想政治教育教学的有序开展有赖于相关政策的规定，有赖于组织机构是否到位、规章制度是否健全、人员经费能否保证等管理环节的工作。

民族思想政治教育交往不同于一般的交往活动，即使与一般的思想政治教育交往也有着一定的差异，它是不同民族成员间的、以马克思主义民族观教育为内容和目的的交往，既依赖于党和国家的民族政策、社会环境，又依赖于教学组织。因此说，民族思想政治教育的有效开展使民族思想政治教育交往成为了可能，它依存于民族思想政治教育活动，又为民族思想政治教育活动服务。

由此可以得出结论，民族思想政治教育是一个完整的系统，各个环节不是、也不可能独立地发挥作用，而是相互依存，并作用于民族思想政治教育的整个过程，在不同的方面共同为实现民族思想政治教育的总目标发挥着各自的功能。

第六章 民族思想政治教育机理论

民族思想政治教育是指："某政权或国家（尤其是多民族国家）有目的、有计划地对社会成员进行一定民族观教育，使其认同民族、民族共同体和国家的社会实践活动。"① 这一概念揭示了民族思想政治教育的主体和客体分别是某政权或国家和社会成员，指出了民族思想政治教育的主要内容为民族观的教育，指明了民族思想政治教育是促使社会成员达到对民族、民族共同体及其国家的认同的目的之所在。无论是从实践基础还是从理论形态，建立民族思想政治教育学的条件已基本成熟。而要建立民族思想政治教育学，以及正确指导民族思想政治教育实践活动，必须重视和解决的一个重要理论问题，就是要加强民族思想政治教育内在机理的研究。也就是说，要探究出民族思想政治教育这个不以人的意志为转移的客观存在事物的内在活动原理或工作原理，也就是关于民族思想政治教育是如何发生的、民族思想政治教育过程是怎样运行的、民族思想政治教育的要素之间是如何相互作用的，以及民族思想政治教育在历史进程中是怎样发展的、在新形势下又有着怎样的发展趋势等等的研究。

---

① 徐柏才：《建立民族思想政治教育学的思考》，载《中央民族大学学报》（哲学社会科学版），2009（5）。

一、民族思想政治教育机理的涵义

要研究民族思想政治教育机理，首先必须研究其上位概念“机理”、“思想政治教育机理”，同时要在与思想政治教育机制概念的比较研究中来揭示民族思想政治教育机理的科学内涵。关于机理和机制以及思想政治教育机制的研究较早、成果较多，而关于思想政治教育机理的研究目前还没有专著出版，只是散见于学者专著的某些章节之中，尤以武汉大学余仰涛教授最具代表性，其分别在《思想关系学——思想政治工作原理》（武汉测绘科技大学出版社 2000 版）和《思想政治工作学研究方法论》（武汉大学出版社 2006 年版）中论及思想政治工作机理。从中国期刊网上搜索，关于思想政治教育机理研究发表的论文不多，其中研究者主要以赵继伟博士为代表。

（一）思想政治教育机理的涵义与特点

研究思想政治教育的涵义与特点，就要分别揭示机理的涵义、思想政治教育机理的涵义与特点。

1. 机理的涵义

关于何为机理，在《辞海》中没有相关词条进行解释。在百度中，将机理解释为：一是指为实现某一特定功能，一定的系统结构中各要素的内在工作方式以及诸要素在一定环境条件下相互联系、相互作用的运行规则和原理；一是指事物变化的理由与道理。

关于机理的含义揭示，首先可以从“机”和“理”两者字义的综合上进行理解。“机”字意义十分丰富，可以指事物的枢纽、机关机器、活动的能力等等；“理”最早是指玉石上的条纹，具有治玉、条理、道理、治理的意思。若将“机”、“理”两字综合起来看，机理中的“机”即为“机体”之意，机理中的“理”应该是“事物内部活动的原理、工作的原理”。所以，从字意上看，机理的整体涵义可以界定为“有机体内部的活动原理、工作原理”。

其次，对于机理含义的科学揭示更应从人们的生产生活实践出发。人们在日常社会生活实践中，经常使用机理这个词。从日常生活中常见的自然现象和社会现象来说，前者如植物生长机理、地震生成机理、地球板块运动机理，后者如血液循环机理、投资运行机理、国家生成机理等等。可以看出，机理是客观存在于世界诸事物内部，不是人所强加于其上的，也不是以人的意志为转移的，而是居于人们的理解之间，超然于人们的调控之外，是事物内部活动发生发展及其运行的某种带有根本性的原理。最后，对机理涵义的科学揭示，也可以从其他学科对机理的阐释来揭示：一是可以从自然科学对机理的阐释来揭示，二是可以从社会科学对机理的阐释来揭示。就自然科学来说，其对机理的阐释，主要是从原理的层面来揭示的。就社会科学来而言，主要是从机理和机制的区别来探究机理的内涵的。例如有相当多的学者注意从事物内部和原理的层面来阐释机理。从人们对机理认识的共同点来说，主要表现在以下几点：其一，理论性或原理性。人们大多是从理论或原理的层面来认识机理的，这在上述的观点中都有显现，人们尽管对机理的具体涵义认识不尽一致，但普遍注意从理论上解释，从原理的高度认识。其二，内部性或内在性。人们普遍认识到机理是事物内部的东西，不管认为机理和机制一样还是不一样，都认为机理是事物内部的东西。其三，必然性或规律性。人们大都注意到机理揭示必然的或规律性层面的东西。①

综而言之，所谓机理，就是有机体内部客观存在的活动原理。这里的“有机体”是从广义上来理解的，既包括生物学意义上的有机体，又包括物理学意义上的机械组织，还包括社会科学意义上的社会事物。从这个意义上，我们又可以将机理的涵义界定为：机理是系统内部的活动原理，或者界定为：机理是事物内部的活动原理。这一界定包括如下涵义：其一，一切事物均有自己的机

① 赵继伟：《论思想政治教育机理的涵义》，载《思想教育研究》，2009（2）。

理，因为一切事物都是以系统的形式存在的一个有机整体。其二，机理是事物内部的东西，而不是外部的东西，对机理进行研究，一般只关注该事物内部的活动原理。其三，事物内部的活动原理，是一系列的原理，遵循事物由发生、运行到不断发展的逻辑顺序。①

2. 思想政治教育机理的涵义与特点

对“机理”概念的探讨，为思想政治教育机理涵义的界定和分析提供了理论前提。按照事物认识从一般到特殊的原则逻辑，我们可以从机理的本质和规律来揭示思想政治教育机理的涵义。如前所述，机理是指事物系统内部的活动原理或工作原理。以此看来，我们可以将其推广到思想政治教育机理：思想政治教育机理即是思想政治教育系统内部的活动原理。另外我们也可以从思想政治教育机理的内涵和外延两个方面进一步揭示思想政治教育机理的本质内涵。从内涵方面来揭示思想政治教育机理的涵义，就是从思想政治教育机理的内容上来揭示思想政治教育机理的涵义。不同的系统遵循不同的机理，如生物学意义上的有机体主要遵循物理，物理学意义上的机械组织主要遵循人理，社会科学意义上的社会事物则既要遵循物理和人理，还要遵循事理。所谓“物理”，其本义是指万事万物的道理，我们在此采用的是其衍生义，即仅限于物理学意义；所谓人理，是指做人的道理；所谓事理，是指做事的道理。思想政治教育属于社会事物，是人与物结合的机理系统，要遵循物理、人理和事理。结合从机理一般规律所揭示的思想政治教育机理的含义，我们又可以看出，思想政治教育机理之理，就是物理、人理和事理。从外延方面来揭示思想政治教育机理的涵义，就是从思想政治教育发生机理、思想政治教育运行机理、思想政治教育作用机理、思想政治教育接受机理和思想政治教育发展机理等方面来阐明各自所包含的原理或道理，

① 赵继伟：《论思想政治教育机理的涵义》，载《思想教育研究》，2009（2）。

这些原理或道理都是属于思想政治教育范围内的道理或原理，都存在于思想政治教育内部。

综上所述，思想政治教育机理，就是指融物理、人理、事理为一体的思想政治教育系统内部的活动原理。从系统论的角度看，思想政治教育本身就是一个系统，所以，我们又可以进一步将思想政治教育机理定义为：思想政治教育机理是融物理、人理、事理为一体的思想政治教育内部的活动原理。这一定义包含以下涵义：其一，思想政治教育机理指的是思想政治教育内部的活动原理。如果把思想政治教育看作一个过程，它就内在地包含着发生、运行、作用、接受和发展等阶段……其二，思想政治教育机理融物理、人理、事理为一体。思想政治教育属于社会事物，是人与物结合系统，要遵循思想政治教育内部的物理、人理和事理。[①] 由于思想政治教育是针对人而做事的一种社会事物，它必然要涉及到思想政治教育这一社会物自身的发生、运行和发展之理，也涉及到思想政治教育如何作用于人、使人接受的做人之理、做事之理。可以看出，思想政治教育机理内在地包含着思想政治教育发生机理、运行机理、作用机理、接受机理和发展机理。

思想政治教育机理的特点，主要表现为以下几个方面：

动态性。动态性是机理事物的特性，也是思想政治教育机理的属性。所谓动态性，是指思想政治教育机理总是处于运动状态。思想政治教育机理是思想政治教育内部的活动原理，由于思想政治教育是不断发展变化的，思想政治教育机理必须适应思想政治教育这种状态，在动态中对思想政治教育发生作用。思想政治教育机理的动态性主要表现在即时运动和不断运动。当然，思想政治教育的动态性并不排斥思想政治教育具体机理的稳定性，思想政治教育机理总是具有一定的表现形态。这些具体的表现形态只在某一逻辑发展阶段起作用，也就是说，在某一确定的逻辑发展

① 赵继伟：《论思想政治教育机理的涵义》，载《思想教育研究》，2009（2）。

阶段的思想政治教育机理是稳定的。例如，思想政治工作发生、运行、作用、接受和发展等逻辑阶段，相对应的思想政治工作发生、运行、作用、接受和发展等的机理是稳定的、不变的。

关系性。关系性是思想政治教育机理的又一属性。所谓关系性，就是思想政治教育机理与思想政治教育之间有着密切的关系。思想政治教育机理中包含着很多关系，思想政治教育机理与思想政治教育系统之间的关系是外部关系。思想政治教育机理与思想政治教育系统之间的这种关系，是引发与被引发的关系，是规约与被规约的关系，因此，思想政治教育机理的关系性就表现为引发性和规约性。相对于引发性而言，关系性的实质即是因果性。思想政治教育机理是引发物，思想政治教育是由思想政治教育机理所引发而产生的，也就是说，思想政治教育机理是思想政治教育的原因，思想政治教育是思想政治教育机理的结果，两者存在着明显的因果关系。思想政治教育机理的引发性属性，与机理事物的因果性特性是相契合的。就规约性而言，思想政治教育机理规定、约束着思想政治教育。思想政治教育机理的规约性，是对思想政治教育机理的引发性的有益补充。思想政治教育机理作为思想政治教育内部的活动原理，是思想政治教育的导向标和指示器，思想政治教育必须接受思想政治教育机理的规约，并在思想政治教育机理的规约下展开工作。

原理性。原理性是机理事物的特性之一，也应该是思想政治教育机理的属性。思想政治教育机理是思想政治教育原理的一种，必然具有原理性。思想政治教育机理的原理性具体表现为普遍性、规律性和条件性。首先，思想政治教育机理是普遍存在、普遍适用于任何形态的思想政治教育。也即思想政治教育普遍存在思想政治教育机理，思想政治教育机理对所有思想政治教育都适用。其次，思想政治教育机理具有规律性。思想政治教育机理的存在，不是偶然的，而是必然的，具有规律可循的；思想政治教育机理对思想政治教育发挥作用，不是偶然的，而是必然的。最后，思想政治教育机理具有条件性。主要表现为思想政治教育机理存在的条件性。思想政治教育机理总是存在于思想政治教育内部，思想政治教育之外的原理不能称为思想政治教育机理。另外，思想政治教育机理的适用是有条件性的。思想政治教育机理是一个体系，某种具体表现形态的适用范围都有针对性，例如不能将思想政治教育发生机理套用到思想政治教育发展上去。思想政治教育机理的这种适应范围的针对性，就是其适用的条件性。

（二）思想政治教育机制的涵义与特点

研究思想政治教育机制的涵义与特点，要分别研究机制的涵义、思想政治教育机制的涵义与特点。

1. 机制的涵义

“机制”一词原本是用于机械学领域内的术语概念，意指机器的内部构造、运转过程中各零部件之间的相互关系及工作原理。《辞海》中将“机制”解释为：“原指机器的构造和动作原理。生物学和医学通过类比借用此词。生物学和医学在研究一种生物的功能（如光合作用或肌肉收缩）时，常借指其内在工作方式，包括有关生物结构组成部分的相互关系，及其间发生的各种变化过程的物理、化学性质和相互联系。阐明一种生物功能机制，意味着对它的认知已从现象的描述进到本质的说明。”① 后来，人们将机制概念从自然科学领域引入到社会科学领域，主要是指社会机体中某些部门、领域通过建立富有生机活力的制度、规则、体制、程序等，使其健康有序地运行发展。从“机制”一词的原意及其演变历程来看，“它是指事物有机体内部要素之间的制约关系对有机体运行和发展的调节形式”②。由此可见，机制包括三层基本含

---

① 夏征农：《辞海》（1999 年缩印本），3548 页，上海，上海辞书出版社，2000。

② 余仰涛：《思想政治工作学研究方法论》，179 页，武汉，武汉大学出版社，2006。

义：其一，机制由若干要素组成，这些要素具有不同层次，既各成体系，又按一定的方式结合为一个整体。其二，组成机制的各要素的功能如何以及按何种方式把这些要素组合起来，决定着整个机制的功能。其三，机制中各构成要素功能的发挥总是在整个机制的运行过程中与其他要素相互作用而实现。[①] 因此，机制是有机体事物各要素之间相互适应、相互制约、相互调节的动态形式。

2. 思想政治教育机制的涵义与特点

思想政治教育作为一个有机系统，应当从整体上、在运动中来考察、审视和把握各种各样的思想政治教育事实和现象，这就必然需要我们从思想政治教育的各个组成部分或内部各要素的结合及其相互间的关系，即思想政治教育所以有效持续运行的机制来深入探究。思想政治教育系统为什么能够运行、是怎样运行的、其内部组成部分又是如何相互影响、相互作用、相互配置的，以及这种运行机制又是如何与思想政治教育系统外部事物交互作用的，等等。由此看来，思想政治教育机制是指在思想政治教育运行过程中，思想政治教育系统各构成要素之间的相互制约关系对思想政治教育系统发生、运行、作用和发展的一种动态调节形式。思想政治教育机制的含义，可以从三个方面来进行理解：其一，思想政治教育机制是思想政治教育各构成要素的总和；其二，思想政治教育机制的运转和发挥依赖于各构成要素之间的有机衔接、整体协调，依赖于各要素功能的健全；其三，思想政治教育机制是按照一定方式相互联结起来的一种动态过程。

思想政治教育机制的特点，主要表现为以下几个方面：

目标性。思想政治教育机制的目标性，是指思想政治教育机制的选择和利用充分体现了思想政治教育的目的性、指向性和方向性。可以从两个方面来进行理解：一是从单个的、局部的、阶

① 邱伟光、张耀灿：《思想政治教育学原理》，205 页，北京，高等教育出版社，1999。

段性的思想政治教育活动过程的目的和方向来看，思想政治教育机制的目标性选择和利用，预先确定了思想政治教育机制的运行指向，即做什么、应当完成什么样的目标，因而必须符合、遵守单个的、局部的、阶段性的思想政治教育活动过程；一是从系统的、整体的、长期的思想政治教育运动过程总的目的和方向来看，思想政治教育机制的目标性选择和利用，预先确定了思想政治教育机制的运行指向，这种运行性和指向性，不仅是阶段性的，而且更是长远性的、根本性的、整体性的，所有适应阶段性的思想政治教育活动的思想政治教育机制必须有效链接，形成机制合力，统一于总目标之中。

整合性。思想政治教育机制的整合性，是指思想政治教育机制对于思想政治教育系统涉及到的内外因素具有整体综合、协调凝聚的功能。毫无疑问，思想政治教育实践活动是一项错综复杂的系统工程，涉及到方方面面的内外因素，为使这些内外因素的运动方向整体一致、良性发展，就必须进行有机的协调整合。思想政治教育机制的整合性特征，能有机统合思想政治教育系统内部各要素构成之间的行为，促进其相互关联、相互制约、相互推进，以此形成思想政治教育作用于实践客体对象的着力点，产生出整体大于部分之和的综合效应。

能动性。思想政治教育机制不仅具有明显的动态性，更具有思想政治教育机理所不具有的能动性。一方面，思想政治教育机制为了达到思想政治教育资源的调节、优化和整合，适应思想政治教育方法的多样性要求，以此实现思想政治教育目标和任务，就必须不断创新，处于不断发展和不断变化之中；另一方面，更为重要的是，思想政治教育机制还具有能动性特点，能促使思想政治教育系统自觉地、自主地不断进行自我约束、自我调整、自我完善。也就是说，随着客观环境的变化，人们思想认识的不断深化，思想政治教育机制必然是在适应——不适应——新的适应的波浪式进程中曲折前进的。

毋庸讳言，无论是在学科研究领域还是在日常生活中，人们常常将“机理”与“机制”两个概念相互混淆。在相关学术研究中，研究者常常将机理和机制等同使用，认为机理就是机制；或者将两者的上下位关系颠倒，认为机制包含机理。如唐晓清等认为：“机制又叫机理，原指机器的构造和原理，是传统工程学的概念。”① 张琼等认为：“何谓机制，简而言之，机制就是引发研究对象发生规律性变化，决定研究对象存在状态的机理。”② 通过上文所述，虽然我们可以通过思想政治教育机理来揭示思想政治教育机制，也可以通过已有的行之有效的思想政治教育机制来揭示思想政治教育机理，来验证所揭示的思想政治教育机理是否正确和科学。但可以明确的是，思想政治教育机理和思想政治教育机制是两个不同的范畴。其实在现实生活中，人们对机理的认识往往是从原理、道理、原因的层面认识的。例如我们说的气功养生的机理、大蒜抗癌的机理等等，都是从活动原理、原因而言的。而人们常说的完善某种机制、建立某种机制等等，都是从机体的结构和组合方式而言的。故此，从“机制”一词的原意及其演化的涵义来看，它是指事物有机体内部要素之间的制约关系对有机体运行和发展的调节形式，或者说是维持机体自身发展与自我平衡的各种内外部要素的有机结合。可见，思想政治教育机理与思想政治教育机制是有区别的，其主要区别是：思想政治教育机理是指思想政治教育这一社会事物内部活动的原理，思想政治教育机制是指组成思想政治教育这一社会事物的各要素之间相互联结所形成的制约关系对思想政治教育系统运行和发展的调节形式；思想政治教育机理，是什么原理就是什么原理；思想政治教育机制，是有多种的，人们可以选择，可以建立人们所期望的对思想政治

---

① 唐晓清、段冰冰：《论反腐败惩防体系中的机制建设》，载《学习论坛》，2005（12）。

② 张琼、马尽举：《道德接受论》，4页，北京，中国社会科学出版社，1995。

教育运行和发展最适合人的教育要求的调节形式；思想政治教育机理是思想政治教育存在着的活动原理，人们只能去适应它，按这一原理去从事思想政治教育实践活动，利用这一原理去开展有关思想政治教育实践活动，而思想政治教育机制，人们则可以改变它，使它适合人的要求建立相应的机制。因此，思想政治教育机理是纯自然的客观的体系，而思想政治教育机制则既是主观的又是客观的。

（三）民族思想政治教育机理的概念界定

以上通过对思想政治教育机理和思想政治教育机制概念的内涵分析及其内在本质的比较，为民族思想政治教育机理概念的科学界定提供了坚实的理论基础。从一般意义上而言，不同的事物有着不同的内在发生、运行、作用和发展机理。思想政治教育机理是研究整个思想政治教育为何发生、怎样运行、如何作用以及如何发展的内部的活动原理。以此而论，民族思想政治教育机理只是思想政治教育机理研究中的一个部分、一个层面，只是思想政治教育机理多样化存在样态的形式之一。正如前文所述，民族思想政治教育是指："某政权或国家（尤其是多民族国家）有目的、有计划地对社会成员进行一定民族观教育，使其认同民族、民族共同体和国家的社会实践活动。"① 根据民族思想政治教育的涵义界定可知，所谓民族思想政治教育机理，是指某政权或国家（尤其是多民族国家）在对社会成员进行一定民族观教育、使其认同民族、民族共同体和国家的过程中所应遵循的内在活动原理。这一定义包含以下涵义：其一，民族思想政治教育机理特指的是民族思想政治教育内部的活动原理，而不是其他思想政治教育形式或类型的内在活动原理。从宏观层面上来讲，思想政治教育机

① 徐柏才：《建立民族思想政治教育学的思考》，载《中央民族大学学报》（哲学社会科学版），2009（5）。

理对任何形式或类型的思想政治教育都具有普遍的理论和实践指导意义，任何具体的思想政治教育形式或类型都应遵循普遍意义上的思想政治教育机理。但与此同时，思想政治教育的存在样态和形式类别又是如此繁多，因而具体不同形式或类型的思想政治教育机理又具有特殊性。如民族思想政治教育是关于民族观教育的实践活动，民族思想政治教育不仅要遵循一般的思想政治教育机理，更应适应民族特有的生活地域、心理特点、文化环境等等。其二，民族思想政治教育机理是融物理、人理、事理为一体的。民族思想政治教育属于社会事物，是人与物的结合系统，要遵循思想政治教育内部的物理、人理和事理。由于民族思想政治教育是针对单一民族或多民族而做事的一种社会事物，它必然要涉及到民族思想政治教育这一社会事物自身的发生、运行和发展之理，也涉及到民族思想政治教育如何作用于人、使人接受的做人之理、做事之理。可以看出，民族思想政治教育机理内在地包含着民族思想政治教育发生机理、运行机理、作用机理和发展机理。

二、民族思想政治教育机理的表现形态[①]

机理总是具有一定的表现形态，且以一定的表现形式相互连接、相辅相成，民族思想政治教育机理也是如此。由于时间和空间是物质的存在形式，我们可以从时空的视角研究民族思想政治教育机理的表现形态。本书主要从民族思想政治教育机理时态的存在和表现来展开研究。

时态即事物在时间上的存在形态。所谓民族思想政治教育机理的时态，是指民族思想政治教育机理在时间上的存在状态。民族思想政治教育作为一种客观存在的社会现象，总是离不开一定的时间维度，由于不同时间段的民族思想政治教育的具体情况不

① 赵继伟：《思想政治工作机理研究》，63～223页，2008年武汉大学博士学位论文。

一样，民族思想政治教育主体不一样，民族思想政治教育的内容不一样，民族思想政治教育的具体目标不一样，民族思想政治教育的方式、方法、手段等也不尽相同，这就使民族思想政治教育随时间的不同而呈现出不同的特点和形式。然而，由于民族思想政治教育机理是对任何时间的民族思想政治教育都能够发挥作用的，所以，民族思想政治教育机理的时态所指称的时间，并不是从上述意义上来说的。任何一次完整的思想政治教育，不管是民族思想政治教育抑或社会思想政治教育，还是个体思想政治教育，都有一个由发生到发展的自然逻辑进程，在这个逻辑进程的不同阶段，总是表现为不同的时间段，这些时间段针对某次民族思想政治教育而言的，属于相对意义上的时间，是从逻辑意义上说的。因为从绝对意义上来说，每一次完整的民族思想政治教育都应该是在一定的时间内进行的。由于民族思想政治教育的逻辑展开，总是表现为民族思想政治教育发生、民族思想政治教育运行、民族思想政治教育作用和民族思想政治教育发展等不同的阶段，这些阶段总是表现为一定的时段。不同逻辑时段的民族思想政治教育，既可以看做是民族思想政治教育的重要组成部分，又总是有其不同的特点和形式，从而有其不同的机理。从这个意义上说，这些不同的机理就表现为不同的时态。由于民族思想政治教育机理总是有不同的时态，因而构成了民族思想政治教育在时间上前后相继的机理体系，这个机理体系就是表现为民族思想政治教育机理的时态。

（一）民族思想政治教育的发生机理

民族思想政治教育的发生是民族思想政治教育逻辑运演的起点，要认识民族思想政治教育机理，首先必须探究民族思想政治教育的发生机理。

1. 发生与民族思想政治教育发生的涵义

在《辞海》里，对发生的解释有两层含义：一是指萌发、生长："好雨知时节，当春乃发生"；也指春天："春为发生"。二是指事态出现：发生事故、发生问题等。[①] 瑞士心理学家皮亚杰认为，发生乃是一种转变，"它来源于状态 A 而结束于状态 B，而状态 B 在这里比状态 A 较为稳定些。……我们首先要避免把我们对于发生的定义置于一个绝对开端的基础上。在心理学里面，没有绝对开端，而发生总是从一个最初状态开始，而这个状态也是一个结果。结果，发生只是一种发展的形式。然而，发生并不是一种种类的发展，也不是简单的转变，我们可以给'发生'下一个定义，说它是一个相对稳定的转变系统，它是一个历史过程并继续地从状态 A 转变为状态 B，状态 B 比最初的状态 A 较为稳定，而且是状态 A 的延伸"[②]。从这个解释可以看出，皮亚杰认为，发生是一个不断建构的过程，它是事物从无到有、从简单到复杂、从幼稚到成熟的过程。上述表明，发生可以是一个过程，也可以是一个结果。作为过程的发生，是指对于事物发生的动态考察；作为结果的发生，是指对于事物发生的既成事实的判定。

民族思想政治教育作为人类思想政治教育实践活动的重要组成部分，也有着自己的发生进程。从对"发生"含义的科学考察，以及从本书对民族思想政治教育的"原始发生"研究立场出发，我们可以认为，民族思想政治教育发生，是指某政权或国家对社会成员进行民族观教育的这种客观历史实践活动或社会现象从不存在到存在、从无到有的过程。这一概念界定包括以下涵义：其一，民族思想政治教育是人类普遍存在的一项社会实践活动，它的发生与人类社会的产生应是同步的。人类社会形成之初，由于生产力发展水平极其低下，同时面临着大自然的威胁，客观上要求各民族部落成员必须具有勇敢、机智、团结、互助的品质。而

---

① 夏征农：《辞海》（1999 年版缩印本），1415 页，上海，上海辞书出版社，2000。

② ［瑞士］皮亚杰：《儿童的心理发展》，傅统先译，157 页，济南，山东教育出版社，1982。

这些品质不会自发产生，这就需要不同民族中年长者有目的、有计划地向本民族部落成员尤其是年幼者进行培养和训练。原始民族思想政治教育由此产生。其二，民族思想政治教育的原始发生，仅研究民族思想政治教育从无到有的发展历程，而对于独立形态甚或是成熟形态的民族思想政治教育的发生不在本书重点研究的范围之列。所谓独立形态的民族思想政治教育，是指随着社会生产力的发展，人类社会出现了屡次的分工，民族思想政治教育活动作为一项独立的社会事业出现后的形态。所谓成熟形态的民族思想政治教育，是指民族思想政治教育走向成熟，出现了理论化、系统化和科学化的形态。

2. 民族思想政治教育的发生机理：民族群体思想依存机理

我们研究原始民族思想政治教育，不是研究民族思想政治教育原始发生的每一个阶段、每一个环节，也不是研究民族思想政治教育发生的每一个方面，而是从民族思想政治教育整体发生而言的，因此对民族思想政治教育发生机理研究是从这个意义上讲的。在当代人类学家看来，“原始”一词特指“使用非书面语言的民族”①，因此，原始社会是史前社会。对于史前社会出现的事物的研究，本来就是一件很难的事情，对于史前社会出现事物发生机理的研究就更难。基于此，本书对于民族思想政治教育发生机理的研究，不可能是对原始民族思想政治教育的发生进行简单辑录，除了借鉴已有的关于早期人类社会的研究成果和学界关于思想政治教育发生的成果外，还以现实的思想政治教育为追溯的起点，借助于假说推理的研究方法，向原始民族思想政治教育进行追问，从而从一般意义上来研究民族思想政治教育的发生机理。所以，本书对于民族思想政治教育发生机理的研究，是从一般的意义上而言的，重点仅是对民族思想政治教育发生一般机理的揭

① ［美］奥托贝因：《比较文化分析》，18 页，1977 年纽约英文版。转引自张浩：《思维发生学——从动物思维到人的思维》，5 页，北京，中国社会科学出版社，1994。

示，而不在于对具体发生细节的深掘。

民族思想政治教育发生机理，是民族思想政治教育发生的内在原理，其主要表现为民族群体生存发展对民族群体思想依存的机理，即各民族群体之间的生存发展相互依存于各民族群体之间的思想。

（1）民族群体思想依存机理的涵义

恩格斯在1884年所出版的《家庭、私有制与国家的起源》一书指出，共祖的血族团体结成氏族，氏族结成部落，进而结成部落联盟，融合成“民族［Volker］”[①]。可见，民族群体是在原始社会末期（野蛮时代文明阶段）到进入阶级社会时期形成的。本书所谓的民族群体，正是指原始社会末期的初级的各民族社会群体。由于受生产力发展水平的制约，这些民族群体仅限于狭小的范围之内存在，民族群体不是任意的一群人，而是有着特定的特征，这些特征主要是“有明确的成员关系、有持续的相互交往、有一致的群体意识和规范、有一致行动的能力”[②] 等。民族群体生存发展与民族群体思想之间是相互依存、相互影响的关系。在原始社会，一方面，民族群体生存发展离不开群体思想，必须依靠各群体思想，受各群体思想的影响和制约。民族群体要生存发展，必须在一定群体思想的指导下进行，群体的原始集体意识、原始平等思想、原始互助精神和原始宗教观念，对于一定的民族群体生存发展，具有非常重要的制约和影响作用。另一方面，群体思想来源于各民族群体生存发展的社会实践活动，受各民族群体生存发展的影响和制约。在原始社会，人类社会在生存发展的过程中，为了与大自然、野兽进行抗争，就必须加强群体内部的信息交流，必须加强群体内部的秩序感，为着群体的利益而形成共同的观念和意识，这就形成了群体思想。因此，民族群体思想依存机理是

① 《马克思恩格斯选集》第4卷，94页，北京，人民出版社，1995。

② 郑杭生：《社会学概论新修》，190页，北京，中国人民大学出版社，1994。

指群体思想一经形成，总是对于所在民族群体的生存发展发挥作用，民族群体总是要依托一定的群体思想而实现自己的生存和发展。正是在民族群体生存发展对群体思想的依存的过程中，原始民族思想政治教育得以发生。

（2）民族群体思想依存机理的内容

民族群体思想依存机理的内容主要包括：民族群体依存思想进行思想发动、民族群体依存思想形成民族群体凝聚力、民族群体依存思想协调民族群体关系、民族群体依存思想统一民族群体行动。

民族群体依存思想进行思想发动。在原始社会初期，由于当时的社会还没有形成民族，而仅仅是以民族的原始雏形——群体为单位的，原始人的活动范围总是超不出特定群体之外，在群体中没有阶级之分，所以其社会统治思想就表现为原始群体思想。因此，原始社会群体要进行思想发动，就是用群体思想去进行。社会群体生存发展依存群体思想进行思想发动，主要表现为依存原始集体意识进行思想发动。集体意识是原始社会初期人们的一种朴素的意识，求生存的欲望使人们认识到集体的利益高于一切，群体成员从出生的一刻起，便能感受到强大的集体力量。但是，由于人的认识的层次性，不是所有原始人在任何时候都能够考虑到集体利益。为此，就需要氏族首领或者部落中的年长者依靠群体集体意识去进行思想发动，动员群体成员在关键时刻能够以集体利益为重，甚至用自己的生命去捍卫集体的利益和尊严。

民族群体依存思想形成民族群体凝聚力。民族群体依存思想形成民族群体凝聚力，主要是依存民族群体的原始互助精神。原始互助精神是与原始集体意识相呼应的一种群体思想形态。在原始社会，无论是血缘群体还是民族群体，都把互助看做是其群体成员应尽的天然义务。由于生产力十分低下，原始人群时刻面临饥饿的威胁，这就迫使有劳动能力的人都必须参加劳动。在劳动过程中，群体成员通过长期的互助合作，使整个社会群体形成了原始的互助精神。在民族内部，民族成员根据性别、年龄和体力的情况实行自然分工，每个人根据自己的天然特长，竭尽所能地为集体事务作贡献。原始社会群体正是靠不断加强对本民族群体成员互助精神的培养，使群体成员在共同劳动的过程中形成原始互助精神，从而形成了强大的集体凝聚力，抵御自然灾害和其他民族部落的侵扰，实现民族群体的持续生存与发展。

民族群体依存思想协调民族群体关系。民族群体依存思想协调民族群体关系，主要是依存原始平等思想。原始民族群体有着比较强烈的平等思想，这种原始平等思想无论是在经济上还是在政治上都表现明显，从而使原始民族群体形成了很强烈的平等思想或平等意识，这种平等思想使原始社会群体能够保持相对协调的民族群体关系。正是由于这种平等思想的存在，使各民族群体各项事务得以顺利进行，各民族群体成员之间关系协调、融洽。

民族群体依存思想统一民族群体行动。民族群体依存思想统一民族群体行动，就是从民族群体思想出发，用民族群体思想中的相关思想来统一民族群体的行动。原始社会民族群体依存民族群体思想来统一民族群体行动，主要表现为：一是依存集体意识来统一民族群体的行动，即通过唤起集体意识来统一民族群体行动；二是依存民族群体平等思想来统一民族群体行动，即通过平等的交流和原始民主协商来统一民族群体行动；三是依存民族群体互助精神来统一民族群体行为，即通过激发民族群体互助精神来统一民族群体行动；四是依存民族群体原始宗教观念来统一民族群体行动，即借助于民族群体成员原始的宗教观念来统一民族群体行动。

（3）民族群体思想依存机理是民族思想政治教育发生机理的缘由

为什么说民族群体思想依存机理是民族思想政治教育发生机理的本源呢？这主要可以从民族群体思想依存机理是否同时具有一般思想政治教育机理的属性、民族思想政治教育机理的属性、民族思想政治教育发生机理的属性来进行判定。

其一，民族群体思想依存机理具有一般思想政治教育机理的属性。思想政治教育机理的属性包括动态性、关系性和原理性，而民族群体思想依存机理也应具有这三个属性。就动态性来说，由于民族群体思想依存机理具体表现为民族群体依存思想进行思想发动、民族群体依存思想形成民族群体凝聚力、民族群体依存思想协调民族群体关系和民族群体依存思想统一民族群体行动，因而具有明显的动态性；就关系性来说，由于民族群体思想依存机理是民族群体生存发展依存民族群体思想来进行思想发动，以此形成民族群体凝聚力、协调民族群体关系和统一民族群体行动的，因而具有引发关系、规约关系，所以也有着明显的关系性；就原理性来说，由于原始民族思想政治教育还没有从其他领域中脱离出来，而是与其他社会实践活动相融合，只要是为着民族群体生存发展的需要群体必然要依存民族群体思想，而民族群体依存思想进行思想发动、民族群体依存思想形成民族群体凝聚力、民族群体依存思想协调民族群体关系和民族群体依存思想统一民族群体行动，都可以说是属于民族思想政治教育的领域，可以说是在民族思想政治教育内部进行的，所以民族群体思想依存机理也具有鲜明的原理性。

其二，民族群体思想依存机理具有民族思想政治教育机理的属性。民族思想政治教育机理作为民族思想政治教育的活动原理，除了一般思想政治教育机理的一般属性外，也具有自身的特性。这种特性表现为民族性。也就是说民族思想政治教育机理是在各民族之间或本民族之间的思想政治教育实践活动中发挥作用的，是各个民族思想政治教育的活动原理。那么，民族群体思想依存机理是否具有民族性呢？正如上文所述，在原始社会中，由于生产力水平、人类社会改造自然能力的低下，人类社会的活动范围非常狭窄，人们活动的范围局限于其所在的群体，因而其民族性主要又表现为群体性。原始意义上的民族，其实就局限于群体的活动范围，原始人所受的思想影响也是仅限于原始群体内部的。从这个意义上说，原始社会群体的思想实际上就是民族群体的思想。所以，民族群体思想依存机理具有民族思想政治教育机理的民族性。

其三，民族群体思想依存机理具有民族思想政治教育发生机理的属性。民族思想政治教育发生机理是民族思想政治教育机理的一个方面、一个层次，因此，它也必然有着自身的属性。由于民族思想政治教育发生机理是民族思想政治教育系统发生的内部活动原理，所以，民族思想政治教育发生机理就必然兼具思想政治教育发生或民族思想政治教育发生的一些属性。民族思想政治教育发生有哪些属性呢？由于民族思想政治教育发生是民族思想政治教育从不存在到存在、从无到有的过程，所以，民族思想政治教育发生就表现为过程中的转变性。过程中的转变性，是指民族思想政治教育的发生不是一蹴而就的，而是一个不断转变的过程。从民族群体思想依存机理来看，不管是民族群体依存思想进行思想发动、民族群体依存思想形成民族群体凝聚力，还是民族群体依存思想协调民族群体关系，甚或是民族群体依存思想统一民族群体行动，都是在过程中发生转变的，正是这一系列的活动促使了民族群体思想政治教育的发生。

（二）民族思想政治教育的运行机理

民族思想政治教育的运行机理，是民族思想政治教育寓于民族社会生活机理。

1. 运行与民族思想政治教育运行的涵义

“运行”是由“运”和“行”构成的，“运”即运动、活动，“行”即行走、行进。由此可见，“运行”即运动、行进、运转。运行是物体的一种规则的运动方式，是在一定的时空内，按照一定的方式周而复始地运转，也就是说，运行具有规则性、规律性、过程性的特点。从宏观上讲，民族思想政治教育运行，是指各民族在思想政治教育实践活动中，其教育计划、教育目标从发生后到被社会成员所接受这一过程中的运转过程。从微观上讲，是指具体的民族思想政治教育实践活动发生后到结束前的运转过程。本书所探究的民族思想政治教育运行是指前者。民族思想政治教育运行和其他事物的运行一样，总是有一定的运转过程，对其运行过程的把握，可以有助于我们认识民族思想政治教育运行的机理。

2. 民族思想政治教育的运行机理：民族思想政治教育寓于民族社会生活机理

民族思想政治教育运行机理，是指民族思想政治教育内部的运行原理，它主要表现为民族思想政治教育寓于民族社会生活机理。系统研究民族思想政治教育寓于民族社会生活机理，需要分别研究民族思想政治教育寓于民族社会生活机理的涵义、民族思想政治教育寓于民族社会生活机理的内容、为什么民族思想政治教育寓于民族社会生活机理是民族思想政治教育的运行机理等方面。

（1）民族思想政治教育寓于民族社会生活机理的涵义

民族思想政治教育是社会客观存在的事物，其本身就是社会生活的重要组成部分，是社会生活样态存在的方式之一，因而必须融于社会生活之中。民族思想政治教育寓于民族社会生活包含两层含义：一是民族思想政治教育是民族社会生活的重要组成部分。民族思想政治教育作为人类各民族的一项普遍性的社会实践活动，自原始社会产生以来，一直与人类各民族社会生活相伴相生。不管是原始社会生活、奴隶社会生活、封建社会生活、资本主义社会生活，还是社会主义社会生活，都存在着民族思想政治教育。在任何一种社会形态中，不管是社会经济生活、社会政治生活，还是社会文化生活中，都存在或者渗透着民族思想政治教育思想。所以，民族思想政治教育是社会生活的重要组成部分，它伴随着人类社会生活的全过程。二是民族思想政治教育必须以各民族社会生活为融寓体。无论是对胡塞尔通过回到日常生活世界，最终回到“原始生活世界”的理性批判，还是哈贝马斯所断定的“生活世界”是一个充满前见的原发境域，是“灌木丛”（自然、社会、历史、当下、真假、善恶、美丑、是非等相互交织的整体），也无论教育世界与日常生活世界怎样历经融合到分离，但教育即生活的本质注定了思想政治教育的生活性——回归于人们的日常生活世界——教育源于生活世界，存在于生活世界，只不过是超越了受教育者的日常生活世界相对独立存在而已。思想政治教育原本就是生活的一部分，具有强烈的生活气息，是人类生活在客观世界中的确证。在人类之初，“一个人是通过共同生活的过程来教育自己的，而不是被别人所教育的”①，思想和道德教育是以各民族的风俗习惯形式与各民族人民的生产、生活过程融为一体的。人类社会进入现代工业文明以来，源初于生活的思想政治教育反而背离了人们的日常生活，成为保证社会政治、经济、文化发展的工具性价值，淡化了其满足自身创造升华和人类素质发展需要的主体性价值。受教育的人们可以“理解所有关于太阳的知识，所有关于空气的知识和所有关于地球旋转的知识，但却看不到日落的光辉”②。但是，由于各民族的差异性，由此带来各民族生活方式、生活观念、生活态度的不一致性，故而，在民族思想政治教育过程中，必须将民族观或国家观的教育融于本民族鲜明的社会生活中，以各民族富有特色的社会生活为融寓体。

（2）民族思想政治教育寓于民族社会生活机理的内容

民族思想政治教育条件寓于民族社会生活。民族思想政治教育条件是民族思想政治教育运行的基础，如果没有民族思想政治教育条件，民族思想政治教育就不能实施，就不能顺利运行。民

---

① 联合国教科文组织国际教育发展委员会：《学会生存》，28页，北京，教育科学出版社，1996。

② ［美］怀特海、小威廉姆·E·多尔：《后现代课程观》，王宏宁译，212页，北京，教育科学出版社，2000。

族思想政治教育条件寓于民族社会生活，就是民族思想政治教育条件存在于社会的经济、政治、文化、生态、生活等各个方面。这就要求我们充分利用经济条件、政治条件、文化条件、心理条件和生态条件，将可以促进民族思想政治教育运行的主客观条件寓于民族社会生活之中。这从另一个方面指明了民族思想政治教育条件不会超越一定的民族社会生活条件，总是受到当时民族社会生活条件的限制，因而民族思想政治教育必须以一定的社会生活条件为基础和前提，不能超越一定民族社会生活条件的限制。从民族思想政治教育发展史来看，凡是试图超越特定社会生活条件的思想政治教育注定以失败而告终。所以，民族思想政治教育要良性运行，不但要善于运用一定的民族社会生活条件，也不能超越一定的民族社会生活条件。

民族思想政治教育内容寓于民族社会生活。民族思想政治教育内容是民族思想政治教育运行的必要因素，是民族思想政治教育的灵魂。民族思想政治教育内容是多种多样的，是随着各民族历史条件的不同、周围环境的不同而发生变化的，它不仅决定着民族思想政治教育的性质，而且是实现民族思想政治教育目标和任务的重要保证。将民族思想政治教育内容寓于社会生活，就是民族思想政治教育内容融寓在民族社会生活的人和事之中。社会生活说到底是由人和事组成的，人和事是与社会生活密不可分的，没有离开人和事的社会生活，也没有离开社会生活的人和事。民族思想政治教育内容不能脱离现实生活，尤其是不能脱离本民族的现实生活，必须贴近生活、贴近实际、贴近群众，通过各民族社会生活中鲜活的人和事来进行民族观和国家观的教育。

民族思想政治教育载体寓于民族社会生活。民族思想政治教育载体寓于民族社会生活，是指民族有什么样的社会生活，就有什么样的民族思想政治教育载体。民族思想政治教育载体在民族思想政治教育运行中是非常重要的，它是民族思想政治教育的承载者，是民族思想教育信息和能量的传递者。民族思想政治教育要顺利进行，必须依托一定的思想政治教育载体。民族思想政治教育载体因各个民族文化、经济、政治发展的不同而有着不同的表现形式，但不管是什么样的载体，不管是民族传统思想政治教育载体还是民族现代思想政治教育载体，都是存在于一定民族社会生活中的。由于民族社会生活自身就是民族思想政治教育载体形式之一，各民族思想政治教育载体必然寓于各民族相应社会生活。

当然，还有诸如民族思想政治教育形式寓于民族社会生活，民族思想政治教育环境或情境寓于民族社会生活，等等，在此不一一赘述。

（3）民族思想政治教育寓于民族社会生活机理是民族思想政治教育运行机理的缘由

民族思想政治教育寓于民族社会生活机理是否能够成为民族思想政治教育运行的机理，可以从三个方面来进行证实，即要看民族思想政治教育寓于民族社会生活机理是否具有一般思想政治教育机理的属性、是否具有民族思想政治教育机理的属性、是否具有民族思想政治教育运行机理的属性。如果同时具备以上三个条件，则民族思想政治教育寓于民族社会生活机理就能够成为民族思想政治教育运行的机理。

其一，民族思想政治教育寓于民族社会生活机理具有一般思想政治教育机理的属性。首先，民族思想政治教育寓于民族社会生活机理具有动态性。由于社会生活和思想政治教育都是运动着的系统，都是不断变化的，民族思想政治教育寓于民族社会生活的具体形式也是不断发生变化的。这说明民族思想政治教育寓于民族社会生活机理具有很明显的动态性。其次，民族思想政治教育寓于民族社会生活机理具有关系性。由于民族社会生活是由各民族社会生活主体与社会生活条件之间发生相互作用而形成的，民族思想政治教育寓于民族社会生活，又是各民族社会生活与民族思想政治教育发生相应的关系而形成一定的融寓关系，各民族社会生活作为民族思想政治教育的融寓体，是不停地与民族思想政治教育发生各种积极关系的。这说明民族思想政治教育寓于民族社会生活机理具有明显的关系性。最后，民族思想政治教育寓于民族社会生活机理具有原理性。由于民族思想政治教育寓于民族社会生活机理，是各民族社会生活与民族思想政治教育之间发生融寓与被融寓关系的原理，该原理内含着民族思想政治教育条件寓于民族社会生活、民族思想政治教育内容寓于民族社会生活、民族思想政治教育载体寓于民族社会生活等具体原理。因此，民族思想政治教育寓于民族社会生活机理，也具有深刻的原理性。

其二，民族思想政治教育寓于民族社会生活机理具有民族思想政治教育机理的属性。民族思想政治教育运行机理又属于民族思想政治教育机理的范畴，其不仅要具有一般思想政治教育机理的属性，还要同时具有民族思想政治教育机理的属性。因此，我们确定民族思想政治教育寓于民族社会生活机理是不是民族思想政治教育运行机理，也要看其是不是具有民族思想政治教育机理的属性。所谓民族社会生活，是指存在于各民族中的以物质生产为基本活动的人们的各种社会活动。民族的社会生活，不管是各民族社会公共生活、各民族社会职业生活还是各民族家庭生活，不管是各民族社会经济生活、社会政治生活还是社会文化生活，都是各民族的社会生活，都具有本民族的民族性。民族思想政治教育寓于民族社会生活机理，不管是民族思想政治教育的哪个方面、哪个层次寓于社会生活，都是在该民族社会生活范围内融寓的，都同样具有民族性。由此可见，不管从哪个角度分析民族思想政治教育寓于民族社会生活机理，都可见其具有各个民族的民族性以及各个民族作为一个相互作用整体的民族性。

其三，民族思想政治教育寓于民族社会生活机理具有民族思想政治教育运行机理的属性。民族思想政治教育运行机理除了具有一般思想政治教育机理的属性和民族思想政治教育机理的属性外，还必须具有民族思想政治教育运行机理的属性。民族思想政治教育运行具有时序性、规律性和过程性，民族思想政治教育运行机理也应具备这些属性。而民族思想政治教育寓于民族社会生活机理要成为民族思想政治教育的内在机理属性，也必须具有民族思想政治教育机理的属性。从有时序性来看，民族思想政治教育是有目的、有计划的社会实践活动。这决定了其寓于民族社会生活中不是杂乱无章的，而是依照民族思想政治教育系统的运行顺序，以一定的时序寓于民族社会生活之中。从规律性来看，民族思想政治教育寓于民族社会生活机理的规律性，表现在各自发展的规律性，表现在各自以独特方式运行的规律性，这些规律性促使民族思想政治教育寓于民族社会生活机理具有一定的规律性。从过程性来看，毫无疑问，由于民族社会生活和民族思想政治教育都表现出一定的过程，都处于一定的过程之中，都是在一定的过程中运行的，因此，民族思想政治教育寓于民族社会生活机理也就具有过程性。

（三）民族思想政治教育的作用机理

民族思想政治教育的作用机理，是事物存在的价值机理。

1. 作用与民族思想政治教育作用的涵义

从“作用”的不同应用领域来讲，具有不同的含义，如教育学领域的激励作用、导向作用、评价作用等；生物学领域的光合作用、固氮作用、生物转化作用等；医学领域的药物副作用、保健作用、抗生素的作用原理；心理学领域的暗示作用、美感作用等。从“作用”的词性来说，作为动词的“作用”，其含义是指对事物产生影响，例如外界的事物作用于我们的感觉器官；作为名词的“作用”，其含义有三：其一，是指对事物产生某种影响的活动，例如同化作用、消化作用。其二，是指对事物所产生的影响、效果、效用，例如副作用、积极作用、发挥作用。其三，是指用意，例如他刚才说的那些话是有作用的。[①] 由于本书旨在揭示民族思想政治教育逻辑运演过程的机理，因而，民族思想政治教育作用中的“作用”主要是从动词的角度来进行阐释的。民族思想政治教育作用的含义有广义和狭义之分。广义的民族思想政治教育作用，是指民族思想政治教育对子系统或其他事物产生影响。狭义的民族思想政治教育作用，仅指民族思想政治教育对其要素产生影响，尤其是仅指民族思想政治教育对民族思想政治教育对象产生的影响，这种影响具有明显的多态性和价值性特征。本书主要是从狭义的角度理解的，并且着重限于民族思想政治教育对民族思想政治教育对象产生积极影响来进行阐述的。

2. 民族思想政治教育的作用机理：事物存在的价值机理

民族思想政治教育作用机理，即思想政治教育对各民族社会成员的作用机理，具体表现为民族思想政治教育这种事物存在的价值机理。要深入领会事物存在的价值机理，就必须对事物存在的价值机理的涵义、事物存在的价值机理的内容、为什么事物存在的价值机理是民族思想政治教育作用机理等方面展开探究。

（1）事物存在的价值机理的涵义

价值作为一种主客体关系，是客体的存在与属性对主体需求的满足关系，是“主体在实践活动中建立起来的，以主体的尺度为尺度的一种客观的主客体关系，是客体的存在及其性质是否与主体的本性、目的和需要等相一致、相适应、相接近的关系”[②]。由此看来，事物存在的价值，是指某事物的存在能不能满足主体的需要及其满足的程度的关系。一般来说，事物存在价值，就可以对其价值主体进行作用，其价值彰显的程度与其作用实现的程度成正比，价值彰显的程度越大，作用实现的程度就越大。民族思想政治教育作为一种客观事物，其自身存在着能够满足社会需

① 刘振铎：《现代汉语辞海》，900 页，延边，延边教育出版社，2002。

② 项久雨：《思想政治教育价值论》，38 页，北京，中国社会科学出版社，2003。

要的属性，这种属性随着民族思想政治教育事物的存在而有可能表现出来，这就是民族思想政治教育作用的机理。在民族思想政治教育领域，思想政治教育对象是整个民族社会成员，民族思想政治教育对其对象产生作用，其实就是对整个民族社会成员产生作用。而民族思想政治教育所以能够对民族社会产生作用，正是因为其存在的价值使然。故此，事物存在的价值机理，是指事物所以产生作用，是由于事物存在的价值引起的，事物存在的价值是事物发生作用的内在原因。

（2）事物存在的价值机理的内容

事物存在的现实性价值引发民族思想政治教育作用。事物存在的价值，首先表现在事物存在的现实性价值。事物存在的价值机理，也必须首先从事物存在的现实性价值上去追问。就民族思想政治教育来说，其作用于各民族社会成员，不是抽象地作用，而是具体地作用，这就首先要在现实生活中得以呈现。很显然，民族思想政治教育服务于现实社会，就是服务于现实社会中各民族的政治、经济、文化、生态乃至社会和谐。民族思想政治教育服务于现实政治，就呈现出政治价值；民族思想政治教育服务于现实经济，就呈现出经济价值；民族思想政治教育服务于现实文化，就呈现出文化价值；民族思想政治教育服务于现实生态，就呈现出生态价值；民族思想政治教育服务于现实社会稳定，就呈现出社会稳定价值。由此可见，民族思想政治教育在其现实性上，客观地存在着政治价值、经济价值、文化价值、生态价值和社会稳定价值。正是民族思想政治教育的这种现实性价值，使民族思想政治教育可以作用于各个民族的社会生活。

事物存在的历史性价值引发民族思想政治教育作用。事物存在的价值，又表现为事物存在的历史性价值。民族思想政治教育在过去对价值主体的服务，就是在过去对各民族社会整体的服务。这种服务，在过去不同的历史时代，具体的内容是不同的。有的时代偏重于对政治的服务，有的时代偏重于对经济的服务，有的时代偏重于对文化的服务，有的时代偏重于对社会稳定的服务，有的时代偏重于对社会和谐的服务，或者兼而有之。不管偏重于哪种服务，都毫不例外地要服务于社会和谐。民族思想政治教育在过去时代客观地服务于不同民族社会政治、经济和文化，对整个民族社会发挥了积极的作用，正是由于其在过去存在的价值使然。

事物存在的潜隐性价值引发民族思想政治教育作用。事物存在的价值，还表现为事物存在的潜隐性价值。事物存在的潜隐性价值，是事物自身所固有的、面向社会未来需要的理想价值。随着社会发展水平的提高，作为社会主体的人的需要总是不断发生变化的，总是有新的需要不断出现，合理的需要必须得到满足，如何使这种需要得到满足，可以借助于许多能够满足这种需要的事物，民族思想政治教育能够满足各个民族社会新需要以及服务于整个国家新发展的这种属性，其实就是民族思想政治教育的潜隐性价值。民族思想政治教育这些潜隐性价值的存在，也是民族思想政治教育得以发展的动力所在。

（3）事物存在的价值机理是民族思想政治教育作用机理的缘由

事物存在的价值机理是否能够成为民族思想政治教育作用的机理，可以从三个方面来进行证实，即要看事物存在的价值机理是否具有一般思想政治教育机理的属性，是否具有民族思想政治教育机理的属性，是否具有民族思想政治教育作用机理的属性。如果同时具备以上三个条件，则事物存在的价值机理就能够成为民族思想政治教育作用的机理。

其一，事物存在的价值机理具有一般思想政治教育机理的属性。事物存在的价值机理要成为民族思想政治教育作用机理，首先必须具有思想政治教育机理动态性、关系性和原理性的属性。就动态性而言，随着社会条件和历史条件的不同，思想政治教育价值主体的需要总是不同的，事物存在的价值机理的表现也总是不同的，这说明事物存在的价值机理具有动态性。另外，事物存在的价值是以事物的存在为前提的，而事物只有处于不断的运动之中才能存在，这也反映了事物存在的价值机理的动态性。就关系性而言，事物存在的价值本身就是一种关系式，因为事物存在的价值本身就是事物的存在对于主体需要的满足程度。事物存在的价值机理揭示的是思想政治教育存在的满足社会需要的属性，揭示的是思想政治教育对社会需要的满足关系。就原理性而言，只要思想政治教育这一事物的属性与社会需要的满足之间有其内在联系，就必然会发生价值关系，这就说明了事物存在的价值机理具有原理性。

其二，事物存在的价值机理具有民族思想政治教育机理的属性。事物存在的价值机理要成为民族思想政治教育作用机理，也必须具有民族思想政治教育机理的属性，即必须具有民族性，也就是说，民族思想政治教育机理是在各民族之间和本民族之间的思想政治教育实践活动中发挥作用的，是民族思想政治教育实施的活动原理。那么，事物存在的价值机理是否具有民族性呢？从一般意义上来讲，事物存在的价值机理这样一个普遍存在的原理共识，对各个民族的思想政治教育理论与实践具有共同的指导作用；如果从事物存在的价值机理的特殊性来讲，即民族思想政治教育这个事物存在的价值，可能针对不同的民族会有不同的观点、态度和立场，以此而论，民族思想政治教育这个事物存在的价值就不是一个抽象的存在物，而是一个具体实在的存在物。同理，事物存在的价值机理，还必须从各个民族的社会实际出发，针对不同民族的思想政治教育需要采取有针对性的措施，从这个意义上说，事物存在的价值机理就内在地含蕴了民族性的特点。

其三，事物存在的价值机理具有民族思想政治教育作用机理的属性。事物存在的价值机理要成为民族思想政治教育作用机理，也必须具有民族思想政治教育作用机理的属性。民族思想政治教育作用具有多样性、价值性等特征，事物存在的价值机理要成为民族思想政治教育作用机理，也必须具有这些属性。从民族思想政治教育作用的多样性来看，民族思想政治教育于各民族社会成员，不是一种作用方式，而是多种不同的作用方式。这种作用方式的多样性，正是由于事物存在的价值机理的多态性引起的。从事物存在的价值机理的价值性来看，事物存在的价值机理本身就规约着民族思想政治教育作用，以民族思想政治教育存在的价值满足社会的种种需要，这就显示出事物存在的价值机理具有很鲜明的价值性。

（四）民族思想政治教育的发展机理

民族思想政治教育并不是静止不变的，而是要随着人的发展和各民族社会的发展不断向前发展。人的发展和各民族社会的发展总是遵循一定的发展逻辑，同样，民族思想政治教育发展，也绝对不是毫无原因的发展、毫无章法的没有规律的发展，必定有其内在的发展机理。

1. 发展与民族思想政治教育发展的涵义

发展原是一个生物学概念，是指生物个体从小到大、从不成熟到成熟的生长过程，后被援引到哲学社会科学领域。在《辞海》中将“发展”解释为“事物由小到大、由简到繁、由低级到高级、由旧质到新质的变化过程”①。因而，发展是一个过程，是事物产生后自身的运动变化过程，是事物自身前进的上升的运动变化过程，是量变与质变的统一。发展的实质，是新事物的产生和旧事物的消亡。

民族思想政治教育发展，是指民族思想政治教育这一社会现象从不成熟到成熟、从低级形态向高级形态的运动变化过程。民族思想政治教育作为民族客观存在的社会事物，总是有其发展历

---

① 夏征农：《辞海》（1999 年版缩印本），1416 页，上海，上海辞书出版社，2000。

程的，这种发展历程遵循的就是从不成熟到成熟、从低级形态到高级形态的运动变化过程。从人类各民族思想政治教育发展史来看，都经历了单一民族思想政治教育到多民族思想政治教育的发展，从本国民族思想政治教育的封闭发展走向与他国民族思想政治教育相互交流的开放发展。与人类社会形态发展相一致，民族思想政治教育经历了原始社会民族思想政治教育、奴隶社会民族思想政治教育、封建社会民族思想政治教育、资本主义社会民族思想政治教育和社会主义民族思想政治教育等从简单到复杂的发展形态，从实践形态民族思想政治教育向理论形态民族思想政治教育发展，从古老形态民族思想政治教育向现代民族思想政治教育形态发展的过程。

2. 民族思想政治教育的发展机理：民族思想政治教育内部矛盾运动机理

“民族思想政治教育发展”论题的内容十分丰富，本书从机理的视野研究民族思想政治教育发展，仅是指从民族思想政治教育发展的历史逻辑出发来研究民族思想政治教育发展的机理。民族思想政治教育发展机理，是民族思想政治教育发展的内在原理，它具体表现为民族思想政治教育内部矛盾运动机理。要深入领会民族思想政治教育内部矛盾运动机理，就必须对民族思想政治教育内部矛盾运动机理的涵义、民族思想政治教育内部矛盾运动机理的内容、为什么民族思想政治教育内部矛盾运动机理是民族思想政治教育作用机理等方面展开探究。

（1）民族思想政治教育内部矛盾运动机理的涵义

马克思主义哲学认为，矛盾即对立统一。所谓对立，是指矛盾双方相互排斥、互相斗争；所谓统一是指矛盾双方在一定条件下相互依存、相互转化。任何事物都是作为矛盾统一体而存在的，矛盾是事物发展的源泉和动力。矛盾是指事物内部或事物之间的对立统一关系，因而可以分为事物内部矛盾和事物外部矛盾。内部矛盾是事物发展的根据，外部矛盾是事物发展的必要条件，外部矛盾通过内部矛盾而起作用。

民族思想政治教育作为单一民族或各民族之间客观存在的社会现象，也必定有其内部矛盾。所谓民族思想政治教育的内部矛盾，就是指民族思想政治教育内部存在的对立统一关系，这种关系一是表现为具体矛盾，即主要表现为民族思想政治教育要素之间的对立统一关系。民族思想政治教育的基本要素主要包括民族思想政治教育主体、民族思想政治教育客体、民族思想政治教育内容、民族思想政治教育载体、民族思想政治教育方法等。民族思想政治教育的内部矛盾具体包括民族思想政治教育主体与民族思想政治教育客体之间的矛盾、民族思想政治教育主体与民族思想政治教育载体之间的矛盾、民族思想政治教育客体与民族思想政治教育载体之间的矛盾、民族思想政治教育内容与民族思想政治教育客体之间的矛盾、民族思想政治教育载体与民族思想政治教育内容之间的矛盾、民族思想政治教育方法与民族思想政治教育内容之间的矛盾等等。另一是表现为民族思想政治教育内部的基本矛盾。民族思想政治教育是对整个民族或者多个民族社会成员进行民族观教育，使其认同民族、民族共同体和国家的社会实践活动。而现实的情形是社会成员的民族观与一定阶级、社会所要求的民族观存在差异，不能正确认识民族问题，就不能正确处理民族之间的关系，也就影响到整个民族的团结、和谐、繁荣和发展，这也正是民族思想政治教育存在的根本前提，也是民族思想政治教育研究的旨归所在。由此我们可以认为民族思想政治教育的基本矛盾是“社会成员的民族观与社会所要求的民族观两者之间的差异”①，这一基本矛盾贯穿于民族思想政治教育过程的始终，贯穿于民族思想政治教育具体矛盾的发生发展之中并深刻影响其发生发展进程，是民族思想政治教育具体矛盾产生的根源。

① 徐柏才：《建立民族思想政治教育学的思考》，载《中央民族大学学报》（哲学社会科学版），2009（5）。

因而，对于民族思想政治教育来说，其基本矛盾是社会成员的民族观与一定社会阶级所要求的民族观两者之间的矛盾。在事物内部的矛盾运动过程中，基本矛盾规定、制约着其他矛盾的存在和发展，推动事物整体向前发展。正是由于社会成员的民族观与一定社会阶级所要求的民族观两者之间差异的矛盾运动，推动着民族思想政治教育不断与时俱进、向前发展。这就是民族思想政治教育的内部矛盾运动机理。故此，民族思想政治教育的内部矛盾运动机理，是指民族思想政治教育内部基本矛盾运动驱动着民族思想政治教育发展的内在活动原理。

（2）民族思想政治教育内部矛盾运动机理的内容

民族思想政治教育内部矛盾运动机理主要表现为两个方面：各民族社会成员民族观与一定社会阶级所要求的民族观的一致性变化，驱动民族思想政治教育发展；各民族社会成员民族观与一定社会阶级所要求的民族观的差异性变化，驱动民族思想政治教育发展。

各民族社会成员民族观与一定社会阶级所要求的民族观的一致性变化驱动民族思想政治教育发展。处于一定历史阶级、一定历史时期的各民族社会成员，无论是民族思想政治教育主体还是民族思想政治教育客体，总是具有各种各样的发展需求，这种发展的需求在社会政治、经济、文化、生态等方面都有所反映，都需要得到一定社会阶级的引导。一定社会阶级所要求的民族观，为各民族社会成员民族观提供基本思想指导、政治立场和政治方向，就契合了各民族社会成员的发展需求，从而使两者具有内在的一致性。从各民族社会成员方面来说，社会成员民族观的需求得到一定社会阶级所要求的民族观的指导，就能够使其沿着一定社会阶级所要求的正确民族观的方向发展。这一方面促进了各民族社会成员民族观的发展，另一方面也会促进一定社会阶级所要求的民族观的发展，所以两者之间具有一定的一致性。这种一致性实际上表现为各民族社会成员民族观与一定社会阶级所要求的民族观的共同发展，这种共同发展的结果就是各民族社会成员民族观与一定社会阶级所要求的民族观的一致性发生了变化，实现了量变到质变的飞跃，最终使民族思想政治教育内部的矛盾又向新的质态发展，从而也就驱使着社会民族思想政治教育各方面的新发展。

各民族社会成员民族观与一定社会阶级所要求的民族观的差异性变化，驱动民族思想政治教育发展。各民族社会成员既包括民族思想政治教育主体，同时又包括民族思想政治教育客体。从民族思想政治教育主体来说，这种差异性，表现在民族思想政治教育主体原有的民族观与一定社会阶级所要求的民族观在量态上存在着某些差异，两者在某种程度上互相存在着不适应。从理论上讲，民族思想政治教育主体是一定社会统治阶级意识形态的执行者，是该民族或国家民族观、国家观忠实的宣传者、践行者，但是从实际操作层面或实践过程中，由于人性的复杂性、社会环境的多变性，导致了人的价值取向的多元性，因而，作为民族思想政治教育主体的教育者来说，也可能在某种程度上存在着对本阶级所要求的民族观的不适应、对本阶级所要求的民族观思想发展的不适应。当然，民族思想政治教育主体的民族观与一定社会阶级所要求的民族观的不适应或差异性，也可能表现为一定社会阶级所要求的民族观不能适应民族思想政治教育主体民族观已经发展了的需求，需要本阶级民族观做到与时俱进。民族思想政治教育主体的民族观与一定社会阶级所要求的民族观的差异性如果不发生变化，则民族思想政治教育就可能保持某种恒定的运行状态；反之，民族思想政治教育主体的民族观与一定社会阶级所要求的民族观的差异性如果发生了变化，就促使民族思想政治教育主体或者一定社会阶级作出调整、向新的质态发展，以互相适应对方，从而推动民族思想政治教育向前发展。

各民族社会成员民族观与一定社会阶级所要求的民族观的差异性，主要表现为民族思想政治教育客体与一定社会阶级在民族观、国家观上存在差异，这种差异主要表现为质态上的差异。这种差异性的变化，是推进民族思想政治教育发展的真正内驱力。在多民族国家内，由于社会经济、政治和文化发展等各方面的不平衡，导致各民族之间经济、政治和文化发展存在着差异性。在这种客观的差异性背景下，各民族社会成员对本民族的民族意识、民族认同以及对他民族的民族意识、民族认同或多或少地存在着某些差异甚至相反的认识。由于这种认识和理解水平上的差异，在对一定社会阶级所要求的民族观和国家观上就会表现为本质上的不一致。这种差异性或者是冲突性相互交织、相互影响，对于民族思想政治教育来说，负面的消极的影响是巨大的，可能导致各民族社会成员的民族观与一定社会阶级所要求的民族观相背离。因而，民族思想政治教育要健康发展，最为重要的是需要缩小民族思想政治教育客体（即受教育者）与一定社会阶级在民族观、国家观思想上的差异，而正是在这种缩小差异甚或冲突的过程中驱动民族思想政治教育的深入发展。

（3）民族思想政治教育内部矛盾运动机理是民族思想政治教育发展机理的缘由

民族思想政治教育内部矛盾运动机理所以是民族思想政治教育发展机理，是因为民族思想政治教育内部矛盾运动机理具有一般思想政治教育机理的属性、具有民族思想政治教育机理的属性、具有民族思想政治教育发展机理的属性。

其一，民族思想政治教育内部矛盾运动机理具有一般思想政治教育机理的属性。民族思想政治教育内部矛盾运动机理要成为民族思想政治教育的发展机理，首先必须具有一般思想政治教育机理的属性，即必须具有动态性、关系性和原理性。从动态性来看，民族思想政治教育只要存在，其内部矛盾运动就会存在，民族思想政治教育各要素之间总是不断地、即时地进行着矛盾运动，这说明民族思想政治教育内部矛盾运动机理具有动态性。从关系性来看，民族思想政治教育内部矛盾运动机理，是民族思想政治教育内部各要素之间的矛盾运动，如民族思想政治教育主体与民族思想政治教育客体之间的关系、民族思想政治教育主体与民族思想政治教育载体之间的关系、民族思想政治教育客体与民族思想政治教育载体之间的关系、民族思想政治教育内容与民族思想政治教育客体之间的关系、民族思想政治教育方法与民族思想政治教育内容之间的关系等等。这些要素之间的矛盾运动引发和规制着民族思想政治教育的发展，这说明民族思想政治教育内部矛盾运动机理具有关系性。从原理性来看，民族思想政治教育内部矛盾运动机理揭示的是社会成员的民族观与一定社会阶级所要求的民族观者之间的矛盾运动的原理，这种矛盾运动原理是普遍存在于任何民族思想政治教育内部的，是必然要发生的，因此具有明显的原理性。

其二，民族思想政治教育内部矛盾运动机理具有民族思想政治教育机理的属性。民族思想政治教育内部矛盾运动机理要成为民族思想政治教育发展机理，也必须具有民族思想政治教育机理的属性，即必须具有民族性。由于民族思想政治教育内部矛盾运动机理，揭示的是各民族思想政治教育内部的矛盾运动，揭示的是各民族社会范围内的思想政治教育内部的矛盾运动机理。民族思想政治教育主体、民族思想政治教育客体、民族思想政治教育内容、民族思想政治教育载体、民族思想政治教育方法等等，都是从民族角度强调不同民族之间的经济、文化、地域的差异来进行探讨研究的，社会成员的民族观与一定社会阶级所要求的民族观两者之间的矛盾运动也就具有各民族性质的影响。也即是说，民族思想政治教育内部矛盾运动机理所表现出的民族性，即表现为存在范围的民族性，也表现为影响领域的民族性。

其三，民族思想政治教育内部矛盾运动机理具有民族思想政治教育发展机理的属性。民族思想政治教育内部矛盾运动机理要成为民族思想政治教育发展机理，还必须具有民族思想政治教育发展机理的属性。发展即扬弃，发展即适应。因此，看民族思想政治教育内部矛盾运动机理是否是民族思想政治教育发展机理，也要看其是否具有适应性和扬弃性。就适应性而言，从社会成员的民族观与社会所要求的民族观之间的矛盾运动机理可知，社会成员的民族观与一定社会阶级所要求的民族观之间矛盾运动的过程，就是社会成员适应一定社会阶级在民族观上的要求进行内部自我调整，向着一定社会阶级民族观要求发展的过程。这就表明，民族思想政治教育内部矛盾运动机理具有适应性。就扬弃性而言，各民族社会成员的自组织性，不同于自然系统的自组织性，面对一定社会阶级思想的外在影响，各民族社会成员会积极、能动、自觉地对自身进行调整和转换，对于适应一定社会阶级思想要求的内容予以坚持，对于不适应一定社会阶级思想要求的内容予以摈弃，这说明民族思想政治教育内部矛盾运动机理具有扬弃性。

三、民族思想政治教育机理的应用

毋庸讳言，民族思想政治教育学作为一门交叉学科和新兴学科，已引起相关学科学者和研究者的重视，也正在引起社会的关注。现实实践的呼唤和理论研究的迫切，使民族思想政治教育学的相关研究日益走向前台。而民族思想政治教育机理作为一个重要的论题，作为民族教育和思想政治教育学科的一个理论与实践研究领域，作为探索民族思想政治教育这个不以人的意志为转移的客观存在事物内在活动原理的研究，正日益彰显出重要的理论意义和现实意义。

（一）民族思想政治教育机理的理论应用

民族思想政治教育机理的理论应用，表现为有利于推进民族思想政治教育学学科化建设，有利于推进民族思想政治教育学科学化建设。

1. 民族思想政治教育机理研究有利于推进民族思想政治教育学学科化建设

建立任何一门学科都必须同时具备三个条件：一是必须有自身特殊的研究对象，二是必须有自身研究的理论基础，三是必须着力开展对实际问题的研究。其中，特殊的研究对象是一门学科能够建立的内在根据；理论基础是否坚实、科学、正确，是一门学科顺利建立和健康发展的外部条件；坚持不懈地开展实际研究工作是建设好一门学科的关键。① 民族思想政治教育机理研究，应当是民族思想政治教育学的基础理论研究，是民族思想政治教育学真正成为一门学科的理论基础。从这个意义上说，民族思想政治教育机理概念范畴的提出及其研究，是民族思想政治教育学原理研究的一个重点领域，有利于推进民族思想政治教育学学科化建设。“人们谈论思想政治教育学学科建设，一般是指学科体系即理论体系建设。但严格地说，思想政治教育学学科建设，既包括学科理论体系建设，又包括学科专业体系建设。将学科理论建设成果用以指导学科专业建设，培养专业人才，才能更好地实现它的价值；学科理论建设有了学科专业作依托，学科理论便能得到更好的整合和发展。”② 如果以此而论，民族思想政治教育机理的研究，一则能拓展民族思想政治教育学学科理论体系研究边界，二则又能推进民族思想政治教育学学科专业体系建设。从学科理论建设来讲，“民族思想政治教育机理”概念的提出，丰富了民族思想政治教育学的范畴体系。“思想政治教育学范畴是对思想政治教育学特殊研究领域的各种现象及其特性、关系、规律等的本质揭示的基本概念。思想政治教育学重要范畴则在思想政治教育过程中起着重大作用，并能揭示思想政治教育学中的某些规律，而

① 张耀灿等：《现代思想政治教育学》，27～28 页，北京，人民出版社，2001。

② 张耀灿等：《现代思想政治教育学》，31 页，北京，人民出版社，2001。

又能为完备思想政治教育学科理论体系创造一定条件的范畴。”①根据前文对民族思想政治教育机理涵义、表现形态等的研究，“民族思想政治教育机理”应当是民族思想政治教育学的重要范畴。在民族思想政治教育过程中，民族思想政治教育机理研究有利于加深对民族思想政治教育学原理的认识，有利于在复杂的环境下发现和掌握民族思想政治教育的特点和规律等等，这为民族思想政治教育学的建立提供了一定的基础条件。从专业建设来讲，通过对民族思想政治教育机理的表现形态即民族思想政治教育的发生机理、运行机理、作用机理和发展机理的研究，则对民族思想政治教育学的学科专业建设起到了积极的促进作用，且有利于建立民族思想政治教育学原理、民族思想政治教育方法论、民族思想政治发生学、民族思想政治教育发展学等等学科群，这为民族思想政治教育专业建设提供了必要的课程支撑。

2. 民族思想政治教育机理研究有利于推进民族思想政治教育学科学化建设

任何一门学科的建立都是奠基于科学性的基础之上的。民族思想政治教育学要想成为一门真正的学科，还必须进行科学化的建设，必须是建立在对民族思想政治教育这个客观社会现象科学的认识之上的。民族思想政治教育机理的研究，对于民族思想政治教育科学化建设起到了重要的作用。根据前文所述，机理是事物内部的东西，是对有机体内部客观存在的遵循事物由发生、运行到不断发展的逻辑顺序活动原理的研究，而民族思想政治教育机理，则是指某政权或国家（尤其是多民族国家）在对社会成员进行一定民族观教育，使其认同民族、民族共同体和国家的过程中所应遵循的内在活动原理。它不但具有一般思想政治教育机理动态性、关系性和原理性的特点，而且更具有适应各民族特有的生活地域、心理意识、文化环境和民族精神等等特点。民族思想

① 张耀灿等:《现代思想政治教育学》，25页，北京，人民出版社，2001。

政治教育机理是融物理、人理、事理为一体的，研究的是民族思想政治教育这一社会事物，它必然要涉及到民族思想政治教育这一社会事物自身的发生、运行、作用和发展之理，也涉及到民族思想政治教育如何作用于人，使人接受的做人之理、做事之理。通过对民族思想政治教育发生机理的研究，可以使我们深化对民族思想政治教育发生的整体认识、对民族思想政治教育发生机制的认识、对民族思想政治教育发生规律的认识。同理，通过对民族思想政治教育运行机理、作用机理和发展机理的研究，可以使我们深化对民族思想政治教育的整体运行、运行机制和运行规律的认识，对民族思想政治教育的整体作用、作用机制和作用规律的认识，对民族思想政治教育的整体发展、发展机制和发展规律的认识，等等。另外，通过对民族思想政治教育机理的研究，有利于廓清与民族思想政治教育机制、民族思想政治教育原理、民族思想政治教育规律等相关范畴之间的关系。民族思想政治教育机理对这些方面的研究，都是民族思想政治教育学的科学化建设的科学有效的理论支撑。

（二）民族思想政治教育机理的实践应用

可以说，民族思想政治教育机理研究，是民族思想政治教育学中一项十分重要的基础理论研究。但是，进行民族思想政治教育机理研究，绝不是过分执著于理论，而不去关注民族思想政治教育的现实问题。恰恰相反，研究民族思想政治教育机理正是从民族思想政治教育实践的需要出发的。从某种程度上来说，民族思想政治教育机理是民族思想政治教育实践的基本依据。揭示理论的目的在于应用，即要应用民族思想政治教育机理去提升民族思想政治教育的针对性、主动性和有效性，去积极回应和努力解决民族思想政治教育实践中的问题。

1. 民族思想政治教育机理的研究有利于优化民族思想政治教育的方法

民族思想政治教育既具有一般思想政治教育的特性，适用于一般思想政治教育的原则方法也适用于民族思想政治教育，但同时，民族思想政治教育作为思想政治教育的一种特殊形态和领域，又具有自身的特殊性，民族思想政治教育必须重点突出各民族地域、心理、情感、思维、意识、观念、文化和精神的民族性。民族思想政治教育机理的研究，正是基于这些特点来进行民族思想政治教育方法研究的。虽然传统的民族思想政治教育方法在过去历史时期有力地推动了民族思想政治教育的发展，并取得了辉煌的成就，但在新的历史背景下，由于经济全球化、信息网络化，导致人们的价值取向多元化，传统的民族思想政治教育方法实践在某些方面、在一定程度上已经不能适应社会主体的思想、心理、观念的变化，甚至阻碍了现代民族思想政治教育的发展。民族思想政治教育机理的研究，尤其是基于当代社会发展特点的民族思想政治教育发展机理的前瞻性研究，则为改进和优化传统民族思想政治教育方法、创新和构建现代民族思想政治教育方式及其方法实践提供了前提。譬如，对民族思想政治教育发展机理的研究，本书提出了民族思想政治教育内部矛盾运动机理是民族思想政治教育的发展机理的观点；围绕民族思想政治教育内部矛盾运动机理的涵义、民族思想政治教育内部矛盾运动机理的内容、为什么民族思想政治教育内部矛盾运动机理是民族思想政治教育作用机理等方面展开的研究，则为探索民族思想政治教育的内在矛盾是什么、如何正视民族思想政治教育的内部矛盾、如何解决民族思想政治教育内部矛盾提供了基本的方法路径，这对于优化当下民族思想政治教育方法、解决民族思想政治教育方法落后的困境起到了积极的推动作用。

2. 民族思想政治教育机理的研究有利于创新民族思想政治教育的途径

大体而言，进行思想政治教育的一般途径具有普遍性的指导意义。但由于思想政治教育的形态和类型多种多样，不同的思想政治教育形态的教育途径又具有特殊性，如军队思想政治教育、农民思想政治教育、学生思想政治教育、工人思想政治教育、知识分子思想政治教育等等，由于教育对象的身份地位、性别年龄、民族地域、文化程度的不同，其教育途径和方法就有较大的差异性。民族思想政治教育机理的研究，主要是针对民族思想政治教育而言的，是为培育各民族社会成员民族观和国家观，使之与一定社会阶级的民族观和国家观相一致的任务而进行的。民族思想政治教育的一个突出特点是民族性，即不同民族具有不同的民族心理、民族意识、民族文化、民族精神和民族地理环境等等，因而必须采取不同的方式和途径。民族思想政治教育机理以某政权或国家（尤其是多民族国家）对社会成员进行一定民族观教育，使其认同民族、民族共同体和国家的过程中所应遵循的内在活动原理为研究主旨，其目的就是要探索和追寻民族思想政治教育的有效方式和途径，以此加强针对性和主动性。而事实上，民族思想政治教育机理研究，对于突破传统民族思想政治教育旧途径、建立现代民族思想政治教育新途径的生长点，发挥着不可低估的作用。民族思想政治教育机理包含民族思想政治教育发生机理、民族思想政治教育运行机理、民族思想政治教育作用机理、民族思想政治教育发展机理等等，对这些机理展开全方位的、深入的研究，就会寻找到进行民族思想政治教育的有效途径。如就民族思想政治教育作用机理来说，通过对事物存在的现实性价值引发民族思想政治教育作用、事物存在的历史性价值引发民族思想政治教育作用、事物存在的潜隐性价值引发民族思想政治教育作用的相关研究，就可能寻找到民族思想政治教育新途径的切入点。

3. 民族思想政治教育机理的研究有利于掌握民族思想政治教育的规律

思想政治教育规律有思想政治教育基本规律和思想政治教育具体规律之分，思想政治教育基本规律对于所有各种形态的思想政治教育都具有普遍的指导意义，思想政治教育具体规律则具有针对性和特殊性。民族思想政治教育作为思想政治教育的具体形态之一，具有自身发生、运行、作用和发展的具体规律。掌握民族思想政治教育发生发展的具体规律，是提升民族思想政治教育有效性的根本原因。而民族思想政治教育机理的研究，则有利于发现和掌握民族思想政治教育规律。根据前文所述，机理具有动态性、关系性和原理性的内在特征，本身就是事物活动的原理，是一种带有规律性的东西。在很大程度上，对民族思想政治教育机理的探究和揭示，就是对民族思想政治教育规律的探究和揭示。譬如，对民族思想政治教育接受机理的研究，就有可能发现民族思想政治教育的接受规律，如民族思想政治教育接受内化规律、民族思想政治教育接受外化规律；对民族思想政治教育运行机理的研究，就有可能发现民族思想政治教育的运行规律，如运行过程规律、运行环节规律；对民族思想政治教育作用机理的研究，就有可能发现民族思想政治教育的作用规律，如民族思想政治教育要素之间的作用规律，民族思想政治教育要素和民族思想政治教育外部环境之间的作用规律；对民族思想政治教育发展机理的研究，就有可能发现民族思想政治教育的发展规律，如民族思想政治教育内容发展规律、民族思想政治教育方法发展规律、民族思想政治教育环境发展规律，等等。因此，民族思想政治教育机理研究，能有效地推动民族思想政治教育合乎规律性的发展，能有效地增强民族思想政治教育的科学性和主动性。

第七章　民族思想政治教育资源论

民族思想政治教育资源，是民族思想政治教育学研究中一个重要的基本理论问题。如何认识民族思想政治教育资源，如何开发和利用民族思想政治教育资源，是民族思想政治教育学研究中必须加以解决的问题。为此，就必须科学界定民族思想政治教育资源的涵义，明确民族思想政治教育资源的分类，揭示民族思想政治教育资源的特点与本质，探求民族思想政治教育资源开发与利用的方法与途径，以提高民族思想政治教育研究的科学性与可行性。

一、民族思想政治教育资源概论

科学认识民族思想政治教育资源，首先要从整体上对其把握，这就要着力研究其涵义、分类、内容与价值。

（一）民族思想政治教育资源的涵义

科学界定民族思想政治教育资源的涵义与特性，必须按照认识的逻辑，分别探析资源、思想政治教育资源、民族思想政治教育资源的科学蕴涵与特性。

1. 资源的涵义

关于“资源”的概念，至今还没有严格的、明确的、公认的定义，在资源的概念上存在着各种不同的理解。从词义上看，中文“资源”的“资”字可分解为“次”与“贝”两部分，即一次或又一次的财富，明确表明其中所蕴含的财富意义。资源的“源”即为本源、根源或者源泉等等。因此，可以将“资源”理解为一切财富的本源。而英语中“RESOURCE”，也可分解为“RE”和“SOURCE”，“RE”作为前缀是又一次的意思，而“SOURCE”是源泉、出处和根据的意思。俄文里的“资源”一词为“PECYPCB”，也是指“财富的来源”。可见，“资源”一词在不同民族语言中的词义是很相近的。①

资源通常有广义、狭义之分。“广义资源是指人类生存发展和享受所需要的一切物质和非物质的要素，既包括一切为人类所需要的自然物，如阳光、空气、水和矿产、土壤以及动植物等；也包括以人类劳动产品形式出现的一切有用物，如各种房屋、设备及其他消费性和生产治疗性商品；还包括无形的资财，如信息和技术以及人类本身的体力和智慧。”② “广义的资源不是一个单数，而是一个多元复合概念。一切有利用价值的自然、经济、社会条件都可称之为资源。”③ 狭义的资源仅指自然资源，联合国环境规划署将资源定义为在一定的时间、地点条件下，能够产生经济价值，以提高人类当前和未来福利的自然环境因素和条件。

本书结合学界的研究，将资源的概念归纳为：在一定历史条件下能被人类开发利用以提高自己福利水平或生存能力的、具有某种稀缺性的、受社会约束的各种要素或事物的总称。这一理解包含三层含义：其一，资源必须具有社会性开发利用价值，即具有社会化的效用性。无论是狭义的自然资源还是拓展的社会资源，都必须具有直接而普遍的社会有效性，倘若不能被开发利用或者

---

① 杨魁孚、田雪原：《人口、资源、环境可持续发展》，163页，杭州，浙江人民出版社，2001。

② 毛志峰：《人类文明与可持续发展：三种文明论》，16页，北京，新华出版社，2004。

③ 刘光辉、张福生：《资源与财富大国》，2页，太原，山西经济出版社，1996。

说是开发利用没有意义和价值，那么最多只是原料而非资源。其二，资源具有相对稀缺性，尽管资源定义有广义化的趋向，但真正的资源一定是相对稀缺的。这种稀缺正因为基于人的有用性需要，是人的需求与资源存量之间的相对稀缺性。例如，阳光与空气这类事物虽然对人类具有极重要的社会效用，但并非资源，相对于当前人的需求而言，较为充足，并不稀缺，但当阳光作为太阳能开发或日光被利用时就显示出相对稀缺性。最后，资源的存在价值是用以提高人类福利水平和生存能力，如此界定便能尽量避免资源认定的无边无际，即并非所有都是资源，只有具备此种功能价值的才是，从而确保资源定义的相对科学性。

资源的特性表现为：一是内涵的动态性。资源是个历史的范畴，又是社会的产物。它的内涵与外延并非一成不变，而是随着社会发展不断扩展、深化。二是内容的复杂性。“各种要素和事物”的界定给资源划定一个相对广阔的空间，也就意味着资源既包括一切为人类所需要的自然物，也包括以人类劳动产品形式出现的一切有用物，还包括无形的资财。不仅来源于自然界，而且还来源于人类社会，资源不仅包括物质的要素，也包括非物质的要素。三是功能的多样性。同一种资源可以作为不同生产过程的投入因素，不同的行业对同一种资源存在着不同的需求，因此，资源在其功能上因为适用环境和需求的不同而不同，资源的功能并非单一固化的，当需求发生改变，环境有所变化，其功能及功能作用大小也都会不同，因而表现出资源功能的多样性。

2. 思想政治教育资源的涵义

思想政治教育资源，是指在思想政治教育活动中，有可能被思想政治教育主题开发和利用的，有利于思想政治教育目的实现的各种因素。根据不同的标准，可以将思想政治教育资源划分为自然资源与社会资源，物质资源与精神资源，传统资源、现实资源与未来资源，显性资源与隐性资源等不同类型。

思想政治教育资源有自身的特性：一是是形成的历史性。思想政治教育资源同资源形态共同发展，其形态和品类由单一到多种，功能也由简单到复杂，其作用领域也日益广泛。二是数量的有限性。由于主客观条件的限制，人类所能开发和利用的思想政治教育资源针对于思想政治教育客观需要来说，总是有限的。三是使用的共享性。同一思想政治教育资源，会被不同的思想政治教育者所使用并分享其价值。四是功能的多样性，由于思想政治教育对象的复杂性和思想政治教育资源的多样性，决定了思想政治教育资源功能的多样性。

3. 民族思想政治教育资源的涵义

通过以上对一般资源和思想政治教育资源概念的解析，可以引申出民族思想政治教育资源的涵义。所谓民族思想政治教育资源，是指在一定历史条件下的民族思想政治教育活动中，能够被民族思想政治教育主体开发利用以更好实现民族思想政治教育目的的各种因素。这一定义蕴含十分丰富：其一，民族思想政治教育资源服务于一定历史条件下的民族思想政治教育活动。所谓民族思想政治教育，“是对社会成员进行民族理论、民族观、民族政策和民族认同等内容的思想政治教育”①。民族思想政治教育资源是伴随着具体民族思想政治教育活动的实施而发生的，符合历史发展规律，切合具体社会现实的民族思想政治教育活动，这是民族思想政治教育资源产生和发挥作用的基础。其二，民族思想政治教育资源是一定民族思想政治教育目标主导下的产物，从来就没有无缘无故、随意妄为的民族思想政治教育。任何民族思想政治教育行为的实施和民族思想政治教育过程的实现，都是围绕一定目标展开的。其三，民族思想政治教育资源是可以被民族思想政治教育主体开发利用的各种因素的总和。并非所有的因素都能不受限制地成为民族思想政治教育资源，只有现实中存在，能被

① 徐柏才：《建立民族思想政治教育学的思考》，载《中央民族大学学报》（哲学社会科学版），2009（5）。

人认识，并且有条件开发利用的要素和事物，才能成为民族思想政治教育资源。其四，民族思想政治教育资源所开发利用的各种要素和事物的总和，既可能是那些可以货币形式衡量的各种物质资源，如人、财、物等经济资源，也可能是那些不能以货币形式衡量的非物质性的资源，如文化、道德、价值等精神资源，一切都要结合具体的民族思想政治教育过程而定。

民族思想政治教育的特殊性决定了其自身的特点：一是民族性。民族性是民族思想政治教育资源最大的特征。各个民族都有自己独特的民族文化，这是一个民族特有的不同于其他民族，能够将自己民族与其他民族区分开来的文化特质。民族思想政治教育以其鲜明的民族性作为自己的最大特色，民族思想政治教育资源也不例外。二是地域性。不同的民族思想政治教育因为不同地域的环境和客体差异，其资源选择、开发和利用也就体现为不同的地域性。三是广泛性。各个具体的民族思想政治教育实践中，其资源要素各不相同，只要是有助于民族思想政治教育目标顺利实现的各种要素和事物，都可能参与到民族思想政治教育实践过程中，也都有可能成为民族思想政治教育的资源。四是不确定性。受不同民族思想政治教育的具体目标制约的不同民族思想政治教育过程的资源是不同的，实际的民族思想政治教育过程中，可能运用到各种不同形态的资源，既有物质资源，也有精神资源，既表现为显性资源，也可能以隐性资源的方式发挥作用。这种资源形态上的不确定性，也导致了民族思想政治教育资源的不确定性。

（二）民族思想政治教育资源的分类

根据不同的分类标准，民族思想政治教育资源可以分为以下几类：

其一，从形态上可分为自然资源和社会资源。所谓民族思想政治教育自然资源，是指以自然形态存在，可用来服务于民族思想政治教育目标的资源，包括土地资源、气候资源、水资源、生物资源、矿产资源、海洋资源、能源资源、旅游资源等。所谓民族思想政治教育社会资源，是相对于自然资源而言的，是人类在社会活动中为更好实现民族思想政治教育目标，可被民族思想政治教育所利用的资源。民族思想政治教育社会资源是自然资源以外的其他所有资源的总称，它是人类劳动的产物，包括人力资源、智力资源、信息资源、技术资源、管理资源等等。

其二，从属性上可分为物质资源和精神资源。物质资源是以实物形式表现的资源，民族思想政治教育的物质资源不仅包括自然资源中的物质性要素，还包括各种其他的物力和财力，对于民族思想政治教育的实现起着重要的物质支撑作用。民族思想政治教育的精神资源是能被民族思想政治教育所开发利用，并服务于民族思想政治教育目的的个体、群体和社会的价值观点和心理意识等要素的总和。民族思想政治教育的精神资源虽然无形，但是有巨大的作用，不仅可以现实地开发利用，而且其开发利用的空间因为精神创造力的无限而大大拓展，并能有效实现这类精神资源的循环开发和利用，具有较大的资源利用效益。

其三，从内容上可分为经济资源、政治资源和文化资源。民族思想政治教育需要耗费不同内容的资源，这些不同内容的资源耗费，构成了不同的民族思想政治教育资源类别。民族思想政治教育经济资源，是指民族思想政治教育所耗费的财力、物力和人力等经济资源；民族思想政治教育政治资源，是指民族思想政治教育所耗费的诸如声望、组织优势、作风优势、意识形态以及政治号召力等政治资源；民族思想政治教育文化资源，则是指民族思想政治教育所耗费的民族文化、民族心理、民族认同等文化资源。

其四，从作用方式上可分为显性资源和隐性资源。民族思想政治教育显性资源，是指在民族思想政治教育过程中，以公开、直接参与的方式直接发挥作用的资源。显性资源是一种明显的“有形”存在，是投入到民族思想政治教育过程中公开的资源，如钱、财、物等。民族思想政治教育隐性资源，是指在民族思想政治教育过程中，以隐蔽、间接参与的方式间接或者无意识发挥作用的资源。民族思想政治教育隐性资源的隐蔽性决定了其不确定性，尽管许多时候无法直接统计或者计算这些隐性资源的价值，但其对民族思想政治教育的作用是不容小觑的，甚至在民族思想政治教育中，若善于从实际出发，统筹合理运用隐性资源，还可能产生奇效。

其五，从计量单位上可分为总资源和人均资源。民族思想政治教育总资源，是在一定时期内民族思想政治教育所耗费的全部资源总和。民族思想政治教育人均资源，则是一定时期内，每位受教育者为接受民族思想政治教育服务所耗费的资源，可以用民族思想政治教育总资源除以受教育者人数表示。

（三）民族思想政治教育资源的内容

民族思想政治教育资源的内容，可分为一般资源内容和特殊资源内容两大类。

1. 民族思想政治教育的一般资源内容

所谓民族思想政治教育的一般资源内容，是指与其他实践活动，特别是与一般思想政治教育活动中的资源内容并无差异的普遍的资源，诸如共同需要的物质资源基础和共同分享的人类精神财富等等。这些一般资源内容是从事任何社会实践都必须的，它们多以常规常态的方式出现，并能够在绝大多数人类社会实践中发挥自己应有的作用，其资源价值和功能是相对确定和公开的。因此，民族思想政治教育在一般资源内容的选择和开发利用方式上应当是与其他社会实践活动一样，具有大致相当的使用效益的。这类资源尽管是人类社会的一般资源内容，但正因为常规一般才显得重要和不可缺失，是民族思想政治教育资源的基础内容，值得民族思想政治教育科学对待。

2. 民族思想政治教育的特殊资源内容

所谓民族思想政治教育的特殊资源内容，是指民族思想政治教育不能脱离的为民族思想政治教育所特有的，能够在民族思想政治教育中发挥特殊作用的资源，是民族思想政治教育资源的核心内容。具体说来，民族思想政治教育的特殊资源包含如下内容。

民族生态环境。自然生态环境是民族生存的最基本条件，为了满足生存和发展的需要，民族群体要适应自然环境，并从心理和行为上力求保持与环境的平衡，在此基础上，形成独具特色的民族性格。通常，生活在地域狭小、人口稠密地区的民族，性格倾向于谨小慎微、因循守旧、竞争性较强；生活在地域辽阔、人口稀少地区的民族，性格豪放、热情、不拘小节，但是往往缺乏竞争性。生活在安定、封闭环境中的民族容易养成依赖、不思进取、缺乏毅力的性格；而生活在动荡和艰苦环境中的民族，对环境有着很强的适应力，易于形成勤劳、勇敢、不畏艰难、自立自强的性格。因此，不同的民族生态环境，特别是自然生态环境对于民族性格的形成影响巨大，对于民族思想政治教育而言，各个民族不同的生态环境成为其理所当然的资源宝库。另一方面，也要结合不同的民族生态环境，有选择地开发利用合适的民族思想政治教育资源。

民族语言。每个民族的语言对本民族个体或群体而言，都是引导其认识自己、理解社会和融入世界的一把“金钥匙”，对人的思维、信念、智力、情感和性格等各方面都有不可替代的作用，从而得以在民族思想政治教育中发挥特殊的资源作用。首先，作为交际工具，有助于促进民族成员的社会化。语言是随着人类交际的需要而产生，是凝聚和体现各民族思维与创造力的象征性符号系统。在我国 56 个民族中，除回、满等民族已通用汉语之外，其余 53 个民族使用 80 多钟语言，有近 30 个民族有自己的文字，其中有 20 多个民族与国外的同一民族使用相同的语言或文字。民族语言是最重要、最基本和最有效的交际和社会化工具，各民族语言对每个民族个体形成良好的性格和交往能力，促进民族成员的社会化，提高民族思想政治教育的实效性等都有着极其重要的作用。其次，作为民族属性，有助于形成民族情感和凝聚力。随着社会现代化的发展和媒介的普及，人们的生活方式越来越趋同，不同民族文化的外在特征趋于隐蔽，语言成为非常有说服力和持久性的民族标志。各民族成员对使用自己民族语言具有强烈的愿望，在心理上对使用本民族语言的人给予积极认同的情感，因此，民族语言是形成民族情感和民族凝聚力的强有力根基。一个人只有热爱自己的民族语言和民族文化，才能把这种深厚的感情辐射到其他民族进而到对国家认同和热爱。最后，作为智力发展的基础，有助于民族成员获得更好的学习和发展。母语教育不仅是民族语言得以传承和发展的需要，同时也是一个人获得充分发展的必要条件。母语不仅不妨碍第二语言的学习，反而会促进第二语言及其他语言的学习，成为其他语言学习的重要资源。我国多数民族地区实施双语教学，不仅帮助民族成员多掌握一种语言和文化，而且对于视野开阔和长远发展更是大有好处，从而为民族思想政治教育的顺利实施奠定深厚的文化基础和良好的文化交流平台。

民族习俗。每个人都是在本民族习俗中成长，并时刻沐浴其中获得各种信息和知识技能，进而加以传承、享受、改造和运用。每个民族都有自己独特的民族习俗，内容丰富多样，包罗万象。有些民族习俗，既为一个民族全体拥有和享用，也被其他民族拥有和传习。一般而言，不同民族、不同国家的民族习俗是不一样的，甚至同一民族或同一国家的不同地区或不同人群，民族习俗的内容也千差万别。正如我国既有 56 个民族共有的中华民族文化习俗，也有 56 个各自不同的民族习俗。不同的民族习俗，对人的成长产生不同的影响，尤其是在人的社会化教育过程中，民族习俗的作用很大。人最初的家庭教育和社会教育的内容，实际上都是传统民族习俗文化的教育。因此，民族习俗对一个人的人格形成、情感塑造和知识获取等都产生非常重要的影响。所以，民族思想政治教育要想取得较好的效果，就必须深入挖掘民族习俗这一特殊资源内容，使其能够围绕民族思想政治教育的目标为我所用。

民族宗教信仰。宗教信仰是人主体与外部世界对立统一的一种特殊形式，它一方面反映了人对自然和社会压迫的恐惧、依赖和服从，是对客观世界的一种虚幻的认知；另一方面，它又表现出人们对自身力量的超越，向往着一种全能、全知的境界。历史上，各个民族几乎都有自己的宗教信仰，宗教信仰以种种途径和方式渗透到“民族”这个共同体的方方面面，使其与民族问题等常常交织在一起。虔诚的宗教信仰者往往都有顽强的意志和宗教热忱，这是一种内在的精神动力。这种动力，如果引导得好，不仅可以加强宗教徒个人的自身修养，而且还可以引导其服务和服从于社会主义现代化建设的大局；但若引导得不好，走向极端，就会损害宗教徒的身心，对社会造成一定的危害。所以，在民族思想政治教育中，必须在坚持宗教信仰与教育相分离原则的前提下，全面考量各民族宗教信仰，尽量趋利避害，使其与社会主义的本质相一致，为民族思想政治教育发挥特殊作用。

民族文学艺术。民族文学艺术起源于人类社会的劳动和多种社会需求，是社会生活在人们头脑中反映的产物。一个民族本质上的特点充分表现在民族文学艺术的内容和形式之中，并作为一种文化符号和文化载体代际传承下来，深深烙上各民族的印记。我国各民族的文化艺术都不同程度地带有自己浓郁的民族特色，彰显着本民族文化底蕴，积淀着本民族的民族心理、审美情趣、风情习俗等文化特质。正如斯大林所说：“每一个民族，不论其大小，都有它自己的，只属于它而为其他民族所没有的本质上的特点、特殊性。”① 民族文学艺术的形式多样，从其表现手段和方式来看，可分为语言艺术（神话、童谣、谚语等）、表演艺术（音乐、舞蹈等）、造型艺术（绘画、雕塑、建筑、服饰等）和综合艺术（戏剧、电影等）等几大类型。无论何种形式，都可以成为丰富多样的民族思想政治教育资源。各种形式的民族文学艺术蕴涵着构成一个民族所特有的地域、社会群体、宗教、习俗、语言、生活、心理等因素，是民族内部成员在长期的社会生活实践中创造和发展而来的。民族文学艺术伴随着每一个民族走过漫长的历史岁月，从简单到繁杂，从单一到融合，凝聚着各民族劳动人民深厚的感情气质和审美习惯，通过代际文化传承得以实现。民族文学艺术所具有的民族性、特殊性和差异性在文化传承的链接中，塑造了一个民族社会成员所特有的认知能力、审美心理和民族性格，强化了民族意识和民族认同感。

民族心理。民族心理是指一个民族作为一个大群体所具有的典型心理特点，也包括该民族的成员身上所表现出来的个体心理特点。世界上没有完全相同的两片树叶，每一个民族都有其独特的心理特点。随着对民族心理研究的不断深入，人们越来越认识到制约民族心理的因素是多方面的，因此要正确考察和评价一个民族的心理特点不仅要着眼于该民族的社会发展、文化背景、地理环境、历史、宗教、神话等诸多方面的因素，更要通过吸纳社会学、人类学、文化学、心理学、历史学、考古学等多学科的研究方法，才能得出更为科学的结论。正由于民族心理研究涉猎的领域十分广泛，所以民族心理资源的内容是十分丰富的，可以为民族思想政治教育所开发利用。同时，民族之间的心理差异更多是由于生存环境、生产生活方式、风俗习惯、价值趋向不同而造成的，对周围事物的不同认知方式、不同兴趣爱好、不同需要以

① 斯大林：《马克思主义与民族、殖民地问题》，377 页，北京，人民出版社，1953。

及不同的性格特征等，只要有合理的民族思想政治教育施加影响，这种差异会被引导在合理的范围内。

民族道德规范。民族道德规范是一个民族的人们在长期共同生活中形成的用于调整人与人、人与社会利益关系的标准，以一定的风俗、习惯、传统的形式固定下来，成为人们要求和共识的行为准则。民族道德规范内容丰富，对民族社会生活各个方面都有重要要求：首先，作为社会公德要求，有利于保持各民族地区的社会稳定和生产发展。如我国各少数民族中普遍提倡并实行的孝敬父母、尊老爱幼、热情好客、勤劳勇敢、节俭持家等，就是最基本的社会公德要求，是与社会主义荣辱观和社会主义核心价值体系相一致的道德规范，这与民族思想政治教育的道德性相一致；其次，作为政治道德规范，有利于维护和巩固整个中华民族的整体利益。历史上，我国各民族都把热爱祖国、反对侵略、民族平等、民族团结、和睦相处等作为政治道德规范，这些道德规范在维护和巩固各民族的政治地位、政治权利、政治制度和政治民主等方面，起着重要作用，这与民族思想政治教育的政治性相符合；最后，各民族人民和民族思想政治教育都需要民族道德规范的调整。道德产生于人的需要，人通过道德规范来调适人的各种关系。民族道德规范促使民族成员自觉遵守社会准则，约束行为，从思想上将不符合社会准则的行为消灭在萌芽状态，在问题层面大大减少民族思想政治教育的各种思想障碍。

（四）民族思想政治教育资源的价值

民族思想政治教育资源内容丰富，这些资源在不同具体的民族思想政治教育实践中发挥不同的功能作用，这些功能作用的发挥皆应基于民族思想政治教育资源所具有的如下不同层次和形态的价值：

1. 潜在社会价值

民族思想政治教育资源的潜在社会价值，表现在它自身具有的效用性和稀缺性。所谓效用性，指的是民族思想政治教育资源的使用价值。马克思明确指出："一种物品的效用，使它成为一个使用价值。"① 使用价值是一种物品能够满足人们某种需要的属性，是物的有用性，它构成财富的物质内容，是不以人的主观意志为转移的客观存在。在马克思看来，使用价值是商品的自然属性，体现人与自然的关系，它是商品的一个因素，是具体劳动创造的。民族思想政治教育资源具有使用价值，这是其具备其他价值的前提条件。同时民族思想政治教育资源也具有相对稀缺性，它的数量总是随着人类开发利用而相应地减少，特别是不可再生资源甚至会面临枯竭的危险。尽管随着科技的发展，有些资源在失去了自然再生产能力的情况下，可以通过社会再生产的途径来解决，如通过非物质遗产保护等方式来保护、重置稀缺民族文化资源等，但这种资源生长过程漫长，资源培育成本过高。因此，这部分再生资源依然是稀缺的。民族思想政治教育资源的稀缺性决定了谁拥有这些资源，谁就拥有了获得未来收益的权利。由此看来，无论是在其使用价值上，还是在其稀缺性上，民族思想政治教育资源都具有"潜在社会价值"。

2. 现实社会价值

民族思想政治教育资源以其使用价值和稀缺性凝结在天然的资源形态中，形成资源的潜在价值，但这种潜在价值要转化为现实社会价值，必须满足两个前提条件：其一，必须有获得和利用它的知识和技术技能；其二，资源开发利用的结果必需能满足某种需求。所以，民族思想政治教育资源的现实社会价值就在于以人们认识并有效利用为前提，而将凝结在天然资源形态中的潜在资源价值充分开发利用出来，成为满足民族思想政治教育某种需要的资源。这并非一个简单易行的过程，事实上，将资源由潜在价值转化为现实价值的过程中，民族思想政治教育工作者必须对

---

① 马克思：《资本论》第1卷，6页，北京，人民出版社，1963。

具有潜在社会价值的民族思想政治教育资源通过认识效用、明确途径、确定方案和有效开发等多方面的系统步骤，才能使之真正成为具有现实社会价值的民族思想政治教育资源。

3. 重置社会价值

民族思想政治教育资源形态各种各样，内容丰富无比，每一资源都独立表现为某种特殊的价值，这些独立特殊的资源社会价值能为民族思想政治教育带来极大的利好，其丰富的资源宝库将为民族思想政治教育提供强有力的内涵支撑。但单一的资源价值远远没有实现民族思想政治教育资源的充分有效开发和利用。如果将全部民族思想政治教育资源加以重置组合，其结果只有一个，就是重置组合后的资源会整合成为一个有用性的资源体系，资源所包含的社会价值将会更为全面和完善，从而大大拓展以往单一资源价值的局限性。这样一种民族思想政治教育资源的重置整合，赋予民族思想政治教育资源新的重置社会价值。

二、民族思想政治教育资源开发和利用的现状与意义

任何资源如果只将其静止地放在那里，或者不懂得如何开发利用，那么资源永远都无法实现其有用性，更谈不上如何满足人类的需求，因此，资源的开发和利用是发挥资源最大价值的最佳途径。

（一）民族思想政治教育资源开发和利用的现状

中国社会经济发展正处于转型期，民族思想政治教育不断发展变革，新的问题和新的方法不断出现。民族思想政治教育资源在这一历史进程中，其开发和利用的现状并不那么尽如人意。

首先，民族思想政治教育资源分布不平衡。资源的现实存在和分布是资源开发利用的基础。多数民族地区拥有较多的资源，从自然资源到社会文化资源，民族地区特有的文化风貌已经与民族思想政治教育融为一体，但值得注意的是，尽管这种资源总量

看起来大，可资源的分布并不平衡。不同的民族、不同的区域拥有各自内容不同的资源和多少不一的资源水平，资源分布的不平衡，使得民族思想政治教育资源的开发和利用也不平衡，从而给民族思想政治教育的展开造成一定限制。

其次，民族思想政治教育资源开发利用理念不一。同一资源，因其满足人的需求不同，其价值意义不同，而民族思想政治教育对不同资源的开发利用理念不同，也使得资源的实际开发利用的效果不一。具体说来，一是在重视程度上，有的民族思想政治教育工作者充分意识到资源的巨大价值，并给予较高的关注和研究，则资源的开发利用度就会大大提高；有的工作者则对资源并不以为然，从而造成大量优势资源被忽视或者浪费。二是在开发利用的方式手段上，有的认为应当尽量利用现有资源，以保存式的方式科学整合，合理利用；有的则认为可以深入发掘民族思想政治教育优势资源，物尽其用，以挖掘式的方式拓展深度，加大效益。

再者，民族思想政治教育资源管理体制不完善。民族思想政治教育资源宝库非常丰富，但对资源如果听之任之，则与原料无异，必须加以科学管理才可能充分发挥其价值。当前对民族思想政治教育资源的管理受到人们对其认识局限性的影响，并不完善。资源的存量考察未能得以实施，资源的统一协调未能形成，资源的系统管理依然缺乏，资源的制度规范依然单薄。特别是从上到下，并未形成一套行之有效、体系明确的民族思想政治教育资源管理制度，使得民族思想政治教育资源开发和利用无章可循，大大降低其实际可操作性。

（二）民族思想政治教育资源开发和利用的意义

民族思想政治教育资源的现状并不乐观，但并不能影响民族思想政治教育资源的开发和利用，反而应在考察其局限性的基础上，加大民族思想政治教育资源开发和利用的力度和效度，这无疑对于社会发展和民族思想政治教育本身都大有裨益。

首先，民族思想政治教育资源的开发和利用有利于应对社会文化转型向民族思想政治教育提出的挑战。

民族思想政治教育的深化发展，是在不断回答实践问题的基础上实现的。当代中国正处于转型期，经济水平、社会建设的转型似乎相对容易，但社会文化转型却对民族思想政治教育带来极大的挑战。有学者认为："中国社会正在发生着两种根本变革：一是由计划经济体制向社会主义市场经济体制转轨；二是农业社会向工业社会、传统社会向现代社会转型。"① 并认为："当今世界正处在一个多元文化并存的格局，如何处理好外来文化与本土文化的关系，是世界各国共同面临的问题。一种文化教育流派的形成，要经历一个极其漫长的历史发展阶段，正是凭借某种文化，人们才有民族的认同感。一种民族文化的发展，必须借助外来文化作为参照点，以本民族文化为基础，同时吸纳外来文化的精华，这是本土文化不断发展的生命力所在。"② 社会转型和多元文化的格局，将从根本上导致民族思想政治教育对象和内容的重新定位和确立。"当今世界的发展越来越呈现出一种深刻而有趣的现象：一方面不同民族、不同文化日益融合、交流、统一，那种相互隔离、孤立的时代已经一去不复返了；另一方面，社会形态和文化类型却越来越多元化、复杂化、异质化，共同构成了世界文化的'百花园'。'多元文化论'便是这种发展趋势的反映。教育作为文化的重要构成和传播工具则承担着完善多元文化社会的功能。"③ 民族思想政治教育同样面临文化问题。一方面，全球化发展态势下，外来文化与中华民族文化激烈碰撞，对中华民族文化产生强烈的冲击。尤其是西方和平演变的方法手段日趋隐秘化，使中华民族文化受到无形的侵蚀，特别是对于成长于新时期缺乏挫折教育和

① 裴娣娜：《现代教学论》，29 页，北京，人民教育出版社，2005。
② 裴娣娜：《现代教学论》，31 页，北京，人民教育出版社，2005。
③ 张人杰：《中外教育比较史纲》，513 页，济南，山东教育出版社，1997。

苦难教育的80后、90后青年一代，这一无形侵蚀的危害性更为巨大。另一方面，在汉族文化和少数民族文化的关系上，依然存在一定的重“汉”轻“民”倾向，民族思想政治教育依然存在一定的汉族中心倾向。有学者认为：“汉族中心倾向主要是没有考虑少数民族地区的实际情况，以大汉族的思维方式和文化背景来要求少数民族地区。”① 具体到民族思想政治教育上，则多是以汉族熟悉的知识文化为背景，对少数民族地区考虑不够。民族思想政治教育的展开必须与培养新一代的少数民族成员的期望相关联，必然要与少数民族文化的价值观念相一致，不能脱离少数民族现有的生存环境。因此，大力开发和利用民族思想政治教育资源显得格外重要，这是适应民族生存背景和传承民族传统文化过程中有效的教育方法，是应对社会文化转型挑战的重要手段。

其次，民族思想政治教育资源是民族思想政治教育的重要支点。

选择民族思想政治教育资源作为民族思想政治教育的支点，既是全球化和多元文化兴起时期人类价值观念变迁的现实要求，也是民族思想政治教育与民族思想政治教育资源之间客观存在的本质联系所决定的。尽管民族思想政治教育同诸多领域诸多方面存在广泛联系，但诸多事物中，必然有一种与民族思想政治教育有着最紧密和最基本关系的事物，它不容人们任意选择，民族思想政治教育与其之间的关系，是一种更深层次的本质关系，民族思想政治教育资源就是这一不可或缺的事物。民族思想政治教育因其民族性特色与一般的思想政治教育存在差异，但这一民族性并非强调单一民族的特殊化，而是要求具有民族视野，实现民族认同和国家认同，它是培养全体民族成员基本素质和国家认同的一项重要事业。而正因为这一教育面向全体社会成员，社会中诸

① 张家军：《当前我国课程改革中存在问题的思考》，载《贵州师范大学学报》（社会科学版），2004（3）。

如阶层、性别、地域、民族等各方面文化的差异和碰撞就显得更为复杂和突出，因此决定了民族思想政治教育绝不能以常规思想政治教育的资源和方法来实施，更不能脱离民族实际，远离民族思想政治教育资源的丰厚沃土。否则民族思想政治教育便成为无源之水，无本之木。加强民族思想政治教育，大力提升民族思想政治教育实效性，就必须以民族思想政治教育资源作为其有力支撑，所以，对于民族思想政治教育资源的开发和利用，就成为这种有力支撑的坚实基础。

三、民族思想政治教育资源的可持续开发和利用

民族思想政治教育资源作为广义资源中的一种，其科学的发展路径必然是可持续发展，对于民族思想政治教育资源的开发和利用也必须遵循可持续发展的基本思路。

（一）民族思想政治教育资源可持续开发和利用的基本原则

鉴于民族思想政治教育资源的特殊性，对于民族思想政治教育资源的开发和利用，必须遵循一定的基本原则，以便更好更充分地发挥民族思想政治教育资源的潜力。其主要原则如下。

1. 经济、社会和生态效益相统一的原则

任何资源的开发和利用都不是愚昧的无知行为，必然是基于人的需求之下的一种社会经济行为，因此，不仅要考虑这一行为的经济效益，还要考虑其他的效益，必须考量为达到一定的民族思想政治教育目的，采用某些措施和办法，投入一定的资源之后，所产生的效果和收益。一方面，在经济效益上，对于民族思想政治教育资源的开发和利用，应力争以最科学合理的资源消耗，为全社会的民族思想政治教育提供更高的价值。另一方面，还要将经济效益与社会效益、生态效益结合起来。民族思想政治教育既不能脱离实际，忽视民族思想政治教育的特殊社会作用，也不可

过于务实，只注重经济效益，应尽量将经济效益、社会效益与生态环境效益相结合起来，三种效益缺一不可。因此，民族思想政治教育资源要实现可持续的开发和利用，首要遵循的就是经济效益、社会效益和环境效益相统一的原则。

2. 资源开发与其生长、更新相适应的原则

正如生态系统中生物资源的开发利用，其开发量要小于资源的生长、更新量，才能保持生态系统的平衡稳定一样，民族思想政治教育资源也同样是一个仿生生态系统，换言之，同样需要维持民族思想政治教育资源这一特殊生态系统的相对平衡。民族思想政治教育资源并非取之不尽、用之不竭的永续存在，也具有自身相对的稀缺性，民族思想政治教育的现量资源与存量资源都是这一系统的必要组成部分，只要其始终维持在相对平衡状态，那么这个系统就是稳定的。反之，对于可再生资源而言，如果一味盲目开发利用民族思想政治教育资源，超出了维持资源更新的界限，而得不到适当的补偿，长此以往，则导致民族思想政治教育资源枯竭，也就无法保持可持续利用。而对于不可再生的民族思想政治教育资源来说，如民族文化、民族语言等等，如果超支、透支则必将给民族思想政治教育带来重大损失。

3. 当前利益与长远利益相结合的原则

由于受生产力发展水平的限制，过去人们开发利用资源的广度和深度是有限的，同时，生物、土地、矿产资源的数量、面积、质量也是有限的。而现代社会正以前所未有的速度和规模来开发利用资源，使资源种类不断减少，数量逐渐不足，质量日趋下降。因此，开发资源要有规划，这种短期发展行为，只能导致资源的枯竭。因此，对于民族思想政治教育资源的开发和利用也同样如此，既要考虑相关资源的开发利用，又要做好现有资源的管理配置，将民族思想政治教育的当前利益与长远利益结合起来，形成良性循环，提高民族思想政治教育资源的利用效率。

4. 因地制宜的原则

由于民族的地域性分布，各个民族所处的地理位置、民俗习惯、文化语言各有差异，从而形成民族思想政治教育资源显著的地域性特征。这样地域特征鲜明的各种资源既丰富了民族思想政治教育的资源宝库，同时也要求我们必须按照各个民族、各种地域的不同资源状况，因地制宜地采用最合适的方法、途径和措施，来开发利用本地区的资源。

（二）民族思想政治教育资源可持续开发和利用的基本策略

民族思想政治教育资源可持续开发和利用的基本策略，主要包括资源配置策略、民族思想政治教育的资源整合策略和民族思想政治教育的资源管理策略等方面。

1. 民族思想政治教育的资源配置策略

资源的自由配置就是人类可以自由地不受任何限制地获取资源，这种资源配置方式是人类得以产生和发展的基础，民族思想政治教育资源的长效生命力也在于资源配置。一般说来，资源配置包含自由配置、统筹配置、交换配置和争夺配置等多种方式，民族思想政治教育资源的合理配置可一一具体实施。

民族思想政治教育资源的自由配置。人类最初在获取资源的时候是没有任何成本概念的，完全可以向大自然自由索取，而大自然的各种资源之间也会以一种“罕见的默契方式”相互配合，所以，人类最初在资源索取上的自由度比较高，没有规则作用。随着社会的进步和发展，特别是人类对资源认识的不断加深和资源需求的不断提高，资源自由配置的空间相对缩小，但并不影响其存在。民族思想政治教育的资源系统丰富，只要是围绕民族思想政治教育展开，为民族思想政治教育提供支持和服务的资源都是其涉猎范围，其中就包含许多现实的自然资源，这些自然资源是不以人的意志为转移的客观存在。如，在阳光下对大学生进行民族思想政治教育，这种教育情境突出阳光这种资源对于人的心理的积极作用，而这种资源就是一种自然存在，表现为一种自由配置的资源状态，因此，对诸如阳光这类存量比较丰富的资源，民族思想政治教育完全可以任其自由配置，这是不能改变也不容改变的资源合理配置事实。正是由于这种事实的存在，也充分表明，不是所有民族思想政治教育资源都能够实现自由配置，其前提条件有三：其一，此种资源的供给相对于需求是充裕的，并且不需要付出成本，如阳光、空气、自然环境等都是如此。二是此类资源只有自然储备，而不属于任何私人，否则，一旦丧失公共性，为私人占有，也会使原本不存在稀缺的资源变成稀缺资源。其三，此类资源可为人所识别。人间万物，之所以能成为资源必须要为人类所识别，否则即使可以自由配置，在人类眼中也是一种无知状态，从而造成一种无形的资源浪费。

民族思想政治教育资源的统筹配置。统筹就是站在民族思想政治教育的整体利益立场上，全面考虑一切可以利用的民族思想政治教育资源，筹划最合理的开发利用和分工，实现整体利益最大化。统筹随着组织的产生而产生，对于发挥组织力量起到至关重要的作用，尤其是在突发事件的处理、紧急事件的解决上，资源的统筹配置格外重要。当民族思想政治教育资源相对宽裕的时候，对其实行统筹配置可以拨冗去杂，提高有用性资源的甄别能力和适用性；而当民族思想政治教育资源相对短缺的时候，统筹配置可以集中力量高效解决短缺问题。在民族思想政治教育资源的开发利用上，具体的统筹配置表现在：一方面，各种可利用的民族思想政治教育资源统筹集合，以期实现其合理分工，获得最大资源配置效益；另一方面，要将社会主义特征与民族思想政治教育资源统筹起来。在社会主义中国，我们以社会主义集体主义原则充分发挥社会主义的优越性，只有建立在与社会主义特征相统筹基础上的民族思想政治教育资源的可持续开发和利用，才是符合社会主义国情，适应社会主义人民需要，有中国特色社会主义的民族思想政治教育资源开发和利用。这是民族思想政治教育开发利用的基本前提条件，只有这样，才能保证民族思想政治教育资源的开发和利用是人民所需，为人民所用，才可能实现民族思想政治教育的最大社会价值。

民族思想政治教育资源的交换配置。早期人类所需的资源多数从大自然中获得，交换只是偶尔发生。随着社会分工的不断完善，资源的交换配置逐步走到资源配置的前台，而资源概念的不断拓展，也使得实现交换配置的资源内容也越来越广泛，交换的形式也呈现出多样化。全球化的今天，市场经济时代，交换配置更是成为资源配置的主要手段。在相对稳定的国际国内环境下，具备不同特征、具有各种优势的不同民族思想政治教育资源交织在一起，令人眼花缭乱的同时，也给民族思想政治教育工作造成一定困惑。如果认为将所有对民族思想政治教育有用的资源都堆积到一起，就可以万能地解决所有实践中的民族思想政治教育问题，那无疑是一厢情愿的自我天真。要想实现对民族思想政治教育资源的优势利用，就必须明确任何一种民族思想政治教育资源都不是万能的，其作用空间也是相对有限的，只有通过资源交换的方式，才能保证资源的有用性因为交换的存在而得以扩大。因此，对民族思想政治教育资源的交换配置十分必要。

民族思想政治教育资源的争夺配置。以往对资源的争夺配置是资源配置的一种极端方式，迄今为止，全部世界文明史都是以战争为主线的历史，而战争的背后就是对资源的争夺。现代社会对资源的争夺配置早已脱离赤裸裸、血淋淋的战争事实，也早已超越以往狭隘的为争夺而战的思想，而是逐渐发展成为在相对有限的资源空间中，以和平、合理的方式抢夺优势资源，以实现个人和社会的更好发展。当今民族思想政治教育资源的争夺配置，主要用来应对国际范围内各种不同资源的交织和碰撞。首先，就人类总体而言，资源总量相对有限，资源争夺的对象早已由最初的自然资源拓展到技术、信息、人才等重要资源，各国对于人才、科技等资源的高度重视已经充分说明这个问题。在民族思想政治教育领域，人才、信息等始终都是稀缺优势资源，需要我们不断去争取。其次，面临外来多元文化的冲击，我们民族思想政治教育也要牢固守住自己的资源阵地，尽力保护好自己的优势资源，以己之长攻彼之短，为本民族资源抢占宝贵的资源空间。

2. 民族思想政治教育的资源整合策略

顾名思义，整合是整体的综合统一，是重新组合之意。“整合”是多学科领域广泛应用的一个新名词。作为哲学范畴，它是指由系统的整体性及其系统核心的统摄、凝聚作用而导致的若干相关部分或因素合成为一个新的统一整体的建构、序化过程。这里讲的“整合”，是一般哲学意义上的、具体化的、超越了一元论的多元因素决定概念。经济学意义上的资源整合，是指通过市场方式或行政手段对区域内闲置资源或未得到最优配置的资源进行挖掘、合并、转移、重组，使资源的二次配置能够带来效益，并促进区域经济的快速增长。对民族思想政治教育而言，民族思想政治教育的资源整合是一个系统的优化过程、一个手段、一种方法、一种效应。对资源进行优劣分析，通过扬长避短，把劣势转化为优势，把潜在优势转化为现实优势，把分散优势转化为整体优势。整合的目的是把各种民族思想政治教育资源进行优化配置，获取一加一大于二的效果。因为，劣势资源之间或优劣资源之间的整合不会出现资源功能和价值的放大效应，所以，民族思想政治教育资源整合，实际上就是其优势资源优势整合的一种放大和拓展效应。

首先，民族思想政治教育资源优势整合的功能在于：一是实现民族思想政治教育资源的统筹协调。美国经济学家熊彼特认为，企业家的职能就是引进“新组合”，实现创新，而所谓的经济发展，就是不断实现“新组合”的过程。“新组合”的创新是经济增长的重要源泉，实质上，“新组合”就是统筹协调。不过，他的“新组合”增长理论主要指微观层面的企业结构调整和优化。我们可以将其借用到民族思想政治教育领域，通过对民族思想政治教育资源实施新组合，以实现资源的统筹协调。二是成为提高民族思想政治教育资源使用效益的源泉。从民族思想政治教育资源整合的横向角度来说，它主要是将资源优势整合给最需要的民族思想政治教育主体，让民族思想政治教育资源发挥更大的作用，或者通过整合形成民族思想政治教育资源的规模效应。民族思想政治教育资源的整合，在实践中促进了其资源使用效益的提高。从民族思想政治教育资源整合的纵向角度来说，它是将民族思想政治教育资源整合为所需的民族思想政治教育实践要素，直接促进民族思想政治教育实践的实施和推行，成为促进民族思想政治教育实践，提升民族思想政治教育实效性的重要源泉。三是加强民族思想政治教育的现实竞争力和说服力。各种不同的民族思想政治教育资源因为整合的原因，形成许多新的功能和新的价值，这是其他竞争对手很难复制和模仿的。民族思想政治教育，就是要在全体人民中间以自己的独特方式进行民族理论、民族观、民族政策和民族认同等内容的教育。只有将各民族的资源优势加以整合，一面以原有的资源功能价值为基础，一面结合民族思想政治教育资源整合后形成的大量新功能新价值，以形成属于民族思想政治教育所特有的核心资源竞争力，才会大大加强民族思想政治教育的现实竞争力，以不争的民族思想政治教育实践事实加强民族思想政治教育的现实说服力。

其次，民族思想政治教育资源整合的方法在于：一是系统整合方法。民族思想政治教育资源整合是一项系统工程，必须使参与资源整合的各种要素，包括资源整合的主体和客体进行系统集成，以实现民族思想政治教育资源整合的聚集效益。系统整合方法，是民族思想政治教育资源整合最常规和常用的方法，其技术要领上相对简单，是一种由单一到复杂，由分散到集中的基础方法。二是层次整合方法。民族思想政治教育资源系统是多层次的复杂大系统，为了促进民族思想政治教育资源的可持续开发利用、协调发展，需要在宏观、中观和微观三个层次上对民族思想政治教育资源进行层次优化整合。层次的划分可能有多种标准，如，宏观、中观和微观资源，横向、纵向和混合资源等等，但无论以何种标准划分，每一次层次整合只能遵循同一划分标准。以横向、纵向和混合资源整合为例，民族思想政治教育的横向资源整合，指的是在同一地域、同一历史条件下，实施相同内容民族思想政治教育活动的资源整合。民族思想政治教育资源的纵向整合，是指不同历史条件下，实施相同内容民族思想政治教育教育活动的资源整合。民族思想政治教育资源的混合整合，就是跨历史时代、跨内容的资源整合，是一种既包含横向整合又包含纵向整合的民族思想政治教育资源整合方法。三是阶段整合方法。民族思想政治教育资源的阶段整合方法，一方面是指任何一项民族思想政治教育资源整合活动都不是一蹴而就的行为，需要有步骤、分阶段完成，既要尊重资源整合的内在规律，又要围绕资源整合的基本目标有计划、有秩序地调配各种资源；另一方面，阶段整合还意味着整个民族思想政治教育资源整合都必须与经济和社会发展的一定阶段相对应，如果超越了经济发展阶段的要求，则只会带来资源的闲置和浪费。民族思想政治教育资源阶段整合方法的前提条件，是对现阶段经济和社会发展水平以及社会资源状况有充分的了解。只有这样，才能因时而为，因地制宜地做出科学的资源整合决策。

3. 民族思想政治教育的资源管理策略

要实现民族思想政治教育资源的可持续开发和利用，就不得不加强民族思想政治教育资源的管理。资源管理起初源于自然资源系统，出于环境保护目的，各式各样自然资源管理方法和措施开始出台。

民族思想政治教育资源管理的原则有：一是资源系统管理原则。不能误以为民族思想政治教育资源能够与整个资源系统完全割离，从而只将资源可持续开发和利用的眼光局限在民族思想政治教育本身，忽略了部门之间、因素之间的内在联系，导致对民族思想政治教育资源的开发和利用缺乏全面、系统的认识和考虑。所以，民族思想政治教育资源管理应当尽力避免这一问题的出现，而是要对整个资源系统进行全面的管理和监控，实行全员、全过程的管理。所谓全员管理，是指民族思想政治教育资源管理必须体现广泛性，即动员每个民族思想政治教育工作者都积极投身到民族思想政治教育资源管理中来，强化资源管理的意识，互相监督，不断地提高自身的业务素质，最大限度地减少工作中的失误和错漏，减少不必要的资源支出。不仅如此，还要在民族思想政治教育对象中广泛宣传和推广民族思想政治教育资源管理，使民族思想政治教育对象在提高自身主体主动参与性的过程中，实现民族思想政治教育资源的节约。所谓全过程管理，是指民族思想政治教育资源管理必须体现整体性，即要求对民族思想政治教育的决策、组织、协调等各个环节都进行严格的资源控制。二是资源有效化原则。所谓资源有效化，主要有两层意思：一是促使民族思想政治教育以最少的资源投入，获得最大的效益产出；二是尽量以最少的民族思想政治教育资源投入，完成较多的民族思想政治教育工作，达到较好的民族思想政治教育效果。所以，民族思想政治教育要尽量结合实际情况，分析、找出节约民族思想政治教育资源的方法，并采取强有力的资源管理措施和控制办法，保障相应民族思想政治教育目标的实现。三是效益兼顾原则。如果单纯只是关注民族思想政治教育资源的管理，只注重资源的节约和循环，而忽视资源投入所实际带来的民族思想政治教育效益，反而还会容易造成民族思想政治教育资源的极大浪费。所以，对于民族思想政治教育资源，切不可为节约而节约，为管理而管理，而是应当在兼顾民族思想政治教育实效性基础上的资源管理。否则，任何资源管理都没有实际意义了。然而，民族思想政治教育实效性的兼顾也不应当是片面的，而应该在追求经济效益的同时，还必须注意结合实现政治效益和社会效益的需要。既讲求经济效益，也讲求政治效益和社会效益，把经济、政治和社会效益与自身发展结合起来，在不断提升民族思想政治教育实效性中实现民族思想政治教育自身的发展，最终达到双赢的效果。

要实现民族思想政治教育的资源管理，从而保障民族思想政治教育资源可持续开发和利用，不是一朝一夕就可以完成的，而是一个在积极中求稳妥，在创新中求发展的过程，需要按照以下步骤来具体实施：

第一，解决民族思想政治教育资源管理的思想认识问题。一是应当明确民族思想政治教育资源与资源整体系统的相关性，在加强资源整体系统管理利用的同时，加强民族思想政治教育资源可持续开发利用的宣传，提高全民族的资源意识、生态意识和环境意识，充分利用广播、电视、报纸、互联网等现代化的宣传工具，推出一些资源科学合理利用的科普知识和公益广告。还可将资源循环管理的知识列入各民族中小学教材，培养各族人民珍惜资源的大资源观。二是在民族思想政治教育内部要实施相关培训，使民族思想政治教育资源开发与利用落到实处，适当引入相关科技人员进入民族思想政治教育系统，以便于在整个队伍中普及民族思想政治教育资源管理与可持续开发利用的观念，从而自觉养成资源节约、资源管理和资源效益的理念。三是倡导绿色消费，树立绿色消费意识。一方面，可以通过在民族地区和城市社区广泛深入地开展宣传教育，以抓住各民族人民生活消费中关心的热点难点问题，运用各种新闻媒体、设立相关的主题活动，树立科学健康的资源消费观念。另一方面，强化民族思想政治教育资源绿色消费观，力求在民族思想政治教育实践中尽力做到资源的绿色消费，以避免浪费和闲置。

第二，加强民族思想政治教育资源管理的研究和普及工作。一是要把民族思想政治教育资源的科学管理列为民族思想政治教育资源可持续开发利用的基本策略，纳入民族思想政治教育工作日程。二是要改革民族思想政治教育资源的管理体制，站在民族思想政治教育大局上，增强资源的宏观管理，制定相关政策及实施办法，一面确保民族思想政治教育资源的保护性开发和利用，一面尽力实现民族思想政治教育资源的科学管理和可持续开发利用。三是不断积累民族思想政治教育资源管理的点滴经验总结，这种积累本身就是对资源很好的保护，而后在此基础上的资源管理就会通畅许多。由少到多，由点到面，点滴积累，不仅能让民族思想政治教育资源观念深入人心，也能切实保证民族思想政治教育资源管理的顺利实现。

第三，制定民族思想政治教育资源管理的规划。为了有步骤有计划地推行民族思想政治教育资源管理，应该制定一个规划。行业有行业的规划，地区有地区的规划，企业有企业的规划，民族思想政治教育资源管理也要有所规划。尽管当前制定民族思想政治教育资源管理的总体规划比较困难，不太现实，但可以针对某项具体的民族思想政治教育行为或者过程制定相应的民族思想政治教育资源管理规划。在制定的过程中，要把长期目标和近期打算有机结合起来，先抓什么，后抓什么，达到什么具体要求，都要有妥善安排，并有切实可行的保障措施，使上下都心中有数。同时，还要定期检查，以保证规划的顺利实现。

值得注意的是，民族思想政治教育资源管理的规划，应当与民族思想政治教育的发展有机结合起来。民族思想政治教育资源管理，是民族思想政治教育理论与实践的重要发展。新的时代条件下，民族思想政治教育发展的生命力在于更好地实现民族思想政治教育的实效性，而离开民族思想政治教育资源的投入和科学管理，民族思想政治教育的实效性就难以实现。所以，民族思想政治教育资源管理不仅与民族思想政治教育的发展相一致，而且本身就是民族思想政治教育发展命题中的应有之义。因此，二者完全可以相互结合起来，相辅相成，同步进行。民族思想政治教育在理论和实践上的发展能够推动思想政治教育资源管理的实施，而民族思想政治教育资源管理则可以给民族思想政治教育的发展增加更为科学的内涵。

第四，完善民族思想政治教育资源管理的法制体系。当前，我国整个资源体系管理的法制化程度比较低，民族思想政治教育资源管理更是如此。因此，有必要通过立法完善，用法律规制资源管理的各项政策措施及其实施保障条件，使资源管理主体提高认识和觉悟的自觉行为与履行责任和义务的法律强制约束行为结合起来。通过行政执法和司法的强制手段，以及民族思想政治教育对象的广泛参与，建立适宜资源管理事业健康发展的法治环境。民族思想政治教育资源内容丰富，因此，其资源管理综合性强，涉及范围广，需要运用法律调整的资源管理内容主要包括民族思想政治教育资源的整体管理和民族地区的区域性思想政治教育资源管理两大部分，特别是民族地区的区域性思想政治教育资源管理，一定要从立法上加以明确，对该地区的资源能源和环境状况进行综合调查、综合评价和综合规划，所有民族思想政治教育的展开都应该适应该区域的资源优势和环境特点，并逐步把民族地区区域性思想政治教育的资源管理与其他民族思想政治教育资源管理有机结合起来。

第八章　民族思想政治教育载体论

民族思想政治教育载体是民族思想政治教育的重要中介，是民族思想政治教育联通体的重要组成部分，对于民族思想政治教育实践活动的顺利进行，对于推进民族思想政治教育的科学化，有着重要的影响。因此，必须对民族思想政治教育载体进行深入、系统的研究。而要深入系统地研究民族思想政治教育载体，就必须分别研究民族思想政治教育载体的涵义、形态，传统载体，现代载体以及载体的发展等重要内容。

一、民族思想政治教育载体的涵义

深入理解民族思想政治教育载体的涵义，就要在厘清载体、思想政治教育载体的基础上予以科学认识。

（一）思想政治教育载体

载体最早是作为一个科技术语出现于化学领域的，随着社会信息化发展以及学科综合化发展趋势的加强，载体这一概念逐渐被引入社会科学领域。在社会科学领域，载体一般被理解为运载或承载知识或信息的物质形体，当具体到不同的学科，载体概念内涵的界定及其运用又存在着很大的差别。载体这一概念是 20 世纪 90 年代被引入思想政治教育领域，“思想政治教育载体”这一概念随之产生，并且受到学术界的广泛关注。学术界对其内涵的认识主要有以下几种：

第一，“活动论”认为，思想政治教育载体是一种活动或活动形式。所谓思想政治教育载体，是指“承载、传导思想政治教育因素，能为思想政治教育主体所运用、且主客体可借此相互作用的一种思想政治教育活动形式”①。

第二，“要素论”认为，思想政治教育载体是连接教育主体和客体之间的桥梁，是思想政治教育的基本要素之一。思想政治教育载体，是指“承载思想政治教育内容和信息，能为思想政治教育者所控制、操作，且教育者和受教育者可借此发生互动的一种思想政治教育形式”②。思想政治教育主体正是借助这种形式，对教育客体进行教育并通过双向互动活动达到一定的教育目的。

第三，“中介论”认为，思想政治教育载体是连接教育主体和教育客体的中介之一，称为“载体中介”。思想政治教育的过程，就是思想政治教育主体、客体、介体、环体四要素之间相互影响、相互制约的过程，思想政治教育载体就是其中的介体之一。载体中介，其所揭示的是思想政治教育主体所运用的能承载并传递思想政治教育内容和信息的手段和形式。③

载体作为思想政治教育系统不可或缺的重要组成部分，正在被越来越多的学者和专家所关注、研究。由于国内对思想政治教育载体的研究起步较晚，因此，长期以来，思想政治教育载体内涵的理论研究还存在偏差，对思想政治教育载体的概念和内涵现在还没有统一定论。但是，目前学术界普遍认同，要成为思想政治教育载体，必须同时满足两个基本条件：第一，必须承载思想政治教育信息，并能够被思想政治教育主体所操作；第二，必须能够连接教育主体和教育客体，使教育主客体之间发生互动。

---

① 陈万柏：《思想政治教育载体论》，9 页，武汉，湖北人民出版社，2003。

② 杨新宇：《社会转型期高校思想政治教育新载体初探》，载《高等农业教育》，2004（8）。

③ 张世贵：《思想政治教育中介的时代价值浅论》，载《探索》，2003（3）。

（二）民族思想政治教育载体

民族思想政治教育，是指某政党或国家（尤其是多民族国家）有目的、有计划地对社会成员进行一定的民族观教育，使其认同民族、民族共同体和国家的社会实践活动。透视这一定义，结合思想政治教育载体的研究，我们可以看出，作为民族思想政治教育载体，必须同时满足以下三个基本条件：

第一，必须能够承载民族思想政治教育的目的、任务和内容等信息。在社会生活中，有些载体形式可以被别的活动所运用，并不一定就是民族思想政治教育载体，只有当这些载体形式具有明确的民族思想政治教育指向性，蕴含民族思想政治教育内容以后，才能真正成为民族思想政治教育载体。因此，判断是否能够成为民族思想政治教育载体，首先要看它能否承载民族思想政治教育内容，能否为民族思想政治教育目标服务。

第二，必须能够被民族思想政治教育主体所运用和控制。民族思想政治教育主体能够运用和控制的教育形式，才具有民族思想政治教育载体的价值。这也是民族思想政治教育目的性和主体性的突出表现，民族思想政治教育载体必须能为教育主体所把握和操作，能够实现民族思想政治教育的目的，能够将教育主体的要求转化为教育客体的思想意识和行为习惯，使其成为民族思想政治教育过程中的一个自觉、有为的要素。

第三，必须是联系教育主体和教育客体的中介要素。民族思想政治教育过程不是教育主体单方面的活动过程，而是教育主体和教育客体共同参与、相互作用的过程。民族思想政治教育载体的使用，增加了教育主体与教育客体联系与沟通的机会，有利于教育主体与教育客体在教育实践的基础上实现主体和客体的双向运动，有利于双方互相启发、互相影响、互相制约、互相激励、共同进步，达到情感的交融和人格的升华。

因此，本书认为，民族思想政治教育载体，就是指在民族思想政治教育过程中能够承载和传递民族思想政治教育内容，能为民族思想政治教育主体所运用和控制，并与民族思想政治教育客体发生联系的社会物体。

二、民族思想政治教育载体的形态

民族思想政治教育载体有哪些具体形态，它的层次结构又是怎样的，对其如何进行分类，这是我们开展民族思想政治教育载体理论研究必须回答的问题。民族思想政治教育载体的具体表现形态是多种多样的，从不同的方位、不同的角度，可把它分为多种不同的类型。

（一）传统载体与现代载体

民族思想政治教育作为一种特殊的社会实践活动，是伴随着社会的不断演进而日益发展的。从民族思想政治教育载体的历史发展来划分，可把民族思想政治教育载体分为传统载体和现代载体。

传统载体是指在民族思想政治教育发展过程中，曾经被人们广泛使用并仍在继续发挥作用的载体。在长期的民族思想政治教育实践中，民族思想政治教育者创造并运用了与不同时期的教育实践相适应的大量的教育载体，其具体形态丰富多彩。特别是中国共产党诞生以来，无论是在党的初创时期、发展时期、拨乱反正时期，还是社会主义建设时期，都对民族思想政治教育载体理论的发展做出了贡献。比如：党团活动、报刊广播、文艺宣传、著作学习、社会主义精神文明创建活动以及“三讲”活动等，这些载体形式在中国社会主义革命和建设中普遍使用。而课程载体、管理载体、文化载体、活动载体等被广泛使用的传统载体形式更是深刻影响了人的思想和行为，发挥着不可低估的民族思想政治教育作用。

现代载体是指随着现代社会发展而产生的具有时代特征的民

族思想政治教育载体形式。随着科学技术的进步和生产力的发展，现代载体在传统载体发展和创新的基础上、在现代科学技术进步催生下形成，包括富有时代气息的传统载体、传媒载体和网络载体等。富有时代气息的传统载体是对传统载体合理借鉴和继承，我们在继续使用许多有效的传统载体的过程中，要在载体的选择、创设、开发与运用中更多地加入时代内容，以便更能够满足教育主体和教育客体的需要，达到民族思想政治教育的目的。

（二）有形载体与无形载体

民族思想政治教育载体按不同的标准有不同的分类，根据载体的形态可以将其划分为有形载体与无形载体。

有形载体是指民族思想政治教育过程中联系教育主客体、承载并传递民族思想政治教育的内容和信息、能为教育主体所认识和使用并能使民族思想政治教育主客体发生双向互动的显性物体。该物体具有正面性、直接性的特点，是指在民族思想政治教育过程中能够为教育客体感官直接感知的载体。民族思想政治教育有形载体的类型主要包括：课堂载体、媒体传播、开会、谈话等。

无形载体是指在民族思想政治教育过程中联系教育主客体、承载并传递民族思想政治教育的内容和信息、能为教育主体所认识和使用并能使民族思想政治教育主客体发生双向互动的物体。该物体具有隐藏性、间接性的特点，是指在民族思想政治教育过程中不能为教育客体感官直接感知的载体。民族思想政治教育无形载体的主要类型有：管理载体、文化载体、活动载体等。

三、民族思想政治教育的传统载体

民族思想政治教育的传统载体主要有课程载体、管理载体、文化载体和活动载体，下面分述之。

（一）课程载体

民族思想政治教育课程载体，即以课堂教学为载体，是指教师利用课堂教学开展民族思想政治教育的载体形式。课程载体是民族思想政治教育目的实现的中介，它是国家有目的、有计划地对社会成员进行一定的民族观教育的重要途径，也是社会成员认同民族、民族共同体和国家的重要渠道。课程载体有稳定性、主导性、系统性和互动性等特点。

民族思想政治教育课程载体主要包括两类形式：其一，思想政治理论课。它以马克思列宁主义、毛泽东思想和中国特色社会主义理论体系来武装教育客体，帮助其树立正确的民族观。在当代中国，思想政治理论课是灌输马克思主义民族理论，宣传党的民族理论和民族政策、国家民族法律法规，增强教育客体维护民族团结的自觉性和坚定性的主渠道和主阵地。其二，专业课程和人文素质课程。民族思想政治教育可以融入到教育客体专业学习的各个环节，渗透到教学、科研和社会服务各个方面，要通过深入发掘各类课程的民族思想政治教育资源，在传授专业知识过程中加强民族思想政治教育，使教育客体在学习科学文化知识过程中，自觉提高政治觉悟，使党的民族理论和民族政策、国家民族法律法规为广大人民群众所掌握。不仅专业课程可以渗透民族思想政治教育，也可以通过人文素质课程将党的民族理论和民族政策、国家民族法律法规进课堂、进教材、进头脑，使汉族离不开少数民族、少数民族离不开汉族、各少数民族之间也相互离不开的思想深深扎根于各族人民心中，使我国各民族同呼吸、共命运、心连心的优良传统代代相传。专业课程和人文素质课程可以潜移默化地影响人的思想和意识，给人以体悟和启迪，其教育的效果往往会更好。

要充分发挥课程载体在民族思想政治教育中的作用，就必须坚持针对性与实效性相统一原则、理论性与实践性相统一原则、系统性与灵活性相统一的原则，以提高其在民族思想政治教育过程中的有效性。

正确运用课程载体的方法主要有：其一，要坚持科学灌输。民族思想政治教育最常用的、最传统的就是以课程为载体的课堂灌输。当今世界强调“以人为本”教育，而“以人为本”的教育理念强调把人作为教育的核心，自觉地反对功利化追求在教育中的泛滥，真正把人作为“目的”而不是“手段”，一切从人出发，一切为了人，一切服务于人，一切服从于人的内在需要与完善，切实确立起“人”在当代教育中的中心地位。这也就要求我们在坚持运用课程载体进行民族思想政治教育的过程中，必须注意把教学与育人更加自觉地、有机地融合起来，反对机械式、教条式的灌输，提倡科学的灌输。而科学的灌输是建立在遵循教育对象身心发展规律、尊重教育客体主体地位的基础上，它要求教育主体在课堂教学过程中要讲究教学艺术，善于设置教学情境，运用各种教学手段，既充分发挥主导作用，又充分尊重学生的主体性，以调动学生积极主动性，从而实现从知识传授向行为引导转变、教师单主导向师生双主体转变、接受型学习向研究性学习转变。我们要以思想政治理论课教育为主渠道，以其他课程教育为支脉，充分发挥课堂教学在民族思想政治教育中的引领和主导作用，有计划地从各个不同角度和不同方面贯穿和渗透民族观教育。

其二，在坚持科学灌输的前提下，创新课程载体的教学内容、教学手段和教学方式。一是发展和创新教学内容。民族思想政治理论课教学应该反映最前沿的理论研究成果，教学内容与时俱进是民族思想政治理论课程的必然要求。我们可以直接通过《马克思主义基本原理》、《马克思主义民族理论与政策》等课程系统地讲授马克思主义世界观、国家观、民族观和宗教观，还可以在其他课程的教学内容中，适当增加民族问题的专题，使教育客体牢固树立马克思主义的民族观和国家观，自觉地维护民族团结和祖国的统一。例如，在《中国近现代史纲要》课程的教学内容中，可以强调我国是一个统一的多民族国家，一部波澜壮阔的中国近现代史，就是一部各少数民族与汉族人民一道，为了反抗封建统治者的残酷剥削和帝国主义的野蛮侵略而进行不屈不挠的革命斗争的壮丽史诗。特别是新中国成立以来的60多年，我国各族儿女在祖国大家庭中团结友爱、休戚与共、共同团结奋斗、共同繁荣发展，使我国民族团结进步事业蓬勃发展、胜利前进。在《毛泽东思想和中国特色社会主义理论体系概论》课程的教学内容中，可以介绍毛泽东、邓小平、江泽民和胡锦涛同志关于民族区域自治理论以及加快民族地区进步和发展的相关论述，使教育客体牢固树立各兄弟民族唇齿相依、荣辱与共的观念，坚持一切从我国民族问题实际出发，坚定不移地走中国特色解决民族问题的正确道路。同样，在其他课程的教学内容中，也可以引用一些最新的资料和鲜活的案例，使教育客体了解我国解决民族问题的成功实践和广大少数民族地区在改革开放进程中所取得的伟大成就，使教育客体学会运用马克思主义的世界观、民族观来分析问题、理解问题。二是发展和创新教学手段和教学方式。一方面，要营造贴近生活的教学情境。在教学中把理论和实践有机结合，结合民族地区的发展变化等事实来引申和阐述，直面重大理论和实践问题，不回避热点难点问题，坚持摆事实、讲道理，以理服人，以情感人。可以利用各种机会，广泛进行世情、国情、党情、地情、校情教育，高扬主旋律，振奋精神，鼓舞士气，激发教育客体的民族自尊心、自信心和自豪感，增进他们对祖国、对中国特色社会主义、对我们党的感情。另一方面，鼓励教师积极探索行之有效的课堂教学方法和模式，广泛实践案例式、讨论式、参与式、互动式、研究式、情景式、体验式等方法，运用生动的语言、鲜活的事例、新颖的形式，活跃课堂教学气氛，启发学生深入思考。要精选富有意义的案例，案例也要与时俱进，反映最新的时代内容，切忌简单地从理论到理论、从抽象概念到抽象概念。要通过案例来呈现问题，提供问题发生的情境和分析问题的思路，使教育客体在解决问题的过程中将知识内化。还可以充分借助现代技术手段，例如充分运用多媒体课件等教学工具，把教学内容与教育客体能够切身感受到的身边事物的发展变化联系起来，加强课堂上的教育主客体互动，激发教育客体的兴趣。此外，要加强实践教学，把实践教学与社会调查、志愿服务、公益活动、专业课实习等结合起来，增加教育客体对历史和现实的感性认识，取得良好的教育教学效果。

其三，加强民族思想政治教育队伍建设。一是不断提高队伍的思想水平和政治觉悟。民族思想政治教育工作者必须具备过硬的政治素质，要有正确的政治方向和立场。只有政治方向正确、立场坚定、旗帜鲜明，才能保持高度的政治鉴别力和政治敏锐性，才能始终和党中央保持一致。民族思想政治教育工作者首先要能够坚持社会主义政治方向，在任何时候、任何场合都要做一个坚定、清醒的社会主义的捍卫者和引路人，牢固树立正确的世界观、人生观和价值观，自觉抵制各种错误思潮和腐朽思想文化的影响；其次必须树立崇高的政治信念和信仰，牢固确立在中国共产党领导下走中国特色社会主义道路、实现中华民族伟大复兴的共同理想和坚定信念，无论面对多大的困难和挫折，都要以坚定的信念感染学生；再次必须有较高的政治水平，熟练掌握党和国家的路线、方针、政策，及时把握前沿的思想信息，把握学生中出现的各种苗头，及时跟进、早做工作，在实际工作正确引导学生。二是不断提高队伍的知识素质。民族思想政治教育工作者首先要加强学习，不断丰富和充实自己，要系统掌握民族法律、法规和党的民族政策，了解少数民族和民族地区的风俗习惯和文化特征，养成尊重和理解少数民族的习惯。还必须有广博的相关学科知识，要成为一名政治意识强、业务素质高、熟悉现代信息科学和网络技术的新型教育者。民族思想政治教育工作者既要利用好向青年学生直接传授专业知识的课堂，在传授文化知识的过程中渗透民族思想政治教育，也要利用好“第二课堂”，通过组织少数民族知识竞赛、少数民族知识讲座、文艺演出等形式和渠道，把民族思想政治教育揉进学生喜爱的表现形式和载体中去，寓教于乐，潜移默化地对他们施加教育影响。只有这样，才能做到以理服人，以渊博的知识吸引和教育学生。三是不断提高队伍的道德素质。在民族思想政治教育的过程中，要从学生们熟知的人和事入手，用身边人、身边事教育学生、感动学生。著名的教育家夸美纽斯曾经说过："除了智者，任何人都不能使别人成为有智慧的人；除了能言善辩者外，任何人都不能使别人成为能言善辩者；除了道德的笃敬宗教者外，任何人都不能使别人成为有道德的和笃敬宗教的人。"① 苏霍姆林斯基也曾经指出："我们应当以丰富的精神生活给孩子做出榜样。只有在这种条件下，我们在道德上才能有权利来教育学生。"② 可见，民族思想政治教育工作者的学术水平、治学态度、思想品德和言行举止等都对学生发挥着深刻的、直接的、潜移默化的作用。学生常常会把民族思想政治教育工作者当作某种政治倾向的化身而加以模仿，这种持久、鲜明、生动、现实的教育手段对学生的影响是其他手段所无法比拟的。民族思想政治教育工作者肩负着维护祖国统一、民族团结的重任和义务，有责任引导学生树立正确的马克思主义民族观，加强民族间的团结，反对民族分裂。

（二）管理载体

民族思想政治教育管理载体即"以管理为载体"③，指寓民族思想政治教育内容于管理活动之中，通过运用一定的规章制度等来约束、规范和协调人们的行为，达到提高人们民族认同度、增

① 转引自檀传宝：《德育美学观》（增订版），157 页，北京，教育科学出版社，2006。

② ［苏］苏霍姆林斯基：《教育的艺术》，肖勇译，51 页，长沙，湖南教育出版社，1983。

③ 陈万柏：《思想政治教育载体论》，11 页，武汉，湖北人民出版社，2003。

强人们维护民族团结的自觉性和坚定性的目的。将管理作为民族思想政治教育的载体，是由管理活动的普遍性、管理与民族思想政治教育的内在联系以及民族思想政治教育自身发展的要求所决定的。其一，管理是一种遍及社会生活各个领域的基本活动。而民族思想政治教育的对象是人，是分布在各行各业中的现实的人，他们几乎毫无例外地都受到民族思想政治教育的影响，这使得民族思想政治教育具有极其广泛的社会性，这也要求民族思想政治教育所运用的载体必须具有相当广泛的覆盖面，只有这样才能有效地对人们进行民族思想政治教育。其二，民族思想政治教育与管理的内在联系是非常紧密的。在现实中，教育与管理是统一于同一实践过程的两个方面，民族思想政治教育中有管理，管理中有民族思想政治教育因素。民族思想政治教育是一个庞杂的系统工程，要求社会各方面齐抓共管，形成合力，这属于组织管理，并且民族思想政治教育本身也有制度管理、队伍管理、目标管理等。两者在具体操作方法上也有相似性。民族思想政治教育的基本操作方法在管理活动中都能用上，如说理引导、以情感人、典型示范、沟通协调等。其三，近些年来，境外宗教极端势力、民族分裂势力和国际恐怖势力同境内民族分裂主义分子疯狂进行分裂中国的违法犯罪活动，如：2008 年拉萨“3·14”事件、2009 年乌鲁木齐“7·5”事件。面对复杂化和多样化的客观情况，民族思想政治教育发展的一个重要方面就是开辟新途径，寻找新载体，以适应时代发展的需要。中共中央《关于加强和改进思想政治工作的若干意见》指出：“必须坚持教育与管理相结合。要抓紧建立健全有关的法律法规和制度，依法加强对社会生活各个方面的管理，把我们倡导的思想道德原则融于科学有效的社会管理之中，使自律与他律、内在约束与外在约束有机地结合起来。”① 管

① 《中共中央关于加强和改进思想政治工作的若干意见》，载《人民日报》，1999 年 11 月 9 日。

理载体有普遍性、制度性、社会性和综合性等特点，有导向功能、规范功能、协调功能等功能。

要有效利用管理载体，就要做到：其一，提高民族思想政治教育者运用管理载体的自觉性。民族思想政治教育主体必须认识到，管理载体的普遍性特点以及它所内含的民族思想政治教育功用，使它能够作为民族思想政治教育载体被教育者所运用，并且能起到其他载体不可替代的重要作用。只有对此有明确认识，才能自觉地将管理载体运用于民族思想政治教育过程中，使之发挥更大作用。如果认识模糊，就不会自觉地去运用这一载体，即使运用，也很难取得理想的效果。只有充分地认识到管理载体的优越性，提高运用管理载体的自觉性，才能使管理载体得到普遍的恰当的运用，充分发挥其承载和传递民族思想政治教育内容的作用。

其二，提高民族思想政治教育者自身的综合素质。民族思想政治教育者自身的综合素质，是提高其教育质量的关键，是实现民族思想政治教育目标的重要保证。民族思想政治教育者既要有较强的思想政治素质、道德素质和教育能力，又要有较强的管理意识、组织管理能力，善于寓教于管。一方面，只有民族思想政治教育者具备一定的马克思主义基本理论知识、较高的政策水平、较好的道德修养和思想政治教育意识，民族思想政治教育管理载体的运用才具备良好的前提。另一方面，只有当民族思想政治教育者具备一定的社会管理的能力，在管理活动中贯彻教育意图，善于利用管理资源，结合管理的程序、形式和过程，开展民族思想政治教育，才能使管理和民族思想政治教育工作良性互动、共同提高。

其三，促进管理水平的提高，改善和优化民族思想政治教育环境。民族思想政治教育者要以管理为载体，就要努力促进管理工作水平的提高，这是因为管理水平的高低，决定了管理载体的优劣，直接影响到民族思想政治教育的环境。科学规范的管理可以起到理顺关系、化解矛盾的作用，这就在客观上为民族思想政治教育创造了一个良好的环境，有利于教育客体良好行为习惯的养成。民族思想政治教育者要积极参与各种管理过程，使管理走向制度化、规范化、民主化、科学化，逐步提高全社会的管理水平。只有这样，民族思想政治教育者才能既以管理为载体去教育广大社会成员，又以管理为载体去推动全社会管理水平的提高，为自身营造一个优良的教育环境。

（三）文化载体

所谓民族思想政治教育文化载体，即“以文化为载体”①，是指将民族思想政治教育内容寓于文化建设过程之中，通过社会文化、企业文化、校园文化等提高人们的思想认识水平，实现民族思想政治教育目标。民族思想政治教育通过文化载体，传播先进的思想和文化，让各种文化活动承担一定的教育功能，潜移默化地影响人们的民族观，使人们的民族观向着社会要求的方向发展。它在内容上一般包括物质文化、制度文化、精神文化三个层面，如建筑风格、地理环境、规章制度、行为规则、价值观念等；在形式上又具体区分为企业文化、校园文化、社区文化、村镇文化、军营文化和家庭文化等。

之所以将文化作为民族思想政治教育的载体，是因为：其一，文化的内在特质为民族思想政治教育以其为载体提供了内在依据。通过文化载体，有助于培养教育客体对异文化的宽容和理解以及对差异性的尊重，引导教育客体正确看待文化具体形态的丰富性和多样性。通过文化载体，认识东、西方文明历史形成和现实表现的巨大差异，可以为教育客体营造一个开放的思想文化环境，让他们比较不同文化的价值观和规范，感受人类经验的千差万别，培养跨文化的态度、能力和行为，为各民族互相尊重、共同发展

① 陈万柏：《思想政治教育载体论》，117页，武汉，湖北人民出版社，2003。

和民族平等打下坚实基础。其二，以文化为载体是中国社会发展的现实要求。随着全球化进程的加快，不同国家的意识形态、文化传统、价值观念、道德规范、宗教信仰、社会思潮的流转、冲撞和斗争也日益加剧。西方国家凭借其经济优势和技术优势强化自己的话语霸权，在意识形态领域进行渗透活动，千方百计地向其他国家特别是发展中国家输出自己的政治制度、意识形态和价值观念。运用文化载体，一方面可以引导教育客体认识与了解各种错综复杂的文化差异和文明冲突，注重对异文化的宽容和理解，培养他们反对种族主义和一切形式的偏见与歧视，树立民主、公正、平等、人权等观念；另一方面可以引导教育客体在坚持主流意识形态的主导地位的前提下，充分发挥多样选择的主动性和积极性，坚持社会主流价值的主导性。其三，以文化为载体是有效地开展民族思想政治教育的内在需要。以文化建设为载体，无疑会使民族思想政治教育的覆盖面大大扩展，使人们在享受丰富而健康的文化大餐的同时，自觉或不自觉地受到民族思想政治教育的影响，从而增强民族思想政治教育的吸引力、渗透力，提高民族思想政治教育的效果。

文化载体具有多样性、全面性和渗透性等特点。运用文化载体，必须做到：其一，开发物质文化载体，为民族思想政治教育构筑物质文化平台。物质文化载体是以物质形态存在的，包括社会经济环境、政治环境、生态环境以及文化体育设施等，是民族思想政治教育文化载体的基础。要通过加快民族地区经济社会发展，加快民族地区保障和改善民生进程，全面推进民族地区社会主义经济建设、政治建设、文化建设、社会建设以及生态文明建设，维护各族人民根本利益，让各族人民共享改革发展成果，这可以增强各族人民的自豪感和归属感，进而有利于增强民族思想政治教育的效果。并且，要着眼于各地区发展的实际，将文化设施建设纳入到文化总体建设规划之中，不断打牢民族团结的物质基础。此外，实施文化惠民工程，大力发展教育、科学、文学艺术、新闻出版、广播影视、卫生体育、图书馆等各项文化事业，这些文化事业的发展，对于满足人们日益增长的精神文化需要，提高全民族的思想道德素质和科学文化素质，具有不可替代的作用。同时，要立足民族文化资源的开发，把少数民族文化传承与产业化发展结合起来，充分挖掘民族文化产业发展的优势和潜力，按照产业运作和商品经营的方式积极培育民族文化市场，走一条少数民族文化创新与发展的新路。

其二，开发精神文化载体，统摄民族思想政治教育的核心。精神文化载体是以软件的形式存在的，主导着物质文化载体和制度文化载体的变化和发展方向，是民族思想政治教育文化载体的核心和灵魂。要在全国各族人民中间广泛深入地加强马克思主义民族理论、民族政策、国家民族法律法规和以爱国主义为核心的中华民族精神教育，巩固和发展我国平等、团结、互助、和谐的社会主义民族关系，增强中华民族的凝聚力。要通过马克思主义民族理论、民族政策、国家民族法律法规教育，用当代马克思主义民族理论武装全国各族人民的头脑，自觉抵制境内外敌对势力的分裂破坏活动，增强做好民族工作、处理好民族关系、解决好民族问题的能力，增强促进各民族繁荣发展的使命感。通过以爱国主义为核心的中华民族精神教育，使我国各族人民懂得：深深根植于数千年文明历史与优秀文化传统中的中华民族精神，始终是维系中国各族人民共同生活的精神纽带，是支撑中华民族生存、发展的精神支柱，是推动中华民族走向繁荣富强的精神动力，是中华民族之魂；教育和引导各族干部群众牢固树立“三个离不开”思想，促进各民族之间相互尊重、相互学习、相互支持、相互信任、相互谅解；教育和引导各族群众加倍珍惜今天来之不易的大好局面，进一步坚定对中国特色社会主义的信念、对改革开放和现代化建设的信心、对党和政府的信任，自觉维护民族地区社会政治稳定，为构建社会主义和谐社会而努力奋斗。

其三，开发制度文化载体，为民族思想政治教育构筑制度文化平台。制度文化载体包括党的民族政策、宗教政策、民族法律法规等。坚持我国各民族一律平等，在民族地区实行民族区域自治，加快少数民族和民族地区发展，保障各少数民族合法权益，巩固和发展平等团结互助和谐的社会主义民族关系，是党的民族政策的基本内容。一方面，要全面贯彻党的民族政策和宗教信仰自由政策，依法管理宗教事务，坚持独立自主自办的原则，积极引导宗教与社会主义社会相适应，尊重少数民族群众和民族地区各族群众的宗教信仰，进一步提高依法管理宗教事务的水平。另一方面，要坚持和完善民族区域自治制度，全面贯彻落实民族区域自治法，要大力加强民族区域自治法的学习、宣传、教育，使各族干部群众特别是各级领导干部进一步提高对民族区域自治法重要性的认识，不断增强遵守执行这部法律的自觉性；要抓紧制定配套的法律法规、具体措施和办法，制定或修订自治条例和单行条例，逐步建立比较完备的具有中国特色的民族法律法规体系。只有将制度内化为民族思想政治教育主体和客体的内心信念和需求时，才能真正发挥制度文化载体的育人功能。

其四，开发虚拟文化载体，延伸民族思想政治教育的领域。虚拟文化载体是一种蕴涵特殊内容和表现手段的文化载体形式，是以信息技术、通讯技术、网络技术为依托，以创新和互动为重点，与现实文化密切联系的文化现象，包括网络文化、手机文化、QQ 文化等。值得注意的是，网络是继报刊、广播和电视之后的第四大传播媒体，因其全球性、即时性、交互性等特征已逐渐渗透到人们生活的方方面面，成为了一个新的传播思想文化、开展舆论斗争的阵地。虚拟文化的发展对民族思想政治教育的主体、客体和内容都提出了新的更高要求。我们应在坚持主导价值取向的前提下，积极开发虚拟文化载体，站在科技发展前沿，充分运用先进技术对文化生产经营和传播模式进行改革，占据信息主动权，拓展民族思想政治教育的新渠道，延伸民族思想政治教育的影响领域。

（四）活动载体

所谓民族思想政治教育活动载体，是指教育主体为达到一定的民族思想政治教育目的，以广大人民群众为主体，通过有意识地开展各种活动，寓民族思想政治教育的内容于活动之中，使教育客体在参与活动的过程中潜移默化地接受教育。活动载体有对象性、明确的目的性、广泛的群众性和极强的实践性。

活动载体的主要形式有：其一，社会生产实践活动。人的本质是社会关系的总和，社会性是人的根本属性，社会生产实践活动是民族思想政治教育的重要载体之一。民族地区的生产技术大多数是祖祖辈辈传承下来的，并在社会生产实践中不断改进，通过社会生产实践活动培养子孙后代勤劳勇敢、艰苦奋斗的优秀品质，这是民族地区经济社会发展、社会进步的基础。新中国成立60多年来，民族地区经济社会发展实现了历史性进步，少数民族和民族地区面貌发生翻天覆地的历史性变化，我国各民族共享经济社会发展成果，全国各族人民大团结的物质基础日益深厚牢固。社会生产实践活动为有效加强民族思想政治教育夯筑了坚实的物质基础。

其二，宗教活动。我国是一个有着56个民族的多民族的国家，宗教与少数民族有着较为紧密的关系。我国许多民族有着普遍信教的传统，如藏、蒙古、土、羌、普米、怒、裕固等民族信仰藏传佛教，傣、阿昌、德昂、佤、布朗等民族信仰南传佛教，回、维吾尔、哈萨克、东乡、撒拉、柯尔克孜、塔吉克、乌孜别克、塔塔尔、保安等民族信仰伊斯兰教。在我国民族地区，很多的社会活动往往与宗教有着密切的联系，广大信徒的宗教礼仪、宗教伦理道德等主要是通过宗教活动接受教育的。值得注意的是，宗教活动也有其消极作用，如传播某些非科学、非进步意义的思想等。因此，民族思想政治教育必须合理利用宗教活动的积极一面，推动民族思想政治教育深入发展。

其三，节日娱乐活动。民族地区的节日娱乐活动丰富多彩，每个民族都拥有自己民族特色的活动。如彝族火把节、插花节，傣族泼水节、送龙节，白族的三月街、绕三灵，拉祜族的葫芦节、库扎节，哈尼族的昂玛突节，纳西族的三朵节，瑶族的盘王节，傈僳族的阔时节和布依族的跳月节等。这些节日是民众表达内心情感的重要形式，是人们重要的精神寄托方式，既体现了民族风俗特色又增强民族认同感，培养民族情感，增强民族的凝聚力和向心力。

其四，革命纪念活动。民族地区具有爱好和平、反对压迫、维护民族团结的优良传统，也涌现出一批热爱祖国、热爱民族的英雄，这是民族增强自信心和自豪感的重要因素。无论是在旧民主主义革命还是在新民主主义革命时期，都曾涌现出一大批少数民族的仁人志士，如：在鸦片战争中壮烈殉国的大角炮台副将陈连升、陈举鹏父子（土家族）、两江总督裕谦（蒙古族）、镇江副都统海龄（满族）；在中日甲午战争中为国捐躯的平壤守将左宝贵（回族）等少数民族英雄，都是中华民族爱国主义人物的杰出代表。而以乌兰夫（蒙古族）、粟裕（侗族）、韦国清（壮族）、韦拔群（壮族）和马本斋（回族）等为代表人物的一批少数民族无产阶级革命家，更是为中华民族的独立和解放建立了不可磨灭的功勋，永远值得全国人民学习和怀念。因此，大力开展革命纪念活动，让民族群众尤其是青少年懂得本民族的英雄人物和事迹，可以使他们继承民族优秀传统和大无畏的革命精神，增强他们的自信心和民族自豪感。

有效运用活动载体，要做到：其一，积极推进与经济工作相结合的活动载体创新。民族共同繁荣是全面建设和谐社会的重要内容，加快民族地区的经济发展，做好民族思想政治教育工作，必须创新社会生产活动载体。要加快民族地区保障和改善民生进程，全面推进民族地区社会主义经济建设、政治建设、文化建设、社会建设以及生态文明建设；全面推进就业行动计划，创造更多就业岗位，提高各族群众就业能力，加大扶贫开发力度；充分发挥各类先进典型作用，善于发现典型、总结典型、弘扬典型，用群众身边的人和事教育群众，推进活动载体的创建。

其二，积极推进与时代轨迹相衔接的宗教活动创新。随着我国经济、政治、文化和社会的发展，各民族相互学习、相互影响、相互帮助，共同因素会不断增多，但民族特点和民族差异、各民族在经济文化发展上的差距将长期存在。在现实生活中，我国的民族问题往往表现为经济问题与政治问题交织在一起，现实问题与历史问题交织在一起，民族问题与宗教问题交织在一起，国内问题与国际问题交织在一起。因此，我们要正视民族地区宗教活动的两面性，适当运用这一活动载体，积极引导宗教与社会主义社会相适应，引导广大民族地区的宗教活动与社会主义主流活动相适应，尊重少数民族群众和民族地区各族群众的宗教信仰，进一步提高依法管理宗教事务的水平，把主流意识渗入到宗教活动领域，坚持主流意识与宗教意识的辩证统一；积极做好宗教活动的现代性转化工程，使宗教活动成为新时期宣传公民基本道德意识、中国特色社会主义民族理论体系的阵地和渠道，促进民族地区的团结稳定。

其三，积极推进与民族传统相承接的节日庆祝娱乐活动。民族思想政治教育应大力挖掘民族传统节日和民族重大历史事件、历史人物的纪念资源，开展形式多样的群众性活动，并赋予其时代精神和内涵。开展民族节日活动，坚持民族性与时代性相结合、传承性与创新性相结合的原则，既要体现民族特色，反映民族团结的一面，又要体现时代精神，推动广大民族群众观念向现代性转变，不断提升民族节日活动水平，使新时代的健康内容融入到民族传统节日中去；开展民族重大历史事件和重要历史人物的纪念活动，传承革命优良传统，把革命纪念活动作为民族地区爱国主义教育活动的主体，引导各族干部群众增强珍惜和维护民族团结的坚定性和自觉性，使“三个离不开”的思想观念深深扎根于各族人民心中，不断提高各族群众的思想道德素质和科学文化素质。

四、民族思想政治教育的现代载体

民族思想政治教育的现代载体主要有现代传媒载体和网络载体，为此，研究民族思想政治教育的现代载体，必须分别研究现代传媒载体和网络载体。

（一）现代传媒载体

现代传媒载体按照形态，又可以具体化为报纸载体、广播载体和电视载体。

报纸是以刊载新闻和时事评论为主要内容，以文字、版面等符号和手段传播信息，以定期、连续、散页的方式向公众发行的印刷媒介，它是最早的大众传媒。报纸主要有如下优点：一是易于深度报道。报纸主要以文字符号传播思想信息，而文字符号本身具有抽象性，再加上读者在阅读时可以仔细品味的特点，使报纸能对事件进行深度挖掘和报道，说清楚事件的来龙去脉、预测事件的发展趋向。这也是报纸的最大优势。二是选择性强。阅读报纸在时间、内容和空间上可不受任何限制，读者可以根据自己的习惯和爱好，自由选择报纸种类与内容、阅读顺序与方式，享有对阅读速度、时间、地点的自主权。三是保存性强。报纸是“白纸黑字”的印刷品，且价格低廉，能将各种事实、数字等信息长期有效保存，能供人反复阅读。报纸是现实生活的忠实记录，使思想信息不再为少数人所独享，在很大程度上扩大了传播范围。

报纸的缺点主要表现在：一是报纸出版过程复杂，程序繁多，报纸对事件的反应速度远不及广播、电视，这是报纸最大的劣势；二是报纸以文字符号传播信息，阅读报纸受读者的文化水平限制，读者文化程度低则无法充分享用报纸所承载的多种思想信息，因此报纸受众不如广播、电视广泛；三是报纸虽有图片，但远不如电视生动、直观，文字符号也不如声音符号富于感染力；四是报纸发行受到运输工具、投递力量、交通条件的限制，因而传输相对困难。①

广播是以声音为唯一的传播符号，以节目作为组织内容，通过无线电波或导线传送声音并最终诉诸受众听觉的大众传播媒介。广播的优势在于：一是迅速及时。广播属单纯听觉媒体，以声音为唯一传播符号，以电波为物质载体，每秒传播速度高达 30 万公里，可以在顷刻之间把新闻信息送到千家万户，广播传播与听众接收具有同步性。二是覆盖面广。广播通过无线电波传播，不受时间、时空的限制，电波所及都是其覆盖范围。广播是一种跨地域、跨国界的传播媒介，可以超越国界的限制和封锁，极易扩大传播范围。三是受众广泛。广播以声音符号传播信息，它既不受文化程度的限制，也不受年龄、职业、性别的影响，只要具有收听能力和一定理解能力即可。四是声情并茂。广播所运用的声音符号，如语言、音响、音乐等，都具有丰富的思想内涵，对听众有较强的贴近性和亲和力。有声语言不仅在内容上可以负载丰富的信息，而且音调、语气、包括停顿都可以传递感情色彩，具有一定表现力和感染力。当然，广播与报纸、电视相比也具有一定的传播劣势，一是声音信息的转瞬即逝；二是受众选择性较弱；三是信息不易贮存等。②

电视是运用电子技术手段传输图像、声音与文字的现代化大众传播媒介，是一种视听复合媒体。电视具有以下特点：一是具有强烈的现场感。电视声形并茂，视听兼备，通过运动的画面和声音，将客观事物的形象直接展示在观众面前，使观众听其声、观其形、见其状，如临其境，这提高了电视传播的信息量、真实感和可信度，增强了电视传播的现场感、感染力和表现力。二是

---

① 袁军：《新闻媒介通论》，76～77 页，北京，北京广播学院出版社，2000。

② 袁军：《新闻媒介通论》，107～117 页，北京，北京广播学院出版社，2000。

内容及表现手段的综合性。从内容来看，电视融新闻报道、提供信息、引导舆论、文化娱乐、服务社会等各种功能于一体；从表现手段来看，电视声形并茂，视听兼备，而现代电子特技，更是极大地丰富了它的表现手段。三是面对面的人际交流与互动。电视媒介实现了传播者直接面对观众讲述，或在屏幕上交谈，或把采访过程呈现于观众面前，打通了传者与受者之间的屏障，给电视传播增添了更加浓厚的人际色彩。电视观众不再是信息传播的旁观者和被动的接受者，而是主动的参与者甚至传播者。电视的传播劣势主要表现在：一是由于可视性的增加，缩小了受众的想象空间，削弱了观众参与形象再创造的积极性；二是由于电视活动画面的局限，影响了节目内容的表达，易流于表面化和浅薄化；三是与其他传播媒介相比，电视媒介对社会的负面功能和影响更为直接、深刻。①

（二）网络载体

网络作为继报纸、广播、电视之后的新兴媒体，不仅已经发展成为一个新型的产业，而且成为思想文化交流的一个新的领域，以数字化生存的方式改变了人们的存在方式、思维方式与价值理念，成为民族思想政治教育的重要载体。

网络化时代，网络载体既是传播形态，又是生存方式。运用网络载体，就必须做到：其一，坚持马克思主义在网络文化中的指导地位，提高正确引导社会舆论的能力。当今中国，随着经济成分、组织形式、利益关系和分配方式的日益多样化，人们思想也呈现出多样性、复杂性、易变性和独立性的特征。再加上网络的特点，网络文化中思想的多元性是一种必然的现象。《公民道德建设实施纲要》也指出："大众传媒、文学艺术以及体育活动，对公民道德建设有着特殊的渗透力和影响力。一切思想文化阵地、

① 董世军：《现代思想政治教育载体论》，55 页，2008 年吉林大学博士学位论文。

一切精神文化产品，都要宣传科学理论、传播先进文化、塑造美好心灵、弘扬社会正气、倡导科学精神，大力宣传体现时代精神的道德行为和高尚品质，激励人们积极向上，追求真善美；坚决批评各种不道德行为和错误观念，帮助人们辨别是非，抵制假恶丑，为推进公民道德建设创造良好的舆论文化氛围。”因此，必须坚持团结稳定、鼓励、正面宣传为主的方针，在网络上形成舆论强势，唱响主旋律，营造积极、健康、向上的社会氛围，努力实现“以科学的理论武装人，以正确的舆论引导人，以高尚的精神塑造人，以优秀的作品鼓舞人”的目标，教育引导人们不断克服和抵制各种错误的东西。

其二，要熟悉、掌握、运用计算机网络，不断提高民族思想政治教育的科学化和现代化水平。现代化的民族思想政治教育，离不开现代化的技术手段。教育者不仅要了解并科学分析网络等现代技术对教育客体的思想、情感和生活方式等带来的影响，更要具备熟练操作计算机网络、运用网络技术和网络软件知识的能力，自觉地把网络技术运用到民族思想政治教育实践中，使民族思想政治教育能够更深入、更扎实、更有效。因此，要加强教育者的网络技术培训，增强教育者的科技意识与网络技术应用能力。一方面，教育者必须加强对网络的体系构架和工作原理的了解和掌握，以熟练地运用网络来开展思想政治教育；另一方面，教育者还要能够较为熟练地运用常用网络软件工具，增强网络中的民族思想政治教育信息的表现力。

其三，开展网上思想交流。在进行民族思想政治教育时，必须摈弃说教式的传统，要学会与教育客体在完全平等的基础上进行沟通、交流和对话，在潜移默化中达到引导舆论的目的。可以在主流网站和网页上开辟聊天和发表意见的场所，提供交流思想的空间，及时把握教育客体的思想动态，并加以正确引导。“BBS”、“咖啡厅”、“电子信箱”等都可开发成教育场所。可以围绕着重大事件和人们思想认识上的热点、焦点问题，开设具有民族思想政治教育特色的主题论坛，使其成为教育者和教育客体互动的场所，成为人们交流思想、提高认识的重要渠道。教育者要充分发挥自己的作用，阐明科学的立场、观点，引导讨论不断深入而最终达到从思想上教育的目的。

其四，要加强主流网络建设。可以建立融思想性、知识性、趣味性、服务性为一体的主题教育网站，避免单纯地把理论知识搬进网页上的纯文字宣传，充分运用艺术的语言、丰富的图像、和谐的声音等多种方式，表达民族思想政治教育的内容，占领网络阵地，提高民族思想政治教育的感召力、吸引力、渗透力，形成全方位、多层次的网络体系。将其他大众媒体，如报刊、广播、电视、图书、录音、录像和宣传信息移置到网络上，增强教育效果的吸引力和感染力。在发挥主流网络的示范导向作用的同时，加强对其他网站（商业网站、社会网站）的引导、关注和支持，要唱响主旋律，在坚持社会主义核心价值观和马克思主义主流意识形态的基础上，大力宣传正面典型，弘扬社会正气，用真实、有益、建设性的舆论主导传播空间，压缩和抑制失实、有害和破坏性的言论，积极发挥网络功能，使网络成为弘扬社会主义主流文化的重要阵地，成为建设和谐社会的重要载体和手段。

五、民族思想政治教育载体的发展

民族思想政治教育载体的发展性是与其实践性紧密相连的。民族思想政治教育具有历史性，总是随着社会历史条件的变化而不断演变、不断发展。作为民族思想政治教育活动的形式，载体自然也是不断发展变化的。这种发展性突出表现在以下四个方面。

（一）多样化发展

民族思想政治教育载体种类的多样化发展。最初的民族思想政治教育载体往往是比较单一的。在原始社会出现的是与人类本身的发展相随的语言载体，到了奴隶社会出现了文字载体，到了近现代，传媒载体开始出现，如报纸、杂志、书籍等。随着科学技术的发展，传媒载体的阵容不断壮大，出现了广播、电影、电视等电子音像载体。随着网络技术的迅猛发展，作为一种综合性的载体形式——网络载体，将人际传播、群体传播、组织传播、大众传播等各种传播形态集于一身，更是把民族思想政治教育载体发展到了空前的水平和高度。各种载体的生成经历了一个漫长的历史过程：语言载体从时断时续的呼叫发展到有音节的语言，传媒载体由报纸经广播到电视，广播由有线到无线，电视由黑白到彩色等等，这些都是人类孜孜以求的结果。加拿大学者麦克卢汉认为，书面媒介影响视觉，使人的感知成线状结构；视听媒介影响触觉，使人的感知成三维结构；文字可作为人眼睛的延伸；广播可作为人耳朵的延伸；电脑可作为人脑的延伸。[①] 可见，随着社会生产力和科学技术水平的继续发展，随着民族思想政治教育实践的发展，人类会创造出更新的民族思想政治教育载体，载体种类也将越来越多样化，这是民族思想政治教育载体发展的一个必然趋势。

（二）多态化发展

民族思想政治教育载体运用的多态化发展，主要表现为不同载体形态之间的相互组合、相互交叉、相互依存和相互利用，从而达到载体功能的最大化发挥。

传统载体与现代载体的优势互补、综合运用，是目前民族思想政治教育载体的重要特征。课程载体与网络载体相结合，以文本、图形、图像、音频和视频等多种现代手段凸现课程内容，化抽象为具体、变枯燥为情趣，不仅拓展了民族思想政治教育的信息传播渠道，而且增强了民族思想政治教育的说服力和感染力；

---

① ［加］马歇尔·麦克卢汉：《理解媒介》，何道宽译，10页，北京，商务印书馆，2000。

管理载体与文化载体、传媒载体、网络载体相结合，不仅提高了管理载体的效率，使管理行为更具科学化和人性化，而且又增强民族思想政治教育辐射力；文化载体与传媒载体、网络载体相结合，不仅提高了文化传播的速度，形成文化建设和民族思想政治教育之间的信息回路和资源整合，而且使民族文化更具形象感与亲和力；活动载体与传媒载体、网络载体相结合，不仅扩展了活动的形式，而且提升了活动的影响力。民族思想政治教育的各种载体看似相互独立，但实际上有一根主线把它们连接在一起，那就是以民族思想政治教育为目的、以人为中心、以各项教育活动为主导来进行排列与组合。各种载体相互组合和利用，最终形成载体合力，推进了不同载体之间的资源共享和信息交流，体现了载体之间多元互动的系统性，能够加速信息的传播与扩散，提高民族思想政治教育的渗透性。这种合力载体，不仅兼具了人际传播与大众传播的功能，而且还具有强大的信息整合能力，能通过“媒体联动”或者“资源共享”等方式来加快信息汇集，加速信息的传播和扩散。例如：中国中央电视台的“感动中国”节目，就是通过大众传媒这一平台，采取民间推荐、网络投票、专家推选等形式，评选出每年在各个领域做出杰出贡献的感动人物，这也就是综合运用传媒载体、网络载体等多种载体的成果。因此，民族思想政治教育者要善于把握载体的多态化发展，通过整合各种载体资源，运用载体综合效应，更好地推进各种载体之间的多元互动、资源共享和信息交流，将各种载体凝聚成强大的合力，增大民族思想政治教育的信息容量，提升民族思想政治教育内容的质量，扩大民族思想政治教育的辐射范围，增强民族思想政治教育的教育效果。

（三）动态化发展

民族思想政治教育载体传播方式的动态化发展。最初的信息传播方式非常简单和直接，是面对面的语言和行动传播。这种传播方式具有双向传播的动态性质，但是，在当时生产力和科技水平极其低下的条件下，其双向性与动态性都十分有限，是一种点对面的传播。文字出现以后，特别是印刷术发明后，大量报纸、杂志、书籍等印刷媒介开始出现。这些印刷媒介都属于静态的视觉载体，人们看到的虽然是文字，思考的却是隐藏在文字里面的意思。文字载体片面地强调和突出视觉的作用，文字描述只能部分地还原成现实场景，并不是真实场景，所蕴含的思想信息是不全面的。其传播方式也是单向垂直灌输式的，即单纯地从传者到受者，而受者一般处于被动接受信息的地位。与文字载体相反，广播载体在一定程度上改变了这种格局，由视觉媒介转移到了听觉媒介，却走向了另一个极端，即片面地强调人体听觉器官的作用。广播载体表现出一定的动态特征，但在传播结构上仍然没有摆脱单向传播、被动接受的状态，是单向通道的。电视载体也不例外，虽然它在某种程度上克服了文字载体与广播载体的片面性，属于一种视听混合媒介，人们可以通过写信、打电话等方式进行信息反馈，但范围和程度都极其有限，传者与受者之间始终存在着距离感。网络载体的出现，才从根本上改变了这种单向、被动状态。网络信息技术及其构建的虚拟社会，打破了传统的交往模式，创造出一系列全新的人际交往方式和社会生活方式，从而改变了传统社会的生活世界，“首先没有人知道他在社会中的地位，他的阶级出身，他也不知道他的天生资质和自然能力的程度，不知道他的理智和力量等情形。其次，也没有人知道他的善的观念，他的合理生活计划的特殊性，甚至不知道他的心理特征：像讨厌冒险、乐观或悲观的气质。再次，我假定各方不知道这一社会的经济或政治状况，或者它能达到的文明和文化水平。处于原初状态中的人们也没有任何有关他们属于什么时代的信息”①。网络载

① ［美］约翰·罗尔斯：《正义论》，何包钢等译，136页，北京，中国社会科学出版社，2001。

体是一种双向、多向的互动载体，它既是交互的，又是动态的，任何人在网上都可主动地向他人传播信息，同时可以与多人在网上进行交谈，也可以自由传播与主动选择网络上滚动播出的各种思想信息，自由发表意见。现代技术为互联网络的迅猛发展奠定了物质基础，也使民族思想政治教育载体处于一种快速发展变化的动态之中。正如舒尔曼所言："技术在现代的、充满活力的文化现实中占据着重要地位。人们愈发广泛地承认，现代技术是现代文化发展的基础。在很大程度上，我们文化的未来将被技术控制和决定。"①

（四）生活化发展

民族思想政治教育载体形式的生活化发展。民族思想政治教育载体形式的发展与人类生活密切相关，人类社会的发展历史在某种程度上是民族思想政治教育载体的发展历史。随着人类活动领域的不断拓展，民族思想政治教育载体的形式不断发展。最初出现的是语言载体和文字载体，这是人们在生产劳动的过程中表达思想、交流情感的产物。随着社会生产力的发展与科学技术的进步，课程、文化、活动与管理等民族思想政治教育载体，在长期的人类活动过程中孕育而生，对人类社会的生存和发展产生了深刻影响。通过课程载体，传承了人类的生产与生活经验；通过文化载体，传承了文明、传播了思想；通过活动载体，人们在增进相互了解、交流思想感情的同时，增强了集体的凝聚力和向心力；通过管理载体，各种社会资源得到有效配置，提高了社会活动的有效性。同时，随着工业革命的不断深入发展，报刊、广播、电视等大众传播媒介也相继产生，民族思想政治教育的载体形式日益丰富。随着信息技术的发展，作为一种全新的民族思想政治

① ［荷兰］舒尔曼：《科技文明与人类未来》，李小兵等译，1 页，北京，东方出版社，1995。

教育载体形式，网络载体充分吸收了其他民族思想政治教育载体的特点和优点，集计算机技术、声像技术和通讯技术为一体，全方位地向人们传播民族思想政治教育信息。特别是在当今这个时代，“人类社会正在发生一场史无前例的划时代的社会变革，这种变革把人类社会如此紧密地联系在一起，使全球社会呈现出了相互依存、共同发展的新局面，其作用范围之广、影响强度之深都是任何一个时代所无法比拟的”①。现代公民有着较强的独立主体意识，他们不愿一味地接受灌输式教育，他们认同并接纳尊重其思想、情感、态度的行为和意见，反感以训斥、压制为主的教育和管理方式。这也要求民族思想政治教育要立足于生活世界，在生活中找依托、以人为主体、以生活为中心，要求民族思想政治教育载体形式，要更加贴近受教育者、贴近实际、贴近生活，使社会生活的方方面面都成为教育载体。

可见，民族思想政治教育载体形式呈现出生活化的发展趋势，是人类社会发展的必然要求。

---

① ［英］罗宾·科恩、保罗·肯尼迪：《全球社会学》，文军等译，2页，北京，社会科学文献出版社，2001。

第九章　民族思想政治教育方法论

民族思想政治教育方法论，是关于民族思想政治教育方法的理论体系。民族思想政治教育方法是民族思想政治教育实践经验的总结、提炼与升华，是开展民族思想政治教育应遵循的方式、手段与法则。由于民族思想政治教育是思想政治教育系统的有机组成部分，必然要遵循思想政治教育的一般方法；由于民族思想政治教育有自身的特性，要顺利运行与发展，必然有其自身特殊的方法。这就是说，研究民族思想政治教育方法论，绝不是排斥思想政治教育的一般方法，而是在坚持运用思想政治教育一般方法的前提下，探索、归纳和提炼民族思想政治教育的特殊方法。

民族思想政治教育方法论是理论与实践的有机统一。民族思想政治教育方法论体系，内在地包含着民族思想政治教育研究方法和民族思想政治教育工作方法。民族思想政治教育研究方法是民族思想政治教育理论研究必须坚持的方式、手段与法则。民族思想政治教育工作方法是开展民族思想政治教育实践活动必须遵循的方式、手段与法则，结合民族思想政治教育过程逻辑运演程序，民族思想政治教育工作方法主要包括民族思想政治教育的认识方法、民族思想政治教育的决策方法、民族思想政治教育的实施方法与民族思想政治教育的评价方法。这就在整体上形成了民族思想政治教育的研究方法、认识方法、决策方法、实施方法和评价方法。由于民族思想政治教育的评价方法具有相对独立性，将着重在下一章论述，本章主要论述民族思想政治教育的研究方法、认识方法、决策方法和实施方法。

一、民族思想政治教育的研究方法

民族思想政治教育的研究方法，是指民族思想政治教育理论研究中所必须遵循的方式、手段与法则。民族思想政治教育的研究方法是民族思想政治教育方法体系中的基础部分，研究方法是否科学可行，对于民族思想政治教育整体理论研究与实践起着至关重要的影响。大致来说，民族思想政治教育的研究方法主要包括经验研究方法、文献研究方法、理论思维与价值分析方法和现代科技方法等四类方法。

（一）经验研究方法

经验研究方法主要包括那些以搜集、整理民族思想政治教育实践中的经验事实资料为基本形式，揭示民族思想政治教育活动规律和特点的方法，主要包括调查研究、实验研究、自我省察研究等方法。

调查研究方法是以民族思想政治教育的实际问题为研究对象，是为了认识民族思想政治教育现象及其规律，有效开展民族思想政治教育活动而进行的有目的有计划的实地考察活动。调查研究方法属于经验性研究方法，搜集的是自然状态下反映现实情况的材料，对研究对象不加任何干涉，从而区别于实验研究方法。调查研究方法也不只是单纯地记录有关经验材料，而是把调查与研究有机结合起来，在调查研究过程中，对所获取的大量经验事实材料不断进行整理和分析，从而使认识从经验层次深入到理论层次，能够准确地把握调查研究中所涉及的民族思想政治教育活动的现实、问题及发展趋势。

实验研究方法具有浓厚的社会科学实验方法的特征，主要是以民族思想政治教育活动为研究对象，探求民族思想教育活动的规律，具有很强的社会性、综合性和价值取向，而不是仅仅以物为研究对象，只探讨人与物的关系。民族思想政治教育的实验活动不能脱离民族思想政治教育的实践活动，主要在实施教育的开发情景中进行，而不像自然科学实验那样封闭在实验室中进行。民族思想政治教育的实验研究强调定量研究与定性研究相结合。

自我省察研究方法是研究者根据研究目的，在一定环境下通过对自身思想活动的自我体验和评价获取的直接经验材料，进而推己及人，说明、揭示民族思想政治教育活动的现象及其规律的研究方法。自我省察研究方法在研究个体思想心理方面具有独到之处，如对于道德良心的研究，除了自省法，目前还没有别的更好办法，对于某些主体不愿自我披露的道德行为的研究，也需要使用自省法进行推断分析。自我省察方法还必须把内省和外验紧密结合，即将内省的结论推及实际研究的对象时，必须进行严密的验证，如果外验的情况与内省的结论不符，则必须在修正研究方案的基础上继续进行内省研究，直至内省和外验相符。

（二）文献研究方法

文献研究方法，是指通过多种途径查阅、搜集各种记载经验事实和理论成果的文献资料，摘取与民族思想政治教育研究课题有关的信息的研究方法。文献研究方法是一种以间接的形式搜集资料的方法，它与以直接的形式搜集经验事实的调查研究、实验研究、自我省察等方法相比，具有许多优点。如它可以超越时空条件的限制，从古今中外极其广泛的文献中，搜集与研究课题有关的资料。它所获得的资料不会对搜集者的主观好恶作出任何反应，一般说来比较客观、真实和可靠。它可以用较少的人力、经费、时间获得较多的文献资料，并可以随时随地自由地查找、阅读、记录文献资料。但由于任何文献资料所记载的都是人类以往的知识，来不及反映记录最生动、最具体的当下的人类活动，故总是在一定程度上滞后于现实生活。查阅搜集文献资料的方法主要有如下两种：

检索工具书查找法。检索工具书是由若干具有完整、独立概念的条目组成并以特定方式编排的图书，专供人们查阅知识单元和文献线索之用，主要包括书目、目录、索引、文摘、题录等类书刊。

参考文献查找法。即以文章或专著末尾所附文献为基础，逐一追踪查找的方法。这种方法不必利用大量的检索工具书，只利用已掌握文献中所提到的参考文献或引文来追踪查找，就能获得所需要的文献资料。

（三）理论思维与价值分析方法

理论思维方法，是指在大量获取经验事实和文献资料的基础上，运用从分析到综合，从抽象到具体的逻辑方法来加工整理感性材料，形成概念，进行判断和推理，逐步达到对民族思想政治教育本质和规律的理性认识的逻辑研究方法。价值分析方法，是人们在获得对客观事物规律性认识的基础上，认识、评价客观事物对人和社会的价值意义的研究方法。理论思维与价值分析方法是形成科学概念和科学理论，作出价值评价，实现民族思想政治教育研究的根本任务必不可少的重要方法。主要包括从分析到综合、从抽象到具体和价值分析等方法。

分析就是把研究对象分解为各个部分、方面或要素，并认识这些部分、方面、要素在整体中的性质和作用。综合就是把已获得的关于研究对象各个部分、方面、要素的认识联结起来，作为一个整体加以考察。在进行理论思维的实际过程中，分析和综合相互依存、相互渗透、相互转化。从分析到综合的方法就是在所获大量感性材料的基础上，对研究对象的各个部分、方面、要素分别进行具体分析，揭示它们各自的规定性和内部联系的细节，进而通过综合各个部分、方面、要素的规定性和内部联系，从整体上把握对象的本质和规律，达到理论的认识。

抽象是指研究对象某一方面的本质规定在思维中的反映，故亦称思维抽象。具体是指思维对研究对象各个方面本质规定的完整反映。在理论思维中从抽象上升到具体的认识进程是：通过对研究对象感性材料的分析概括，完成了由感性具体向思维抽象的运动，实现了对事物各个方面本质规定的分别把握。进而人们的认识又由思维的抽象上升到思维的具体，从整体上综合把握事物各个方面的本质规定及其彼此间的内在必然联系，在思维中完整地再现事物多样性统一的真实面目和客观规律性，达到了思维具体或理性具体的认识高度。

价值分析方法，是指人们认识、评价社会现象、社会事实对人和社会的价值意义的研究方法。在民族思想政治教育的研究活动中，研究者应该运用价值分析方法来认清形形色色的民族观，有针对性地对其进行价值分析。所以，价值分析方法是一种十分重要的民族思想政治教育研究方法。

（四）现代科技方法

现代科技方法，是指在民族思想政治教育研究中所借鉴、移植、应用的现代自然科学的一些研究方法，如统计学方法、数学方法、系统科学方法与网络教育方法等。

统计学方法是对研究对象的数字性数据进行搜集、整理、分析和解释，以期从部分样本反映整体的一种定量研究方法。这一方法的优势是利用研究对象的某些特征如频数，来刻画它们之间的因果关系和共变特性，从而投入较少的力量来产出更大的效果。统计方法是“社会认识的最有力武器之一”①。在民族思想政治教育领域中也不例外。统计方法在民族思想政治教育中的运用有四个方面：第一，汇总分析，它是将某一研究课题中关于思想和行为方面的全部调查数据进行汇总并进行分析。第二，描述分析，

① 《列宁全集》第19卷，326页，北京，人民出版社，1989。

它是通过计算调查数据的集中趋势和离散趋势并进行分析，进一步掌握全部研究对象的各种思想和行为的集中情况和离散程度，作出各种价值判断。第三，双变量相关分析，即计算、分析两种思想现象或两种行为之间量的相关关系，从而可以用一种现象解释、预测另一种现象。第四，多变量统计分析，它是计算、分析多种思想及行为现象之间量的变化关系，为我们把握民族思想政治教育活动的多种现象之间的联系提供了有效工具。

数学方法是通过数学方程或模型，用数学语言来表达研究对象的数量关系和发展演化状态，以形成对事物发展过程及其规律的解释、判断和预测的定量研究方法。马克思曾经断言："一种科学只有成功地运用数学时，方可认为达到了真正完善的地步。"①这是因为任何事物的质的规定性必然要通过量的规定性表现出来，只有对量的规定性进行深入的研究，才能更精确地把握事物的质的规定性。数学方法通过研究事物的数量关系来揭示事物的本质及其规律的特点，决定了它在科学研究中应用的普遍性。正是在这一意义上我们能够理解，一种新的科学思想的诞生，只有在找到合适的数学理论来表达时，才算真正成熟起来。

系统科学方法是系统方法、信息方法和控制方法等的总称，它是20世纪以来，随着系统论、信息论和控制论的兴起而发展起来的一种具有横向性、综合性的新型科学方法。按照系统科学家贝塔朗菲的观点，系统科学方法要"在一切知识领域中运用'整体'或'系统'的思想来处理复杂问题"②。它为民族思想政治教育研究提供了新思路、新方法。它具体包括系统方法、信息方法、功能模拟方法和反馈控制方法。系统论方法从系统的观点出发，着眼于系统与要素、要素与要素、系统与环境的相互联系和相互

---

① ［德］保尔·拉法格：《回忆马克思恩格斯》，72~73页，北京，人民出版社，1957。

② 转引自周卫：《用系统论方法初探体操教学能力的培养》，载《体育科学研究》，1999（3）。

作用，综合、精确地考察对象，以揭示系统性质及其运动规律，从而达到最佳处理问题的科学方法。信息方法就是运用信息的观点，把对象系统的运动过程抽象为信息的获取、传输、加工和处理的过程，通过对信息流程的分析和处理来揭示事物的本质和运动规律的方法。信息方法可以完全撇开研究对象的物质和能量的具体形态，根据研究需要把对象抽象为信息及其变换过程，来描述对象的特征及其运动规律。信息方法同样强调研究的整体性、动态性和综合性。功能模拟方法是以功能和行为的相似性为基础，用模型来模仿原型的功能和行为的科学方法。这种方法所模拟的是一切具有通讯和控制功能系统的合乎目的性的行为，并且只是模拟原型系统的反应方式，并不要求模型与原型在所有方面完全相同，使人们可以突破一般模拟的“禁区”，开创了在生命、思维和社会等领域广泛运用模拟方法的新局面。反馈控制方法是通过控制对象系统活动的结果来调整控制对象系统自身活动的科学方法。

网络教育方法，是指建立在网络平台之上，为了开展民族思想政治教育而采用的各种网络途径、手段和方式的总和。民族思想政治教育的网络教育方法具有共享性、互动性、虚拟性、时效性、多样性、参与性、综合性、开放性、全球性等特征。网络教育方法需要讲究尊重规律，讲究科学；立足网络，凸显民主；与时俱进，追求实效的原则。网络教育方法包括网络灌输、网络专题、网络讨论、思想沟通、网上思想调研、网上党校团校、网上心理咨询等途径和方式。

二、民族思想政治教育的认识方法

民族思想政治教育的认识方法，是民族思想政治教育认识过程必须遵循的方式、手段与法则。由于民族思想政治教育以民族观教育为核心内容，如何获取、解析民族思想政治教育客体的民族观，就成为民族思想政治教育在认识阶段必须解决的重要问题。

因此，民族思想政治教育的认识方法，就主要包括民族观获取方法与民族观解析方法两大类。

（一）民族观获取方法

要正确认识民族思想政治教育客体，首先必须获取其民族观。民族观获取方法很多，不同的民族思想政治教育主体会采取其认为合适的方法。大致而言，民族观获取方法主要有民族观调查法、民族观体察法、民族观预测法等。

民族观调查是获取民族观的首要环节，民族观调查方法就成为民族观获取方法的基本方法之一。由于它与社会实践紧密联系在一起，因而最能直接了解和认识教育客体的民族观数据。调查的原则是实事求是。它要求在调查过程中必须力戒弄虚作假，敢于接触真相，揭示真相，反映真实情况；深入群众，深入实际，充分相信群众，虚心听取建议和意见；正确对待意见，多听取不同意见和想法，力戒匆忙下结论。调查的方法很多，按照社会调查的途径和方式的不同，可分为直接调查和间接调查。直接调查的典型方式是访问调查。访问调查是指教育主体有目的、有计划地选择一些教育客体开展访谈来收集民族观数据，其优点是灵活性强，主动权完全掌握在教育主体手中；不足在于调查时间较长，容易受教育客体经验和个性因素的影响。调查的具体方式方法主要有以下几种。其一，访问调查法。主要包括开会调查与个别访问两种手段。其二，书面调查法。主要包括问卷调查和民意测验两种方式。其三，普遍调查法。其四，抽样调查法。主要包括随机选择和非随机选择。其五，典型调查法。其六，文献调查法。

民族观体察法，是通过主体的亲身观察和体验来获取民族观数据的方法。它分为观察和体验两种方式。所谓观察，是指教育主体有目的、有计划地在自然发生的条件下对民族观现象进行考察。观察中有两个重点：一是要有目的、有计划地开展观察，即观察要有所指向和收获；二是所观察的对象必须是自然存在的状态。体验更加注重教育主体全身心投入到观察对象所处的环境中，甚至成为观察对象的一部分，在参与观察对象的活动中形成知觉、情绪、行为等“立体感受”。体验方法比观察方法深刻。在具体体察过程中，要求体察者对体察对象的背景材料有所了解。必须从不同角度进行体察，分别检验各种体察事实对于体察目的的有效程度。观察体验有多种具体类型：若按观察体验的方式和途径划分，有直接观察法和间接观察法；若按观察体验的性质和特点不同划分，有定性体察和定量体察；若按观察体验过程中目的和计划的不同划分，有主题体察和转向体察；[①] 若按观察体验的外部特征的不同划分，有描述性体察和分析性体察。体察在思维的支配下一般有循序程序和递进程序两种程序。循序程序一般用于体察较简单的现象，其基本过程是选择体察题目——设计体察方案——确定体察方法——进行实地体察——处理体察材料——作出体察结论。递进程序一般用于复杂现象的体察，其基本过程是：体察现象——初步判断——深入体察（分解体察）——进一步判断（综合），如此循环往复，直到抓住教育客体民族观的实质。

民族观预测方法，是指民族思想政治教育主体根据以往的和调查所得的数据资料，选择科学适用的方法，对民族思想政治教育客体的民族观发展趋势和可能倾向作出判断，并将判断结果在教育中予以运用的方式。民族观预测的条件是：符合民族观发展规律；教育主体具有较强的逻辑推理和分析判断能力、扎实的理论基础、丰富的思想政治教育经验、较强的组织活动能力和综合管理能力；可靠的现实资料和历史资料等；对政治、经济思想等方面的形势、国内外发生的重大事件影响的清醒估计和对预测对象的工作生活及环境有深刻体察等。民族观预测方法很多，如果

① 主题体察是指自始至终围绕既定目标或计划进行的观察体验活动。在主题体察过程中，发现了与原来主题无关或更具价值的新现象，因而发生了体察目的和计划的改变，就是转向体察。

按预测的作用划分主要有判断性预测法和因果预测法。前者主要靠预测者的经验、知识和综合分析能力进行预测。这种方法适合于预测不确定性因素多而又不能数量化的未来现象，能对未来的发展趋势，作出定性的描述和评价。该方法可分为个人判断法与集合意见法。个人判断法就是思想预测者个人凭借自己的经验和知识，运用个人的创造性思维进行判断。集合意见法就是集中许多思想预测者的判断意见来进行思想预测。后者则是通过民族观变化的因果关系预测民族观动向的一种方法，常用于外界客观环境变化时，预测人们民族观状况。

（二）民族观解析方法

民族观获取之后，就要对其展开系统解析。要解析民族观，必须掌握正确的民族观解析方法。概而言之，民族观分析方法主要有民族观差异分析法、系统分析法、因果分析法、比较分析法和定性定量分析法等五种类型。

民族观差异分析法，是运用马克思主义关于对立统一规律或矛盾的学说去观察和分析民族观方面信息的科学方法。差异分析法是分析事物的基本方法，也是分析民族观方面信息的基本方法。在运用民族观差异分析法分析民族观信息时，要把握好以下几点：其一，发现民族观差异。社会存在决定社会意识，在对大量的民族观信息进行分析时，要善于从各种各样的民族观中发现其内部的联系，找出本质的差异，揭示出民族观差异的实质。其二，把握民族观差异特性。分析和把握民族观差异的特殊性是深刻认识和正确解决民族观差异的重要环节。一是要找出主要民族观差异加以分析，二是分析主要民族观差异的主要方面，三是分析民族观差异的转化，为科学地解决民族观差异创造有利条件。

民族观系统分析法，是要把民族思想政治教育的各种信息作为一个系统来研究，即把民族观系统作为相互作用和相互依赖的若干组成部分构成的、具有特定结构和功能、并从属于更大系统的有机整体来研究，着重分析和把握民族观方面思想信息系统的整体与部分、部分与部分、系统与环境的相互联系、相互作用、相互制约的关系，从中发现民族思想政治教育发展变化的规律，为民族思想政治教育的决策和实施提供科学依据。民族观系统分析法主要包括以下内容：其一，民族观要素分析。对此，一是要对民族观要素进行科学划分；二是要对民族观构成要素的具体情况进行分析。其二，民族观结构分析。就是寻求民族观信息系统的合理结构，以实现民族观信息系统整体结构合理化、整体效能最优化的分析方法。具体来说，就是分析民族观各要素之间相互联系、相互作用、相互制约的关系及方式，揭示诸要素如何通过一定的方式形成合理结构、组成有机整体以达到最佳功能。其三，民族观环境分析。民族观环境，是指存在于该系统之外的所有其他事物或外部因素。民族观是一个开放的系统，它依赖于一定的环境，受环境所制约，并同环境之间发生着重要的相互作用，相互影响。环境对系统的影响作用，主要表现为系统的输入发生变化；系统对环境的影响作用，主要表现为系统的输出发生变化。环境制约系统，系统要适应环境。

民族观因果分析法就是分析民族观的因果联系的方法，主要用于分析民族观形成、发展和变化的原因及其所引起的后果。这种方法在揭示民族观形成的认识根源、社会根源和历史根源及其所引起的行为表现和社会影响方面，具有特殊的重要作用。民族观因果分析法主要包括：其一，追因法。即就已发现的结果追寻其原因的方法。在民族观信息分析中，追因法主要用于寻求各种关于民族观形成、发展、变化的原因。运用追因法时，一是必须有明确的“结果”，然后才能进一步分析导致这一“结果”的各种原因；二是根据民族观产生的实际情况和客观规律，归纳出可能导致这一结果的所有原因；三是从这些可能的原因中筛选出真正的原因，既可以从相同结果的对应分析中找出共同的原因，也可以从不同结果的对照分析中找出特殊的原因，还可以凭借人们的实践经验、工作艺术以及心理实验方法等确定“结果”的真正原因。其二，溯果法。即从已知的原因去寻求由此引起的结果和影响的方法。在民族观信息分析中，溯果法主要用于分析由某种民族观所产生的结果和影响。一是要确定已知的“原因”是什么，即明确它是引起什么现象的“原因”，这种“原因”的性质和特点是什么，它同其他的原因有什么不同？在确定了“原因”之后，才能由“因”溯“果”；二是要从与“原因”相对应的后续现象中寻找哪些现象可能是由它所引起的结果；三是对这些具有可能性的结果进行分析、比较、筛选，确认哪些现象是由这一“原因”所引起的，哪些现象不是这一“原因”所引起的，从而最后得出结论，确定与“原因”有必然联系、确实由该原因所引起的“结果”。

民族观比较分析法是认识民族观相同点或相异点的逻辑方法，它是通过对比分析不同民族观或同一民族观的不同方面的同异点，以达到认识民族观的本质、特征和变化发展规律的方法。在民族思想政治教育中，作为民族观解析的基本方法，比较分析主要是通过对比分析各种复杂民族观之间的相同点与不同点，以全面深刻地认识和把握教育客体民族观及民族思想政治教育的本质、特征和发展变化规律的方法。民族观比较分析法主要包括：其一，纵向比较法。即比较同一教育客体的民族观在不同时期内的发展、变化的方法。运用这种比较，可以追溯同一教育客体民族观发展的历史渊源、预测其发展的必然趋势、认识同一教育客体民族观在不同发展阶段的特征，把握其变化发展的规律性。其二，横向比较法。即对具有并存或并列关系的不同教育客体民族观的相互比较分析。民族思想政治教育中，常常需要运用横向比较，通过不同教育客体民族观的相互比较，认识其民族观的个性和共性。相互比较，不仅有助于认识民族观的质，而且有助于认识民族观的量。

民族观定性定量分析法，是关于民族观的性质方面和数量方面的研究方法。定性分析是为了确立民族观的性质或类型而进行的分析，主要解决“是不是”、“是什么”等问题。定量分析是为了确定民族观的规模、速度、范围、程度等数量关系而进行的分析，主要解决“是多大”、“有多少”等问题。定性定量分析是民族观解析中常用的基本方法。在民族观信息分析中，定性分析常用于判定教育客体民族观的性质类型，考察其有关质的规定性。定量分析常用于判定民族观的强弱、发展的深度或广度，其影响大小，扩展趋势等数量关系，考察其有关量的规定性。

三、民族思想政治教育的决策方法

民族思想政治教育决策，是指教育主体在对民族观获取和解析的基础上，应用现代决策理论，为寻求和实现民族思想政治教育最优目标而使用的方法。具体说来，民族思想政治教育决策方法，是关于民族思想政治教育目标和实施方案的最优化选择过程。它是为了实现民族思想政治教育的最优目标而制订方案、并对各种方案进行比较和最优选择、作出最佳决定的方法，也是民族思想政治教育的关键方法。民族思想政治教育具有很多类型，不同的类型又具有自身的特点，概括起来主要有战略性决策和战术性决策方法、规范性决策和非规范性决策方法、确定性决策和非确定性决策方法、集体决策和个体决策方法四组类型。

（一）战略性决策与战术性决策方法

根据民族思想政治教育决策的作用范围和影响程度的不同，可将其分为战略性决策和战术性决策。战略性决策，是指决定民族观教育的发展方向、解决民族观教育全局性重大问题的决策。民族思想政治教育战略性决策就是宏观性决策，在比较大的范围和比较长的时间内对民族思想政治教育的开展起到总体性的指导作用。民族思想政治教育战略决策的主要特点表现为计划性、计策性、模式性、定位性、观念性。民族思想政治教育战略决策在思想政治教育决策过程中处于最高层次。这一层次决定了整个民族思想政治教育的进程，但同时也是目前有待于进一步深入研究的一个层次。战术性决策，是指在民族思想政治教育过程中解决局部性和具体性问题的决策。相对于战略性决策而言，战术性决策可以说是微观性决策，它涉及的范围要小，影响的时间较短，带有具体执行的特点。

（二）规范性决策与非规范性决策方法

根据民族思想政治教育决策解决问题形式的不同，可分为规范性决策和非规范性决策。规范性决策，是指对解决经常重复出现的民族观教育问题所做的决策。非规范性决策，是指对解决民族观教育首次出现的新情况、新问题所做的决策。从这两种决策的定义上可以看出，决策的规范性与否在于决策者对所要解决的民族观问题是否拥有充分的信息，决策重心在于决策者对要解决民族观问题的预测上。我们可以从定性和定量两个角度来考察这两种决策：第一，从定性分析的角度来看，所谓规范性问题，也叫结构性问题。决策者可以根据以往经验，以及习惯做法，按照常规程序加以解决。对于非规范性问题，也叫非结构性问题，其特点是非重复性，非结构性，没有明确定义。由于不曾出现过，是决策者没有遇到过的情况，其出现有较大的偶然性。决策者在做上述决策时，必须调查研究，集思广益，缜密思考，果断决策。第二，从定量分析的角度来看，对于规范性问题，决策者可以依据类推预测法中的时间序列法来进行估计和预测。对于非规范性问题的分析和预测、决策，可以使用灰色模型法进行决策。灰色模型法引自邓聚龙教授提出的灰色系统理论。所谓灰色系统，是指系统的部分信息和参数已知，部分信息和参数未知的系统。民族思想政治教育系统很多方面属于这种灰色系统。灰色模型法主要用来进行对“小样本”、“贫信息”问题的分析和预决策。“小样本”指偶发性问题、开始发生的面不大的信息。“贫信息”指过去没有遇到过、既没有经验信息又缺乏足够的时间收集新信息的状态。灰色模型法相对于其他定量分析方法而言，具有需要信息量少，操作简单，对已知数据充分挖掘等特点。民族思想政治教育决策过程中遇到的非规范性问题恰好属于这种情况。在民族思想政治教育过程中，时常出现这样的情况，即思想认识问题刚刚出现时，往往只体现在少数人身上，这时候把问题解决在萌芽阶段是最为理想的，但萌芽阶段也就意味着“贫信息”、“小样本”，且没有足够的时间来收集到更多的信息，决策难度较大，这时，灰色模型决策法就可大显身手。

（三）确定性决策与非确定性决策方法

根据民族思想政治教育决策所处条件和行动结果的不同，可分为确定性决策和非确定性决策。当决策者对所要解决的问题的未来发展情况有比较准确的预测，并对每一个行动方案所要达到的结果有确定的把握时所作的决策，就是确定性决策。这类决策主要用于处理那些经常反复出现的问题。对于有确定把握的情况，应该果断选择最优方案。当决策者对所要解决的问题的未来情况虽然有了一定的了解，但由于种种条件限制，对所决策问题的发展趋势还难以完全确定的决策，就是非确定性决策。无论有什么样的非确定性，它总有一定规律在起作用。同时，教育客体的民族观教育具有很大的随机性，决策者往往对问题的发展情况和所要达到的效果没有确定的把握，因而民族思想政治教育决策大多数都是非确定性决策问题，对于这类问题一般要依靠决策者的经验、知识和判断来决策。从方法论的角度看，由于教育客体的民族观教育活动是有规律可循的，这就决定了确定性决策和非确定性决策都是完全有可能的。也正是因为影响教育客体思想的因素具有复杂多变性，因此，就算是最为确定的问题，进行民族思想政治教育决策时也应当保持一定的灵活性。

（四）集体决策和个体决策方法

按民族思想政治教育的决策主体是集体还是个体，可分为集体决策和个体决策。民族思想政治教育的决策，首先必须强调集体决策，凡是牵涉到民族思想政治教育的重大问题，都必须从全局出发，实行集体决策。这既是民主原则的要求，又是确保决策全面和正确的需要。强调集体决策并不是否定个体决策的作用，在日常工作生活中，个体决策有着广泛的应用，而且在许多特殊的场合，尤其是在需要“把握民族观教育的时机”的场合，个体决策能够起到集体决策无法替代的决定性作用。对个体决策起决定作用的是决策者个人的知识储备、经验积累和胆识魄力。

四、民族思想政治教育的实施方法

民族思想政治教育的实施方法，是在具体实施民族思想政治教育实践活动时必须遵循的方式、手段与法则。由于民族思想政治教育实施阶段效益如何，决定着民族思想政治教育最终的成败，所以，民族思想政治教育的实施方法，在民族思想政治教育学整个方法体系中具有重要的地位。民族思想政治教育的实施方法，必然包括思想政治教育常用方法，也必然有其自身的一些特殊方法。概而言之，民族思想政治教育的实施方法主要有理论灌输法、渗透熏陶法、规范践行法、比较教育法、自我教育法和综合教育法。

（一）理论灌输法

有目的、有计划地向教育客体进行马克思主义民族观教育，或由教育客体系统学习马克思主义民族观理论，逐步树立科学的民族观的教育方法就是理论灌输法。它是民族思想政治教育中最普遍运用的方法之一，也几乎成为思想政治教育的一种典型标志。它具体包括讲授讲解、理论学习、宣传教育、理论培训、理论研讨等形式。在民族观灌输教育中，要注意理论灌输与利益认同相结合。这两者具有内在的必然联系。民族观首先是一种价值观、利益观。价值的本意是客体对主体的有用性。客体是否有价值要看它满足主体需要的程度。这里的有用性和满足需要，从广义上理解就是教育客体的利益。民族观从实际上看就是教育客体的民族利益观。它既是一种价值标准，又是一种利益标准。列宁 1902 年在《怎么办?》中阐发“灌输论”时，就是将理论灌输与利益认同结合在一起说的。他说：“各国的历史都证明：工人阶级单靠自己本身的力量，只能形成工联主义的意识。”① 要把自发的工人运动变为自觉的革命运动，就必须实现社会主义与工人运动的结合，把社会主义意识“从外面灌输给工人，即只能从经济斗争外面，从工人同厂主的关系范围外面灌输给工人”②。这种理论灌输最直接的目的，就在于使工人阶级形成对于社会主义意识的认同，而社会主义意识就是工人阶级利益的集中体现。马克思也曾经指出：“批判的武器当然不能代替武器的批判，物质力量只能用物质力量来摧毁。但是理论一经掌握群众，也会变成物质力量。理论只要说服人，就能掌握群众；而理论只要彻底，就能说服人。所谓彻底，就是抓住事物的根本。但是，人的根本就是人本身。”③ 这里的人本身不是单个人的抽象物，在其现实性上，它是一切社会关系的总和。这里的社会关系主要是物质资料的生产关系，在很大程度上就是物质利益关系。只有抓住了人的物质利益关系才能抓住人本身，这样的理论才能转化成现实的物质力量。由此可见，理论灌输与利益认同始终是一个问题的两个方面，彼此依存，互为表里，但是，如果没有理论灌输，利益认同可能停留在狭隘的片面的感性的层次上，如果不以利益认同为指向，理论灌输就可

① 《列宁全集》第 6 卷，29 页，北京，人民出版社，1986。

② 《列宁全集》第 6 卷，29 页，北京，人民出版社，1986。

③ 《马克思恩格斯全集》第 1 卷，460 页，北京，人民出版社，1995。

能变成空洞的盲目的被利用的废话。民族观教育也是如此。正如马克思所言："思想一旦离开利益的需要，就会使自己出丑。""任何人如果不同时为了自己的某种需要和为了这种需要的器官而做事，他就什么也不能做。"① 因此，理论灌输只能是利益认同的引导，利益认同必须是理论灌输的圭臬。在民族观教育过程中要注意防止理论灌输与利益认同相分离的倾向，防止就理论说理论，把理论当成纯粹的知识和概念来灌输，要把民族观的理论认知、利益认同、价值践行三个层次贯穿始终，不能只是仅仅解决理论认知方面的问题。要在灌输中融注利益指向，在利益中揭示灌输内容；要切实提升教育客体的民族利益观；要使教育客体走出个人狭小的民族利益圈，正确认识民族利益、国家利益、集体利益与个人利益的关系，提倡马克思主义民族观，反对狭隘民族主义。

（二）渗透熏陶法

渗透熏陶法是民族思想政治教育的基本方法，主要包括渗透教育方法和熏陶教育方法。渗透教育方法是将民族思想政治教育内容融入到教育客体的生活世界的方方面面，使其在不知不觉中接受教育。这其中主要包括比较、评价、示范、激励、疏导等渗透方式。比较是生活中经常碰到的事情。教育主体通过比较鉴别生活中的人事时渗透进马克思主义民族观的内容，它包括横比、纵比、类比等形式。评价是在民族思想政治教育过程中，教育主体以马克思主义民族观为标准通过对自己和他人的优缺点进行评价以达到民族观教育的目的，评价有着多样的实施方式，比如谈话式、职能式、评估式等。在使用评价时候要注意启用群体的力量。人都是生活在一定的群体中的，一定的群体构成一定的共同体，这种共同体具有一种内生的力量，教育主体可以将正确的民族观渗透到这些共同体中，通过群体内在的评价、舆论、风俗等

① 《马克思恩格斯全集》第2卷，103页，北京，人民出版社，1961。

自发力量，对群体行为加以规范。亚当·斯密指出，“在什么该被谴责和什么应受赞扬的问题上，为什么不同时代和不同民族普遍存在许多不同意见的主要原因”是“习惯和风尚”，“它们也影响到我们对各种美的判断”。① 只要是一个群体，都会有这种内生的力量存在。我们现在要做的是，使马克思主义民族观成为受教育群体的主流民族观，而最关键的是要发挥教育主体的民族观导向作用和先进人物民族观的典型示范作用，通过他们的倡导和模范践行，使马克思主义民族观成为教育客体的主流民族观。这里的示范，依据典型的不同可分为正面典型示范、反面典型示范、个体典型示范和集体典型示范等类别。激励也是一种渗透。激励中总是包含着方向性和价值性，民族思想政治教育中的激励就包含着正确的引导。教育主体要运用各种物质的或精神的手段来激发教育客体的主观动机，鼓励教育客体选取、保有、坚持正确的民族观。这种方法包括目标激励、奖惩激励、竞争激励等方式。而疏导即是就某一件事对教育客体进行具有鲜明方向性的引导，其中必然渗透着教育主体的民族观。教育主体要旗帜鲜明，观点正确，联系实际，积极引导，帮助教育客体提升民族观。这种方法包括分导、利导、引导等类型。疏导除了教育主体对教育客体的作用之外，要充分利用人际之间业已存在的主体间性来进行。胡塞尔认为，人们在生活世界中进行着生动的、充满“人格主义态度”的交往，这种交往是主体间的交往，其中具有决定意义的性质是“主体间性”。人们都具有共同的物质基础和文化背景，这种基础和背景应该成为民族观教育渗透的重要领域。认识不到这一点，民族思想政治教育就缺乏自然的前提和基础。这种渗透在民族思想政治教育中主要通过移情和投射加以实施。

熏陶教育方法是利用民族文化对教育客体进行民族思想政治

① ［英］亚当·斯密：《道德情操论》，余涌译，215 页，北京，中国社会科学出版社，2003。

教育的一种方法。这是一种隐性民族思想政治教育，它包括物质文化影响、精神文化影响和制度文化影响等类型。比如建筑、工艺、生产方式等所构成的物质文化对教育客体的民族观影响；史诗、歌舞所构成的精神文化对教育客体的民族观影响；民风、民俗所构成的社会风尚对教育客体的民族观影响；文明公约、行为规范所体现的制度文化对教育客体的民族观影响。文化熏陶是一种浸润，一种全身心的感染，它的最大特点在于点滴积累而终致质变，无声无息却积重难返。这种教育方式古人便深谙其味。贾谊说："人似练丝，染之蓝则青，染之缁则黑。"① 荀子也早就说过："习俗移志，安久移质。"② 在文化熏陶的过程中，要注重开掘教育客体的主体前结构。民族思想政治教育实质上是对教育客体民族观的提升与重构。任何教育客体民族观中都存在一个已有的民族观原型，这个原型就是我们通常说的民族观前结构。西方解释学认为，人们的理解都不是空无凭依的。在理解之前就已经存在着主体的前结构，这种前结构是人们理解的意向基础和前提。海德格尔指出，理解前结构由前有、前见和前把握构成。他说："把某某东西作为某某东西加以解释，这在本质上是通过先行具有、先行见到与先行掌握来起作用的。解释从来不是对先行给定的东西所作的无前提的把握。……任何解释工作之初都必然有这种先入之见，它作为随着解释就已经'设定了的'东西是先行给定了的，这就是说，是在先行具有、先行见到和先行掌握中先行给定了的。"③ 因此，在对教育客体进行熏陶教育的时候，要注意对他们的民族观前结构进行认识和开掘，要将马克思主义民族观与教育客体的民族观前结构联系起来，改造他们的前结构，使之具有马克思主义民族观的内核。

---

① 《贾谊集·连语》。

② 《荀子·儒教》。

③ ［德］海德格尔：《存在与时间》，陈嘉映等译，176页，北京，生活·读书·新知三联书店，1999。

（三）规范践行法

规范践行法也是民族思想政治教育的一种基本实施方法，内在地包含着规范教育法与践行教育法，是一种将规范教育与践行教育相结合的一种民族思想政治教育方法。一方面，民族思想政治教育除了认知的层面外，更根本的在于通过对教育客体行为的规范来实现。任何一种民族观都体现着鲜明的行为取向，同时也发挥着行为导向的功能。教育客体民族行为规范和行为引导主要通过以民族观为内涵的制度制定、制度执行和制度监督来体现。其中，法律、道德、宗教和日常生活中的奖惩都是有力的规范手段，民族观教育应该借助这些手段来施行。春秋时期的商鞅认为，“德生于刑”。意思是说，只有坚持法治，才能从根本上普及社会的观念意识。他还说：“故以刑治民则民威（畏），民威（畏）则无奸，无奸则民安其乐。”① 可见，行为规范可以作为民族思想政治教育的方法之一。现在的民族思想政治教育的规范存在的问题是，这些规范仅仅停留在制度执行的层面，对于其中的民族观内涵缺乏揭示，教育客体知其然不知其所以然。

另一方面，民族思想政治教育最终都要通过教育客体的践行来实现。践行就是对于正确的民族思想政治教育的实践。马克思指出：“社会生活在本质上是实践的。”② 毛泽东也说：“实践的观点是辩证唯物主义的认识论之第一的和基本的观点。”③ 民族思想政治教育要组织、引导教育客体积极参加各种社会实践活动，通过民族调查、生产互助、志愿服务、公益活动、民族交往等实践活动，融民族观教育于实践锻炼之中，不断提高教育客体民族观意识和能力，在改造客观世界的同时达到改造主观世界的目的。

---

① 《商君书·开塞》。

② 《马克思恩格斯选集》第1卷，60页，北京，人民出版社，1995。

③ 《毛泽东选集》第1卷，284页，北京，人民出版社，1995。

这种践行具体包括劳动教育、服务体验、社会考察、接人待物等方式。此外，任何规范都必须经过自我教育才能生效。自我教育是指教育客体按照民族思想政治教育的目标和要求主动提升现有的民族观，自觉践行正确的民族观的方法，它包括自我认知、自我践行和自我评价等方式。

（四）比较教育法

比较教育法也是民族思想政治教育的基本实施方法，主要包括比较鉴别法、回忆对比法和类比法。比较鉴别法是通过比较对照辨别真伪、是非以及正确与错误，提高人们思想认识的教育方法。比较鉴别法常用于民族观的整理分类，对各种性质不同的民族观异同点的分析与判别，考察各种民族理论、民族政策及民族观的变化及变化程度。比较鉴别法有助于教育主体从正面、反面，相异、相同，对立统一等各个角度更全面、准确、深刻地分析民族观，有利于教育客体在鲜明与强烈的比较中，辨明是非，鉴别真伪，判断正确与错误，更自觉、坚定地接受马克思主义民族观。

回忆对比法是回想过去、对比现在，从中得出有益结论以提升和重塑教育客体民族观的教育方法。这是民族思想政治教育中的传统方法。回忆对比在历史上曾经发挥过很大作用，在新的历史时期，回忆对比法在民族思想政治教育中仍然运用较多。

类比法是通过某些属性相似的两类教育对象或两类现象的比较，推出他们在其他属性上也相似的一种教育方法。这种方法也叫推理法或引申法，在民族思想政治教育中，类比法可以用于同类集体或人员之间的相互比较、竞争和激励。

（五）自我教育法

自我教育分为个人的自我教育和群体的自我教育。个人自我教育的主体既是教育主体，又是教育客体。群体自我教育是指一个集体内部的互帮互教，是群众自己教育自己的活动。苏联教育家苏霍姆林斯基指出："自我教育就是从这里开始的：让一个人去关心另一个人，力求看到自己身上的好的东西在另一个人的身上表现出来。"① 一个人在帮助和教育别人的时候，自己也受教育，而且是一种广泛的、经常的自我教育。社会群体正是通过这种群众性的自我教育，不断地学习、比较，克服错误民族观，树立马克思主义民族观。群体自我教育的形式是多种多样的，有集体讨论，批评和自我批评，开展竞赛活动，以及运用群众中的典型等。个人自我教育有自我修养、自我总结、自我鉴定、自我改造等形式。个人自我教育主要包括自我修养和自我管理。

所谓自我修养，是指人们在民族观、民族理论、民族政策等方面进行自我教育和自我锻炼，以及由此而达到的一定程度和水平。自我修养的方法很多，主要有：其一，反省。反省即自我省察，是个人对自己民族观进行检查对照，寻找差距和不足的内心修养方法。反省是在回顾、总结自己在民族观的过程中通过自我认识、自我剖析、自我评价、自我监督，对以往民族观的再认识。它是教育客体民族观修养自觉性的表现，也是其民族观进步的重要条件。它能促进教育客体追求更高的民族观，提高民族理论与民族政策的认识水平。其二，反思。一般是指精神的自我活动和内心反省的修养方法。现在，反思这个概念在民族思想政治教育中运用较多，它是指人们对以往民族观进行系统的总结和深刻的理性思考。要正确进行反思，教育客体要加强自我认识，成为民族观的观察者，并能发现自己民族观同马克思主义民族观的差距或不相容性，积极进行内心对话，把自我认识变为自我教育，自觉形成更为正确的思想。因此，要提高反思的水平，必须从提高自我认识的水平入手。其三，自我改造。所谓自我改造，指的是在社会实践中，发挥主观能动性，自觉主动地进行自我剖析，自

① ［苏］苏霍姆林斯基：《给教师的建议》（下），杜殿坤编译，206 页，北京，教育科学出版社，1981。

我批评，提高自己民族理论、民族政策水平的自我教育方法。自我改造的方法，是自我教育最有效的方法，它体现主体自我教育的高度自觉性与能动性，促进主体按照正确的目标，不断调整自己的思想和行为，升华主观认识，使之符合客观世界的发展要求，逐步实现自我完善。所以，自我改造的过程，实际上是一个人自我完善的过程。

所谓自我管理，指的是自觉地用民族政策和相关法律规章规范约束自己，调节和控制自己的言行。自我管理可分为群体自我管理和个体自我管理。群体自我管理是指正式群体（包括群众团体、社会团体以及集体等）和非正式群体中的成员，按照一定的规章制度互相制约、互相督促、共同遵守一定的规范，抵制、批评违反规范的言行。个体的自我管理则是个人按照一定的规章制度调节和控制自己的言行。这种调节和控制主要有两种方式：其一，自制。自制就是自我控制，指个人对自己的思想、情感以及言行的约束和控制。自我控制主要是用理智的力量控制自己的感情冲动，制约越轨言行，不管受到什么样的外界刺激，都能保持沉着、冷静，具有高度的忍耐力和克己精神，使自己始终坚定正确的信念，指向正确的目标，并保证目标的实现。第二，自律。自律就是自己约束自己，自觉地将自己的行为限制在一定的规范之内。自律包含了人们应有的自我监督意识和自我控制能力。个人自我监督和自我控制的程度，主要取决于其自觉性和文化、理论水平。

（六）综合教育法

民族思想政治教育的综合教育方法，就是以唯物辩证法关于全面的观点、联系的观点和发展的观点为指导，运用系统论的方法，把民族思想政治教育各种方法有效地有机联系起来，使之综合最优的一种系统方法。

综合教育法有不同的内容、范围和层次，具有多样性，适用于综合教育的方法也是多种多样的。按不同的综合方法，可以把综合教育法划分为主从式综合方式与并列式综合方式、协调式综合方式与交替式综合方式以及渗透式综合方式与融合式综合方式等三种基本形态。

主从式综合方式与并列式综合方式，是按综合后单个方法在综合体中所处的地位来划分的。这是一种比较简单的综合方式，也是民族思想政治教育经常使用的综合方法。这两种综合方式，都没有改变单个方法的性质和独立性，只是确定了综合体中单个方法之间的某种关系，即主从关系和并列关系。其一，主从式综合方式。在这种综合方式中，单个方法各自保持相对独立性，各自在综合教育中发挥自己的作用。但各个方面在综合体中的地位是不同的，有的居于主导地位，起主导作用，制约着其他方法的存在和发展；有的居于从属地位，起辅助作用，促进主导性方法的完善和发展。两种方法虽有主从之分，但又不能互相代替，只能依照主从关系，相互制约，相互促进。主从式综合方式包括教育与自我教育、表扬与批评、精神鼓励与物质鼓励、思想教育与解决实际问题相结合等综合方法。在这些综合方法中，前者是为主的，居于主导地位，并对后者起指导、制约作用；但又不能代替后者，前者作用发挥得好，后者作用也会发挥好，后者作用发挥得好，也有利于前者作用的发挥。其二，并列式综合方式。在这种综合方式中，各单个方法仍然保持各自相对独立性，并且在地位上平等，难以分出主次。一种方法发挥了作用，另一种方法也随之发挥作用；一种方法作用过头了，另一种方法的作用发挥就会受到阻碍。单个方法只能在交互作用中协调、兼顾，在协调、兼顾中实现最佳结合，既不能用一种方法代替另一种方法，也不能用一种方法支配、制约另一种方法。并列式综合方式包括教育与管理相结合，说服教育与纪律约束相结合，学校教育、社会教育、家庭教育相结合等。

协调式综合方式与交替式综合方式，是按单个教育方法在综合方法中的关系来划分的。各种单个教育方法综合在一起之后，相互之间就会发生关系，或者是横向联系、制约的关系，或者是纵向联系、制约的关系。处理各个方法关系的方式主要有两种方式：其一，协调式综合方式。这种综合方式中的各个单项教育，既不能各自为政，孤立进行，又不能互相推诿，不负责任，需要协调才能有效发挥作用。否则，就会发生矛盾，互相牵制，抵消力量，妨碍整体效果。采用这种综合方式时，要进行必要的制约、调整，使之搭配好，有主次序列，有轻重缓急。一是通过党组织的政治核心作用和战斗堡垒作用，团结群众，组织群众；二是通过党员的先锋模范作用影响群众，带动群众；三是运用党的民族理论和民族政策宣传教育群众。其二，交替式综合方式。是指在教育过程中同时或先后综合运用各种不同的教育方法，以达到最好教育效果的方式。在进行教育的动态过程中，在开展大型教育活动中，需要交替运用多种教育方法和手段，只有这样才能使教育丰富多彩，使教育效果强化。如果总是使用一种方法，教育就会显得单调、枯燥，力量不足。交替式综合方式，也可以称之为多角度、多侧面教育的结合。一是教育所产生的合力可以加快正确民族观的形成或错误民族观的克服，具有加速性；二是教育从各个方面为正确民族观的形成或错误民族观的克服作出论证、铺垫基础，使正确民族观得以巩固，错误民族观难以反复，具有稳定性。

渗透式综合方式与融合式综合方式，是按综合后各个单项方法在综合体中的状态来划分的。这两种综合方式的程度比前面高，综合方式所表现出来的作用也更强。其一，渗透式综合方式。各个单项方法还保持相对独立性，其本质未发生明显变化，但方法之间已相互渗透，相互包容，发生了局部融合。这类综合方式，基本上保留了业务活动、文化教育、智育、娱乐活动的相对独立性，但民族思想政治教育有部分同以上的活动或教育渗透，乃至重合，使之不仅具有业务工作传授知识的作用，同时具有思想教育的作用，这就是综合之后所产生的新的功能作用和综合性效果。

其二，融合式综合方式。各个单项教育方法相互结合之后，发生了质变，通过方法之间的相互吸引、相互渗透，融为一体，产生一种新的教育方式。

第十章　民族思想政治教育评价论

评价是民族思想政治教育过程的一个必不可少的环节。它对整个民族思想政治教育过程起着一种反馈、调控功能，不仅为民族思想政治教育目标的确立、内容的确定、方法的选择等提供客观的依据，而且评价得出的结论，经上级主管职能部门或领导机关采取相应的奖惩、引导、调节等措施，可以形成思想政治教育发展的外在驱动力。同时，评价活动对思想政治教育工作者的价值判断和价值倾向发生的影响，可以形成更为深远持久的内在驱动力，从而在思想政治教育发展的内外动力的形成上增强思想政治教育的实效性。民族思想政治教育评价，既是民族思想政治教育工作与民族思想政治教育效果的连接点，又是民族思想政治教育工作与民族思想政治教育价值的连接点。因此，加强民族思想政治教育评价工作，可以进一步深化对民族思想政治教育过程的认识，不断提高民族思想政治教育的预见性、针对性与有效性。民族思想政治教育效果的评价通过及时地对民族思想政治教育的各个环节作出实事求是的、准确的信息反馈，对于实现民族思想政治教育工作的科学化，推动民族思想政治教育的科学决策，搞好民族思想政治教育学科建设，都有重要的理论意义和实践意义。

一、民族思想政治教育评价概说

民族思想政治教育评价概说，主要是论述民族思想政治教育评价的涵义、转换、类型与功能。

（一）民族思想政治教育评价的涵义

对事物进行评价，是人类生活的一大特征。马克思、恩格斯在《德意志意识形态》一书中指出："凡是有某种关系存在的地方，这种关系都是为我而存在的。"[①] 人们对于进入自己视野之内的事物无不进行评价。评价，是评价主体对一定价值关系的现实结果或可能后果的反映，其本身是一种主体性的活动，包含以客观规律为基础的预见，是实践和认识的中介。《辞海》对评价的解释是："评论货物的价格；还价。《宋史·威同文传》：'市物不评价，市人知而不欺。'今亦泛指衡量人物或事物的价值。"[②] 即评价是"评定价值"的简称。

民族思想政治教育是思想政治教育的分支学科。目前，学术界关于思想政治教育评价的定义直接关系到民族思想政治教育含义的界定。有学者认为，思想政治教育评价是"按照思想政治教育的目的要求，采用一定的手段对思想政治教育进行调查、总结和评定的工作"[③]。有的学者认为，所谓思想政治教育评价，就是"根据我国思想政治教育的社会主义性质和要求，通过系统地搜集资料和对资料的定性和定量分析，对思想政治教育活动自身及其效果做出价值判断，以促进思想政治工作的改革和完善的一种方法"[④]。有的学者认为，民族思想政治教育评价"是指按照一定的价值标准和培养目标，对受教育者的思想品德形成和发展变化及

---

① 《马克思恩格斯全集》第3卷，34页，北京，人民出版社，1963。

② 夏征农：《辞海》（1999年版缩印本），1111页，上海，上海辞书出版社，2000。

③ 张玉海等：《中国特色社会主义思想政治教育工作评价模式探微》，载《中国人民大学复印报刊资料·思想政治教育》，1999（6）。

④ 张玉田等：《学校教育评价》，98页，北京，中央民族学院出版社，1987。

构成其变化的诸种因素所进行的价值判断”①。综上所述，我们可将民族思想政治教育评价的内涵表述为：所谓民族思想政治教育评价，是指评价主体依据一定的目的、标准和原则，通过科学的方法和正确的途径，对民族思想政治教育过程和结果做出价值判断的过程。民族思想政治教育评价存在很多类型。比如，正式评价和非正式评价，形成性评价和总结性评价，相对评价和绝对评价，综合评价和单项评价，等等。民族思想政治教育评价具有四大基本功能，即判断功能、预测功能、选择功能和导向功能。而信息反馈功能、诊断功能、激励功能、教育功能、调节功能、改进功能、鉴定功能、管理功能，等等，只是这四个基本功能的扩展和延伸。

（二）民族思想政治教育评价方式的转换

民族思想政治教育评价的转换，表现为评价主体从单一走向多元、评价目的由重选拔转向重改进和发展、评价方式更加注重质的评判和量的估价的结合。

1. 评价主体从单一走向多元

由最初的社会、教育部门的单一主体，逐渐发展成为教育的个体评价和社会评价相结合。可以说，参与思想政治教育的任何组织或个人，甚至独立的思想政治教育评价机构，都可以对思想政治教育进行评价，不仅如此，思想政治教育系统每一构成要素也都可以成为评价的具体对象。在我国传统思想政治教育中，评价的主体主要是学校管理人员或主管的教育行政部门。在评价过程中，评价方案的设计、标准的确定、方法的选择、规程的编制以及结果的处理办法等都由上述主体完成。毫无疑问，这是一种单一性的他人评价，作为评价对象的受教育者则完全处于被动的

---

① 项久雨：《论思想政治教育价值评价的特点及其功能》，载《学校党建与思想教育》，2004（3）。

地位，没有任何主动选择的余地。而现代思想政治教育评价的一个重要特点应是评价主体的多元化，即评价主体由单纯的教育行政部门转变为学校管理者、教育者、受教育者等都可以对教育活动过程进行评价。评价主体的多元化，一方面可以从多个层次、多个侧面出发对教育活动效果进行更全面、更客观、更科学的评价；另一方面，由原先的评价对象成为评价主体的受教育者，在进行评价的过程中，也不再处于过去单纯的被动的消极状态，而是处于一种主动的积极状态，充分体现了他们在教育评价活动中的主体地位，这十分有利于教育者与教育对象不断地对自己的教育活动和学习活动进行自我调控、自我反思、自我完善、自我修正，从而不断提高民族思想政治教育的质量和效率。

2. 评价目的由重选拔转向重改进和发展

20 世纪 60 年代，在教育观上出现了一个重大的转折，即过去是选拔适合于教育的学生，而现在是创造适合于学生的教育。因此，民族思想政治教育评价的目的也必须随之发生变化，由以前的过分注重评价的选拔功能，逐渐转变为更加注重改进和发展功能。在我国传统的思想政治教育中，评价注重的往往是区分、甄别、选拔性功能，只看教育的结果而不问教育的过程，是一种单纯的结果评价和终结性评价，一般用于对教师的奖惩和选拔学生。而现代思想政治教育则更加重视教育评价的教育性和发展性功能，力图通过过程评价和形成性评价，及时向教育者和受教育者提供反馈信息，使他们能够了解教育活动中存在的问题和不足，从而促使教育者和受教育者能够不断地改进、完善自己的教育活动和学习活动，使教育活动更好地为受教育者的全面发展服务。

3. 评价方式更加注重质的评判和量的估价的结合

长期以来，我国传统思想政治教育的“评价”，一直以来较多运用讨论评议、总结鉴定、写评语的定性方法，这种方法习惯于被称做“考评”。这种考核评定的主要特点是突出了群众性的自我教育，采用批评与自我批评的民主方式，能在总体上肯定成绩，找出主要问题，明确今后努力方向；其缺点是模糊性较强，客观标准性差，主观随意性大，形式比较单一刻板。20 世纪 80 年代初期，一些地方开始在“考评”中引进量化方法，即借鉴和移植教育测量学等相关学科的理论，采用量表计分法或累积分法，也称“积分制”。此时，更多地使用“测评”这一概念，即“在测量的基础上评定”。比如，一些地方先后采用量表计分法进行累值综合测评。与定性考评方法相比，量表计分式测评有着自身显著的优点，它把思想政治教育考评的“软指标”变为“硬指标”、分清了考评内容的主次、提高了测评工作的透明度，因而这种方法能较客观、全面、准确地评价教育对象及思想政治教育工作效果。但是，量表计分法对于指标体系中政治、思想、品德方面的要求还存在不明确、不具体、操作起来较难等缺憾。为了解决测评实际操作过程中的上述问题，20 世纪 80 年代中后期，一些地方又开始探索运用教育测量、评价、统计分析，特别是运用模糊数学的理论与方法来对思想政治教育的过程及其实际效果进行质的评判和量的估价活动，由此提出了“思想政治教育评估”的概念，并就评估的原则、方法、内容、标准等方面进行了一些理论探讨。1985 年《中共中央关于教育体制改革的决定》、1990 年中共中央、国务院《关于中国教育改革和发展纲要》、1994 年中共中央《关于进一步加强和改进学校德育工作的若干意见》以及最近中共中央、国务院《关于进一步加强和改进大学生思想政治教育的意见》（中发〔2004〕16 号）等文件，都先后提出了要加强思想政治教育评估、评价的问题。这在很大程度上促进了民族思想政治教育评估、评价的开展，同时也推动了民族思想政治教育评价理论研究的进一步深入。

（三）民族思想政治教育评价的类型

民族思想政治教育评价，可以从评价主体、评价对象、评价方法、评价内容、评价标准、评价技巧、评价频率等进行归类。

比如，根据评价主体可分为个人评价与社会评价；根据评价对象可分为对教育者的评价、对受教育者的评价、对思想政治教育部门的评价、对思想政治教育过程的评价等；根据思想政治教育评价的组织形式可分为正式评价和非正式评价；根据思想政治教育评价机能可分为形成性评价和总结性评价；根据思想政治教育评价标准可分为相对评价和绝对评价；根据思想政治教育评价范域可分为综合评价和单项评价。这里仅选取四组类型加以介绍。

1. 正式评价与非正式评价

正式评价，是指由确定的评价主体（评价组织或机构）事先制定完整的评价方案，并严格按规定的程序和内容所进行的评价。它在民族思想政治教育评价中占主导地位，其评价结论往往是民族思想政治教育进一步改革、发展的主要依据。正式评价具有评价方案科学化、评价过程标准化和程序化、评价结论比较客观全面且具有一定的权威性等特点。当然，正式评价需要占有系统的评价信息，需要足够的人员、经费保障，特别是对评价主体的素质（包括业务素质和思想政治素质）有较高的要求。非正式评价，是指对评价主体、评价形式、评价内容没有严格规定，对评价结论也不作严格要求，人们根据自己了解和掌握的情况对思想政治教育过程及其结果做出的评价。平时大量进行的评价都属于这一类。它方式灵活、简便易行，但由于评价者掌握的评价信息有限，加上缺乏规范的程序与科学的方法，因而评价结论难免模糊、抽象，甚至片面、错误。这种对于民族思想政治教育的“随意性”评价，常常可以从人们对于民族思想政治教育的态度中体现出来，因此，也应给予足够的重视并加强研究。

2. 形成性评价与总结性评价

民族思想政治教育的形成性评价，是指在民族思想政治教育运行的过程中，为使效果更好而调整教育计划、方案所进行的评价。即形成性评价的主要目的，是为了明确民族思想政治教育运行中存在的问题和改进的方向，及时修改或调整活动计划，以期获得更加理想的效果。形成性评价的着眼点放在过程评价上，所以，也有人把它称之为“过程评价”。重视形成性评价是民族思想政治教育评价的发展趋势。总结性评价，顾名思义，是指在民族思想政治教育计划、方案实施结束后对其效果、价值的判断。也有学者把它称为结果评价或事后评价。总结性评价的重要机能，就是要确认民族思想政治教育达到预期目标的情况，即对民族思想政治教育的效果、价值做出判断。这一形态在我国思想政治教育评价实践中历来受到重视，而且主要是采用这种形式。如果说形成性评价重在过程，旨在改进，那么，总结性评价则重在结果，旨在区别优劣、分出等级或进行合格性鉴定。

3. 相对评价与绝对评价

民族思想政治教育的相对评价，是指以某一确定的民族群体集合（某一民族地区、部门、学校等）的思想政治教育的平均水平为基准，对民族集合体中的个体（如该地区各单位的思想政治教育、该学校各院系的思想政治教育等）逐一进行评价，然后通过相互比较而确定个体所处的相对位置的评价形式。相对评价也可称常模参照性评价。常模是指某一确定民族群体集合实际的平均水平，一般是一组指标。常模的客观性和准确性，在一定程度上决定着相对评价的科学性和有效性。可见，在进行民族思想政治教育相对评价中，最基础的工作是建立好常模参照系。民族思想政治教育的绝对评价，是指以预先设计的目标参照系为基准，将评价对象逐一与目标参照系进行比较、分析，从而判断思想政治教育状况与目标之间的距离的评价，主要是通过评价来确定对象的目标达到程度。所以，有的学者又把它叫做目标达到度评价。其主要特点是预先确定思想政治教育明确的目标，具体说明个体必须达到的水平、质量和范围，并且具有可比性和可测性，然后则可以此为基准衡量对象与目标之间的实际差距。

4. 综合评价与单项评价

民族思想政治教育的综合评价与单项评价，是从民族思想政治教育评价对象的范域来进行的区分。把民族思想政治教育看成一个系统，对整个系统的运行及其结果的评价就是综合评价；仅对系统中某一具体要素进行的评价，称为单项评价。从理论上来说，民族思想政治教育系统的任何一个要素如思想政治教育者、思想政治教育内容、方法、原则等，都可以作为单独的评价对象。在实践中，一般对思想政治教育进行综合评价，即整体上对一个阶段，或一个地区、部门或单位的思想政治教育效果、价值进行评价。当然，这种综合评价自然会涉及思想政治教育具体要素的评价。但这与单项评价，即把民族思想政治教育的某一具体要素作为单独的评价对象来进行评价，是有区别的。这一点往往为人们所忽视。例如，对某高校民族学生思想品德的评价，如果是进行单项评价，目的是整体把握该校民族学生思想品德状况，为进一步有针对性地加强思想政治教育工作提供依据，但不能把它与该校思想政治教育的成效简单画等号。不难理解，民族学生思想品德之所以如此，并非全是思想政治教育的“功劳”（或“失误”）。可是，如果是对该校思想政治教育进行综合评价，民族学生思想品德的评价只是其中一个方面，此时民族学生思想品德的状况就是用来衡量学校思想政治教育效果的，因此，这时就必须弄清民族学生思想品德的变化与学校思想政治教育的对应关系。

（四）民族思想政治教育评价的功能

民族思想政治教育评价是民族思想政治教育过程中的一个基本环节，如果没有对民族思想政治教育的自觉评价，我们对于民族思想政治教育的要素、结构状况、运行状态和接受结果就无从知晓。民族思想政治教育评价对于民族思想政治教育过程中存在问题的反馈，对于民族思想政治教育过程和效果的优化，具有重要的功能。民族思想政治教育评价的功能具体表现在以下几个方面。

1. 导向功能

如前所述，民族思想政治教育评价是评价主体的一项目的性很强的自觉的认识活动，其目的在于改进和完善民族思想政治教育。民族思想政治教育评价是有计划的而不是盲目的，它是以一定的目的、标准和原则为依据的价值判断过程。它经过对民族思想政治教育实际情况的一系列的摸底调查、论证分析，从而形成一定的比较客观的评价结果，能够及时发现和总结民族思想政治教育所取得的成绩和存在的问题，根据评价的结果来对民族思想政治教育进行一定的调整。另外，民族思想政治教育评价所依据的标准和原则，是评价主体对所评价的民族思想政治教育活动以及受教育者接受行为的具体要求的反映，起着导向标的功能，必然会对评价客体产生方向性影响。总之，民族思想政治教育评价，既有明确的标准，又有客观的依据；评价的结果，必然会成为下一步进行民族思想政治教育实践活动的导向。

2. 激励功能

人的认知活动是与人的情绪、情感紧密联系在一起的，所以，积极的民族思想政治教育评价能够使教育者和受教育者获得鼓舞、鞭策，调动其积极性、主动性，激发其创造性思维。民族思想政治教育评价的激励功能，表现在两个层面：一是对民族思想政治教育者的激励，一是对民族思想政治受教育者的激励。

对于民族思想政治教育者来说，民族思想政治教育评价将会有利于公正评价民族思想政治教育者的业绩、贡献和价值。民族思想政治教育者的劳动同其他所有劳动一样，也存在一个投入与产出的比例问题。如果不注意对民族思想政治教育者劳动成果作投入产出的分析，不去评价其劳动效果和效益，势必会出现干好干坏一个样、干多干少一个样的状况。如果我们做好民族思想政治教育评价工作，通过建立一整套的评价标准和规范，对民族思想政治教育的效果进行定性定量考核，使其具有可操作性和可比较性，使效果好的受到表彰和奖励，使效果差的从中找出差距、受到鞭策，这样会充分调动广大民族思想政治教育者的积极性、主动性和创造性。

对于民族思想政治受教育者来说，他们自身有适应民族思想政治教育要求的自我发展、自我提高的需要。如果通过民族思想政治教育评价，得出民族思想政治受教育者各项具体的接受指标都达到预期目的，或者都比以往有所提高，就会对民族思想政治受教育者形成积极性的评价，这种积极性的评价就会成为一股精神动力，激发民族思想政治受教育者进一步按照民族思想政治教育者的要求，以更加高昂、更为振奋的精神面貌去做好对民族思想政治教育内容的学习选择、内化吸收、外化践行的工作。

3. 调控功能

民族思想政治教育评价，可以对民族思想政治教育者和民族思想政治受教育者双方起到调控功能。民族思想政治教育是教育者依据社会的一定要求，向受教育者传导思想政治教育内容，引导、帮助、促使受教育者形成一定政党或国家所要求的民族观、国家观的社会实践活动。通过民族思想政治教育评价，既可以对民族思想政治教育者的理论水平、传导方法、传导手段、传导经验起到鉴定功能和促进功能，增强民族思想政治教育者的自豪感和成就感，充分调动民族思想政治教育者的积极性、主动性和创造性，又可以促使民族思想政治受教育者更加主动地接受一定政党或国家所要求的民族观、国家观。民族思想政治教育的目的是激发和调动其建设中国特色社会主义事业的积极性、主动性和创造性，培养和造就忠于党、忠于人民、忠于社会主义、愿意为共产主义崇高理想而奋斗终身的合格的社会主义建设者和可靠接班人。通过民族思想政治教育评价，如果民族思想政治受教育者对于民族思想政治教育的思想态度好转、思想立场鲜明、思想修养自觉、思想信仰坚定、思想境界提高，工作的积极性和创造性提高了，那么就达到了民族思想政治教育的目的。由此可见，民族思想政治教育评价，对民族思想政治教育者、民族思想政治受教育者乃至整个民族思想政治教育活动，都起到非常强的调控功能。

4. 反馈功能

民族思想政治教育评价的过程也就是评价主体对评价信息的反馈过程，是对整个民族思想政治教育活动自始至终系统地、全面地、有目的、有计划地进行信息反馈的过程。它是对于民族思想政治教育决策方针的正确性、目标的合理性、方法的科学性、内容的准确性等进行信息反馈的规程。通过民族思想政治教育评价，可以对传导和受导过程中的矛盾加以解决，可以对民族思想政治教育者的成功与不足、民族思想政治教育的效果、民族思想政治教育的量与质加以及时反馈；通过对具体的民族思想政治教育活动预定目标的落实情况、各阶段和环节的运作以及内容、方式方法等情况的总结，来发现民族思想政治教育活动取得的成绩与存在的不足；对不适合总体要求的方面进行研究，并将这些方面的信息及时反馈给民族思想政治教育者和决策部门，以利于民族思想政治教育决策者和教育者发现存在的问题和需要改进的地方，以克服民族思想政治教育活动的主观因素，进一步调整安排、科学部署下一步的民族思想政治教育计划，为改进民族思想政治教育提供重要依据。

5. 借鉴功能

民族思想政治教育评价有着很强的借鉴功能。所谓借鉴，就是跟别人的或另外的事相对照，以便从中学习或吸取经验教训。借鉴现象是普遍存在的，古时候既有所谓“以铜为鉴，可使穿戴之时，端庄齐整；以史为鉴，可知历朝以来，存亡兴替；以人为鉴，可观人之举措，以明本身得失”的至理名言。民族思想政治教育评价的借鉴功能表现在两个方面：一是对于民族思想政治教育评价自身的借鉴功能，二是对于思想政治教育的借鉴功能。对于民族思想政治教育评价自身的借鉴功能比较好理解，民族思想政治教育实践是历史地发展变化的，因而对其进行全方位评价的标准，也会随着历史条件的不同而发展变化。对于民族思想政治教育活动的特点和规律的研究和探索，则能透过这些发展变化着的标准和根据，总结、归纳出进一步完善民族思想政治教育的许多经验教训，并以此来指导现实的民族思想政治教育实践活动。而对于思想政治教育的借鉴功能是什么呢？我们知道，民族思想政治教育是思想政治教育系统的子系统，民族思想政治教育评价的结果对民族思想政治教育形成、发展过程中诸多方面和各个环节效果的信息给予及时的反映、收集和分析，为思想政治教育实践及其研究提供了大量的事实和可供把握的第一手资料，从而为思想政治教育提供了借鉴功能。

二、民族思想政治教育评价的依据

民族思想政治教育评价，不仅有古今中外品德评价、德育评价等丰富思想资源的启迪借鉴，有马克思主义哲学及思想政治教育学、测量学等相关学科的理论指导，而且还有直接的、现实的、实践的依据。具体表现在：一是思想政治教育的相关政策法规为民族思想政治教育的评价提供了总体规划及指导原则。二是思想政治教育的实际发展水平及其对人和社会发展的实际价值，为民族思想政治教育评价提供了客观基础。三是各地种种人才评价、政绩考评、素质评价、综合测评、教学评估等方面的实践探索，为民族思想政治教育评价积累了初步的经验。

民族思想政治教育具有鲜明的阶级性、民族性、实践性。民族思想政治教育的这种性质，就决定了民族思想政治教育何为“好”、何为“不好”，或者何为“有价值”、何为“无价值”，即民族思想政治教育是否符合一定阶级、政党、社会群体的要求，是否使受教育者形成了一定社会、一定阶级所需要的民族观、国家观。概而言之，就是民族思想政治教育的评价标准总体上是否体现了一定社会、一定阶级的民族价值观。而这种价值观，集中体现在一定时期党和政府有关思想政治教育的政策法规文件中。一定社会的民族思想政治教育价值观，作为社会总体思想政治教育评价活动成果的积淀之一，以较抽象和间接的形式体现着人和社会的需要和利益，因而，它是民族思想政治教育评价的重要依据。它有三个层次：一是思想政治教育宏观的政策法规，这是民族思想政治教育评价的总的指导原则。二是思想政治教育的行业规章，这是具体行业民族思想政治教育评价的基本规范。三是思想政治教育的部门条例和制度，这是具体单位和部门民族思想政治教育评价的基本要求。

（一）民族思想政治教育评价的指导思想

政策是国家、政党为实现一定历史时期的路线和任务而规定的行为准则。因此，不难理解，民族思想政治教育的宏观政策法规（包括中央关于思想政治教育的有关会议以及党和国家重要领导人关于思想政治教育的重要讲话等），从总体上对民族思想政治教育进行了规划、提出了要求，它也就是民族思想政治教育评价的宏观指导原则。如果是对民族思想政治教育进行宏观的评价，即对全国民族思想政治教育状况或一定时期全国民族思想政治教育的价值进行评价，这些指导原则就是评价的直接依据。评价标准体系就应按相应的思想政治教育政策法规要求来设计，譬如，中共中央、国务院于1993年2月13日印发了《中国教育改革和发展纲要》，认真分析了我国教育面临的形势与任务，确定了教育事业发展的目标、战略和指导方针，对教育体制改革、教师队伍建设等方面作了相应的规定。1994年8月23日，中共中央印发了《爱国主义教育实施纲要》，对全国实施爱国主义教育的基本原则、主要内容及基本途径等提出了要求。1999年9月，中共中央通过《关于加强和改进思想政治工作的若干意见》。次年6月，又召开了中央思想政治工作会议，提出思想政治工作必须在内容、形式、方法、手段、机制等方面努力进行创新和改进，特别要在增强时代感，加强针对性、实效性、主动性上下工夫。2001年9月20日印发了《公民道德建设实施纲要》，对开展公民道德建设的指导思想、基本原则、内容及实施途径等进行了规定。2004 年 2 月 26 日印发了《中共中央国务院关于进一步加强和改进未成年人思想道德建设的若干意见》，从战略的高度提出了加强和改进未成年人思想道德建设的指导思想、基本原则、基本内容与途径。同年 8 月又印发了《中共中央国务院关于进一步加强和改进大学生思想政治教育的意见》，对如何加强和改进大学生思想政治教育提出了一系列战略举措等。开展民族思想政治教育评价，必须认真研究思想政治教育的这些相关政策文件及讲话精神，只有这样，才能保证民族思想政治教育评价的正确方向，并使评价得出正确的结论，且为民族思想政治教育的进一步改进与发展提供科学依据。

（二）民族思想政治教育评价的基本规范

思想政治教育的行业规章，泛指党和政府针对具体行业下发的有关思想政治教育的文件条例，行业主管部门为贯彻中央思想政治教育文件下发的通知、意见，以及有关主管部门根据思想政治教育的政策法规，结合具体行业的特点，自行制定的文件条例三个层次。它是具体行业民族思想政治教育评价的基本依据。例如，1994 年 8 月，中央下发了《关于进一步加强和改进学校德育工作的若干意见》，分别就德育的内容、教材、方法、改革以及德育管理和队伍建设提出了明确的要求，并且还强调了加快德育评估的重要性和紧迫性。1995 年 10 月，中办、国办转发了《中央宣传部、农业部关于深入开展农村社会主义精神文明建设活动的若干意见》的通知，对如何开展新形势下的农民思想政治工作提出了具体要求。中宣部、经贸委下发了《关于进一步加强和改进企业思想政治工作的若干意见》，就建立现代企业制度，发展社会主义市场经济过程中如何加强和改进企业的思想政治工作提出了明确意见。1999 年 8 月，中央转发了《关于改革开放和发展社会主义市场经济条件下军队思想政治建设若干问题的决定》，对市场经济条件下军队思想政治工作提出了目标、任务和要求。对于中央有关思想政治教育的政策文件，各行业、部门往往结合自身特点下发贯彻落实意见。如中央下发《爱国主义教育实施纲要》（简称《实施纲要》）后，原国家教委发出了《关于贯彻爱国主义教育实施纲要的通知》，对教育系统如何具体贯彻《实施纲要》提出要求。解放军总政治部也向全军下发了《关于认真贯彻（爱国主义教育实施纲要）的意见》，对军队系统如何具体贯彻《实施纲要》提出要求。这分别是评价教育系统和军队系统思想政治教育的依据。各行业、部门还结合自身特点自行制定一些思想政治教育的规章，自然也是民族思想政治教育评价的依据。如 1995 年 11 月，原国家教委颁布了《中国普通高等学校德育大纲》，指出高等学校德育大纲是国家对高等学校德育工作与大学生思想、政治、品德素质要求的具体体现，是各级教育行政部门对高等学校德育实行科学管理与检查评估的重要依据。这些行业规章在民族思想政治教育评价中同样适用，是民族思想政治教育评价的基本规范。

（三）民族思想政治教育评价的具体要求

对于具体的单位或部门，一般都要依据党和政府关于思想政治教育的总的原则和所属行业、系统思想政治教育的规章，制定出符合本单位或部门具体实际的民族思想政治教育相关政策、条例和制度。毫无疑问，它是评价具体单位或部门民族思想政治教育的直接依据。例如，如果要对中南民族大学思想政治教育学院的思想政治教育效果进行评价，那么，评价标准则应反映该校对于思想政治教育目标、内容、任务要求，思想政治教育队伍职责、素质要求等相关规定。

三、民族思想政治教育评价的原则

民族思想政治教育评价必须遵循一定的原则，这些原则主要包括方向性原则、客观性原则和全面性原则。①

（一）方向性原则

方向性原则是决定并保证民族思想政治教育评价活动性质和方向的根本原则。民族思想政治教育是意识形态工作的重要组成部分，必须坚持为一定阶级和政党的基本路线和中心任务服务，这是民族思想政治教育的价值所在，也是民族思想政治教育历史经验的总结。我们进行民族思想政治教育评价是为实现民族思想政治教育的目标服务的，确定民族思想政治教育的目标以后，就要参照目标对民族思想政治教育的形成、过程和结果进行考察，看其是否达到或在何种程度上达到预期的目标，并由此判定民族思想政治教育的成效。所以，民族思想政治教育评价必须坚持方向性原则。

坚持方向性原则，一是必须以马克思主义为指导，尤其是以邓小平理论、“三个代表”重要思想和科学发展观为指导，以党和国家现行方针政策为基准，正确处理评价过程中的各种关系和问题，确保民族思想政治教育评价活动的正确方向。二是必须围绕党的中心工作，为党的中心工作服务。我国目前正处于社会主义初级阶段，党在社会主义初级阶段的中心任务是经济建设，民族思想政治教育评价必须服务于党的经济建设这个中心，看其是否真正为促进经济建设和社会发展服务。三是在进行民族思想政治教育评价时保持明确的评价目标。民族思想政治教育评价的目标是民族思想政治教育活动目的和任务的体现，也是方向性原则的具体体现。在进行民族思想政治教育评价时保持明确的目标，就是要保持民族思想政治教育评价的严肃性，严格按照既定程序和指标体系的规定进行评价。四是民族思想政治教育评价活动与民

① 赵继伟：《马克思主义意识形态接受论》，208～211页，武汉，武汉大学出版社，2009。

族思想政治教育评价研究要给民族思想政治教育以符合国家大政方针政策的导向。要做到这一点，评价过程的各个环节，如评价的目的、评价标准和内容、评价信息的收集方式、收集何种信息，以及评价结果的呈现等都同样重要。总之，民族思想政治教育评价作为一个整体对民族思想政治教育发挥导向功能。

（二）客观性原则

客观性原则是依据马克思主义实事求是的思想路线，规范民族思想政治教育评价活动的基本准则。所谓客观，就是评价的对象与评价的尺度相适合，既不容随意拔高，也不能随便降低。民族思想政治教育评价，是评价主体根据民族思想政治教育目标对民族思想政治教育活动总体情况进行价值判断，这种价值判断必须以事实判断为基础。客观的评价会增强信心、奋发向上，推进思想政治教育的发展；不客观的评价会挫伤人们的积极性，妨碍民族思想政治教育的发展。因此，民族思想政治教育必须坚持走群众路线，注重调查研究，掌握充分而必要的第一手资料，努力使民族思想政治教育评价客观、公正、准确。这就是说，评价主体要想作出符合客观实际的科学的价值判断，就必须竭尽可能了解评价对象的客观实际，要从评价对象的实际出发，以客观实际的真实信息为基础。

由于民族思想政治教育评价主体的评价观点不同，对评价标准理解上的差异，以及评价主体的认识和判断的局限性，难免在评价过程中带有一定的主观色彩。民族思想政治教育评价的客观性原则，要求在开展民族思想政治教育评价活动时，必须采取客观的、实事求是的态度，不能主观臆断或掺杂个人情绪，真实全面地反映出民族思想政治教育的情况。

民族思想政治教育评价的客观性原则，也要求在开展评价活动时，要严格执行评价标准。要使评价做到公正、客观，评价主体必须正确理解、严格把握评价标准，不允许以自己的认识或喜好去曲解甚至任意改变评价标准。评价主体只有坚持评价的客观性原则，才能按照评价标准对评价对象作出客观的价值判断。而只有对评价对象作出客观的价值判断，才能发挥评价的激励功能，促进民族思想政治教育活动的完善和发展。

（三）全面性原则

全面性原则是指在民族思想政治教育评价中，要从整体出发，全面考虑各种因素，不应该片面地突出或偏重某一因素。因为民族思想政治教育是一个系统工程，它的效果是综合多种因素形成的。如果过分地强调某一因素，就会导致系统失去平衡。系统一旦失去平衡，民族思想政治教育事业就会遭受损失，所以在评价中一定要坚持全面性原则。我们强调民族思想政治教育评价的全面性，并不是在评价时不分主次，对构成指标体系的各种因素等量齐观。恰恰相反，民族思想政治教育评价的全面性要求评价时既要看主要方面，也要看次要方面；既不要把主要方面当作次要方面，也不要把次要方面当成主要方面。

贯彻全面性原则，一是要注意评价标准的全面性。民族思想政治教育是一个由众多因素构成的复杂系统，在评价中要按照客观规律处理好各种因素之间的关系，在评价指标体系中不宜过分强调某一个指标，也不要漏掉某些与评价相关的重要因素，只有这样才能保证评价的准确性。二是要注意评价过程收集信息的全面性。在评价过程中要采取多种方式和手段收集评价信息，避免在没有充分收集有关信息的情况下就进行判断。三是要注意评价方法的全面性。要善于运用多种不同的方法去综合研究评价中的种种现象和材料，尽可能避免评价失真、失实。

四、民族思想政治教育评价的标准

对某一事物和现象进行评价总有一定的评价标准。民族思想政治教育评价标准是对民族思想政治教育现象进行价值判断的规定和准则，有着自身的内在和外在结构。

（一）设计标准

民族思想政治教育评价标准，是根据一定时期的民族思想政治教育价值观、目标、实际状况以及民族思想政治教育评价的具体目的而设计的，是对民族思想政治教育实践活动现象进行价值判定的准则，是反映民族思想政治教育现象本质属性因素的集合。由于民族思想政治教育现象的复杂性，在实际的评价中，这一标准常常要经过层层分解直至具体可测、可操作，即形成一个标准体系（或指标体系）。所以，它又可以称为民族思想政治教育评价标准体系或评价指标体系。民族思想政治教育评价标准是民族思想政治教育评价的直接依据，它在民族思想政治教育评价中具有十分重要的意义。它是开展民族思想政治教育评价的逻辑前提和第一个重要环节；它是进行民族思想政治教育评价的统一尺度和制度保证。因此，为了提高民族思想政治教育评价的客观性、公正性和准确性，必须加大民族思想政治教育评价标准的研究，逐步建立起不同性质、不同层次且具有科学性、操作性强的评价标准及其体系，使民族思想政治教育评价工作得以顺利有效地实施。一定社会的客观要求、思想政治教育的基本规律、民族思想政治教育评价的具体目的及其实际状况等，是制定民族思想政治教育评价标准的依据。民族思想政治教育评价标准由于时代不同、评价目的不同、评价对象的不同，显然会呈现出较大的差异性。在确立评价标准时要坚持可测性、完备性、互斥性、简明性等原则。民族思想政治教育评价标准体系的设计具有很强的政策性、专业性和技术性，必须按照草拟、论证、试用、修订等程序与方法进行。

（二）内在结构标准

民族思想政治教育评价对象的本质属性及其规律决定了评价

标准的范围或要素。如果评价对象是“民族思想政治教育”，评价标准内容就应包括民族思想政治教育的地位、队伍、实施和效果四个方面的指标；如果民族思想政治教育评价对象是“思想品德”，那么，其评价标准则应包括政治素质、思想素质、道德素质、心理素质等方面的指标；如果评价对象是民族思想政治教育队伍，则应包括队伍的数量、素质等要素。从内容上说，民族思想政治教育评价标准一般由素质标准、职责标准和绩效标准三要素构成。素质标准是衡量评价对象履行职责、完成任务所应具备之条件的标准，是民族思想政治教育得以运行并取得良好效果的基本要素。素质标准可以从政治态度、思想修养、工作能力、知识水平和实践经验等方面加以考察。职责标准是衡量民族思想政治教育评价对象履行职责情况的标准，这也是民族思想政治教育评价标准的一个重要方面。一个部门，例如，企业及其领导、负责同志及其员工，是否履行了自己的职责，是否承担了规定的民族思想政治教育任务，各部门的职能发挥得如何？绩效标准是衡量和测定民族思想政治教育成果的标准。具体包括效果标准和效益标准。效果标准是根据民族思想政治教育目标所制定的，考察民族思想政治教育绝对成果的标准，不考虑取得这些成果所耗费的人力、物力、财力和时间等因素。效益标准是根据民族思想政治教育投入产出的情况来考察民族思想政治教育相对成果的标准，它把取得的成果与耗费的人力、物力、财力和时间等因素联系起来加以考察。事实上，评价民族思想政治教育工作，不仅要看取得多少成果，而且要考察取得这些成果耗费了多少思想政治教育成本。只有以最少的成本取得最多的成果，则是效益高的。诸如民族思想政治教育工作经费的计划和使用、人员的配置、时间空间的占用等，在特定条件下是否科学合理，是否充分发挥了人力、物力、财力和时间的功能，据此制定的标准均属于效益标准。

以上三项标准构成了民族思想政治教育评价标准的内在结构。它们既具有相对独立性，又具有统一性。一般来说，在一个标准体系中三者是不可缺少的、相互联系的，它们分别从动力、功能和效益上揭示评价标准的内涵，其核心是绩效标准，总体上反映一定社会的民族思想政治教育价值观；在民族思想政治教育评价标准设计时，这些内容综合体现在各指标中。当然，由于特别的评价目的，评价标准也可就某一个方面单独设计。如对某高校民族思想政治教育者的素质进行评价。此时，评价标准主要是素质标准，主要根据一定社会对民族思想政治教育者素质的要求，如思想素质、政治素质、道德素质、能力素质、心理素质等方面来设置。

（三）外在结构标准

民族思想政治教育评价标准的外在结构由指标、标度、标号和权重四要素构成。指标，简单地讲，就是标准的项目、要素，是指标准的分类、分项、细目和要求，也称之为评价的因子或要素。它是构成标准的主要组成部分。抽象的、原则的总的标准逐级分解，可以将标准分为多级指标，一般以不超过四级为宜。标度是表示标准的差异程度和价值大小的计量尺度。当评价标准逐级分解直至达到具体可测时，接着要为每一个末级指标设置标度（标高）。根据具体的评价目的，如果是绝对评价，就要给每一个末级指标规定何为达到了要求；如果是相对评价，就要给每一个末级指标规定具体量化或分等的法则。无论是绝对评价还是相对评价，主要有如下三种表达形式：其一，定量标度。通常用分值尺度、比值尺度来表示。比如，“民族思想政治教育地位”标准项中“队伍建设”这一项规定达到 1∶200 为达标等。其二，定性标度。通常用等级尺度、类别尺度和等距尺度来表示。如分别用“A 等”、“B 等”、“C 等”或用“好”、“中”、“差”；“符合”、“达到”、“不够”来表示。其三，模糊标度，亦称隶属度，是以现代数学的模糊集合尺度表示的标度。比如，用“［0，1］”区间的数字来标示情感、态度等模糊变量的标度。必须指出，指标的标度是对评价对象进行判断的直接衡量尺度，标度确定，绝不只是设计者所做的人为的划分，而应当严格遵循评价标准确立的依据。同时，考虑到人的思想与行为的内在联系性，每一项指标标度的设计，都应力求从思想和行为表现两个方面进行概括，以便能较为全面地把握评价对象的状态水平。并且，从知与行的内在联系上，可进一步区分评价对象间的不同水平差异。标号表示指标顺序和标度数量的符号。通常用字母（如拉丁字母或英语字母 A、B、C、D 等）、汉字（如一、二、三、四，甲、乙、丙、丁等）、数字（如阿拉伯数字 1、2、3、4 等，罗马数字Ⅰ、Ⅱ、Ⅲ、Ⅳ等）表示。这些标号可以在不同的情况下，分别被赋予特定的意义，主要为了便于评价信息的综合处理尤其是计算机处理。权重，表示某一评价指标因素在整个评价标准指标体系中所处地位的相对重要程度。表示这种相对重要程度的量数，就叫权值、权数、权重数、权重系数。民族思想政治教育评价指标权重表明，在民族思想政治教育及管理活动中哪些因素更有价值，而权数则表明这些因素价值的大小轻重。因此，在评价指标体系的设计中，可以根据不同的目的、对象、时间和所处的地位，对评价指标指派不同数值。在评价民族思想政治教育时，如何将各类工作中相对重要程度体现出来，就成为设计标准指标体系中的一个重要问题，给指标分配权重，就是为了解决这一问题。评价指标权重分配不当或者没有加权，评价就难以得到合理的科学的结果。①

五、民族思想政治教育评价的方法

要做好对民族思想政治教育的评价，就必须运用好正确的方法。关于民族思想政治教育的评价方法，既有哲学思维方法，又有具体操作方法。

---

① 王茂胜：《思想政治教育评价论》，123～124 页，北京，中国社会科学出版社，2006。

（一）哲学方法

民族思想政治教育评价的哲学方法，是指运用马克思主义哲学方法来评价民族思想政治教育实践活动。民族思想政治教育评价的哲学方法，主要有辩证决定法、系统（矛盾）分析法、实践标准法、阶级阶层分析法和分析综合法等。[①]

1. 辩证决定法

唯物而辩证的实践观，是马克思主义哲学首要的和基本的观点。实践观点的中心内容，就是辩证决定原理。其基本思想是：一方面，社会历史在本质上是一种“自然历史过程”，具有一定的客观规律性，同时，这些规律又固有辩证性质；另一方面，社会历史又是人的活动过程，人在活动过程中具有一定能动性和选择性。因而，社会实践是客观规律性与主体选择性的统一。辩证决定原理揭示了社会历史本身内在地固有着一定的因果性、必然性、基本的轨迹和规律。这些规律的实质，指明了人们活动的各种因素之间特别是活动条件同活动结果之间的客观必然联系。这一原理提供了辩证决定的方法。它的最重要的方法论意义，就在于要希冀得到某种结果，就必须创造与之相应的条件，反之，相应的结果绝无可能发生。因此，人们不可漠视民族思想政治教育评价的客观规律，更不能同它相对抗，为了取得民族思想政治教育评价的成功和实现既定的利益，我们必须承认，民族思想政治教育评价的规律并且努力探索和把握它们，以作为自己认识的指南和行动的向导。民族思想政治教育评价的客观规律，是民族思想政治教育评价及其要素之间内在的、本质的、必然的联系。对它们应作辩证理解，包括必然性和偶然性的关系，“一”与“多”的关系，相对性与绝对性的关系，规律本身与反映它的认识的关系。把握民族思想政治教育评价的客观规律一般需经四个步骤：调查、

① 董德刚：《马克思主义哲学方法论概要》，载《学术研究》，2008（10）。

比较、思考、检验。它们是相互衔接、循环往复、不断深化的过程。

2. 系统（矛盾）分析法

马克思主义哲学的辩证观点建立在唯物主义基础之上，故称唯物辩证法。它以承认世界的普遍联系和永恒发展为总原则，以对立统一规律为根本，包括质量互变规律、否定之否定规律以及一系列关系范畴。辩证观点提供了系统（矛盾）分析的方法。民族思想政治教育评价的系统（矛盾）分析法主要包括以下要点：第一，在联系和区别中把握民族思想政治教育评价；第二，在民族思想政治教育评价中坚持全面性和重点论的统一。我们要注意用连续值逻辑来扬弃简单化的两极对立的二值逻辑；第三，促进民族思想政治教育向既定的方向转化。运用矛盾分析方法评价民族思想政治教育，就是分析民族思想政治教育的理论差别、思想差别、行为差别。对民族思想政治教育既进行纵向对比，又进行横向对比。根据对比分析，判断民族思想政治教育的效果，改进民族思想政治教育的方法。

3. 实践标准法

马克思早已指出："人的思维是否具有客观的真理性，这不是一个理论的问题，而是一个实践的问题。"[①] 恩格斯说："对……一切哲学上的怪论的最令人信服的驳斥是实践，即实验和工业。"[②] 列宁强调："生活、实践的观点，应该是认识论的首要的和基本的观点。"[③] 毛泽东进一步阐明，实践是认识的基础，"真理的标准只能是社会的实践"[④]。这些论述表达了民族思想政治教育评价的实践标准的思想：第一，民族思想政治教育评价要尊重实践、尊重群众、勇于探索；第二，用实践特别是其结果来检验民族思想政

① 《马克思恩格斯选集》第1卷，55页，北京，人民出版社，1995。

② 《马克思恩格斯选集》第4卷，225页，北京，人民出版社，1995。

③ 《列宁选集》第2卷，103页，北京，人民出版社，1995。

④ 《毛泽东选集》第1卷，284页，北京，人民出版社，1991。

治教育评价的客观性和真理性；第三，民族思想政治教育评价要为实践服务；第四，民族思想政治教育评价要坚持生产力评价标准。物质生产是人类最基本的实践活动。生产力是社会发展的最终决定力量，而生产关系（经济基础）和上层建筑都是在一定的生产力基础上产生、受生产力制约并且归根到底是为生产力服务的。这是马克思主义看待社会历史的一个基本理论框架。它为民族思想政治教育评价提供了一个根本方法，即生产力标准，也就是把是否有利于生产力的发展，作为评价民族思想政治教育好坏优劣的主要标准、根本标准。民族思想政治教育是否有利于生产力发展，要看它是否有助于生产要素的改进、生产结构的优化、最终看是否有助于劳动生产率的提高、经济和社会是否全面协调、可持续发展。

4. 阶级分析法

马克思概括了自己的阶级观点的主要内容，他说：在阶级和阶级斗争问题上，“我所加上的新内容就是证明了下列几点：（1）阶级的存在仅仅同生产发展的一定历史阶段相联系；（2）阶级斗争必然导致无产阶级专政；（3）这个专政不过是达到消灭一切阶级和进入无阶级社会的过渡……”① 需要注意的是，马克思和恩格斯所强调的无产阶级阶级性同人民性是一致的，尤其是在中国现阶段，在绝大多数社会矛盾都不具有阶级斗争性质的条件下，我们坚持以人为本，更加需要强调人民性。

民族思想政治教育评价的阶级阶层分析方法主要包括：第一，民族思想政治教育评价的阶级分析具有多样性。它既包括根据人们经济地位即生产关系特别是生产资料所有制差别的阶级分析法方法，也包括根据人们收入、权力、声望的不同的阶级分析法方法，还包括统计部门按照人们职业分工来划分的阶级分析法方法。这些方法不是绝对相互排斥的。第二，民族思想政治教育评价的

① 《马克思恩格斯选集》第4卷，547页，北京，人民出版社，1995。

阶级分析必须坚持生产力标准。由于阶级（或阶层）是一个社会关系特别是生产关系范畴，因此，正如判别各种生产关系是否合理必须以生产力为根本标准一样，判定各个阶级的进步与反动，也必须同生产力联系起来，看它们对生产力的不同作用。我们不能离开生产力抽象地谈论生产关系，我们也不能离开生产力主观随意地进行阶级分析。第三，民族思想政治教育评价的阶级分析在注意阶级和阶层之间的差别和冲突的同时，也要注意不同阶级和阶层之间的同一、一致和互补。更一般地说，阶级和阶层差别的存在，是同长期固定的旧式分工密切相连的。在生产力有所发展而又发展不足的漫长历史时期内，包括我国现阶段，这种分工是不可避免的，因此，阶级和阶层的差别也是不可能完全消灭的。而存在分工本身，就表明了不同阶级和阶层都不可缺少，表明它们之间具有协作或互补关系。我国现阶段各个阶级和阶层之间的矛盾，总体上都属于根本利益一致基础上的人民内部矛盾。不过，这些矛盾既可能缓和，也可能激化。这取决于矛盾双方的行为，而关键是党和国家的协调能力，它通过舆论引导、政策规范、法制约束等体现出来，形成全体人民各尽其能、各得其所而又和谐相处的局面。这一方法运用在民族思想政治教育评价中时要正确分析和处理好民族间、阶级间、阶层间的关系。

5. 分析综合法

分析综合法是民族思想政治教育评价的基本方法。民族思想政治教育评价的结果不是单一的，而是综合的，因此对民族思想政治教育的评价，应该采取分析和综合相结合的方法。只有这样，才能对民族思想政治教育作出客观而全面的评价。

（二）具体方法

民族思想政治教育评价的具体方法，是相对于哲学方法而言的，是指民族思想政治教育评价的操作方法。它主要包括定性评价与定量评价相结合、诊断性评价、形成性评价和总结性评价相结合、动态评价与静态评价相结合等方法。[1]

1. 定量评价与定性评价相结合

所谓民族思想政治教育的定量评价，是指采用结构式的方法，预先设定操作化的评价内容，收集评价对象可以量化的信息，运用数学方法作出推论的评价。它主要是通过运用数据分析，对民族思想政治教育表现出来的一些量的关系进行整理分析，从而从数量上相对精确地把握民族思想政治教育的实际状况。所谓民族思想政治教育的定性评价，主要是指采用开放的形式获取评价信息、作出评价判断的方法。它一般采用无结构观察、开放式访谈、调查、查阅各种文字资料等方法，获取各方面的信息，对民族思想政治教育的状况作出描述、分析与评价结论，以鉴别和判定民族思想政治教育实践效果性质。定性评价有利于评价主体了解民族思想政治教育的整体状况，并制订有效的决策和实施方案。

长期以来，定性评价的"科学性"问题一直受到怀疑。很多人认为，定性评价主观性强，缺少客观的衡量标准，评价结果不具可比性，评价效度、信度无法检验；而定量评价则是有客观的评价标准、客观的控制手段，获取信息是客观的、精确的，评价结果是客观的、可信的，因而是科学的。在民族思想政治教育评价实践中，科学性、客观性也一度成为人们追求的目标。目前，人们又开始对定量评价的"科学性"提出质疑，很多人认为，量化方法如果用于不可量化的内容，其量化的结果显然是不可能科学的，即使可以量化的内容，而由于量化标准的制定及操作过程的不当也可能得出非客观的评价结果。定量评价的评价标准的制定及指标的赋值很难客观，因为民族思想政治教育过程是复杂的，并非所有因素都能够量化，评价如果仅收集可量化的信息，针对这些信息的评价结果不能全面反映评价对象的整体状况，而评价

① 赵继伟：《马克思主义意识形态接受论》，224～227 页，武汉，武汉大学出版社，2009。

结果就会产生导向偏差。

事物的质和量是辩证统一的关系，是事物不可分离的两个方面，没有无质的量，也没有无量的质。民族思想政治教育的评价，必须将定量评价与定性评估结合起来。在评价过程中，定性评价与定量评价缺一不可，定量评价是定性评价的基础，定性评价是定量评价的前提和结果。定量不能代替定性，同样，定性也不能代替定量。离开了定量评价的定性评价，民族思想政治教育评价必将处于比较模糊的状态，而离开定性评价的定量评价，民族思想政治教育评价也不会有任何现实意义。毛泽东曾指出："对情况和问题一定要注意到它们的数量方面，要有基本的数量分析。任何质量都表现为一定的数量，没有数量也就没有质量。"①

2. 诊断性评价、形成性评价和终结性评价相结合

按照评价目的或进行时间可划分出诊断性评价、形成性评价和终结性评价等三种类型。要对思想政治教育活动进行全面、客观的评价，必须将这三种评价方法结合起来。诊断性评价又称"事先的评价"，是在民族思想政治教育开始之前进行的评价，其目的是为了了解民族思想政治教育的现状或为了发现存在的问题、原因，以便采取符合民族思想政治教育实际情况的适当措施或对症下药。诊断性评价具有诊断或预测功能。

形成性评价又称"即时评价"或"过程评价"，是在民族思想政治教育实施的过程中进行的评价，其目的在于及时得到反馈信息，及时发现问题，及时调整活动，及时改进工作。形成性评价具有明显的反馈功能，旨在为优化民族思想政治教育的整体结构，强化民族思想政治教育功能，而不是判断优劣、评定成绩。形成性评价的对象，是民族思想政治教育某一阶段的全部内容。通过了解掌握情况，以便在随后的工作中进行调整。可以说，如果对评价中反映的问题不作相应的调整，则形成性评价的目的就难以

① 《毛泽东选集》第4卷，1442页，北京，人民出版社，1991。

达到。

终结性评价又称总结性评价或“事后评价”，是在民族思想政治教育结束后对其最终结果进行的评价，其目的是评价这一最终结果达到预定目的的程度或所取得的总体效益，以便对民族思想政治教育作出终结性结论，甄别优劣，鉴定分等，从而为决策人员提供决策信息等。民族思想政治教育终结性评价具有导向、诊断、咨询的功能，侧重于对效果作出评定，其目的是评价民族思想政治教育的总体效益。

3. 动态评价与静态评价相结合

民族思想政治教育动态评价，是指对民族思想政治教育发展变化的评价，这种评价方法主要是对民族思想政治教育进行纵向的比较分析，把握其动态发展变化的情况。在民族思想政治教育评价中要看发展、看进步，要对发展变化的过程进行评价，要进行跟踪评价，对评价本身也要进行不断的修正，并进行动态评价。

民族思想政治教育静态评价，是对民族思想政治教育某一具体时空的民族思想政治教育进行价值判断。这种评价方法主要是进行横向的比较分析，把握民族思想政治教育在某一具体的时间段和空间的情况。恩格斯说：“运动应当在它的对立面即静止中找到自己的尺度”,[①]“从辩证的观点看来，运动可以表现在它的对立面中，即表现在静止中”[②]。因此，相对静止对评价思想政治教育是相当重要的。

动态评价和静态评价都不是全面的评价，各有其优劣之处。在民族思想政治教育评价中，必须将这两种评价方法结合起来加以运用。

① 《马克思恩格斯选集》第3卷，402页，北京，人民出版社，1995。

② 《马克思恩格斯选集》第3卷，402页，北京，人民出版社，1995。

（三）操作方法

马克思曾指出，科学只有在成功地运用数学时，才算达到了真正完善的地步。而民族思想政治教育评价以马克思主义为其理论基础，它对于教育统计和测量学、模糊数学、计算机技术等相关学科理论与方法的运用，必然进一步拓展其研究视野，并推动民族思想政治教育学科理论体系的建立与完善。

1. 评语法

评语法，是指在民族思想政治教育评价过程中，以一段定性的语言文字来描述评价对象的价值的一种方法。就描述的主要内容而言，它要符合价值客体的本质属性和规律，是价值客体属性及其基本结构要素的再现；就描述的程度而言，它要符合民族思想政治教育评价的目的要求，是评价主体的思想政治教育价值观的反映。运用评语法时，“评语”可以直接由评价人员凭印象、评议、观察等给出，也可以通过测量等手段获得。评语法的主要优点是突出了群众性的自我教育，采取回顾总结、评议讨论、批评与自我批评等民主方式，一般能在总体上肯定成绩，找出主要问题，并明确今后努力的主要方向。其缺点是模糊性较强，缺乏一个比较客观的标准，因而主观随意性较大，有时仅凭一句话、一件事就定性定论，是常有的事情，其形式也比较单一死板，对中间状态的鉴定评语几乎一个面孔，缺乏可比性，透明度低，可信度也不高。

2. 评等法

评等法，是指在民族思想政治教育评价过程中．以等级（如A、B、C、D；优、良、中、差：一、二、三等）的形式来描述评价对象的价值的一种方法。等级的描述可以是构成评价对象最基本的要素即末级指标，也可以是更高一层次的指标甚至是就评价对象总体进行等级的判断。所以，被评为A等而不是C等，是优而不是良，总体上也是体现评价目的的要求，本质上是评价主体的思想政治教育价值观的反映。运用评等法时，“等级”可以是与评价方案中规定的等级相对照给出，也可以是评价人员根据评价信息主观判断得出（这种与等级标准相对照的评价是在各评价人员的大脑中完成的）。与评语法相比，评等法注意到了不同对象之间的差异，以等级的形式加以区分，从而使之能进行比较。但也正是这种“等级”形式有时会掩盖对象比较丰富的内涵，而不利于充分肯定成绩和明确努力方向。

3. 评分法

评分法，是指在民族思想政治教育评价过程中，以分数的形式来描述评价对象的价值的一种方法。计分可以是构成评价对象最基本的要素即末级指标，也可以是更高一层次的指标甚至是就评价对象总体进行计分。具体如何计分（赋分），总体上也是体现评价目的的要求，本质上是评价主体的思想政治教育价值观的反映。运用评分法时，“分数”主要是根据评价方案中规定的计分标准来赋分。与上述评语法、评等法等方法相比，评分法有着自己显著的优点。它把民族思想政治教育评价的“软指标”变为“硬指标”，从而尽可能使“虚”变“实”；它把众多的评价内容分清主次，从而可以突出重点、明确导向；评价中坚持公开原则，也提高了评价工作的透明度。因而这种方法能较客观、全面、准确地对民族思想政治教育及其要素进行评价。当然，实践中也存在一些问题，主要是由于民族思想政治教育的特殊性和复杂性，其中某些要素如政治、思想、品德等方面要准确计量还有难度，至少还没有找到有效的工具。形式上是分数，便于计算处理，但这些分数具有不同的意义，简单地进行计算处理尚缺乏科学性。另外，评价标准上统一的分数还不能兼容个体成员的特点，操作起来也比较烦琐。这些正是计分法的缺陷。

六、民族思想政治教育评价的步骤

进行民族思想政治教育评价，从时间和空间来说，总有一个实施的步骤和程序。民族思想政治教育评价的步骤主要有准备阶段、实施阶段、反馈阶段等几个方面。

（一）准备阶段

充分的准备是民族思想政治教育评价工作的基础和起点，也是民族思想政治教育评价工作得以顺利进行和卓有成效的前提条件。准备比较充分，就能抓住关键问题，明确民族思想政治教育评价的中心和重点，避免盲目性。

1. 明确评价目的

评价目的，是民族思想政治教育评价期望达到的结果，要解决的是“为什么评价”的问题。它决定着评价对象的确定、评价标准的确立、评价方法的选择乃至评价的具体实施。它是首先必须明确的。

民族思想政治教育评价的目的，总的来看，主要是三个方面：一是科学确立民族思想政治教育的地位，摆正与其他工作的关系。二是激发民族思想政治教育的各级职能部门与民族思想政治教育者不断加强和改进工作，提高效率。三是为民族思想政治教育科学决策提供依据。民族思想政治教育评价，就是要不断发现和挖掘民族思想政治教育价值，最大限度地将民族思想政治教育的潜价值转变为显价值。评价目的不同，评价者、评价对象、评价内容等都会有很大区别，因此，明确民族思想政治教育评价的具体目的是民族思想政治教育评价准备阶段的起点。

2. 制定评价方案

制定评价方案是民族思想政治教育评价准备阶段最重要的一项工作。评价方案设计的合理与否，直接关系到民族思想政治教育评价的质量高低和成败。制定评价方案时，需要包含以下内容：

阐述评价对象。应根据民族思想政治教育评价目的来确定评价对象，一般的设计思路是：评价目的→评价对象→评价内容→评价标准体系→评价方法。

明确评价要求。正式的民族思想政治教育评价是一项系统工程，需要大量的人力、物力、财力的支持，也需要花费大量的时间与精力。因此，制定思想政治教育评价方案时，必须明确评价的意义。同时，为保证评价的顺利实施，还必须对评价过程中可能出现的问题进行分析，并提出明确要求或具体预案。

设计指标体系。即决定民族思想政治教育评价类型并选择评价的具体方法。这是思想政治教育评价方案的核心。

确定评价内容。按照民族思想政治教育评价主体的要求，成立评价机构，明确评价主体，以及对评价的场所、时间、工作进度安排和评价经费等作出说明，都是评价不容忽视的内容。另外，还要制定相应的细则。细则是与评价方案相配套的文件，是使评价方案具体化、操作化的详细规则，它规定评价的具体实施程序，操作方法与步骤；规定各评价者的分工、职责、权力、义务以及应遵守的规章制度等。它是使评价实施的重要保证。

3. 思想动员与培训

这是民族思想政治教育评价准备阶段不可忽视的环节。对于评价者的思想动员，就是要使评价者进一步端正指导思想，积极主动地投入评价；对于评价对象等相关人员的思想动员，就是要使他们以正确的态度、健康的心态，积极参与到评价中来，共同完成评价任务。思想动员的主要内容是讲清评价的目的意义以及有关政策；强调实事求是、一切从实际出发的原则；强调自觉遵守评价规则和相关纪律要求，增强责任感。

评价者的培训，主要是对评价者进行评价理论与方法的培训。包括整体把握评价方案，尤其是要掌握按照评价方案收集评价信息、处理评价信息的基本方法与技术。

（二）实施阶段

民族思想政治教育评价的具体实施是评价过程的关键，是评价者依据评价方案，运用多种方法采集评价信息以建立事实判断、处理评价信息以形成价值判断的阶段。

1. 采集评价信息以建立事实判断

民族思想政治教育评价信息，从信息源看，主要来自价值主体和价值客体。由于价值主体的信息主要体现在评价主体所制定的评价标准及其指标体系中，因而，这里说的信息采集主要是采集价值客体（价值关系的客体承担者），即评价对象的相关信息。具体的内容当然是由评价方案所规定的。采集的方法则要根据信息的存在状态、性质以及评价的要求来具体确定。常用的采集评价信息的方法有观察法、访谈法、问卷法、测量法、文献档案法等。

2. 处理评价信息以形成价值判断

通过以上方法获得的大量民族思想政治教育评价信息，显然是零乱的、分散的，各类数据的分布特点、规律以及数据之间的关系都不甚明了。因此，还必须对数据进行分类整理，即把分散的、反映局部的原始资料，加工整理成为评价标准指标所要求的资料。所以，这里的处理评价信息以形成价值判断，实质上包含两方面的内容，即评价信息的整理、统计分析和对照评价标准进行价值判断从而得出评价结论。评价信息一般分为文字信息与数字信息两类。不同类型信息的整理分析，其方法也不完全相同。文字信息的整理，是提高评价信息质量和使用价值的必要步骤，是研究评价信息的重要基础，也是保存评价信息的客观要求。文字信息的整理应遵循真实性、准确性、完整性、统一性、简明性、新颖性等原则。文字信息的整理包括审查和分类两方面的工作。评价信息中的数字信息的整理包括检验和分组工作。在对评价信息进行整理的基础上，有时还要对评价信息进行统计分析。评价信息经过整理分析后，评价人员再据此对照评价标准体系逐项作出定性或定量评价，最后按照具体评价目的和要求，加以综合评价。

3. 一票否决制

由于民族思想政治教育的特殊性，在民族思想政治教育过程中可能出现重大责任事故，或重大政治原则问题，对此可根据需要实行一票否决制，即无限扩大相关评价指标的权重。对于这种情况，就不宜按上述常规方法进行计算，最后得出评价结论。否则，就会有悖民族思想政治教育评价初衷，达不到评价目的。

（三）反馈阶段

1. 对评价的再评价

总结反馈，是民族思想政治教育评价的最后一个环节。对评价的这种再评价一般包括以下内容：

对评价标准的再评价。经过实际的评价后再回过头来看各指标是否满足了完备性、互斥性等要求；权重配置是否反映了客观实际与政策导向等要求。

对评价过程的再评价。主要是看搜集的评价信息的全面性、准确性和真实性，以及信息分类整理的准确性与合理性和运用评价方法与计算程序的正确性等。

对评价结果的再评价。从总体上对评价结论是否有明显与客观事实不符的现象进行判断。如果有这种现象，要再检查评价各环节是否有纰漏和瑕疵。

2. 反馈评价结论

为了充分发挥民族思想政治教育评价的功能，评价活动结束后，还要采取一定的方式向相关部门与相关人员进行反馈。主要包括：

向民族思想政治教育的相关职能部门反馈评价结果，为其进行民族思想政治教育的决策提供依据。

在一定范围的同行中公布评价结果，以此相互学习、借鉴，取长补短。

向评价对象或被评单位反馈。必要时要对有些结论作出解释，并向其提出今后改进的建议，引导、激励评价对象不断改进、完善自己的工作，或主动加强自我修养，不断提高自身素质。

3. 撰写评价报告

撰写民族思想政治教育的评价报告，是指以书面形式报告评价的过程及其结果。按照评价主体的区别，可分为自我评价报告和他人评价报告；按照评价的对象和内容，也可分为综合评价报告与单项或专题评价报告等。

民族思想政治教育评价报告的主要内容，一般包括评价的时间、评价机构和人员、评价的实施步骤与基本方法、评价的结果与最后的评价结论等。需要指出的是，重视民族思想政治教育评价的总结与评价报告的撰写，特别是据此建立评价档案，将民族思想政治教育评价过程中的各项文件、计划、方案、数据和总结等，立卷建档并形成制度。这是建立民族思想政治教育评价信息系统，进而促进评价制度化、科学化的重要条件。

民族思想政治教育评价过程的各个环节，不是彼此孤立的，而是相互连接、相互作用的整体。前一个环节影响和决定着后一个环节，后一个环节又可以为前一个环节提供信息和依据。因而，民族思想政治教育评价工作中需要注意前后照应、相互衔接。

结束语　亟待加强民族思想政治教育学后续研究

民族思想政治教育是客观存在的社会现象，加强新世纪新形势下的民族思想政治教育，有利于增强民族认同、凝聚民族团结、增进民族和谐，也是解决民族问题的重要手段之一。建立民族思想政治教育学，既有利于揭示民族思想政治教育的特殊性、完善思想政治教育学分支学科，又有利于提升民族思想政治教育实践、应对民族思想政治教育的新情况。由于当前国际国内民族问题出现新情况，党和国家对民族理论、民族政策的宣传教育高度重视，加之民族思想政治教育学作为一门学科的必要条件已经具备，当前建立民族思想政治教育学的时机已经成熟。

毋庸置疑，由于民族思想政治教育学分支学科尚处于初创阶段，本书对于民族思想政治教育学的研究，还是粗线条的和比较肤浅的，只是提出了问题，只是对相关问题进行了初步的探索，还必然存在着不成熟、不完善之处。其学科定位、学科归属是否科学，其研究对象、研究领域是否明晰，其逻辑体系、研究内容是否全面，其研究方法、研究手段是否可行，其研究整体是否能够快速回应当下中国的民族问题现状，等等，都需要得到进一步确认。这表明，我们必须以时不我待的精神，加强民族思想政治教育学的后续研究。本书认为，加强民族思想政治教育学的后续研究，必须提升民族思想政治教育学研究的高度，必须拓宽民族思想政治教育学研究的领域，必须深掘民族思想政治教育学研究的内容，必须加强民族思想政治教育学综合研究。

一、必须提升民族思想政治教育学研究的高度

社会稳定是一个系统工程，包括政治局势稳定、经济形势稳定、思想情绪稳定和社会秩序安定等四个方面。而民族问题关系到民族团结和各民族自身发展，关乎国家安全和政治局势稳定，关乎党的执政安全和长治久安，关乎国家的经济形势稳定，是关乎社会稳定的重要内容。民族思想政治教育学作为探析解决民族问题的重要治道之策，必须站得高看得远，站在国家稳定、团结与发展的大局，实现民族思想政治教育学研究的战略化、工程化。

（一）推进民族思想政治教育学研究战略化

推进民族思想政治教育学研究的战略化，就是运用战略思维，以开阔的视野，胸怀全局，面向未来，将民族思想政治教育学研究上升到战略高度，使其成为党的战略、国家的战略，实现民族思想政治教育学研究的全局性、长远性、超前性、策略性与现实操作性。民族思想政治教育学研究的全局性，就是将民族思想政治教育学研究置于党、国家战略部署大局，而不是以偏概全，只见一隅。民族思想政治教育学研究的长远性，就是将民族思想政治教育学研究作为党、国家事业发展的一项长期任务，而不是权宜之计和短期行为。民族思想政治教育学研究的超前性，就是将民族思想政治教育学研究作为党、国家的长期规划，增强民族思想政治教育学研究的预见性，而不是头疼医头，脚疼医脚。民族思想政治教育学研究的策略性，就是将民族思想政治教育学研究作为党、国家迎接挑战、立德树人的一项重要方略，增强民族思想政治教育学研究的策略性、科学性和可持续发展性。民族思想政治教育学研究的现实操作性，就是将民族思想政治教育学研究

作为党、国家和教育事业回应和解决现实民族和民族问题的重要手段，增强其现实针对性、可操作性和有效性，而不是仅仅停留在书斋内的苦思冥想。

将民族思想政治教育学研究纳入党的战略，就是将民族思想政治教育学研究作为我们党应对国内外挑战，尤其是应对国际国内相互交织的民族问题的挑战，战胜各种敌对势力对我国民族地区的不轨图谋，为我们党培养可靠接班人而进行的重要战略。这就需要我们党立足党所处的新的历史地位，统筹党的战略全局，将民族思想政治教育学研究置于党的战略之中，在党的战略方向、战略任务、战略重点、战略实施等不同层面，对民族思想政治教育学研究进行全局性、长远性、超前性、策略性与现实操作性规划。为此，要求将民族思想政治教育学研究纳入党的建设新的伟大工程之中，尤其是纳入党的思想政治建设之中，将民族思想政治教育学研究作为增强党的合法性、增强党的执政能力的战略之一。

将民族思想政治教育学研究纳入国家战略，就是在资本主义和社会主义并存竞争的时代，将民族思想政治教育学研究作为国家和民族振兴，实现国家各项事业科学发展的重要战略之一。民族和民族问题作为一种社会现象自身非常复杂，渗透到经济、政治、文化、社会和生态建设的方方面面，所以，必须从国家长远建设和发展全局来谋划民族大业。为此，必须将民族思想政治教育学研究纳入到国家战略整体之中。一是要在国家民族发展规划中谋划民族思想政治教育学研究战略，将民族思想政治教育学研究融入整个国家民族战略整体之中。二是要在国家经济、政治、文化、社会和生态建设与发展规划中渗透民族思想政治教育学研究战略，实现民族思想政治教育学研究在国家全局中应有的战略位置。三是以党和国家推动马克思主义理论研究与建设工程为契机，将民族思想政治教育学研究纳入到马克思主义理论研究与建设工程这一战略决策之中。

将民族思想政治教育学研究纳入教育战略与国家人才培养战略，就是统筹考虑整个教育事业规划，将民族思想政治教育学研究置于整个教育事业发展规划与国家人才培养战略之中。民族思想政治教育学研究作为思想政治教育学研究与建设的重要组成部分，理应纳入教育与人才培养规划整体。为此，一是要将民族思想政治教育学研究纳入思想政治教育研究与发展战略，在全国高校制定统一的民族思想政治教育学研究规划。二是要将民族思想政治教育学研究纳入整个大学生思想政治教育战略，将民族思想政治教育学研究融于大学生思想政治教育战略部署之中。三是要从整个国民教育和社会教育的全局统筹考虑民族思想政治教育学研究，将民族思想政治教育学研究置于国民教育和社会教育战略发展全局，而不是单打独斗，唱独角戏。

（二）推进民族思想政治教育学研究的工程化

民族思想政治教育学研究的工程化，就是运用工程思维，将民族思想政治教育学研究作为一项系统工程来抓。工程思维是现代思维方式，是在工程的设计和研究中形成的思维，是一种筹划性的思维，是运用各种知识解决工程实践问题的核心。这里的“工程”，不是指传统的“工程”概念，而是指随着系统工程思想的兴起而形成的“大工程观”即“工程的工程”，是“将人类的理性、意志、情感融为一体的综合、创造、实践活动”①。民族思想政治教育学研究是一项复杂的社会性系统工程，对复杂问题的解决，必须运用工程思维，抓住“综合、创造、实践”的本质特征，走出简单化、片面化的误区，将其作为一项系统工程来抓。将民族思想政治教育学研究作为一项系统工程来抓，主要是坚持“整体思考、系统控制”的理念，科学运筹民族思想政治教育学研究，坚持马克思主义辩证法，实现民族思想政治教育学研究诸方

---

①　肖昆焘：《科学认识史论》，780页，南京，江苏人民出版社，1995。

面、诸环节的整体化、一体化，实现整体最优。

实现民族思想政治教育学研究的整体化、一体化，就是整合全国思想政治教育研究力量，充分考虑不同教育阶段教育对象实际，建立全国性的民族思想政治教育学研究网络与平台，实现不同地域、不同阶段研究群体的横向与纵向联系，实现研究资料共享、研究成果共享，达成民族思想政治教育学研究的有机链接与无缝对接，最终实现民族思想政治教育学研究的多阶段、多领域和全天候。为此，一是要在全国高校思想政治教育研究会和全国职工思想政治工作研究会的基础上，增设全国性的民族思想政治教育学研究分会或专业委员会，协调全国民族思想政治教育学研究，并建立统一的民族思想政治教育学研究规划。二是以国家教育行政部门相关司局为依托，面向全国思想政治教育研究机构设立关于民族思想政治教育学研究的重大招标课题，推动条件成熟的单位和研究机构实现对于民族思想政治教育学研究的突破性发展。三是依托民族思想政治教育学研究开展较好的单位，就若干重要的问题展开专题研讨，实现跨地区、跨行业民族思想政治教育学研究力量的整体合力，就某些重要问题达成共识。四是鼓励民族思想政治教育学研究人员以田野调查的形式，深入相关地区尤其是民族地区，展开民族思想政治教育相关问题调研，以加强民族思想政治教育学的应用性研究。

二、必须拓宽民族思想政治教育学研究的领域

民族思想政治教育是一项复杂的社会性系统工程，涉及面广，机理复杂，必须按照系统论的观点设置一个合适的研究领域。从系统论的观点来看，对于复杂问题的研究，一般都要从不同的层面、不同的角度予以展开，对于民族思想政治教育的研究也是这样。要对民族思想政治教育展开系统研究，首先必须界定研究领域。一般来说，对于研究领域的划定，有三种取向：第一种取向是由小及大，即先划定一个比较小的研究领域，然后逐步对研究

领域进行扩展；第二种取向是由大及小，即先在战略上划定一个较大的研究领域，对其从宏观上进行概略研究，然后再逐步深入研究；第三种取向是选定一个适当的研究领域，然后在此基础上可对已有的研究领域进行深入研究，也可以在已有研究领域基础上进一步拓展。本书采用第三种研究取向，即对民族思想政治教育学研究领域的划定，先以亟待建立一门民族思想政治教育学导入问题，然后着力于构建一个相对较为完整的研究体系，并对每一具体研究领域进行概括性描述和阐释。这样一种处理，既可以有一定的覆盖面，又可以对相关问题进行比较深入的研究，还为后续的研究留下了空间。然而这种研究领域的划分是否切合实际，研究的覆盖面是否到位，研究的边界是否明晰，都是我们必须着力解决的后续研究问题。因此，对于民族思想政治教育学研究领域的拓宽，就表现为必须拓宽民族思想政治教育学研究的覆盖面，必须拓宽民族思想政治教育学研究的边界。

（一）拓宽民族思想政治教育学研究的覆盖面

拓宽民族思想政治教育学研究的覆盖面，就是进一步研究民族思想政治教育学研究中没有涉及到的领域。毫无疑问，本书对于民族思想政治教育学的研究，由于提出问题、研究问题的时间相对较短，必然会使一些重要的研究领域没有覆盖到。本书在分析了民族思想政治教育学的涵义、学科属性与研究意义之后，分别对民族思想政治教育结构、民族思想政治教育价值、民族思想政治教育内容、民族思想政治教育过程、民族思想政治教育环节、民族思想政治教育机理、民族思想政治教育资源、民族思想政治教育载体、民族思想政治教育方法和民族思想政治教育评价等进行了研究。这几个方面的研究领域的划定，参照、参考了相关思想政治教育类著作，也结合民族思想政治教育学自身特点以及我们对民族思想政治教育学研究领域的思考。我们划定的这种研究领域，有些是其他思想政治教育学类著作所没有涉及的，例如民族思想政治教育环节论、民族思想政治教育机理论。我们认为，这种研究领域的划分是必要的，因为这些研究领域都是民族思想政治教育学研究中的基本领域。然而，由于民族思想政治教育自身的复杂性，单对民族思想政治教育研究领域进行上述的划分还显然是不够的，还有待于对研究的面进行拓展。在后续的民族思想政治教育学研究中，需要对民族思想政治教育的哪些面进行拓展呢？就我们的理解而言，其一，从民族思想政治教育内容来看，本书主要研究了民族思想政治教育内容的最基本的方面，而民族思想政治教育作为一项复杂的社会性系统工程，其关涉面是非常广泛的，除了这些基本的研究内容之外，还有可能有我们没有涉及到的研究内容，这些研究内容，必然有待我们在后续研究中着力探讨。例如本书第二章对于民族思想政治教育价值论的论述，除价值形态、价值实现外，还应当包括价值特点、价值理想、价值标准、价值判断等方面的内容，民族思想政治教育价值除社会价值、人员个体价值外，还必须谈民族个体价值，诸如此类的问题，要求我们在后续研究中必须引起足够重视。其二，从民族思想政治教育研究逻辑体系来看，还有些覆盖面是需要我们着力进行拓展的。民族思想政治教育功能就是需要着力拓展的覆盖面之一。一般来说，如果就对一个事物进行系统研究的话，对该事物的功能的研究是必不可少的，因为它涉及到该事物有哪些做“功”的能力，而这正是人们要研究它的缘由。本书虽然有“民族思想政治教育教育价值论”这一章，但是，“功能”与“价值”不完全是一回事。“功能”是就事物本身而言的，“价值”是一种关系式，是就事物功能对人或人所组成的群体、社会的需求的满足而言的。弄清事物的“功能”，是研究该事物“价值”的前提，只有在研究该事物的功能的基础上，才能对该事物的价值更好地进行研究。由此可见，类似民族思想政治教育功能的研究，也是对民族思想政治教育研究覆盖面的扩展。

（二）拓宽民族思想政治教育学研究的边界

民族思想政治教育学研究边界的扩展，就是研究民族思想政治教育学与民族教育学、思想政治教育学等相关学科的边际、界标范围的向外拉伸，拓展民族思想政治教育学研究的边际、界标。民族思想政治教育作为思想政治教育的子系统，其与思想政治教育学、与其他形态思想政治教育分支学科关系十分密切，其间边界很难确定，以致于出现了人们对于民族思想政治教育学的一些错误认识：认为民族思想政治教育学既然属于思想政治教育学学科范畴，只需加强思想政治教育研究，就可以解决民族思想政治教育问题；既然民族思想政治教育与民族教育关系非常紧密，同样可以通过重点研究民族教育中涉及民族思想政治教育的问题来解决民族思想政治教育的相关理论问题。尽管前文已经对相关理论问题进行了论述，但是由于这些观点影响到民族思想政治教育学这一学科的必要性问题，一些人认为，没有必要专门再建立一门民族思想政治教育学分支学科。甚至有人认为，这一重要问题没有必要作为一个独立的学术问题进行研究。还有人认为，即使要建立民族思想政治教育学，也不应该将其放在思想政治教育学学科范围，似乎更应该放在民族教育学学科范围之内，将其作为民族教育学的分支学科。鉴于此，对于民族思想政治教育学建立的一些元问题，包括民族思想政治教育学的学科边界问题，都有待于进一步拓展研究。本书初步界定了民族思想政治教育、民族思想政治教育学的研究边界，划分了民族思想政治教育学与思想政治教育学、民族教育学的学科边界范围，但是这种边界范围的确定还有待于进一步商榷。民族思想政治教育、民族思想政治教育学的边际到底在哪里，其界标到底是什么，尤其是通过民族思想政治教育学与其他相关学科的边界，达到对民族思想政治教育学领域相关内容的进一步深入认识的研究，都还需要进一步扩展。

三、必须深掘民族思想政治教育学研究的内容

要加强民族思想政治教育学后续研究，也必须深入挖掘民族思想政治教育学自身研究领域的相关内容，探析民族思想政治教育学研究的纵深。研究民族思想政治教育学的纵深，就是除了使民族思想政治教育学达到一定的高度和广度之外，还要在自身内容上达到一定的深度。要深入研究这一问题，也必须搞清楚为什么要做到民族思想政治教育学研究内容的深掘以及如何进行民族思想政治教育学研究内容的深掘等理论问题。

为什么要做到民族思想政治教育学研究内容的深掘？与民族思想政治教育学研究的高度与广度相适应，民族思想政治教育学研究也必须在研究深度上有所突破。民族思想政治教育学研究必须达到一定的深度，如果仅仅确立了民族思想政治教育学研究的范围，而不对所确定的范围进行深入研究和提炼，或者仅仅停留在对已有研究内容的认识之上，是不利于对民族思想政治教育学的深入认识和把握的，也是不利于民族思想政治教育学建立后的可持续发展的。民族思想政治教育学研究的现有内容，是在总结前人研究的基础上而进行的探索，其对民族思想政治教育学应有内容的把握是否准确，一方面需要思想政治教育实践的检验，另一方面也需要对其研究内容进行深入的挖掘。对民族思想政治教育学现有研究内容的深掘，不但能够达到对民族思想政治教育学应有内容的深掘，也可达到对民族思想政治教育现有研究内容的进一步提炼和概括。这内在地要求：要深入挖掘民族思想政治教育学研究的内容，就必须从民族思想政治教育学现有研究内容的深掘和民族思想政治教育学应有研究内容的深掘两个层面展开。

（一）深掘民族思想政治教育学现有研究内容

民族思想政治教育学研究内容的深掘，首先表现在对民族思想政治教育学现有研究内容的挖掘。民族思想政治教育学现有研

究内容，是指学界对于民族思想政治教育学实然的研究成果的深入挖掘。民族思想政治教育学实然是指现阶段民族思想政治教育学研究的现状。民族思想政治教育学正处于初创阶段，除了徐柏才教授的学术论文《建立民族思想政治教育学的思考》① 以及本书的研究内容之外，其他均属于关涉性成果。所谓关涉性成果，就是指学界在研究其他内容时候，关涉到对民族思想政治教育学理论与现实问题的探讨。毫无疑问，上述这些成果就是民族思想政治教育学研究的成果，就是民族思想政治教育学研究的现有内容。深入对民族思想政治教育学现有研究内容的挖掘，既是这些研究内容自身必须深化的需要，更是民族思想政治教育学后续研究的本真需要。对民族思想政治教育现有研究内容的再研究，既是验证民族思想政治教育学现有研究内容科学性的有效途径，也为进一步挖掘民族思想政治教育学应有研究内容奠定了基础。

深入对民族思想政治教育学现有研究内容的挖掘，就是要做到：一是对民族思想政治教育学现有研究成果的整体挖掘。这包括对民族思想政治教育学现有研究成果研究范式、研究特色、研究科学性、研究完整性等方面内容的深入把握。二是对民族思想政治教育学现有研究成果有机组成部分内容的挖掘。这就需要我们进一步深入把握民族思想政治教育学的各个研究内容。民族思想政治教育学现有研究内容，诚如本书所揭示，主要有民族思想政治教育的研究对象、民族思想政治教育结构论、价值论、内容论、过程论、环节论、机理论、资源论、载体论、方法论、评价论等研究内容。这些研究内容中，均有待深入挖掘，以提升其科学性与完整性。例如在论及“民族思想政治教育资源”问题时，就要深入挖掘民族思想政治教育资源的内容，将“民族思想政治教育资源的价值”提升为大问题充分论述，可从功能的角度来阐

---

① 徐柏才：《建立民族思想政治教育学的思考》，载《中央民族大学学报》（哲学社会科学版），2009（5）。

述；对于“民族思想政治教育资源的开发与利用”这部分内容，要分别深入研究民族思想政治教育资源开发利用的研究意义、研究现状、研究原则以及民族思想政治教育资源的可持续开发和利用四个部分来展开。

（二）深掘民族思想政治教育学应有研究内容

民族思想政治教育学研究内容的深掘，又表现在对民族思想政治教育学应有研究内容的挖掘。民族思想政治教育学应有研究内容，是指民族思想政治教育学本来应该包括哪些内容，应该研究哪些内容。民族思想政治教育学应然研究内容是民族思想政治教育学的本真研究内容，不随研究人员主体意志而转移。对民族思想政治教育学应有研究内容的挖掘，既有与应有研究内容的契合问题，也有按照民族思想政治教育的实质与机理来揭示其应有的研究内容。如果我们能够揭示民族思想政治教育学的应有研究内容，就表明我们真正把握了民族思想政治教育学。因此，努力达到对民族思想政治教育学应然研究内容的把握，是民族思想政治教育学研究主体的重要任务，从而可以从根本上发挥民族思想政治教育学理论对于民族思想政治教育实践的指导作用。从这个意义上说，深入对民族思想政治教育学应有研究内容的挖掘，是民族思想政治教育学研究的终极目的。

我们进行系统的民族思想政治教育学研究，主要目的其实正是为了深入挖掘民族思想政治教育学的应有内容，以达到对民族思想政治教育学应有内容的准确把握。毫无疑问，民族思想政治教育学现有研究内容还不可能达到对应有研究内容的完全的把握程度，不然的话，就不需要进行进一步的研究了。如果主观上认为现有研究内容已经达到了对民族思想政治教育学应有研究内容的把握，则科学研究就会停滞不前，这对于民族思想政治教育学可持续研究是有害的。所以，民族思想政治学研究必须以现有研究内容为基础，达到对应有研究内容的把握。对民族思想政治教育学应有研究内容的深入把握，意味着探究民族思想政治教育的本来面目以追求民族思想政治教育学的本真。

一般来说，对民族思想政治教育学应有内容的探索，需要一个过程，不可能一蹴而就，短时间内就把握到民族思想政治教育学应有研究内容，其趋势只能是逐渐地达成一致，其与民族思想政治教育应有内容之间是一种逐渐地相接近、相一致、相契合的关系。既然民族思想政治教育学应有内容的把握是一个过程，就需要我们从民族思想政治教育事实出发，从民族思想政治教育发展史出发，对民族思想政治教育系统逻辑运演过程进行进一步的科学抽象，以达到对民族思想政治教育学应有内容的科学揭示，进而从根本上把握民族思想政治教育学的应有研究内容，以最终实现民族思想政治教育学的科学化。深入对民族思想政治教育学应有研究内容的挖掘，其实内含着前述民族思想政治教育学后续研究环节，也蕴含着必须加强民族思想政治教育学综合研究。

四、必须加强民族思想政治教育学综合研究

加强对民族思想政治教育学的后续研究，最后落实到对民族思想政治教育学的综合研究上来。所谓加强民族思想政治教育学的综合研究，是指必须加强民族思想政治教育学研究的有机度，这种有机度，主要是指民族思想政治教育学研究方法和研究思维路径的有机度。之所以这样说，是因为知识经济的端倪出现之后，人们逐渐习惯于用“大工程观”来思考问题，“综合”成了当今社会的一个生动写照。目前，在各种科学研究中采用综合方法、综合思维已经成为科学研究的普遍走势，尤其是对复杂问题的研究更是这样。

民族思想政治教育学是一个社会性系统工程，这决定了民族思想政治教育学研究必然是一个极其复杂的问题，对于复杂问题的解决方法，用复杂的办法来解决是较为妥当的方法，综合方法和综合的思维方式就是解决复杂问题的有效途径。所以，民族思

想政治教育学研究必须坚持与时俱进，必须整合各种研究方法、整合各种思维路径，以实现各种研究方法、各种思维路径的有机化，从而对民族思想政治教育机理进行整体研究、立体思维，进而达到对其科学把握。加强对民族思想政治教育学的综合研究，就要在整合多种研究方法基础上，进一步凸显民族思想政治教育学研究的学术品性。

（一）加强民族思想政治教育学多种研究方法整合

加强对民族思想政治教育学的综合研究，首先要整合多种研究方法。整合多种研究方法，就是综合利用各种研究方法对民族思想政治教育学进行研究，提高研究方法的有机度，进而实现研究方法的有机化。整合多种研究方法，有利于发挥各种研究方法的原有优势，同时又可最大可能地避免各种方法自身所带有的一些劣势，实现研究方法的综合最优。

民族思想政治教育学研究方法很多，既包括对民族思想政治教育学进行整体研究的哲学方法，又包括对民族思想政治教育各子系统进行研究的科学方法，还包括对民族思想政治教育各环节进行研究的具体方法。我们在此仅对与民族思想政治教育学研究关系最为紧密的几种研究方法的整合进行探析。整合民族思想政治教育学研究方法，主要包括两个方面的内容：其一，整合田野调查研究方法与逻辑推理研究方法。田野调查研究方法与逻辑推理研究方法都是研究民族思想政治教育学的有效方法，前者有利于掌握第一手资料，获得对民族思想政治教育学研究的感性认识，后者有利于对民族思想政治教育进行逻辑抽象。但是这两种方法都有自身的不足之处，最好的办法是将两种方法结合起来，推动理论研究与实践研究方法的耦合，以取长补短，实现综合最优。其二，整合质性研究方法与量化研究方法。研究民族思想政治教育学，既需要质性方法，也需要量化方法，既需要从质上对民族思想政治教育学进行研究，也需要从量上对民族思想政治教育学进行研究。如果单用质性方法或者量化方法对民族思想政治教育学的某个问题进行研究，则要么只抓住了质，要么只抓住了量。例如对于民族思想政治教育结构的揭示，就必须整合质性方法和量化方法，以同时解析出民族思想政治教育结构的质和量两个维度，以实现民族思想政治教育结构质与量的有机化。

（二）加强民族思想政治教育学学术品性

加强民族思想政治教育学综合研究，又必须进一步凸显民族思想政治教育学的学术品性。该问题既是加强民族思想政治教育学综合研究的需要，又是对前述民族思想政治教育学后续研究内容的有力回应。相关学科建设的历史经验表明，举凡一个新兴学科草创之初，往往存在着盲目地扩张论域、理论依附、简单移植等流弊。这就需要我们在处理好民族思想政治教育学研究的高度、广度、深度的基础上，进一步加强民族思想政治教育学研究的强度、力度以及上述各研究内容之间的有机度，进一步凝练学术方向，建构真正成为民族思想政治教育实践所需的理论，增强民族思想政治教育学的学术自信。

其一，进一步增强学理性。在民族思想政治教育学发展初期，只有明确本学科的相对独立性，从实践、内涵、外延以及与相关概念的关系等方面来揭示民族思想政治教育的内在规定性，能够真正以本学科的概念、范畴与思维方式推进本学科的科学研究，着力在民族思想政治教育原理、机理与机制等方面下功夫，增强全书的逻辑性与一贯性。例如在论述民族思想政治教育方法论一章时，可结合前述民族思想政治教育环节论，分别论述民族思想政治教育领导方法论、管理方法论、教学方法论以及交往方法论，推进民族思想政治教育学研究健康发展。要紧扣新形势下民族思想政治教育面临的新任务、新课题与新思路，关注并合理吸纳相关领域的思想政治教育创新与发展的研究成果等，在历史与逻辑、理论与实践的有机整合中，铸就支撑民族思想政治教育学科自身发展与学科功能有效发挥的理论晶核。

其二，建构民族思想政治教育实践真正所需的理论。由于民族思想政治教育学自身尚无学术史可言，且民族思想政治教育实践活动本身的高度综合性、复杂性，由于从事民族思想政治教育理论研究队伍的人员在知识结构、学科背景、专业素养等方面等方面的差异性，也就难免会“在初期研究中出现理论的简单移植、套用、嫁接等现象”①，直接影响了思想政治教育理论研究的深化和发展。因此，应从民族思想政治教育这一独特的实践活动及其多蕴含的独特矛盾出发开展研究。

其三，增强民族思想政治教育学的学术自信。这需要我们更加深刻地认识、宣传民族思想政治教育实践活动、学科建设、理论研究的价值，认识民族思想政治教育理论研究中革命性与科学性、政治性与学术性、特殊性与普遍性的内在统一，切实增强民族思想政治教育理论与实际工作者的学科自信、学术自信，以高度的责任感和使命感推动民族思想政治教育学科建设和理论研究的深化。

① 沈壮海：《思想政治教育的文化视野》，319 页，北京，人民出版社，2005。

主要参考文献

1. 马克思恩格斯选集，第 1 –4 卷．北京：人民出版，1995.

2. 列宁选集，第 1 –4 卷．北京：人民出版社，1972.

3. 斯大林选集，上卷．北京：人民出版社，1979.

4. 毛泽东选集，第 1 –4 卷．北京：人民出版社，1993.

5. 毛泽东文集，第 6 –7 卷．北京：人民出版社，1999.

6. 邓小平文选，第 1 –2 卷．北京：人民出版社，1994.

7. 邓小平文选，第 3 卷．北京：人民出版社，1993.

8. 江泽民文选，第 1 –3 卷．北京：人民出版社，2006.

9. 胡锦涛．全面建设小康社会，开创中国特色社会主义事业新局面．北京：人民出版社，2002.

10. 胡锦涛．高举中国特色社会主义伟大旗帜　为夺取全面建设小康社会新胜利而奋斗．北京：人民出版社，2007.

11. 胡锦涛．在中央民族工作会议暨国务院第四次全国民族团结进步表彰大会上的讲话．人民日报，2005 年 5 月 28 日．

12. 中共中央国务院关于进一步加强和改进大学生思想政治教育的意见（中发［2004］16 号）．

13. 中共中央宣传部、国家民委．党和国家民族政策宣传教育提纲．北京：民族出版社，2009.

14. 科学发展观学习读本．北京：学习出版社，2006.

15. 国家民委政研室．中国共产党主要领导人论民族问题．北京：民族出版社，1994.

16. 国家民族事务委员会．中国共产党关于民族问题的基本观点和政策（干部读本）．北京：民族出版社，2002.

17. 中华人民共和国民族区域自治法（单行本）．北京：民族出版社，2001.

18. 中共中央统战部．民族问题文献汇编（1921.7—1949.9）．北京：中共中央党校出版社，1991.

19. 中国社会科学院民族研究所．马克思恩格斯论民族问题．北京：民族出版社，1987.

20. 少数民族教育工作文件选编．呼和浩特：内蒙古教育出版社，1991.

21. 费孝通．中华民族多元一体格局．北京：中央民族大学出版社，1999.

22. 费孝通．费孝通民族研究文集．北京：民族出版社，1988.

23. 吴仕民．中国民族理论新编．北京：中央民族大学出版社，2006.

24. 郑永廷．现代思想道德教育理论与方法．北京：高等教育出版社，2000.

25. 张耀灿、郑永廷等．现代思想政治教育学．北京：人民出版社，2006.

26. 张耀灿等．思想政治教育学前沿．北京：人民出版社，2006.

27. 邱伟光、张耀灿．思想政治教育学原理．北京：高等教育出版社，1999.

28. 张耀灿、徐志远．现代思想政治教育学科论．武汉：湖北人民出版社，2003.

29. 仓道来．思想政治教育学．北京：北京大学出版社，2004.

30. 陈秉公．思想政治教育学原理．北京：高等教育出版社，2006.

31. 余仰涛．思想政治工作学研究方法论．武汉：武汉大学出版社，2006.

32. 秦在东．思想政治教育管理论．武汉：湖北人民出版社，2003.

33. 沈壮海．思想政治教育的文化视野．北京：人民出版社，2005.

34. 沈壮海．思想政治教育有效性研究．武汉：武汉大学出版社，2001.

35. 李辉．现代思想政治教育环境研究．广州：广东人民出版社，2005.

36. 姜正国．思想政治教育环境论．长沙：湖南师范大学出版社，2004.

37. 王敏．思想政治教育接受论．武汉：湖北人民出版社，2002.

38. 项久雨．思想政治教育价值论．北京：中国社会科学出版社，2003.

39. 罗洪铁、董娅．思想政治教育原理与方法基础理论研究．北京：人民出版社，2005.

40. 刘新庚．现代思想政治教育方法论．北京：人民出版社，2008.

41. 陈万柏．思想政治教育载体论．武汉：湖北人民出版社，2003.

42. 陈华洲．思想政治教育资源论．北京：中国社会科学出版社，2007.

43. 房玫．思想政治理论教育教学导论．合肥：安徽人民出版社，2005.

44. 贺才乐．思想政治教育载体研究．武汉：湖北人民出版社，2004.

45. 邵献平．思想政治教育中介论．北京：中国社会科学出版社，2007.

46. 崔运武．中国少数民族地区思想政治教育概论．昆明：云南大学出版社，2005.

47. 罗琼芳．中国边疆民族地区思想政治教育研究．昆明：云南民族出版社，2008.

48. 李德顺．价值论（第2版）．北京：中国人民大学出版社，2007.

49. 张军．价值与存在．北京：中国社会科学出版社，2004.

50. 钟敬文．民俗学概论．上海：上海文艺出版社，1998.

51. 顾明远．中国教育的文化基础．太原：山西教育出版社，2004.

55. 宋惠昌．当代意识形态研究．北京：中共中央党校出版社，1993.

56. 马戎．民族社会学．北京：北京大学出版社，2004.

57. 赵旭东．文化的表达：人类学的视野．北京：中国人民大学出版社，2009.

58. 王四代．云南民族文化概要．成都：四川大学出版社，2006.

59. 张岱年．文化与哲学．北京：教育科学出版社，1988.

60. 李景铭．民族理论与政策．兰州：甘肃人民出版社，2008.

61. 赵继伟．马克思主义意识形态接受论．武汉：武汉大学出版社，2009.

62. 钱学森．论系统工程（增订本）．长沙：湖南科学技术出版社，1988.

63. 阿拉坦等．论民族．北京：民族出版社，1989.

64. 陈麟书、陈霞．宗教学原理．北京：宗教文化出版社，2003.

65. 陈金龙．中国共产党与中国的宗教问题．广州：广东人民出版社，2006.

66. 龚学增．宗教问题概论（第三版）．成都：四川人民出版社，2007.

67. 龚学增．马克思主义宗教观与党的宗教工作方针．北京：中央编译出版社，2007.

68. 黄光学、施联朱．中国的民族识别．北京：民族出版社，2005.

69. 华辛芝．列宁民族问题理论研究．呼和浩特：内蒙古人民出版社，1987.

70. 牟钟鉴．中国宗教与文化．成都：巴蜀书社，1989.

71. 彭英明．马克思主义民族理论与中国民族问题．成都：四川民族出版社，1988.

72. 熊锡元．民族理论基础．北京：民族出版社，1989.

73. 杨侯第．世界民族约法总览．北京：中国法制出版社，1996.

74. 张践．中国宗教与中国文化（卷四）．北京：中国社会科学出版社，2005.

75. 孙秉欣等．教育的现代维度．哈尔滨：黑龙江人民出版社，2005.

76. 李丽明．人际交往学．贵阳：贵州人民出版社，2006.

77. 郑杭生．社会学概论新修．北京：中国人民大学出版社，1994.

78. 张琼、马尽举．道德接受论．北京：中国社会科学出版社，1995.

79. 王子平、冯百侠、徐静珍主编．资源论．石家庄：河北科学技术出版社，2001.

80. 薛平．资源论．北京：地质出版社，2004.

81. 孟万金．协作互动——资源整合的教育力量．上海：华东师范大学出版社，2004.

82. 李含琳．资源经济学．兰州：甘肃人民出版社，2003.

83. 伍雄武．中华民族的形成与凝聚新论．昆明：云南人民出版社，2000.

84. 苏振芳．网络文化研究——互联网与青年政治社会化．北京：社会科学文献出版社，2007.

85. 袁军．新闻媒介通论．北京：北京广播学院出版社，2000.

86. 檀传宝．大众传媒的价值影响与青少年道德．福州：福建教育出版社，2005.

87. 陆群、张佳昺．新媒体革命．北京：社会科学文献出版社，2002.

88. 戴钢书．德育环境研究．北京：人民出版社，2002.

89. ［瑞士］皮亚杰．儿童的心理发展．傅统先译，济南：山东教育出版社，1982.

90. ［美］怀特海、小威廉姆·E·多尔．后现代课程观．王宏宇译．北京：教育科学出版社，2000.

91. ［加］麦克卢汉．理解媒介——论人的延伸．何通宽译．北京：商务印书馆，2000.

92. ［美］维纳．控制论与社会．陈步译，北京：商务印书馆，1978.

93. 胡锦涛．切实做好构建社会主义和谐社会的各项工作，把中国特色社会主义伟大事业推向前进．求是，2007（1）．

94. 费孝通．简述我的民族研究经历与思考．中央民族大学学报（哲学社会科学版），2000（1）．

95. 徐柏才．建立民族思想政治教育学的思考．中央民族大学学报（哲学社会科学版），2009（5）．

96. 赵野田等．思想政治教育过程研究综述．思想政治教育研究，2009（2）．

97. 刘烨．思想政治教育过程矛盾体系新探．思想教育研究，2004（1）．

98. 郝时远．重读斯大林民族（нация）定义——读书笔记之一：斯大林民族定义及其理论来源．世界民族，2003（4）．

99. 王奎正、朱朝晖．湖南杂散居区城市民族关系影响因素探析．中南民族大学学报（人文社会科学版），2005（2）．

100. 毕红梅、张耀灿．关注交往：思想政治教育的视角转换．马克思主义与现实，2008（6）．

101. 闫艳．中共三代领导人从交往视角阐述思想政治教育思想．学术论坛，2007（10）．

102. 韩震．论国家认同、民族认同与文化认同．北京师范大学学报，2010（1）．

103. 马奇柯．思想政治教育机制研究述评．求实，2006（5）．

104. 许艳华．中国传统道德教育中的思想政治教育资源．聊城师范学院学报（哲学社会科学版），2001（4）．

105. 许瑞芳．文化传统：德育现代化的内源性资源．教育理论与实践，2005（3）．

106. 袁信．论思想政治教育的管理载体．湘潭大学社会科学学报，2002（5）．

107. 贺才乐．思想政治教育载体的形态及其特点．理论与改革，2003（6）．

108. 孙兆静．论思想政治教育文化载体的类型和功能．理论观察，2007（1）．

109. 王升臻．关于改革开放以来思想政治教育载体研究的述评．理论与改革，2008（5）．

110. 毕德．新时期思想政治工作载体创新的几点思考．理论月刊，2009（7）．

111. 万长军．改革开放以来思想政治教育载体研究述评．理论月刊，2009（8）．

112. 贺才乐．论人类活动与思想政治教育载体发展．学校党建与思想教育，2006（1）．

113. 郜火星．思想政治教育载体形态结构分析．学校党建与思想教育，2006（2）．

114. 邱仁富、贺争平．民族地区社会主义新农村思想政治教育活动载体的构建．广西青年干部学院学报，2007（5）．

115. 刘勋昌．我国民族地区民族团结教育内容探析．前沿，2010（6）．

116. 朱为鸿．论民族院校思想政治教育的特殊性．中国民族教育，2001（1）．

117. 徐莹、李良明．论民族院校思想政治理论课的创新．民族教育研究，2006（5）．

118. 王南甫．论思想政治教育文化载体的特征、功能及创新．教育研究，2009（3）．

119. 袁信．也论思想政治教育载体．湖湘论坛，2002（3）．

120. 覃萍、林宁．民族文化整合教育：高校政治文明教育的有效途径．广西民族学院学报，2005（5）．

121. 闵言平．党的民族理论政策发展创新的60年．中国民族报，2009年9月25日．

122. 赵继伟．思想政治工作机理研究．武汉大学博士学位论文，2008年5月．

123. 龚学增．坚持“五个维护”，妥善处理关乎民族宗教的重大事件．中国民族报．2010－7－20.

124. 王希恩．说民族认同．http：//www. people. com. cn/GB/guandian/8213/28144/28155/2298460. html，2004－1－15.

125. 中国的宗教信仰自由状况．http：//www. seac. gov. cn/gjmw/zwgk/M150210index_1. htm，2005－2－25.

跋

呈现在读者面前的这本书，是我们对于民族思想政治教育研究的初步成果。2009 年，徐柏才教授在《中央民族大学学报》（哲学社会科学版）发表《建立民族思想政治教育学的思考》一文，在学术界引起较大反响：人大复印资料予以全文转载，新华网、人民网、中直党建网、光明网等网络媒体也予以转载。这进一步坚定了我们进行民族思想政治教育学研究的信心和决心。在国家民委、中南民族大学有关领导的支持下，我们群策群力、集思广益，经过一年多的磨砺，终于写出了《民族思想政治教育学导论》一书。从一篇文章到一本书，经历的时间并不长，但是我们对民族思想政治教育问题的思考，则是经历了一个较长的过程的。民族问题无小事，对于民族思想政治教育问题的研究，理应如此。希望本书的出版，有助于我国民族问题的解决。

本书由徐柏才、赵继伟撰写写作提纲，徐柏才、赵继伟、姚上海、孙明福、巴玉玺、王奎正、董杰、覃小林、谢岚、桂孙来、徐昌文、王蓓蓓、张俊、狄奥等人参与本书写作与资料收集，徐柏才、赵继伟、姚上海、孙明福等人进行了统稿，最后由徐柏才和赵继伟修改、润色、定稿。

国家民委和中南民族大学领导对本书写作给予了关怀，中南民族大学马克思主义学院领导也对本书出版给予大力支持，民族出版社刘海涛同志为本书出版付出了辛勤劳动，中国伦理学会副会长、全国高校思想政治教育研究会学术委员会副主任委员、清华大学博士生导师吴潜涛教授在百忙中欣然为本书赐序添彩，谨致谢忱!

本书在撰写过程中参阅了大量的纸质与网络文献资料，均尽可能注明出处，如有遗漏，敬请原谅。由于学识所限，加之时间仓促，书中错谬之处，敬请专家、学者批评指正。

著　者

2011 年 1 月于武昌南湖之滨